Desfazendo gênero

FUNDAÇÃO EDITORA DA UNESP

Presidente do Conselho Curador
Mário Sérgio Vasconcelos

Diretor-Presidente / Publisher
Jézio Hernani Bomfim Gutierre

Superintendente Administrativo e Financeiro
William de Souza Agostinho

Conselho Editorial Acadêmico
Divino José da Silva
Luís Antônio Francisco de Souza
Marcelo dos Santos Pereira
Patricia Porchat Pereira da Silva Knudsen
Paulo Celso Moura
Ricardo D'Elia Matheus
Sandra Aparecida Ferreira
Tatiana Noronha de Souza
Trajano Sardenberg
Valéria dos Santos Guimarães

Editores-Adjuntos
Anderson Nobara
Leandro Rodrigues

JUDITH BUTLER

Desfazendo gênero

Coordenação de tradução
Carla Rodrigues

Tradução
Aléxia Bretas, Ana Luiza Gussen, Beatriz Zampieri,
Gabriel Lisboa Ponciano, Luís Felipe Teixeira,
Nathan Teixeira, Petra Bastone e Victor Galdino

© 2004 by Routledge
Todos os direitos reservados.
Tradução autorizada da edição em língua inglesa publicada
pela Routledge, membro da Taylor & Francis Group LLC
© 2022 Editora Unesp

Título original: *Undoing Gender*

Direitos de publicação reservados à:
Fundação Editora da Unesp (FEU)
Praça da Sé, 108
01001-900 – São Paulo – SP
Tel.: (0xx11) 3242-7171
Fax: (0xx11) 3242-7172
www.editoraunesp.com.br
www.livrariaunesp.com.br
atendimento.editora@unesp.br

Dados Internacionais de Catalogação na Publicação (CIP) de acordo com ISBD
Elaborado por Vagner Rodolfo da Silva – CRB-8/9410

B985d	Butler, Judith
	Desfazendo gênero / Judith Butler; traduzido por Aléxia Bretas, Ana Luiza Gussen, Beatriz Zampieri, Gabriel Lisboa Ponciano, Luís Felipe Teixeira, Nathan Teixeira, Petra Bastone e Victor Galdino. Coordenação da tradução por Carla Rodrigues – São Paulo: Editora Unesp, 2022.
	Inclui bibliografia.
	ISBN: 978-65-5711-129-1
	1. Gênero. 2. Sexualidade. I. Bretas, Aléxia. II. Gussen, Ana Luiza. III. Zampieri, Beatriz. IV. Ponciano, Gabriel Lisboa. V. Teixeira, Luís Felipe. VI. Teixeira, Nathan. VII. Bastone, Petra. VIII. Galdino, Victor. IX. Título.

2022-1156

CDD 306.76
CDU 316.346.2

Editora afiliada:

Para Wendy,
de novo e mais uma vez

Sumário

Agradecimentos   *9*

Introdução – Agir em conjunto   *11*

1. Fora de si: sobre os limites da autonomia sexual   *37*
2. Regulações de gênero   *73*
3. Fazendo justiça a alguém: redesignação sexual e alegorias da transexualidade   *101*
4. Desdiagnosticando gênero   *129*
5. O parentesco ainda é heterossexual?   *175*
6. Ansiando por reconhecimento   *223*
7. Querelas do tabu do incesto   *257*
8. Confissões corpóreas   *271*
9. O fim da diferença sexual?   *293*
10. A questão da transformação social   *343*
11. Pode o "Outro" da filosofia falar?   *389*

Referências bibliográficas   *419*

Índice remissivo   *433*

Pequeno glossário de termos 441
Sobre a equipe de tradução 449

Agradecimentos

Meus agradecimentos vão para Amy Jamgochian e Stuart Murray, que contribuíram em várias etapas na edição e compilação destes ensaios. Agradeço igualmente a Denise Riley, pelas conversas que, ao longo desses últimos anos, moveram meu pensamento de tantas maneiras complexas, difíceis de narrar. Agradeço também a Gayle Salamon, cuja dissertação sobre corporificação e materialidade fez com que eu mesma repensasse esses tópicos.

O ensaio "Fora de Si" foi criado como parte da *Amnesty Lecture Series* [Série de Palestras da Anistia] sobre "Direitos Sexuais" em Oxford na primavera de 2002, e aparecerá em uma publicação de Oxford organizada por Nicholas Bamforth. O texto contém materiais de "Violence, Mourning, Politics" ["Violência, Luto, Política"], publicado primeiro em *Studies in Gender and Sexuality 4:1* (2003). "Fazendo Justiça a Alguém" foi publicado em uma forma diferente em *GLQ* (7, n.4, 2001). Ao revisar o ensaio, incorporei sugestões feitas por Vernon Rosario e Cheryl Chase, e sou grata a ambos pelas perspectivas importantes que trouxeram. "Regulações de Gênero"

Judith Butler

foi encomendado por Gil Herdt e Catharine Stimpson para um volume porvir sobre "Gênero" ["Gender"] com a editora da Universidade de Chicago [University of Chicago Press]. "Desdiagnosticando Gênero" também consta em *Transgender Rights: Culture, Politics, and Law*, organizado por Paisley Currah e Shannon Minter (Minneapolis: University of Minnesota Press, 2004). "O Parentesco ainda é heterossexual?" aparece primeiro em *differences* (v.13, n.1, primavera 2002). "Ansiando por reconhecimento" foi editado primeiro em *Studies in Gender and Sexuality* (v.1, n.3, 2000) e algumas partes do ensaio aparecem também como "Capacity", em *Regarding Sedgwick*, org. Stephen Barber (Nova York: Routledge, 2001). "Querelas do Tabu do Incesto" está em *Whose Freud? The Place of Psychoanalysis in Contemporary Culture*, org. Peter Brooks e Alex Woloch (New Haven: Yale University Press, 2000). "Confissões corpóreas" foi enviado como artigo para o *American Psychological Division Meetings* (Division 39), em São Francisco, na primavera de 1999. "O Fim da Diferença Sexual?" tem uma versão diferente em *Feminist Consequences: Theory for a New Century*, org. Misha Kavka e Elizabeth Bronfen (Nova York: Columbia University Press, 2001). "A Questão da Transformação Social" aparece em uma versão mais longa em espanhol em *Mujeres y transformaciones sociales*, com Lidia Puigvert e Elizabeth Beck Gernsheim (Barcelona: El Roure Editorial, 2002). "Pode o 'Outro' da Filosofia Falar?" foi publicado em *Schools of Thought: Twenty-Five Years of Interpretive Social Science*, org. Joan W. Scott e Debra Keates (Princeton: Princeton University Press, 2002) e ganhou uma versão distinta em *Women and Social Transformation* (Nova York: Peter Lang Publishing, 2003).

Introdução
Agir em conjunto*

Os ensaios incluídos neste livro representam parte de meu trabalho mais recente sobre gênero e sexualidade, focando na questão do que pode significar desfazer concepções restritivamente normativas da vida sexual e generificada. No entanto, estes ensaios também são sobre a experiência do *vir a se desfazer*, no bom e no mau sentido. Algumas vezes, uma concepção normativa de gênero pode desfazer nossa pessoalidade, sabotando nossa capacidade de perseverar em uma vida vivível. Outras vezes, a experiência de uma restrição normativa sendo desfeita pode desfazer a concepção prévia do quem se é, inaugurando, de maneira inesperada, uma concepção relativamente mais nova que tem, como objetivo, uma vivibilidade maior.

Se o gênero é uma espécie de fazer, uma atividade incessante que performamos, parcialmente não-consciente e involuntária, isso não significa que é algo mecânico ou automático. Pelo contrário, trata-se de uma prática do improviso no interior de uma cena de constrangimento. Além disso, não "fazemos" o gênero

---

* Tradução de Victor Galdino.

a sós. Estamos sempre "fazendo" com e para alguém, mesmo quando esse outro é imaginário. O que chamo de "meu próprio" gênero talvez apareça, em alguns momentos, como algo de minha autoria ou, de fato, meu. Mas os termos que fazem do gênero algo nosso estão, desde o início, fora de nós, além de nós, em uma socialidade que não comporta uma autoria única (e que contesta radicalmente a noção mesma de autoria).

Embora ser de certo gênero não implique uma direção específica para o desejo, ainda assim, há, contudo, um desejo que é constitutivo do próprio gênero e, como resultado disso, não temos uma maneira rápida ou fácil de separar a vida do gênero da vida do desejo. O que quer o gênero? Falar assim pode parecer estranho, mas tal estranhamento diminui quando percebemos que as normas sociais que constituem nossa existência carregam desejos que não se originam em nossa pessoalidade individual. A questão fica mais complexa pelo fato de que a viabilização de nossa pessoalidade depende, de modo fundamental, dessas normas sociais.

A tradição hegeliana vincula o desejo ao reconhecimento, afirmando que ele é sempre desejo de reconhecimento, e que é apenas por meio da experiência do reconhecimento que qualquer pessoa é constituída como um ser socialmente viável. Essa visão tem sua dose de sedução e verdade, mas também negligencia alguns pontos importantes. Os termos pelos quais se dá nosso reconhecimento enquanto seres humanos são articulados socialmente e passíveis de modificação. E, às vezes, os próprios termos que conferem "humanidade" a alguns indivíduos são igualmente responsáveis por privar outros indivíduos da possibilidade de alcançar essa condição, produzindo um diferencial entre o humano e o menos-que-humano. Essas

Desfazendo gênero

normas produzem consequências de longo alcance para o modo como entendemos o modelo do humano que detém direitos ou é incluído na esfera participatória da deliberação política. O humano é diferencialmente entendido de acordo com sua raça, a legibilidade dessa raça, sua morfologia, a reconhecibilidade dessa morfologia, seu sexo, a verificabilidade perpétua desse sexo, sua etnia, o entendimento categórico dessa etnia. Algumas pessoas são reconhecidas como menos que humanas, e essa forma de reconhecimento qualificado não conduz a uma vida vivível. Algumas sequer são reconhecidas como humanas, e isso leva a mais outra ordem de vida não-vivível. Se parte do que o desejo quer é conquistar reconhecimento, então, o gênero, na medida em que é animado pelo desejo, vai querer o mesmo. Mas, se os esquemas de reconhecimento disponíveis são aqueles que "desfazem" a pessoa no momento em que este é concedido ou recusado, então o reconhecimento se torna um lugar de poder pelo qual o humano é produzido diferencialmente. Isso significa que o desejo, quando implicado em normas sociais, encontra-se amarrado à questão do poder e ao problema de quem é ou não qualificável como um ser reconhecidamente humano.

Se sou certo gênero, ainda serei reconhecida como parte da humanidade? Será que a "humanidade" vai se expandir para me incluir em seu escopo? Se desejo de certas maneiras, será que serei capaz de viver? Haverá um lugar para minha vida, e será esse lugar reconhecível para as outras pessoas de quem dependo para ter uma existência social?

Há algumas vantagens quando permanecemos menos que inteligíveis, caso a inteligibilidade seja entendida como aquilo que é produzido como consequência do reconhecimento, o qual se dá de acordo com as normas sociais dominantes. De fato, se minhas opções são abomináveis, se não tenho desejo algum de ser reconhecida no interior de certo conjunto de normas, disso se segue que meu senso de sobrevivência depende de conseguir escapar das garras dessas normas pelas quais o reconhecimento é outorgado. Pode ser que meu senso de pertencimento social seja debilitado pela distância que tomo, mas que, com certeza, o estranhamento seja preferível à conquista de um senso de inteligibilidade por meio de normas que vão apenas me matar de outra direção. Realmente, a capacidade de desenvolver uma relação crítica com essas normas pressupõe um distanciamento, uma habilidade de suspender ou de adiar a necessidade que temos delas, mesmo havendo um desejo por normas que nos permitam viver. A relação crítica depende também de uma capacidade, invariavelmente coletiva, de articular uma versão minoritária, alternativa da manutenção de normas ou ideais que me habilitem a agir. Se sou alguém que não pode *ser* sem *fazer*, as condições de meu fazer serão, em parte, as condições de meu existir. Se meu fazer é dependente do que é feito a mim ou, melhor, dos meios pelos quais sou feita pelas normas, então a possibilidade de minha persistência como um "eu" depende de minha capacidade de fazer algo com o que é feito a mim. Isso não significa que posso refazer o mundo de modo a me tornar sua criadora. A fantasia de um poder divino apenas rejeita os modos como, desde o início e invariavelmente, o que está diante e fora de nós constitui o que somos. Minha agência não consiste em negar essa condição de minha constituição. Se tenho qualquer agência, ela se abre pelo fato de que sou constituída por um mundo social que nunca escolhi. Que minha agência seja violentamente atravessada por paradoxos não significa que seja impossível. Significa apenas que o paradoxo é condição de sua possibilidade.

Como resultado disso, o "eu" que sou se descobre, ao mesmo tempo, constituído pelas normas e dependente delas, mas também se empenha em viver de maneiras que sustentam uma relação crítica e transformativa com elas. Não é algo fácil, porque o "eu" vem a ser, em certa medida incognoscível, ameaçado pela inviabilidade, pelo vir a ser completamente desfeito, não mais incorporando a norma de maneira a tornar esse "eu" reconhecível de forma plena. Há certa renúncia do humano que ocorre para que se inicie o processo de refazer o humano. Posso sentir que não sou capaz de viver sem alguma reconhecibilidade. Porém, também posso sentir que os termos pelos quais sou reconhecida tornam a vida não-vivível. É essa a conjuntura a partir da qual a crítica emerge, em que é compreendida como um questionamento dos termos pelos quais a vida é constrangida, com o intuito de abrir a possibilidade de diferentes modos de vida; em outras palavras, não se trata de celebrar a diferença em si mesma, mas de estabelecer condições mais inclusivas para o acolhimento e a manutenção da vida que resiste aos modelos de assimilação.

Os ensaios neste texto são esforços para articular as problemáticas de gênero e de sexualidade às tarefas de persistência e de sobrevivência. Meu próprio pensamento tem sido influenciado pela "Nova Política de Gênero"[1] que emergiu nos últimos anos, uma combinação de movimentos preocupados com

---

1 A combinação de movimentos e ativismos iniciados por pessoas trans e intersexo em suas articulações com a teoria feminista e a teoria queer. (N. T.)

Judith Butler

a transgeneridade, a transexualidade, a intersexualidade e suas relações complexas com as teorias feministas e queer.[2] Acredito, no entanto, que seria um erro aderir a uma noção progressista de história em que vários enquadramentos são entendidos como se sucedessem e suplantassem uns aos outros. Não há qualquer história a ser contada sobre como saímos de feminista para queer e para trans. O motivo para isso é que nenhuma dessas histórias está no passado; elas continuam a acontecer de modos simultâneos e sobrepostos enquanto ainda as contamos. Elas acontecem, em parte, pelas maneiras complexas como são assumidas por cada um desses movimentos e práticas teóricas.

Consideremos a oposição intersexual à prática bastante disseminada de performar cirurgias coercitivas em crianças e bebês que nascem com uma anatomia sexualmente indeterminada ou hermafrodita, prática feita em nome da normalização desses corpos. Esse movimento oferece uma perspectiva crítica sobre a versão do "humano" que demanda morfologias ideais e constrangimento por meio de normas corpóreas. A resistência da comunidade intersexo contra a cirurgia coercitiva nos solicita um entendimento de que bebês com condições intersexo são parte do contínuo da morfologia humana e devem receber um tratamento condizente com o pressuposto de que suas vidas não apenas são e serão vivíveis, como também são razões para

---

2 A Human Rights Campaign [Campanha de Direitos Humanos], localizada em Washington, D.C., é a principal organização para fins de lobby a favor dos direitos de gays e lésbicas nos EUA. Ela tem defendido que a prioridade número um da política gay e lésbica no país é o casamento. Para mais informações, ver <www.hrc.org> e também a The Intersex Society of North America [Sociedade Intersexo da América do Norte], disponível em <www.isna.org>.

Desfazendo gênero

prosperar. Assim, as normas que governam a anatomia humana idealizada operam no sentido de produzir um senso diferencial de quem é e não é humano, de quais vidas são e não são vivíveis. Esse diferencial também funciona para uma gama ampla de deficiências (embora uma outra norma esteja em operação no caso de deficiências invisíveis).

Uma forma de as normas de gênero operarem de modo concomitante pode ser vista no diagnóstico do Transtorno de Identidade de Gênero no *Diagnostic and Statistical Manual of Mental Disorders* [Manual Diagnóstico e Estatístico de Transtorno mentais] – (DSM-IV). Substituindo, em geral, o monitoramento de sinais de uma homossexualidade incipiente em crianças, esse diagnóstico supõe que "disforia de gênero" é um transtorno psicológico apenas pelo fato de que uma pessoa de determinado gênero manifesta atributos de outro gênero ou um desejo de viver como outro gênero. Essa prática impõe um modelo de vida generificada coerente, que rebaixa os modos complexos pelos quais as vidas generificadas são construídas e vividas. O diagnóstico, no entanto, é fundamental para muitas pessoas que buscam proteção financeira para tratamentos ou cirurgias de redesignação sexual, ou alterações na sua condição jurídica. Como resultado, o modo pelo qual o diagnóstico de transexualidade é atribuído implica uma patologização, contudo, passar por esse processo constitui uma das maneiras importantes de satisfazer o desejo de mudar o próprio sexo. A pergunta crucial aqui se torna: como pode o mundo ser reorganizado de forma que esse conflito seja superado?

Os esforços recentes na promoção dos casamentos gay e lésbico promovem igualmente uma norma que ameaça tornar ilegítimos e abjetos os arranjos sexuais que não estão de acordo com a norma matrimonial, sejam em sua forma existente ou em sua forma revisável. Ao mesmo tempo, as objeções homofóbicas contra esses casamentos se expandem por toda a cultura, afetando todas as vidas queer. Surge, assim, uma questão crítica: como podemos lutar contra a homofobia sem abraçar a norma matrimonial como arranjo social exclusivo ou como o mais valorizado para todas as vidas de dissidentes sexuais? De maneira semelhante, esforços para estabelecer laços de parentesco que não são baseados na união matrimonial se tornam quase ilegíveis e inviáveis quando seus termos são definidos pelo casamento e o próprio parentesco é colapsado na "família". Os laços sociais duradouros que constituem o parentesco como algo viável nas comunidades de minorias sexuais são ameaçados, tornando-se irreconhecíveis e inviáveis enquanto o laço matrimonial for o modo exclusivo de organização da sexualidade e do parentesco. Uma relação crítica com essa norma envolve a desarticulação desses direitos e obrigações atualmente convocados pelo casamento, de modo que este possa permanecer como exercício simbólico para quem desejar participar dele, enquanto os direitos e obrigações de parentesco poderiam assumir inúmeras outras formas. Que reorganização das normas sexuais seria necessária para que as pessoas que vivem sexual e afetivamente fora da união matrimonial, ou em relações de parentesco análogas a um casamento, sejam legal e culturalmente reconhecidas pela importância e persistência de seus laços íntimos ou, o que é da mesma importância, sejam libertas da necessidade de um reconhecimento desse tipo?

Se uma década ou duas atrás, "discriminação de gênero" se aplicava tacitamente às mulheres, isso não serve mais como enquadramento exclusivo para compreendermos seu

Desfazendo gênero

uso contemporâneo. A discriminação contra mulheres continua – em especial no caso de mulheres pobres e racializadas,[3] se consideramos os níveis diferenciais de pobreza e instrução formal nos Estados Unidos e no resto do planeta –, então ainda é fundamental reconhecer essa dimensão da discriminação de gênero. No entanto, agora, "gênero" também significa "identidade de gênero", uma questão de particular importância na política e na teoria da transgeneridade e transexualidade. "Transgênero" se refere às pessoas que se identificam ou vivem, de maneira cruzada, como outro gênero, que podem ou não ter passado por tratamentos hormonais ou cirurgias de redesignação sexual. Dentre as pessoas transexuais e transgênero, há quem se identifique como homem (FpM, do feminino para o masculino) ou como mulher (MpF, do masculino para o feminino), e há outras pessoas que, com ou sem cirurgia, com ou sem hormônios, identificam-se como trans, como transmasculinas ou transfemininas; cada uma dessas práticas sociais carrega diferentes fardos e promessas.

---

3 Nesse caso e no restante do livro, decidimos traduzir *"of color"* como "racializadas". Essa decisão se justifica por: i) o fato de que se trata de uma expressão que, mesmo tendo se disseminado pelo resto do mundo anglófono e não sendo mais algo local dos EUA, não encontra eco nos discursos acadêmicos e políticos sobre raça no Brasil, de modo que não usamos "pessoas de cor"; ii) a aplicação generalizada do termo acabar incluindo e *racializando* grupos étnicos e demográficos, como acontece com as pessoas latinas, o que faz de seu uso algo um tanto controverso, e não apenas por isso; iii) temos nosso vocabulário para lidar com questões raciais. Assim, o verbo "racializar" foi preferido por indicar processos que podem variar em termos de intensidade, de sucesso performativo e do objeto da racialização, e por implicar a existência de uma ação – raça também é algo *feito*. (N. T.)

Informalmente, o termo "transgênero" também pode ser aplicado a toda uma gama dessas posições. Pessoas transgênero e transexuais são sujeitas à patologização e à violência, algo que, mais uma vez, intensifica-se no caso de pessoas trans racializadas. Não se pode subestimar o assédio sofrido pelas pessoas "lidas" como trans ou descobertas enquanto tais. Estamos falando de uma parte do *continuum* da violência de gênero que tirou as vidas de Brandon Teena, Matthew Shephard e Gwen Araujo.[4] E esses assassinatos podem ser compreendidos como relacionados aos atos coercitivos de "correção" que, sofridos por crianças e bebês intersexuais, com frequência deixam esses corpos mutilados para o resto de suas vidas, traumatizados e fisicamente limitados em suas funções e prazeres sexuais.

Embora, em algumas ocasiões, os movimentos inter e transexual pareçam estar em conflito, com o primeiro se opondo às cirurgias involuntárias e o segundo demandando cirurgias eletivas, o mais importante é vermos como ambos desafiam o princípio de que um dimorfismo natural deva ser oficializado ou mantido a todo custo. Ativistas intersexo trabalham para retificar a suposição errônea de que todo corpo carrega uma "verdade" sexual inata, algo que médicos poderiam identificar e trazer à superfície por conta própria. Ao defender que o

---

4 Brandon Teena foi assassinado no dia 30 de dezembro de 1993 em Falls City, no estado de Nebraska, depois de ser estuprado e agredido na semana anterior por ser transgênero. Matthew Shephard foi assassinado (espancado e amarrado a um poste) em Laramie, no estado de Wyoming, no dia 12 de outubro de 1998, por ser um homem gay "feminino". Gwen Araujo, mulher transgênero, foi encontrada morta em uma encosta da Serra Negada após ser agredida em uma festa em Newark, no estado da Califórnia, no dia 2 de outubro de 2002.

Desfazendo gênero

gênero deve ser definido por designação ou escolha, mas não de maneira coercitiva, o movimento intersexo compartilha uma premissa com o ativismo transgênero e transexual. Este se posiciona contra as formas coercitivas de designação de gênero e, nesse sentido, demanda reivindicações mais amplas de autonomia, situação que se assemelha às reivindicações intersexo. O que exatamente o termo autonomia quer dizer, no entanto, é algo complicado para ambos os movimentos, pois, no fim das contas, escolher o próprio corpo significa invariavelmente navegar por normas que, ou estão dadas de antemão e antecedem qualquer escolha, ou se encontram articuladas em conjunto por outras agências minoritárias. De fato, indivíduos contam com instituições que oferecem apoio social para exercer sua autodeterminação no que diz respeito à decisão sobre qual corpo e qual gênero ter e manter, de modo que a autodeterminação se torna um conceito plausível apenas no contexto de um mundo social que apoia e habilita esse exercício de agência. Por outro lado, e como consequência, alterar as instituições que estabelecem e sustentam a escolha humanamente viável se torna um pré-requisito para o exercício da autodeterminação. Nesse sentido, a agência individual fica amarrada à crítica e às transformações sociais. Determinamos nosso "próprio" sentido de gênero apenas quando existem normas sociais que apoiam e habilitam esse ato de reivindicação do gênero para si. Dependemos desse "fora" para reivindicar o que nos é próprio. Assim, o *eu* deve ser despossuído na socialidade para que tome posse de si.

Uma tensão que emerge entre a teoria queer e os ativismos inter e transexual tem como questão central a designação sexual e a desejabilidade das categorias de identidade. Se a teoria queer, por definição, é compreendida em oposição a todas as reivindicações de identidade, incluindo designações sexuais estáveis, então, de fato, a tensão se mantém forte. Porém, gostaria de sugerir que, mais importante que qualquer pressuposto sobre a plasticidade da identidade ou mesmo sobre seu caráter retrógrado, é a afirmação, na teoria queer, de uma oposição a qualquer legislação involuntária da identidade. Até porque a teoria e o ativismo queer conquistaram sua importância política pela insistência de que qualquer pessoa, independentemente de sua orientação sexual, pode se engajar no ativismo anti-homofobia, e de que marcadores de identidade não são pré-requisitos para a participação política. Da mesma maneira que a teoria queer se opõe a quem deseja regular identidades ou estabelecer reivindicações epistemológicas de prioridade para quem afirma certas identidades, ela busca não apenas expandir a base comunitária do ativismo anti-homofobia, mas insistir na ideia de que a sexualidade não pode ser facilmente resumida ou unificada por qualquer categorização. Não decorre disso, portanto, que a teoria queer seja oposta a toda forma de designação de gênero, ou que lance dúvidas sobre os desejos de quem queira manter essas designações para as crianças intersexo, por exemplo, que podem muito bem precisar delas para funcionar socialmente, mesmo que acabem mudando essa designação em um momento posterior, cientes dos riscos. A hipótese perfeitamente razoável aqui é que crianças não precisam carregar o fardo de serem as heroínas de um movimento sem antes consentirem a tal papel. Nesse sentido, a categorização tem seu lugar e não pode ser reduzida a formas de essencialismo anatômico.

De maneira semelhante, o desejo transexual de se tornar homem ou mulher não deve ser rejeitado como simples desejo de conformação a categorias de identidade estabelecidas. Como aponta Kate Bornstein, pode ser que esse desejo seja pela própria transformação, uma busca pela identidade como exercício transformador, um exemplo de desejo que é ele mesmo atividade transformadora.[5] Porém, mesmo que haja, em cada um desses casos, um desejo por identidade estável em operação, parece fundamental perceber que uma vida vivível efetivamente requer variados graus de estabilidade. Da mesma forma que uma vida para a qual não existe nenhuma categoria de reconhecimento não é uma vida vivível, uma vida para a qual essas categorias constituem um constrangimento inabitável não pode ser aceita como opção.

A tarefa de todos esses movimentos me parece ser a distinção entre as normas e convenções que permitem às pessoas respirar, desejar, amar e viver; e as normas e convenções que restringem ou esvaziam as condições da própria vida. Às vezes, as normas funcionam de ambas as maneiras simultaneamente; às vezes, elas funcionam de uma maneira para determinado grupo e de outra para outro grupo. O mais importante é parar de legislar para todas as vidas o que é vivível apenas para algumas, assim como evitar proscrever para todas as vidas o que é invivível para algumas. As diferenças em posicionamento e desejo estabelecem os limites para a universalização como reflexo ético. A crítica das normas de gênero deve ser situada no interior do contexto das vidas como elas são vividas, e deve ser orientada pela questão sobre o que maximiza as possibilidades para uma vida vivível, e o que minimiza a possibilidade

---

5 Cf. Bornstein, *Gender Outlaw*.

de uma vida insustentável ou, podemos dizer, de uma morte social ou literal.

Em minha perspectiva, nenhum desses movimentos é pós--feminista. Todos eles descobriram recursos conceituais e políticos importantes no feminismo, e este continua a levantar desafios para esses movimentos e a operar como um aliado importante. E, assim como não adianta mais considerar o termo "discriminação de gênero" um código para a discriminação contra mulheres, seria igualmente inaceitável propor uma visão da discriminação de gênero que não levasse em consideração os modos diferenciais pelos quais mulheres sofrem com pobreza e analfabetismo, discriminação no trabalho, com divisões de trabalho generificadas no interior de um quadro global, e com violências sexuais e de outros tipos. O enquadramento feminista que toma a dominação estrutural de mulheres como ponto de partida para todas as outras análises do gênero coloca em risco sua própria viabilidade ao recusar a admissão das várias maneiras como o gênero emerge enquanto questão política, carregando um conjunto específico de riscos físicos e sociais. É fundamental, para a compreensão das operações de gênero em contextos globais, em formações transnacionais, não apenas ver quais problemas são levantados pelo termo "gênero", mas combater as falsas formas de universalismo que se encontram tácita ou explicitamente a serviço do imperialismo cultural. O fato de que o feminismo sempre combateu a violência sexual e não-sexual contra às mulheres deve nos servir como base para uma aliança com esses outros movimentos, pois a violência fóbica contra corpos é parte do que une os ativismos anti-homofobia, antirracista, feminista, trans e intersexo.

Desfazendo gênero

Embora algumas feministas tenham demonstrado publicamente suas preocupações com a possibilidade do movimento trans constituir um esforço para deslocar ou se apropriar da diferença sexual, penso que se trata de apenas uma versão de feminismo, uma que é criticada por outras que tomam o gênero como categoria histórica, que demanda, para a compreensão de seu funcionamento, enquadramentos múltiplos e que variam no espaço e no tempo. A ideia de que transexuais buscam escapar da condição social de feminilidade porque tal condição é considerada inferior, ou porque lhe faltam os privilégios concedidos aos homens, pressupõe que a transexualidade que vai do feminino para o masculino (FpM) pode ser explicada, definitivamente, pelo recurso exclusivo a esse enquadramento na compreensão da feminilidade e da masculinidade. Tende-se a esquecer que os riscos de discriminação, perda de emprego, assédio público e violência aumentam para quem vive abertamente como pessoa transgênero. A ideia de que o desejo de se tornar homem, ou transmasculino, ou de viver de maneira transgênera é motivado por um repúdio da feminilidade pressupõe que toda pessoa nascida com anatomia feminina está, em consequência, de posse de uma feminilidade apropriada (seja ela inata, simbolicamente adotada ou socialmente designada), algo que pode ser possuído ou renegado, apropriado ou expropriado. De fato, a crítica da transexualidade que vai do feminino para o masculino (FpM) tem se concentrado na "apropriação" da feminilidade, como se ela pertencesse propriamente a um sexo determinado, como se o sexo fosse discretamente dado, como se a identidade de gênero pudesse e devesse ser derivada, de maneira inequívoca, de uma anatomia presumida. Entender o gênero como categoria histórica, por outro lado, é aceitar que o gênero, enquanto um modo de configurar culturalmente um corpo, é aberto a um refazer contínuo, e que "anatomia" e "sexo" não são termos desprovidos de enquadramento cultural (como o movimento intersexo tem tornado explícito). A própria designação de feminilidade aos corpos femininos, como se fosse propriedade natural ou necessária, ocorre no interior de um enquadramento normativo em que a designação da feminilidade para a condição de fêmea[6] é um dos mecanismos que produzem o próprio gênero. Termos como "masculino" e "feminino" são notoriamente mutáveis; existem histórias sociais para cada um deles; seus significados mudam de forma radical dependendo das fronteiras geopolíticas e dos constrangimentos culturais sobre quem imagina quem e para que fins. Ainda que a recorrência dos termos seja algo interessante de notar, ela não registra uma mesmidade em seu uso, e sim o modo como sua articulação social depende da repetição, algo que constitui uma das dimensões da estrutura performativa do gênero. Portanto, os termos da designação de gênero nunca são estabelecidos de modo definitivo, mas se encontram constantemente no processo de serem refeitos.

---

6 "...of femininity to femaleness." A opção por "condição de fêmea", e não "feminilidade", se deve à necessidade de distinguir, no português, "femaleness" de "femininity", já traduzida dessa maneira. Essa decisão visa preservar um aspecto importante dos processos de normalização criticados por Butler: a criação, por meios performativos, da experiência de uma substancialidade natural associada à palavra "mulher", experiência que depende da identificação de atributos culturalmente contingentes (como a feminilidade) a uma suposta natureza, essência ou condição biológica. (N. T.)

Desfazendo gênero

O conceito de gênero como algo histórico e performativo, no entanto, permanece em uma relação tensa com algumas das versões da diferença sexual, e alguns dos ensaios incluídos aqui tentam levantar uma discussão sobre essa divisão no interior da teoria feminista. A ideia de que a diferença sexual é uma diferença primária tem recebido críticas de vários cantos. Há quem argumente, com razão, que a diferença sexual não é mais primária que a racial ou étnica, e que não é possível apreendê-la fora dos quadros raciais e étnicos pelos quais é articulada. Da mesma maneira, quem afirma que a criação por mãe e pai é fundamental para todas as pessoas humanas pode muito bem ter um ponto. Mas, será que doadores de esperma, parceiros casuais e mesmo estupradores são realmente "pais" em um sentido social? Mesmo que o sejam, em algum sentido ou em determinadas circunstâncias, será que não levam a categoria a uma crise para quem pressupõe que crianças sem pais discerníveis em sua criação estão sujeitas à psicose? Se esperma e óvulo são necessários para a reprodução (e permanecem sendo) – e se, nesse sentido, a diferença sexual é parte essencial de qualquer explicação que uma pessoa humana venha a oferecer sobre sua origem –, será que isso implica que essa diferença molda o indivíduo mais profundamente do que outras forças de constituição social, como as condições econômicas ou raciais nas quais nascemos, as condições de adoção, a estadia no orfanato? Há tanto assim que se desdobre do fato de uma diferença sexual originária?

O trabalho feminista sobre tecnologias reprodutivas tem gerado uma série de perspectivas éticas e políticas que não apenas reanimaram os estudos feministas, como também deixaram claras as implicações do pensamento sobre gênero em suas relações com biotecnologia, política global e o próprio estatuto da humanidade e da vida. Feministas que criticam as tecnologias por substituírem efetivamente o corpo materno por um aparato patriarcal devem, ainda assim, encarar o aumento de autonomia que essas tecnologias têm oferecido às mulheres. Feministas que abraçam essas tecnologias por conta das opções que elas têm oferecido devem, ainda assim, lidar com os usos que podem ser feitos dessas tecnologias, usos que podem muito bem envolver o cálculo da perfectibilidade do humano, assim como seleções racial e sexual. As feministas que se opõem às inovações tecnológicas, porque estas ameaçam apagar a primazia da diferença sexual, correm o risco de naturalizar a reprodução heterossexual. Nesse caso, a doutrina da diferença sexual entra em uma relação tensa com as lutas anti-homofobia, e com os interesses dos movimentos transgênero e intersexo em garantir direitos de acesso às tecnologias que facilitam a redesignação sexual.

Em cada uma dessas lutas, vemos que a tecnologia é um lugar de poder em que o humano é produzido e reproduzido – não se trata apenas da humanidade da criança, mas também da de quem dá à luz e de quem cria essa criança, afetando igualmente pais biológicos e não-biológicos. Da mesma forma, o gênero figura como precondição para a produção e manutenção de uma humanidade legível. Se há uma reflexão importante a ser feita em coligação nesses vários movimentos, todos eles compondo a Nova Política de Gênero, esta certamente terá a ver com os pressupostos envolvendo dimorfismo sexual, com os usos e abusos da tecnologia, e com a contestação do estatuto do humano e da própria vida. Se a diferença sexual é aquilo que deve ser protegido do apagamento por uma tecnologia

Desfazendo gênero

compreendida como falocêntrica em seus objetivos, como podemos distinguir a diferença sexual e as formas normativas de dimorfismo contra as quais ativistas trans e intersexo lutam diariamente? Se a tecnologia é um recurso que algumas pessoas querem acessar, ela também é uma imposição da qual outras pessoas buscam se libertar. A tecnologia ser escolhida ou imposta é uma questão fundamental para ativistas intersexo. Se algumas pessoas trans argumentam que seu próprio senso de pessoalidade depende do acesso a tecnologias que garantam certas alterações corpóreas, por outro lado, algumas feministas argumentam que a tecnologia ameaça tomar o lugar da produção de pessoas, criando o risco do humano se tornar nada mais que um efeito tecnológico.

De maneira semelhante, a demanda por um maior reconhecimento da diferença corpórea por parte dos movimentos de pessoas com deficiência e do ativismo intersexo invariavelmente pede uma renovação do valor da vida. É claro, "vida" é um termo que tem sido usado por movimentos de direita para limitar as liberdades reprodutivas das mulheres, de modo que a demanda pelo estabelecimento de condições mais inclusivas para a valoração da vida, e para a produção das condições de uma vida vivível pode ecoar demandas conservadoras indesejadas pela limitação da autonomia das mulheres de exercerem o direito ao aborto. Porém, o que parece mais importante aqui é não entregar o termo "vida" à agenda direitista, pois veremos que, nesses debates, há questões sobre quando uma vida humana começa e o que constitui a vida em sua viabilidade. O ponto não é recusar energicamente a extensão do "direito à vida" para toda e qualquer pessoa que deseja fazer essa reivindicação em nome de embriões mudos, mas compreender como a "viabilidade" da vida de uma mulher depende de um exercício de autonomia corpórea e das condições sociais que habilitam essa autonomia. Além disso, como no caso de quem busca superar os efeitos patologizantes do diagnóstico sobre Transtorno de Identidade de Gênero (TIG), fazemos referência às formas de autonomia que exigem apoio e proteções sociais (e legais), e que exercem uma transformação nas normas que governam o modo como a própria agência é alocada diferencialmente dentre os gêneros; portanto, o "direito" das mulheres à escolha permanece, em alguns contextos, como um termo impróprio.

As críticas ao antropocentrismo têm deixado claro que, quando falamos de uma vida humana, indexamos um ser que é, ao mesmo tempo, humano e vivente, e o espectro do vivente excede o do humano. Em certo sentido, a expressão "vida humana" designa uma combinação de difícil manejo, pois "humana" não é apenas qualificação de "vida", e "vida" relaciona o humano ao que é não-humano e vivente, estabelecendo o humano no meio dessa relacionalidade. Para que o humano seja humano, deve se relacionar com o não-humano, com o que lhe é exterior, porém contínuo em virtude de uma interimplicação na vida. Essa relação com aquilo que não se é constitui o ser humano em sua vivacidade, de modo que o humano excede suas fronteiras no próprio esforço de estabelecê-las. Afirmar "eu sou um animal" é admitir, em uma linguagem distintamente humana, que o humano não é distinto. Esse paradoxo faz com que seja imperativo separar a questão da vida vivível do estatuto da vida humana, dado o fato de que a vivibilidade diz respeito aos seres vivos que excedem o humano. Além disso, seria insensato pensar que a vida é plenamente possível sem a dependência da tecnologia, o que sugere que o humano, em sua animalidade,

Desfazendo gênero

é dependente da tecnologia para viver. Nesse sentido, estamos pensando no interior do quadro do ciborgue ao colocarmos em questão o estatuto do humano e o da vida vivível.

Repensar o humano nesses termos não implica um retorno ao humanismo. Quando Frantz Fanon afirmou que o "negro não é um homem", levou adiante uma crítica do humanismo que mostrou que o humano, em sua articulação contemporânea, é tão plenamente racializado que nenhum homem negro poderia ser qualificável como humano.[7] Nesse caso, a formulação era também uma crítica da masculinidade, dando a entender que o homem negro é feminizado. E o que essa formulação implica é que aquele que não é "homem" no sentido masculino também não é humano, sugerindo que a masculinidade, assim como o privilégio racial, fortalece a noção de humanidade. A formulação de Fanon tem sido expandida por pesquisadores na contemporaneidade, incluindo a crítica literária Sylvia Wynter, de modo a dizer respeito também às mulheres racializadas, e a colocar em questão os enquadramentos racistas no interior dos quais a categoria do humano tem sido articulada.[8] Essas formulações mostram os diferenciais de poder embutidos na construção da categoria "humano" e, ao mesmo tempo, insistem na historicidade do termo, no fato de que tem sido cunhado e consolidado ao longo do tempo.

A categoria "humano" retém, no seu interior, as operações do poder diferencial da raça como parte de sua própria

---

7 Fanon, *Black Skin, White Masks*, p.8 [ed. bras.: *Pele negra, máscaras brancas*, p.22].

8 Cf. Wynter, Disenchanting Discourse. 'Minority' Literary Criticism and Beyond.

historicidade. Contudo, a história da categoria não chegou ao fim, ela não foi capturada de uma vez por todas. Que a categoria seja feita no tempo, e que opere pela exclusão de uma ampla gama de minorias significa que sua rearticulação começará precisamente no ponto em que as pessoas excluídas falarão a partir dela e para ela. Se Fanon escreve que "o negro não é um homem", quem escreve quando Fanon escreve? Se podemos nos perguntar "quem", isso significa que o humano excedeu sua definição categórica, e que é no enunciado e por meio dele que se abre a categoria para um futuro diferente. Se há normas de reconhecimento pelas quais o "humano" é constituído, e essas normas codificam operações de poder, então disso se segue que a disputa pelo futuro do "humano" será uma disputa sobre o poder que opera nessas normas e por meio delas. Esse poder emerge na linguagem de maneira restritiva, ou mesmo em outros modos de articulação como aquilo que tenta parar a articulação e, ainda assim, segue adiante. Esse duplo movimento é encontrado no enunciado, na imagem, na ação que articula a luta contra a norma. As pessoas consideradas ilegíveis, irreconhecíveis ou impossíveis, ainda assim, falam nos termos do "humano", abrindo o termo a uma história que não se encontra inteiramente constrangida pelos diferenciais de poder existentes.

Essas questões formam, em parte, uma agenda para o futuro em que esperamos reunir uma série de pesquisadores e ativistas na construção de enquadramentos mais amplos, no interior dos quais esses problemas urgentes e complexos possam ser abordados. Esses problemas claramente se relacionam às mudanças na estrutura do parentesco, aos debates sobre casamento gay, condições para adoção e acesso à tecnologia reprodutiva.

Desfazendo gênero

Parte do processo de repensar onde e como o humano vem a ser envolverá repensar também as paisagens social e psíquica em que as crianças emergem. De maneira semelhante, mudanças no nível do parentesco demandam uma reconsideração das condições sociais nas quais as pessoas humanas nascem e recebem sua criação, inaugurando um novo território para análises sociais e psicológicas, assim como os lugares para a convergência delas.

A psicanálise tem sido ocasionalmente usada para fortalecer a noção de uma diferença sexual primária que forma o núcleo da vida psíquica de um indivíduo. Mas, nesse caso, parece que a diferença sexual ganha sua pertinência apenas pelo pressuposto de que esperma e óvulo implicam a cópula heterossexual entre pai e mãe, seguindo-se disso uma série de outras realidades psíquicas, como a cena primária e o cenário edípico. Contudo, se o óvulo ou o esperma vem de outro lugar, não sendo vinculado a uma pessoa chamada "mãe" ou "pai", ou se uma dessas pessoas fazendo amor não é heterossexual ou reprodutiva, então isso indicaria que uma nova topografia psíquica se faz necessária. É claro que podemos supor, como muitas pessoas que trabalham com psicanálise na França têm feito, que a reprodução se segue universalmente da cópula heterossexual entre pai e mãe, e que esse fato oferece uma condição psíquica para o sujeito humano. Essa ideia é levada adiante para condenar formas de união não-heterossexuais, tecnologias reprodutivas e a criação fora do casamento heterossexual nuclear como prejudiciais para as crianças, perigosas para a cultura e destrutivas para a humanidade. Porém, recrutar os vocabulários psicanalíticos para fins de preservação da linhagem paterna, da transmissão de culturas nacionais e do casamento heterossexual é apenas um dos usos da psicanálise, não sendo necessário e nem muito produtivo.

É importante lembrar que a psicanálise pode servir também como crítica da adaptação cultural, assim como uma teoria para a compreensão dos modos como a sexualidade fracassa em se conformar às normas sociais pelas quais é regulada. Além disso, não há teoria melhor para capturar as operações da fantasia que é construída não como conjunto de projeções em uma tela interior, mas como parte da própria relacionalidade humana. Com base nesse *insight*, é possível entender como a fantasia é essencial para a experiência do próprio corpo, ou de outros corpos, como algo generificado. Por fim, a psicanálise pode operar a serviço de uma concepção dos seres humanos como portadores de uma humildade irreversível em suas relações com outros e consigo mesmos. Há sempre uma dimensão de nós e de nossa relação com outras pessoas que não podemos conhecer, e esse não-conhecer persiste conosco enquanto condição de nossa existência e mesmo de nossa capacidade de sobrevivência. Até certo ponto, o que não sabemos e nem podemos saber nos move, e essa "pulsão" (*Trieb*) é precisamente o que não é apenas biológico e nem cultural, mas que é sempre o lugar de sua densa convergência.[9] Se as normas que não fazemos sempre nos constituem, então tenho que entender os modos como se dá essa constituição. A encenação e estruturação do afeto e do desejo é claramente um dos caminhos pelos quais as normas alcançam o que sinto me pertencer de maneira mais própria. O fato de que sou outra para mim, no exato lugar onde espero ser eu mesma, segue-se

---

9 Cf. Freud, Instincts and their Vicissitudes, in: *On the History of the Psycho-Analytic Movement, Papers on Metapsychology and other works* [ed. bras.: Os instintos e seus destinos, in: *Introdução ao narcisismo: ensaios de metapsicologia e outros textos (1914-1916)*].

do fato de que a socialidade das normas excede meu nascimento e minha morte, sustentando um campo espaçotemporal de operações que, por sua vez, excede meu autoentendimento. As normas não exercem um controle definitivo ou fatalista; ao menos, nem sempre. O fato de que o desejo não é inteiramente determinado corresponde ao entendimento psicanalítico de que a sexualidade nunca é capturada em sua totalidade por qualquer regulação. Em vez disso, ela é caracterizada pelo deslocamento, pode exceder a regulação, assumir novas formas em resposta a essa regulação, e mesmo dar a volta e torná-la excitante. Nesse sentido, a sexualidade nunca é redutível ao "efeito" de uma operação específica do poder regulatório. Não é o mesmo que dizer que a sexualidade é, por conta de sua natureza, livre e selvagem. Pelo contrário, ela emerge precisamente como possibilidade de improviso no interior de um campo de constrangimentos. A sexualidade, no entanto, não se encontra "em", nesses constrangimentos, como algo que está "em" um recipiente: ela pode ser extinta por eles, mas também mobilizada e incitada, e é capaz até mesmo de, às vezes, demandar que esses constrangimentos sejam produzidos de modo contínuo.

Segue-se disso, portanto, que até certo ponto, a sexualidade se estabelece fora de nós; há um lugar outro que nos motiva, cujos sentido e propósito plenos não podemos determinar de maneira definitiva.[10] Isso ocorre apenas porque a sexualidade é uma das maneiras pelas quais significações culturais são transportadas, tanto pela operação das normas como pelos modos

---

10 Cf. Merleau-Ponty, The Body in its Sexual Being, in: *The Phenomenology of Perception*, p.154-73. [ed. bras.: O corpo como ser sexuado, in: *Fenomenologia da percepção*, p.213-36]

periféricos de desfazê-las. A sexualidade não se desdobra do gênero no sentido de que o gênero que se "é" determina o tipo de sexualidade que se "terá". Tentamos falar de maneiras ordinárias sobre esses assuntos, declarando nosso gênero, revelando nossa sexualidade, mas, um tanto inadvertidamente, acabamos nos metendo em emaranhados ontológicos e dilemas epistemológicos bem confusos. Sou eu um gênero no fim das contas? E será que eu "tenho" uma sexualidade?

Ou será que o "eu" que deveria estar portando seu gênero é desfeito ao ser um gênero, que o gênero está sempre vindo de um lugar que é outro e está sempre voltado a algo que está além de mim, constituído em uma socialidade da qual não sou plenamente autora? Se esse é o caso, então o gênero desfaz o "eu" que supostamente seria ou portaria seu gênero, e esse desfazer é parte do próprio sentido desse "eu" e de sua compreensibilidade. Se afirmo "ter" uma sexualidade, parece que ela está aí enquanto algo que posso reivindicar como meu, possuir como um atributo. Mas, e se a sexualidade é o meio pelo qual sou despossuída? E se ela for investida e animada por um lugar outro mesmo enquanto é precisamente minha? Não se segue disso, portanto, que o "eu" que "tem" sua sexualidade é desfeito pelo que reivindica possuir, e que a própria "reivindicação" não pode mais ser feita exclusivamente em seu próprio nome? Se sou reivindicada por outros quando faço minha reivindicação, se o gênero é para e de um outro antes de ser meu, se a sexualidade implica certa despossessão do "eu", nada disso significa o fim de minhas reivindicações políticas. Apenas que, quando faço essas reivindicações, elas não são feitas apenas para mim.

1
Fora de si: sobre os limites da autonomia sexual[*]

O que torna o mundo vivível não é uma questão ociosa, nem é meramente uma questão para filósofos. Ela é colocada o tempo todo, em vários idiomas, por pessoas em diversas áreas da vida. Se isso faz com que todas essas pessoas sejam filósofas, então, essa é uma conclusão que fico feliz em abraçar. Torna-se uma questão de ética, penso, não apenas quando levantamos a questão pessoal, o que torna minha própria vida suportável, mas quando perguntamos, de uma posição de poder e do ponto de vista da justiça distributiva, o que faz ou deve fazer a vida dos outros ser suportável? Em algum lugar da resposta, nos encontramos não apenas comprometidos com uma determinada concepção do que seja a vida e o que ela deveria ser, mas também de o que constitui a vida humana, distintamente humana, e o que não. Aqui há sempre o risco de antropocentrismo, quando se assume que a vida distintamente humana é valiosa ou mais valiosa ou que é o único modo de se pensar o problema do valor. Porém, para talvez contrariar essa tendência, seja necessário

---

[*] Tradução de Aléxia Bretas.

fazer ambas as perguntas, pela vida e pelo humano, e não as deixar colapsar inteiramente uma na outra.

Gostaria de começar e terminar com a questão do humano, de quem conta como humano, e a questão relacionada de quais vidas contam como vidas, e com uma questão que preocupa muitos de nós há anos: o que torna uma vida enlutável? Acredito que apesar das diferenças existentes dentro da comunidade internacional de gays e lésbicas, e existem muitas, todos nós temos alguma noção do que é ter perdido alguém. E se perdemos, então, é porque tivemos alguém, porque desejamos, amamos e lutamos para encontrar condições para viver o nosso desejo. Todos perdemos alguém nas últimas décadas por causa da AIDS, mas há outras perdas que nos afligem, outras doenças; além disso, somos, como comunidade, sujeitos à violência, mesmo que alguns de nós não tenham sido afetados em um nível individual. E isso significa que somos, em parte, constituídos politicamente em virtude da vulnerabilidade social de nossos corpos; somos constituídos como campos de desejo e de vulnerabilidade física. Somos, ao mesmo tempo, publicamente assertivos e vulneráveis.

Não tenho certeza se posso saber quando o luto é bem-sucedido ou quando alguém completou inteiramente o trabalho de luto por outro ser humano. Tenho certeza, porém, de que isso não significa o esquecimento da pessoa perdida ou que algo distinto ocupe o seu lugar. Não acho que funcione desse modo. Em vez disso, penso que uma pessoa realiza o luto quando aceita o fato de que a perda sofrida será o que a mudará, possivelmente para sempre, e esse luto tem a ver com aceitar uma transformação cujo resultado não se pode prever. Portanto, há a perda e há o efeito transformador da perda, e este último não pode ser mapeado ou planejado. Não penso, por exemplo, que se possa invocar uma ética protestante quando se trata de perder alguém. Você não pode dizer: "Ah, vou sofrer uma perda assim e esse será o resultado, vou me dedicar à tarefa e me esforçar para alcançar uma resolução do luto que está à minha frente". Acho que somos atingidos por ondas, que começamos o dia com um objetivo, um projeto, um plano e nos vemos frustrados. Nos encontramos caídos. Ficamos exaustos, sem saber o porquê. Algo é maior do que nosso próprio plano ou projeto deliberado, maior do que nosso próprio conhecimento. Alguma coisa toma conta de nós; mas é algo vindo de si mesmo, de fora, ou de alguma região na qual a diferença entre os dois é indeterminável? O que é isso que nos convoca em tais momentos, de tal forma que não somos senhores de nós mesmos? A que estamos ligados? E por que somos tomados?

Pode parecer que se esteja passando por algo temporário, mas é muito possível que algo sobre quem somos seja revelado nesta experiência, algo que delineia os laços que temos com os outros, que nos mostra que esses laços constituem um senso de identidade, compõem quem somos; e quando os perdemos, perdemos nossa compostura em algum sentido fundamental: não sabemos quem somos ou o que fazer. Muitas pessoas pensam que o luto é privado, que nos leva de volta a uma situação solitária, mas acho que ele expõe a sociabilidade constitutiva do eu, é uma base para pensar uma comunidade política de ordem complexa.

Não é apenas que eu possa dizer que "tenho" essas relações, ou que possa virar para trás e vê-las a distância, enumerando-as, explicando o que essa amizade significa, o que aquela/e amante significou ou significa para mim. Pelo contrário, o luto mostra o modo como somos reféns de nossas relações com os outros; como nem sempre podemos explicar ou recontar; que muitas vezes o luto interrompe o relato autoconsciente que tentamos oferecer sobre nós mesmos de forma a desafiar a própria noção de quem somos como seres autônomos e no controle. Posso tentar contar uma história sobre o que estou sentindo, mas teria que ser uma história em que o próprio "eu" que procura contá-la fosse interrompido no meio da narrativa. O próprio "eu" é questionado por sua relação com aquela/e a quem me dirijo. Essa relação com o Outro não precisamente arruína minha história ou me reduz ao silêncio, mas invariavelmente obstrui minha fala com sinais do seu desfazer.

Vamos encarar isto. Somos desfeitos uns pelos outros. E se não somos, falta algo em nós. Se este parece ser tão claramente o caso do luto, é apenas porque já era o caso do desejo. Não ficamos sempre intactos. Pode ser que queiramos ou façamos isso, mas também pode ser que, apesar de nossos melhores esforços, sejamos desfeitos, em face do outro, pelo toque, pelo cheiro, pela sensação, pela perspectiva do toque, pela memória da sensação. E, então, quando falamos sobre *minha* sexualidade ou *meu* gênero, como fazemos (e como devemos fazer), queremos dizer algo que é complicado pelo próprio processo de se desfazer. Nada disso é precisamente uma posse, mas ambos devem ser entendidos como *modos de ser despossuídos*, maneiras de ser para um outro ou, de fato, em virtude de um outro. Não é suficiente dizer que eu esteja promovendo uma concepção relacional do ser em detrimento de uma concepção autônoma ou tentando redescrever a autonomia em termos de relacionalidade. O termo "relacionalidade" repara a ruptura na relação que procuramos descrever, uma ruptura constitutiva da própria identidade. Isso significa que será preciso abordar com cautela o problema de conceituar a despossessão. Uma maneira de fazer isso é por meio da noção de êxtase.

Temos a tendência de narrar a história do movimento mais amplo pela liberdade sexual de tal modo que o êxtase figure nas décadas de 1960 e 1970 e persista até meados dos anos 1980. Mas talvez historicamente o êxtase seja mais persistente do que isso, talvez esteja conosco o tempo todo. Porque ser extático significa, de maneira literal, estar fora de si, e isso pode ter vários significados: ser transportado para além de si mesmo por uma paixão, mas também estar *fora de si* por raiva ou tristeza. Penso que, se ainda puder falar de um "nós", e me incluir em seus termos, estou falando para aqueles de nós que estão vivendo de certo modo fora de nós mesmos, seja por paixão sexual, sofrimento emocional ou raiva política. Em certo sentido, o dilema é entender que tipo de comunidade é composta por aqueles que estão fora de si.

Temos uma situação política interessante, já que na maioria das vezes em que ouvimos falar sobre "direitos", entendemos estes como pertencentes a indivíduos, ou quando lutamos por proteção contra discriminação, argumentamos como um grupo ou uma classe. E nessa linguagem e nesse contexto, temos que nos apresentar como seres vinculados, distintos, reconhecíveis, delineados, sujeitos perante a lei, uma comunidade definida por semelhança. Na verdade, é melhor sermos capazes de usar essa linguagem para garantir proteções e direitos legais. Mas talvez cometamos um erro se considerarmos as definições de quem somos, legalmente, como descrições adequadas ao que fazemos. Embora esta linguagem possa estabelecer muito bem nossa legitimidade dentro de uma estrutura legal acomodada em versões liberais da ontologia humana, ela não consegue fazer justiça à paixão, ao luto e à raiva, a tudo o que nos separa de nós mesmos, nos liga a outros, nos transporta, nos desfaz e nos implica em vidas que não são as nossas, às vezes fatalmente, irreversivelmente.

Não é fácil entender como uma comunidade política é forjada por tais vínculos. Quando se fala, fala-se por outro, para outro e, no entanto, não há como desfazer a distinção entre os outros e eu mesma. Quando dizemos "nós", não fazemos nada além do que designar isso como muito problemático. Não resolvemos. E esta talvez seja, e deveria ser, uma questão insolúvel. Pedimos que o Estado, por exemplo, mantenha suas leis fora de nossos corpos e reivindicamos que princípios de autodefesa e de integridade corporal sejam aceitos como bens políticos. Ainda assim, é através do corpo que o gênero e a sexualidade ficam expostos aos outros, implicados em processos sociais, inscritos por normas culturais e apreendidos em seus significados sociais. Em certo sentido, ser um corpo é entregar-se a outros, apesar de o corpo ser, enfaticamente, "algo de si próprio", aquilo pelo qual devemos reivindicar direitos de autonomia. Isso é tão verdadeiro para as reivindicações feitas por lésbicas, gays e bissexuais em favor da liberdade sexual quanto para reivindicações de pessoas transexuais e transgênero por autodeterminação; como é para reivindicações de pessoas intersexo para se verem livres de intervenções médicas, cirúrgicas e psiquiátricas coagidas; como é para todas as pessoas que reivindicam o fim de ataques racistas, sejam estes físicos ou verbais; do mesmo modo como o feminismo reivindica a liberdade reprodutiva. É difícil, se não impossível, fazer tais exigências sem recorrer à autonomia e, especificamente, a um sentido de autonomia corporal. Autonomia corporal, no entanto, é um vívido paradoxo. Não estou sugerindo, porém, que deixemos de fazer tais reivindicações. Precisamos fazê--las, devemos. Não estou dizendo que estas devem ser feitas de maneira relutante ou estratégica. Tais reivindicações fazem parte da aspiração normativa de qualquer movimento que busque maximizar a proteção e as liberdades de minorias sexuais e de gênero, de mulheres — definidas em um espectro o mais amplo possível —, bem como de minorias raciais e étnicas, especialmente na medida em que atravessam todas as outras categorias. Mas existe outra aspiração normativa que devemos também procurar articular e defender? Existe uma via pela qual o lugar do corpo em todas essas lutas abre uma concepção de política diferente?

O corpo implica mortalidade, vulnerabilidade, agência: a pele e a carne nos expõem ao olhar dos outros, mas também ao toque e à violência. O corpo pode ser a agência e o instrumento de tudo isso ou o local onde "fazer" e "ser feito para" se tornam equívocos. Embora lutemos por direitos sobre nossos próprios corpos, os mesmos corpos pelos quais lutamos nem sempre são apenas nossos. O corpo tem invariavelmente uma dimensão pública; se constituiu como um fenômeno social na esfera pública, meu corpo é e não é meu. Dado desde o início ao mundo dos outros, levando sua marca, formado dentro do cadinho da vida social, o corpo é só mais tarde, e com alguma incerteza, aquele que eu reivindico como meu. Com certeza, se eu tentar negar o fato de que meu corpo me relaciona — contra minha vontade e desde o início — com outros que não escolho ter perto de mim (o metrô é um excelente exemplo dessa dimensão da sociabilidade), e se construir uma noção de "autonomia" a partir da negação dessa esfera ou de uma proximidade física primária e involuntária com os outros, então eu estaria precisamente negando as condições sociais e políticas da minha corporeidade em nome da autonomia? Se estou lutando *por* autonomia, não preciso estar lutando também por outra coisa, por uma concepção de mim mesma que está invariavelmente em comunidade, impressionada por outros, impressionando-os também, e de maneiras que nem sempre são claramente delineáveis, de formas que não são totalmente previsíveis?

Existe um modo pelo qual podemos lutar por autonomia em várias esferas, mas também considerar as demandas que são impostas sobre nós por vivermos em um mundo de seres que são, por definição, fisicamente dependentes uns dos outros, fisicamente vulneráveis uns aos outros? Não seria essa uma outra maneira de imaginar a comunidade de tal modo que nos coubesse considerar com muito cuidado quando e onde praticamos a violência, já que a violência é sempre uma exploração desse vínculo primário, desse modo primário no qual estamos, como corpos, fora de nós mesmos, uns para os outros?

Se pudéssemos, então, voltar ao problema do luto, aos momentos em que se sofre algo fora do controle e se descobre que se está fora de si ou sem paz consigo mesmo, poderíamos dizer que o luto traz em seu interior a possibilidade de apreender a sociabilidade fundamental da vida corporificada, as maneiras pelas quais somos desde o início, e em virtude de sermos seres corpóreos, já entregues para além de nós mesmos, implicados em vidas que não são nossas. Pode esta situação, que é tão dramática para as minorias sexuais e que estabelece uma perspectiva política muito específica para quem trabalha no campo das questões sexuais e de gênero, oferecer uma

Desfazendo gênero

perspectiva pela qual poderíamos começar a apreender a situação global contemporânea?

Luto, medo, ansiedade, raiva. Nos Estados Unidos, após 11 de setembro de 2001, estivemos cercados de violência por toda parte, tendo-a perpetrado, sofrendo-a, vivendo com medo dela, planejando-a ainda mais. A violência é certamente o pior tipo de toque, uma maneira pela qual a vulnerabilidade humana aos outros seres humanos é exposta em sua forma mais aterrorizante, uma forma pela qual somos entregues, sem controle, à vontade de outrem, um modo pelo qual a própria vida pode ser eliminada pela ação voluntária de um outro. Na medida em que cometemos violência, estamos agindo sobre outro, colocando outros em risco, causando danos aos outros. De certo modo, todos vivemos com essa vulnerabilidade particular, uma vulnerabilidade ao outro que faz parte da vida corpórea, mas, sob certas condições sociais e políticas, essa vulnerabilidade torna-se altamente exacerbada. Embora o modo dominante nos Estados Unidos tenha sido o de reforçar a soberania e a segurança para minimizar ou mesmo erradicar essa vulnerabilidade, ela pode também servir a outra função e a outro ideal. O fato de nossas vidas serem dependentes de outras pode ser tomado como base para reivindicar soluções políticas não militaristas, as quais não podemos rejeitar e devemos atender, até mesmo tolerar, quando começamos a refletir sobre qual política pode ser implicada, ao ficarmos com o pensamento em nossa própria vulnerabilidade corporal.

Há algo a se ganhar com o luto, com se demorar no luto, continuando exposta à sua aparente tolerabilidade e não se esforçar em buscar uma solução por meio da violência? Existe algo a ser ganho no domínio político mantendo o luto como parte do enquadramento pelo qual pensamos nossos laços internacionais? Se ficamos com a sensação de perda, somos levados a nos sentir apenas passivos e impotentes, como se tivéssemos medo? Ou estamos, antes, retornando a um sentido de vulnerabilidade humana, à nossa responsabilidade coletiva pela vida física de um outro? A tentativa de aniquilar essa vulnerabilidade, de bani-la, de tornar-nos seguros à custa de qualquer outra consideração humana, é também, com certeza, um modo de erradicar um dos recursos mais importantes para nos orientar e encontrar nosso caminho.

Enlutar-se e fazer do luto um recurso político não é resignar-se a simples passividade ou impotência. Trata-se, sim, de permitir-se extrapolar tal experiência de vulnerabilidade para a vulnerabilidade que outros sofrem por meio de incursões militares, ocupações, guerras subitamente declaradas e brutalidade policial. Que nossa própria sobrevivência possa ser determinada por aqueles que não conhecemos e sobre quem não há qualquer controle derradeiro significa que a vida é precária e que a política deve considerar quais formas de organização social e política procuram melhor sustentar essas vidas precárias em todo o mundo.

Existe uma concepção mais geral do humano aqui em jogo, em meio à qual estamos, desde o início, entregues ao outro, antes mesmo da própria individuação e, em virtude da nossa corporeidade, entregues a um outro: isso nos torna vulneráveis à violência, mas também a uma outra escala de toque, uma escala que inclui a erradicação de nosso ser em um extremo, e o suporte físico para nossas vidas, no outro.

Não podemos tentar "retificar" esta situação. E não podemos recuperar a fonte dessa vulnerabilidade, pois ela precede a

Desfazendo gênero

formação do "eu". Esta condição de estarmos expostos desde o início, dependentes daqueles que não conhecemos e com os quais não podemos discutir com precisão. Viemos ao mundo sem saber, dependentes e, até certo grau, continuamos assim. Do ponto de vista da autonomia, podemos tentar nos rebelar contra esta situação, mas talvez sejamos tolos, se não nocivos, quando assim o fazemos. Podemos, é claro, dizer que para alguns esta cena primária é extraordinária, amorosa e receptiva, um tecido cálido de relações que sustentam e nutrem a vida em sua infância. Para outros, isso é, contudo, uma cena de abandono, violência ou fome; eles são corpos entregues a nada, à brutalidade ou a nenhum sustento. No entanto, seja qual for a valia dessa cena, a infância constitui, de fato, uma dependência necessária, a qual nunca deixamos de todo para trás. Corpos ainda devem ser tidos como entregues. Parte da compreensão sobre a opressão de vidas é justamente entender que não há como argumentar contra essa condição de vulnerabilidade primária, de ser entregue ao toque do outro, mesmo se, ou de fato quando, não há um outro lá e nenhum apoio para nossas vidas. Combater a opressão exige que se entenda que vidas são apoiadas e mantidas de formas distintas, que existem diferenças radicais nas maneiras pelas quais a vulnerabilidade física humana é distribuída por todo o globo. Certas vidas serão altamente protegidas, e revogar suas reivindicações de sacralidade será suficiente para mobilizar as forças da guerra. E outras vidas não encontrarão apoio tão rápido e furioso, nem serão qualificáveis como "enlutáveis".

Quais são os contornos culturais da noção de humano em ação aqui? E de que modo as definições que aceitamos como compondo o quadro cultural para o humano limitam até que ponto somos capazes de reconhecer a perda enquanto uma perda? Essa é certamente uma pergunta que os estudos de lésbicas, gays e bissexuais têm feito em relação à violência contra minorias sexuais, e que pessoas transgênero têm feito por serem alvos de assédios e às vezes assassinatos, e que pessoas intersexo têm feito pelo fato de seus anos de formação terem sido tantas vezes marcados por uma violência indesejada contra seus corpos em nome de uma noção normativa da morfologia humana. Não restam dúvidas de que essa é também a base de uma profunda afinidade entre os movimentos centrados no gênero e na sexualidade e os esforços para combater morfologias e capacidades humanas normativas que condenam ou apagam aqueles que são fisicamente desafiados. Deve também fazer parte da afinidade com as lutas antirracistas, dado o diferencial racial que sustenta as noções culturalmente viáveis do humano – aquelas que vemos encenadas de maneira dramática e aterrorizante na arena global contemporânea.

Assim, qual é a relação entre a violência e o que é "irreal", entre a violência e a irrealidade que atende àqueles que se tornam vítimas de violência e onde entra a noção de vida enlutável? No plano do discurso, certas vidas não são, de modo algum, consideradas vidas, não podem ser humanizadas; elas não se encaixam em nenhum quadro dominante para o humano e sua desumanização se dá primeiro neste plano, causando uma violência física que, em certo sentido, entrega a mensagem de desumanização que já está em ação na cultura.

Portanto, não é que exista apenas um discurso em que não haja nenhum quadro de referência, nenhuma história e nenhum nome para tal vida ou que a violência precise ser dita para realizar ou aplicar esse discurso. A violência contra aquelas que

Desfazendo gênero

não são exatamente vidas, que vivem em um estado de suspensão entre a vida e a morte, deixa uma marca que não é marca. Se existe um discurso, é uma escrita silenciosa e melancólica na qual não há vidas, nem perdas, não há nenhuma condição física comum, nenhuma vulnerabilidade que sirva como base para uma percepção de nossa comunalidade, e não existe separação dessa comunalidade. Nada disso tem lugar na ordem do evento. Nada disso acontece. Quantas vidas foram perdidas para a AIDS na África nos últimos anos? Onde estão as representações midiáticas dessa perda, as elaborações discursivas de o que essas perdas significam para as comunidades de lá?

Comecei este capítulo com a sugestão de que os movimentos e os modos de investigação inter-relacionados, aqui reunidos, talvez precisem considerar a autonomia como uma dimensão de suas aspirações normativas, um valor a ser reconhecido quando nos perguntamos: em que direção devemos prosseguir e que tipos de valores deveríamos estar realizando? Sugeri também que o modo pelo qual o corpo figura nos estudos de gênero e sexualidade, bem como nas lutas por um mundo social menos opressivo para as pessoas generificadas de maneira dissidente e para minorias sexuais de todos os tipos, ressalta precisamente o valor de estar fora de si, de estar em uma fronteira porosa, entregue a outros, encontrando-se em uma trajetória de desejo na qual se é tirado de si mesmo e ressituado irreversivelmente em um campo de outros em que não se é o centro presumido. A sociabilidade particular que pertence à vida corpórea, à vida sexual e ao tornar-se generificado (que é sempre, até certo ponto, tornar-se generificado *para outros*) estabelece um campo de enredamento ético com os outros e um sentido de desorientação em primeira pessoa, ou seja, da perspectiva do ego. Como corpos, somos sempre a favor de algo mais e algo diferente de nós mesmos. Articular isso como um direito nem sempre é fácil, mas talvez não seja impossível. Sugere-se, por exemplo, que a "associação" não seja um luxo, mas uma das próprias condições e prerrogativas da liberdade. De fato, os tipos de associações que mantemos assumem muitas formas. Não adianta exaltar a norma do casamento como o novo ideal para este movimento como a Human Rights Campaign [Campanha de Direitos Humanos] tem feito de modo equivocado.[1] Sem dúvida, o casamento e as parcerias domésticas de mesmo sexo devem com certeza estar disponíveis como opção, mas instaurá-los como modelos para a legitimidade sexual é justamente restringir a sociabilidade do corpo a modos aceitáveis. À luz de decisões judiciais contra adoções por um segundo pai ou mãe, cujos efeitos foram gravemente prejudiciais nos últimos anos, é crucial expandir nossas noções de parentesco para além do quadro heterossexual. Seria um erro, no entanto, reduzir o parentesco à família ou presumir que todos os laços comunitários e de amizade que nos sustentam sejam derivadas como relações que excedem as de parentesco.

No capítulo presente neste volume "O parentesco ainda é heterossexual?", desenvolvo o argumento de que os laços de parentesco que vinculam as pessoas umas às outras podem ser nem mais nem menos do que uma intensificação dos laços comunitários, podendo ou não se basear em relações sexuais

---

1 A Human Rights Campaign [Campanha de Direitos Humanos] é a principal organização lobista pelos direitos de lésbicas e gays nos Estados Unidos. Situada em Washington, D.C., sustenta que o casamento homoafetivo é a prioridade número um da política lésbica e gay nos EUA. Ver <www.hrc.org>.

Desfazendo gênero

duradouras ou exclusivas, podendo muito bem consistir em ex-amantes, não amantes, amigas/os e membros da comunidade. As relações de parentesco cruzam as fronteiras entre comunidade e família, e às vezes redefinem também o significado da amizade. Quando esses modos de associação íntima produzem redes que sustentam os relacionamentos, eles constituem uma "quebra" do parentesco tradicional que desloca a pressuposição de que as relações biológicas e sexuais estruturem de forma central o parentesco. Além disso, o tabu do incesto que rege os laços de parentesco, produzindo uma exogamia necessária, não opera necessariamente da mesma forma entre amigos ou, nesse sentido, em redes de comunidades. Dentro dessa estrutura, a sexualidade não é mais regulada de modo exclusivo por regras de parentesco, ao mesmo tempo que o vínculo duradouro pode estar situado fora do contexto conjugal. A sexualidade torna-se aberta a uma série de articulações sociais que nem sempre implicam relações vinculantes ou laços conjugais. Que nem todas as nossas relações durem ou sejam destinadas a isso, no entanto, não significa que sejamos imunes ao luto. Ao contrário, a sexualidade fora do campo da monogamia pode nos abrir para um sentido diferente de comunidade, intensificando a questão de onde se encontram os laços, tornando-se assim a condição para uma sintonia com perdas que excedem um domínio discretamente privado.

No entanto, aquelas/es que vivem fora do contexto conjugal ou mantêm modos de organização social da sexualidade que não sejam nem monogâmicos nem quase maritais são cada vez mais considerados irreais e seus amores e perdas tidos como menos do que amores "verdadeiros" e perdas "verdadeiras". A não realização deste domínio da intimidade e da sociabilidade humana funciona negando realidade e verdade às relações em pauta.

A questão de quem e do que é considerado real e verdadeiro é, aparentemente, uma questão de conhecimento. Mas é também, como Michel Foucault deixa claro, uma questão de poder. Ter ou portar "verdade" e "realidade" é uma prerrogativa enormemente poderosa dentro do mundo social, de maneira que o poder se dissimula como ontologia. Segundo Foucault, uma das primeiras tarefas de uma crítica radical é discernir a relação "entre mecanismos de coerção e elementos de conhecimento".[2] Aqui nos confrontamos com os limites do que é cognoscível, limites que exercem uma certa força, mas não se fundamentam em nenhuma necessidade, limites que só podem ser trilhados ou interrogados colocando em risco uma certa segurança ao partir de uma ontologia estabelecida: "[N]ada pode existir como elemento de conhecimento se, por um lado, ele [...] não se conforma a um conjunto de regras e restrições características, por exemplo, de um determinado tipo de discurso científico em um período específico, e se, por outro lado, não possuir os efeitos de coerção ou apenas os incentivos peculiares ao que é validado pela ciência ou simplesmente racional ou aceito etc.".[3] Conhecimento e poder não são, enfim, separáveis, mas trabalham juntos para estabelecer um conjunto de critérios sutis e explícitos para pensar o mundo: "Não é, portanto, uma questão de descrever o que é conhecimento e o que é poder e como o primeiro reprimiria o segundo ou como o segundo

---

2 Foucault, What is Critique?, p.50. Esse ensaio foi republicado com um artigo de minha autoria intitulado Critique as Virtue.

3 Ibid., p.52.

Desfazendo gênero

abusaria do primeiro, mas, em vez disso, um nexo de saber-poder deve ser descrito para que possamos captar o que constitui a aceitabilidade de um sistema [...]".[4]

O que isso significa é que se procura *ambos*, tanto as condições pelas quais o campo do objeto é constituído quanto *os limites* dessas condições. Os limites são encontrados onde a reprodutibilidade de condições não é segura, o local onde as condições são contingentes, transformáveis. Nos termos de Foucault, "esquematicamente falando, temos uma mobilidade perpétua, uma fragilidade essencial, ou melhor, uma complexa interação entre o que replica o mesmo processo e o que o transforma".[5] Intervir em nome da transformação significa precisamente romper com o que se tornou um conhecimento estabelecido e uma realidade cognoscível, e usar, por assim dizer, a irrealidade para fazer uma reivindicação que de outro modo seria impossível ou ilegível. Penso que, quando o irreal reivindica a realidade ou entra em seu domínio, algo diferente de uma simples assimilação a normas prevalentes pode ocorrer e, de fato, ocorre. As próprias normas podem ser abaladas, mostrar sua instabilidade e abrir-se à ressignificação.

Nos últimos anos, a nova política de gênero tem apresentado inúmeros desafios para as estruturas feministas e lésbicas/gays estabelecidas a partir das vivências de pessoas transgênero e transexuais, e o movimento intersexual tem tornado mais complexas as preocupações e demandas dos defensores dos direitos sexuais. Se parte da esquerda pensava que tais preocupações não eram próprias ou substancialmente políticas,

---

4 Ibid., p.52-3.
5 Ibid., p.58.

essas pessoas têm sido pressionadas a repensar a esfera política em termos de seus pressupostos sexuais e de gênero. A sugestão de que vidas *butch*, *femme* e transgênero não sejam referências essenciais para uma reformulação da vida política e para a construção de uma sociedade mais justa e equitativa não reconhece a violência que dissidentes de gênero sofrem no mundo público, e falham também em reconhecer que a corporificação denota um conjunto contestável de normas governando quem contará como um sujeito viável dentro da esfera política. Com efeito, se considerarmos que os corpos humanos não são experimentados sem recorrer a alguma idealidade, a algum enquadramento para a própria experiência, e que isso é tão verdadeiro para a experiência do próprio corpo quanto para a experiência de outro, e se aceitarmos que essa idealidade e essa estrutura são socialmente articuladas, podemos ver como a corporificação é impensável sem uma relação com uma norma ou um conjunto de normas. A luta para refazer as normas pelas quais os corpos são experimentados é, portanto, crucial não apenas para a política da deficiência, mas para os movimentos intersexo e transgênero, na medida em que contestam ideais impostos à força que regulam como os corpos deveriam ser. A relação corporificada com a norma exerce um potencial transformador. Postular possibilidades para além da norma, ou mesmo um futuro diferente para a própria norma, faz parte do trabalho da fantasia, quando entendemos fantasia como tendo o corpo como ponto de partida para uma articulação que nem sempre é restrita ao corpo como esse de fato é. Se aceitarmos que o resultado de alterar as normas que decidem a morfologia humana normativa confere "realidade" diferencial para diferentes tipos de humanos, então somos compelidos a afirmar que vidas transgênero têm um potencial e um impacto real na vida política em seu nível mais fundamental, isto é, no nível em que se determina quem conta como humano e quais normas governam a aparência de uma humanidade "real".

Ademais, a fantasia faz parte da articulação do possível; isso nos move para além do que é meramente real e presente para um reino de possibilidades, o ainda não realizado ou o não realizável. A luta pela sobrevivência não é de fato separável da vida cultural da fantasia, e a exclusão da fantasia – por meio de censura, de degradação ou de outros meios – é uma estratégia para propiciar a morte social das pessoas. A fantasia não é o oposto da realidade; é o que a realidade exclui, e, como resultado, define os limites da realidade, constituindo-a como seu exterior constitutivo. A promessa crítica da fantasia, quando e onde ela existe, é desafiar os limites contingentes do que vai e não vai ser chamado de realidade. A fantasia é o que nos permite imaginar a nós mesmos e a outros de outra forma; ela estabelece o possível como excesso do real; aponta para outro lugar e, quando corporificada, traz o outro lugar para casa.

Como as pessoas drag, *butch*, *femme*, transgênero e transexuais entram no campo político? Elas nos fazem não apenas questionar o que é real e o que "deve" ser, mas também nos mostram como as normas que regem noções contemporâneas de realidade podem ser questionadas e como novos modos de realidade podem ser instituídos. Essas práticas de instituição de novos modos de realidade têm, em parte, lugar por meio da cena de corporificação, em que o corpo não é entendido como um fato estático e realizado, mas como um processo de amadurecimento, um modo de vir a ser que, ao vir a ser diferente, excede a norma, retrabalha a norma e nos faz ver como realidades às quais pensávamos estar confinadas/os não estão escritas em pedra. Algumas pessoas me perguntam qual é a utilidade de aumentar possibilidades de gênero. Costumo responder: a possibilidade não é um luxo; isso é tão crucial quanto o pão. Penso que não devemos subestimar o que a concepção do possível faz por aqueles para quem a própria sobrevivência é a questão mais urgente. Se a resposta para a pergunta "é a vida possível?" for "sim", isso é certamente algo significativo. No entanto, a resposta não pode ser dada como certa. Essa é uma pergunta cuja resposta às vezes é "não" ou que não tem uma resposta pronta ou que indica uma agonia contínua. Para muitos que podem e respondem à pergunta de maneira afirmativa, essa resposta é conquistada com muito custo, isso se for de fato conquistada, um feito que é fundamentalmente condicionado pela realidade ser estruturada ou reestruturada de tal forma que essa afirmação possa se tornar possível.

Uma das tarefas centrais dos direitos internacionais de lésbicas e gays é afirmar em termos claros e públicos a realidade da homossexualidade, não como verdade interior, não como prática sexual, mas como uma das características definidoras do mundo social em sua própria inteligibilidade. Em outras palavras, uma coisa é afirmar a realidade das vidas de lésbicas e gays como uma realidade e insistir que essas são vidas dignas de proteção naquilo que apresentam de específico e comum; mas outra coisa é insistir que a própria afirmação pública da homossexualidade põe em questão o que conta como realidade e o que conta como uma vida humana. De fato, a tarefa da política internacional de lésbicas e gays é nada menos que uma reconstrução da realidade, uma reconstituição do humano e uma intermediação da questão "o que é e o que não é vivível"?

Desfazendo gênero

Assim, qual é a injustiça contra a qual esse trabalho se opõe? Eu colocaria desta forma: ser chamado de irreal e ter tal nomeação institucionalizada como forma de tratamento diferenciado é tornar-se o outro contra quem (ou contra o que) o humano é feito. Isso é o inumano, o além do humano, o menos que humano, a fronteira que assegura o humano em sua realidade ostensiva. Ser chamado de cópia, ser chamado de irreal é uma maneira pela qual se pode ser oprimido, mas considere que isso é ainda mais fundamental. Ser oprimido significa que você já existe como um sujeito de algum tipo, você está lá como o outro visível e oprimido para o sujeito soberano, como sujeito possível ou em potência, mas ser irreal é outra coisa. Para ser oprimido você deve primeiro se tornar inteligível. Considerar que você é fundamentalmente ininteligível (na verdade, as leis da cultura e da linguagem consideram você uma impossibilidade) é considerar que você ainda não conseguiu acesso ao humano, é encontrar-se falando sempre e somente *como se você fosse humano*, mas com a sensação de que você não é, é achar que sua linguagem é vazia, que nenhum reconhecimento está disponível porque as normas por meio das quais o reconhecimento ocorre não estão a seu favor.

Podemos pensar que a questão de como uma pessoa faz seu gênero é uma questão meramente cultural ou uma indulgência por parte daqueles que insistem em exercer a liberdade burguesa em dimensões excessivas. Dizer, no entanto, que o gênero é performativo não é apenas insistir no direito de produzir um espetáculo prazeroso e subversivo, mas alegorizar maneiras espetaculares e consequentes por meio das quais a realidade é reproduzida e contestada. Isso tem consequências no modo como as apresentações de gênero são criminalizadas e patologizadas, como os sujeitos que cruzam as fronteiras do gênero correm o risco de serem presas/os ou internadas/os, porque a violência contra sujeitos transgêneros não é reconhecida como violência e porque essa violência às vezes é infligida pelos próprios Estados que deveriam proteger esses mesmos sujeitos.

E se novas formas de gênero forem possíveis? Como isso afeta nossos modos de vida e as necessidades concretas da comunidade humana? E como devemos distinguir entre formas de possibilidade de gênero que são válidas e aquelas que não são? Eu diria que esta não é meramente uma pergunta sobre produzir um novo futuro para gêneros que ainda não existem. Os gêneros que tenho em mente existem há muito tempo, mas não foram admitidos nos termos que governam a realidade. Trata-se, portanto, de desenvolver dentro do Direito, da Psiquiatria, da Teoria Social e Literária um novo léxico legitimador para a complexidade de gênero com a qual temos vivido por muito tempo. Porque as normas que regem a realidade não têm admitido que essas formas são reais, vamos, porque assim se faz necessário, chamá-las de "novas".

Que lugar tem o pensamento do possível dentro da teoria política? O problema é que não temos normas para distinguir entre tipos de possibilidade ou isso só parece ser um problema se deixarmos de compreender a própria "possibilidade" como norma? A possibilidade é uma aspiração, algo que podemos esperar que seja distribuído equitativamente, algo que pode ser socialmente assegurado, não podendo ser dado como certo, em especial se for apreendido fenomenologicamente. A questão não é prescrever novas normas de gênero, como se estivéssemos sob a obrigação de fornecer uma medida, escala ou norma para

Desfazendo gênero

o julgamento de apresentações de gênero concorrentes. A aspiração normativa em ação aqui tem a ver com a capacidade de viver, respirar e se locomover e, sem dúvida, teria lugar naquilo que é chamado de filosofia da liberdade. O pensamento de uma vida possível é apenas uma indulgência para aqueles que já se reconhecem possíveis. Para quem ainda procura se tornar possível, a possibilidade é uma necessidade.

Foi Espinosa quem afirmou que todo ser humano procura persistir em seu próprio ser, e ele fez desse princípio de auto-persistência, o *conatus*, a base de sua ética e, é claro, de sua política. Quando Hegel afirmou que o desejo é sempre um desejo por reconhecimento, ele estava, de certa forma, extrapolando esse ponto espinosano, dizendo-nos efetivamente que persistir no próprio ser só é possível sob a condição de estarmos engajados em receber e oferecer reconhecimento. Se não formos reconhecíveis, se não houver normas de reconhecimento pelas quais somos reconhecíveis, então não é possível persistir no próprio ser e não somos seres possíveis; fomos excluídos de qualquer possibilidade. Pensamos talvez as normas de reconhecimento já como habitantes do mundo cultural em que nascemos, contudo, essas normas se transformam, e com as mudanças nessas normas há transformações no que conta e no que não conta como um ser humano reconhecível. Para torcer o argumento hegeliano em uma direção foucaultiana: as normas de reconhecimento funcionam para produzir e desproduzir a noção de humano. Isso se torna verdade de uma maneira específica quando examinamos como as normas internacionais funcionam no contexto dos direitos humanos de lésbicas e gays, especialmente porque eles insistem que certos tipos de violência são inadmissíveis, que certas vidas são vulneráveis e dignas de proteção, que certas mortes são enlutáveis e dignas de reconhecimento público.

Dizer que o desejo de persistir no próprio ser depende de normas de reconhecimento é dizer que a base de sua autonomia, de sua persistência como um "eu" ao longo do tempo, depende fundamentalmente de uma norma que supere aquele "eu", que posicione aquele "eu" extaticamente, fora de si mesmo em um mundo de normas complexas e mutáveis ao longo da história. Com efeito, nossas vidas, nossa própria persistência, dependem de tais normas ou, pelo menos, da possibilidade de conseguirmos negociar dentro delas, de derivar nossa agência do campo de sua operação. Em nossa própria capacidade de persistir, dependemos do que está fora de nós, de uma sociabilidade mais ampla, e essa dependência é a base do quanto somos capazes de resistir e de sobreviver. Quando reivindicamos nosso "direito", como fazemos e devemos fazer, estamos não construindo um lugar para nossa autonomia – se por autonomia queremos dizer um estado de individuação, tomado como autopersistente antes e à parte de quaisquer relações de dependência do mundo dos outros. Não negociamos com normas ou com Outros após nossa entrada no mundo. Viemos ao mundo com a condição de que o mundo social já esteja lá, lançando as bases para nós. Isso implica que eu não posso persistir sem normas de reconhecimento que sustentem minha persistência: o sentido de possibilidade que a mim pertence deve, primeiro, ser imaginado a partir de outro lugar, antes que eu mesma possa começar a imaginar. Minha reflexividade é não apenas socialmente mediada, mas socialmente constituída. Não posso ser quem eu sou sem me valer da sociabilidade das normas que me precedem e me excedem. Nesse sentido, estou fora de mim

Desfazendo gênero

desde o início, e devo estar, para sobreviver e para entrar no domínio do possível.

Assim, reivindicar direitos sexuais assume um significado específico neste cenário. Significa, por exemplo, que quando lutamos por direitos, não estamos apenas lutando por direitos que se ligam à minha pessoa, mas estamos lutando *para sermos concebidos como pessoas*. E há uma diferença entre o primeiro e o segundo. Se estamos lutando por direitos que se associam ou deveriam se associar à minha pessoalidade, então presumimos essa pessoalidade como já constituída. Mas se estamos lutando não só para sermos concebidos como pessoas, mas para criar uma transformação social no próprio significado de pessoalidade, então a reivindicação de direitos torna-se uma forma de intervir no processo social e político pelo qual o humano é articulado. Os direitos humanos internacionais estão sempre no processo de sujeitar o humano à redefinição e à renegociação. Isso mobiliza o humano a serviço dos direitos, mas também reescreve e rearticula o humano quando se depara com os limites culturais de sua concepção em operação, como de fato ocorre e deve ocorrer.

Os direitos humanos de lésbicas e gays tomam a sexualidade, em certo sentido, como sua questão. A sexualidade não é simplesmente um atributo que se tem, uma disposição ou um conjunto padronizado de inclinações. É um modo de se dispor em relação aos outros, inclusive no modo da fantasia, e às vezes apenas no modo da fantasia. Se estamos fora de nós mesmos como seres sexuais, expostos desde o início, criados em parte através de relações primárias de dependência e de apego, então poderia parecer que o nosso estar fora de nós mesmos existe como uma função da própria sexualidade, em que a sexualidade não é esta ou aquela dimensão da nossa existência, não é a chave ou a base desta, mas, sim, coextensiva à existência, como Merleau-Ponty uma vez sugeriu apropriadamente.[6]

Tentei até aqui argumentar que nosso próprio senso de pessoalidade está ligado ao desejo por reconhecimento, e esse desejo nos coloca fora de nós mesmos, em um domínio de normas sociais que não escolhemos totalmente, mas que fornece o horizonte e os recursos para qualquer senso de escolha que temos. *Isso significa que o caráter ex-tático de nossa existência é essencial para a possibilidade de persistir como humano.* Nesse sentido, podemos ver como os direitos sexuais reúnem dois domínios relacionados de ex-tase, duas formas conectadas de estarmos fora de nós mesmos. Como seres sexuais, somos dependentes de um mundo de outros, vulneráveis à necessidade, à violência, à traição, à compulsão, à fantasia; projetamos o desejo e ele é projetado sobre nós. Fazer parte de uma minoria sexual significa, mais enfaticamente, que também dependemos da proteção de espaços públicos e privados, de sanções legais que nos protejam da violência, de salvaguardas institucionais de vários tipos contra agressões indesejadas impostas a nós e contra ações violentas que essas mesmas instituições às vezes instigam. Nesse sentido, nossas próprias vidas e a persistência do nosso desejo dependem da existência de normas de reconhecimento que produzem e sustentam nossa viabilidade como humanos. Por isso, quando nos referimos aos direitos sexuais, não estamos apenas falando de direitos que pertencem aos nossos desejos individuais, mas de normas das quais a nossa

---

6 Merleau-Ponty, *The Phenomenology of Perception* [ed. bras.: *Fenomenologia da percepção*].

Desfazendo gênero

própria individualidade depende. Isso significa que o discurso dos direitos confirma nossa dependência, o modo como estamos nas mãos de outros, um modo de ser com e para outros sem os quais não podemos ser.

Participei por alguns anos do conselho da International Gay and Lesbian Human Rights Commission [Comissão Internacional de Direitos Humanos de Gays e Lésbicas], um grupo localizado em São Francisco. A comissão é parte de uma ampla coalizão internacional de indivíduos e grupos que lutam para estabelecer equidade e justiça para minorias sexuais, incluindo indivíduos transgênero e intersexo, bem como pessoas com HIV ou AIDS.[7] O que nunca deixou de me surpreender foi a frequência com que a organização era solicitada a responder a atos de violência contra minorias sexuais, especialmente quando essa violência não era reparada de forma alguma pela polícia ou pelo governo local em vários lugares do mundo. Tive que refletir sobre que tipo de angústia é desencadeada pela aparição pública de alguém que é aberta ou presumidamente gay, alguém cujo gênero não está de acordo com as normas, alguém cuja sexualidade desafia as proibições públicas, alguém cujo corpo não se conforma a certos ideais morfológicos. O que motiva aqueles que são levados a matar uma pessoa por ser gay, a ameaçar matar alguém por ser intersexo ou levados a matar por causa da aparição pública de alguém que seja transgênero?

O desejo de matar alguém ou de fato matar alguém por não se conformar à norma de gênero pela qual uma pessoa "deveria" viver sugere que a própria vida requer um conjunto de normas

---

7 Para mais informações sobre a missão e as realizações dessa organização, ver <www.iglhrc.org>.

protetoras e que estar fora delas, viver fora delas, é cortejar a morte. A pessoa que ameaça com violência procede a partir da crença rígida e angustiante de que um sentido de mundo e um sentido do eu [*self*] estará radicalmente comprometido se tal ser não categorizável puder viver dentro do mundo social. A negação desse corpo, através da violência, é um esforço vão e violento para restaurar a ordem, para renovar o mundo social, com base em um gênero inteligível e recusar o desafio de repensar esse mundo como algo diferente de um mundo natural ou necessário. Em vários países, isso não está longe da ameaça de morte ou do próprio assassinato de transexuais, de homens gays lidos como "femininos" ou de mulheres lésbicas lidas como "masculinas". Nem sempre esses crimes são imediatamente reconhecidos como atos criminosos. Às vezes são denunciados por governos e agências internacionais; às vezes não são incluídos como crimes legíveis ou reais contra a humanidade por essas mesmas instituições.

Se nos opusermos a essa violência, então, nos opomos em nome de quê? Qual é a alternativa a essa violência e que transformação do mundo social eu invoco? Essa violência emerge de um profundo desejo de manter a ordem do gênero binário natural ou necessária, fazer dela uma estrutura, seja natural, seja cultural ou ambas, de modo a nenhum ser humano poder se opor a ela e ainda permanecer humano. Se uma pessoa se opõe às normas do gênero binário não apenas por ter um ponto de vista crítico sobre elas, mas por tê-las incorporado de maneira crítica, e sendo essa oposição estilizada legível, então parece que a violência surge justamente como a exigência de desfazer essa legibilidade, de questionar sua possibilidade, torná-la irreal e impossível diante de sua aparência contrária. Assim, isso

Desfazendo gênero

não é uma simples diferença de pontos de vista. Combater essa oposição corporificada pela violência é dizer, de fato, que esse corpo, esse desafio para uma versão aceita do mundo, é e deve permanecer impensável. O empenho para reforçar as fronteiras do que será considerado real exige impedir o que é contingente, frágil, aberto a transformações fundamentais na ordem generificada das coisas.

Uma pergunta ética emerge à luz de tal análise: como podemos encontrar a diferença que coloca nossas redes de inteligibilidade em questão sem tentar impedir o desafio lançado pela diferença? O que pode significar aprender a viver na angústia deste desafio, sentir a certeza de sua ancoragem epistemológica e ontológica, mas estar disposto, em nome do humano, a permitir que se torne algo diferente do que tradicionalmente deveria ser? Isso significa que devemos aprender a viver e a abraçar a destruição e a rearticulação do humano em nome de um mundo mais amplo e, enfim menos violento, sem saber de antemão qual forma precisa nossa humanidade tomará. Significa que devemos estar abertos às suas permutações em nome da não violência. Como Adriana Cavarero aponta, parafraseando Arendt, a questão que colocamos ao Outro é simples e irrespondível: "quem é você?".[8] A resposta violenta é aquela que não pergunta e não procura saber. Uma resposta que deseja reforçar o que se sabe, eliminar o que o ameaça com o não saber, o que obriga a reconsiderar os pressupostos de seu mundo, sua contingência, sua maleabilidade. A resposta não violenta vive com seu desconhecimento do Outro em face do Outro, uma vez que sustentar o vínculo que a pergunta abre é, enfim, mais valioso

---

8 Cavarero, *Relating Narratives: Storytelling and Selfhood*, p.20-9 e p.87-92.

do que saber de antemão o que temos em comum, como se já tivéssemos todos os recursos de que precisamos para saber o que define o humano, o que sua vida futura pode ser.

Que não seja possível prever ou controlar quais permutações do ser humano podem surgir não significa que devemos valorizar todas as permutações possíveis do humano; não significa que não possamos lutar pela realização de certos valores, democráticos e não violentos, internacionais e antirracistas. Lutar por esses valores é precisamente reconhecer que a própria posição de uma pessoa não é o bastante para elaborar todo o espectro do humano, que é preciso entrar em um trabalho coletivo em que o próprio estatuto como sujeito deve, por razões democráticas, tornar-se desorientado, exposto ao que não se conhece.

A questão não é aplicar normas sociais às instâncias sociais vividas, ordená-las e defini-las (como Foucault criticou), nem é encontrar mecanismos justificativos para a fundamentação de normas sociais extrassociais (ainda que funcionem com o nome de social). Existem momentos em que essas duas atividades ocorrem e devem ocorrer: nivelamos julgamentos contra criminosos por atos ilegais e assim os sujeitamos a procedimentos normatizantes; consideramos os motivos de nossa ação em contextos coletivos e tentamos encontrar modos de deliberar e de refletir com os quais possamos concordar. Mas isso não é tudo que fazemos com as normas. Através do recurso a elas, a esfera do humanamente inteligível é circunscrita, e essa circunscrição traz consequências para qualquer ética e para qualquer concepção de transformação social. Podemos tentar afirmar que deveríamos *primeiro* conhecer os fundamentos do ser humano a fim de preservar e promover a vida humana como

Desfazendo gênero

nós a conhecemos. Mas e se as próprias categorias do humano excluíram aqueles que deveriam ser descritos e abrigados em seus termos? E se aqueles que deveriam pertencer ao humano não operarem dentro dos modos de raciocinar e de justificar reivindicações de validade proferidas pelas formas ocidentais de racionalismo? Será que já chegamos a conhecer o humano? E o que pode ser necessário para abordar esse conhecimento? Nós deveríamos desconfiar de conhecê-lo muito cedo ou de ter qualquer conhecimento final ou definitivo sobre ele? Se considerarmos o campo do humano como certo, deixamos de pensar crítica e eticamente sobre os modos consequentes pelos quais o humano está sendo produzido, reproduzido e desproduzido. Esta última questão não esgota o campo da ética, mas não consigo imaginar uma ética responsável ou uma teoria da transformação social operando sem ela.

A necessidade de manter nossa noção do humano aberta a uma articulação futura é essencial para o projeto de discursos e políticas internacionais sobre direitos humanos. Vemos isso diversas vezes quando a própria noção do humano é pressuposta; o humano é definido de antemão em termos que são distintamente ocidentais, muitas vezes estadunidenses e, portanto, parciais e provincianos. Quando desde o início temos o humano como fundamento, então o humano em questão nos direitos humanos é já conhecido, já definido. E, no entanto, o humano deve ser a base para um conjunto de direitos e obrigações de alcance global. Como nos deslocamos do local ao internacional (concebido globalmente de forma a não repor em circulação a presunção de que todos os humanos pertençam a Estados-nações estabelecidos) é uma questão importante para a política internacional, mas assume uma forma específica para as lutas de lésbicas, gays, bi, trans e de pessoas intersexo, bem como para o feminismo. Uma concepção anti-imperialista ou, no mínimo, não imperialista dos direitos humanos internacionais deve questionar o que se entende por humano e aprender com as várias formas e meios pelos quais este é definido através dos diversos espaços culturais. Isso significa que as concepções locais do que seja humano ou, mais especificamente, do que sejam as condições e necessidades básicas da vida humana devem estar sujeitas a reinterpretação, uma vez que existem circunstâncias históricas e culturais em que o humano é definido de forma diferente. Suas necessidades básicas e, portanto, seus direitos básicos são conhecidos através de vários meios de comunicação, vários tipos de práticas, faladas e performadas.

Um relativismo redutor afirmaria que não podemos falar sobre humanos ou sobre direitos humanos internacionais, já que existem somente entendimentos locais e provisórios desses termos e que as próprias generalizações violentam a especificidade dos significados em questão. Esta não é a minha perspectiva. Não estou pronta para me acomodar aí. Na verdade, penso que somos compelidos a falar do humano e do internacional, e descobrir, em particular, como os direitos humanos trabalham ou não, por exemplo, a favor das mulheres, do que elas são e do que elas não são. Mas para falar desse modo e convocar transformações sociais em nome das mulheres, nós também devemos fazer parte de um projeto democrático. Além disso, a categoria "mulheres" tem sido usada de forma diferenciada e com propósitos excludentes e nem todas as mulheres foram incluídas em seus termos; as mulheres não foram totalmente incorporadas ao humano. Ambas as categorias

Desfazendo gênero

ainda estão incompletas, em processo, em andamento, logo, ainda não sabemos e nunca poderemos saber definitivamente no que o humano enfim consiste. Isso significa que devemos seguir uma via dupla na política: devemos usar essa linguagem para assegurar direitos e condições de vida de modos que afirmem o papel constitutivo da sexualidade e do gênero na vida política, e também devemos submeter nossas próprias categorias ao escrutínio crítico. Devemos descobrir os limites de sua inclusividade e traduzibilidade, os pressupostos que incluem, as formas em que eles devem ser expandidos, destruídos ou retrabalhados tanto para abranger quanto para abrir o que é ser humano e generificado. Quando a conferência das Nações Unidas em Pequim reuniu-se há alguns anos, houve um discurso sobre "os direitos humanos das mulheres" (ou quando ouvimos falar sobre a International Gay and Lesbian Human Rights Commission), o qual atingiu muitas pessoas como um paradoxo. Direitos humanos das mulheres? Direitos humanos de lésbicas e gays? Pense no que essa associação realmente faz. Performa o humano como contingente, como uma categoria que continua a definir, do passado ao presente, uma população variável e restrita, que pode ou não incluir lésbicas e gays, que pode ou não incluir mulheres, com diversos diferenciais raciais e étnicos em jogo nessa operação. Essa associação diz que certos grupos têm seu próprio conjunto de direitos humanos, que o que humano pode significar quando pensamos sobre a humanidade das mulheres talvez seja diferente do que humano tem significado quando funciona como presumivelmente do sexo masculino. Também diz que esses termos são definidos, de forma variável, um em relação ao outro. E com certeza poderíamos desenvolver um argumento semelhante sobre raça. Quais populações foram qualificadas como humanas e quais não? Qual é a história desta categoria? Em qual ponto estamos em sua história neste momento?

Eu sugeriria que, nesse último processo, só podemos rearticular ou ressignificar as categorias básicas da ontologia, de ser humano, de ser generificado, de ser reconhecidamente sexual, na medida em que nos submetam a um processo de tradução cultural. A questão não é assimilar noções estrangeiras ou infamiliares de gênero ou de humanidade como nossas, como se fosse apenas uma questão de incorporar a estranheza em um léxico estabelecido. A tradução cultural também é um processo de produzir nossas categorias mais fundamentais, ou seja, de ver como e porque elas se rompem ou requerem ressignificação e quando encontram os limites de uma episteme disponível: o que é desconhecido ou ainda não conhecido. É crucial reconhecer que a noção de humano só será construída ao longo do tempo por um processo de tradução cultural, em que não se trata de uma tradução entre duas linguagens que permanecem fechadas, distintas, unificadas. Mas, antes, *a tradução obrigará cada idioma a mudar para apreender o outro*, e essa apreensão, no limite do que é familiar, provinciano e já conhecido, será a ocasião para uma transformação tanto ética quanto social. Constituirá uma perda, uma desorientação, mas por meio dela o humano tem uma chance de vir a ser novamente.

Quando perguntamos o que torna uma vida vivível, estamos perguntando sobre certas condições normativas que devem ser atendidas para que a vida se torne vida. E, portanto, há pelo menos dois sentidos de vida, aquele que se refere à forma biológica mínima de viver, e outro que intervém desde o início, que estabelece condições mínimas para uma vida vivível com

Desfazendo gênero

respeito à vida humana.[9] E isso não implica que possamos desconsiderar a mera vida em favor da vida vivível, mas que devemos perguntar, como perguntamos sobre a violência de gênero, o que humanos precisam para manter e reproduzir as condições de sua própria capacidade de viver. E quais são as políticas que estão, de qualquer modo possível, tanto conceituando a possibilidade da vida vivível, quanto organizando seu apoio institucional? Sempre haverá desacordo sobre o que isso significa, e aqueles que afirmam que uma única direção política é necessária em virtude de tal compromisso estarão equivocados. Mas isso é só porque viver é viver uma vida politicamente, em relação ao poder, em relação aos outros, no ato de assumir responsabilidade por um futuro coletivo. Assumir responsabilidade por um futuro, contudo, é não conhecer completamente sua direção com antecedência, pois o futuro, em particular o futuro com e para outros, exige certa abertura e desconhecimento; isso implica tornar-se parte de um processo cujo resultado nenhum sujeito pode prever com certeza. Implica também que um certo agonismo e contestação ao longo do caminho estará e deve estar em ação. A contestação deve estar em jogo para que a política se torne democrática. A democracia não fala em uníssono; suas tonalidades são dissonantes, e assim devem ser. Esse não é um processo previsível; deve ser experienciado, como uma paixão é experienciada. Também pode ser que a própria vida se torne impedida quando o caminho certo é decidido de antemão, quando impomos o que é certo para todos sem encontrar uma maneira de entrar em comunidade e descobrir ali o "certo" em meio à tradução cultural. Pode ser que o que seja certo e o que

---

9 Agamben, *Homo Sacer*, p.1-12 [ed. bras.: *Homo sacer*, p.9-19].

Judith Butler

seja bom consista em permanecermos abertos às tensões que assolam as categorias mais fundamentais das quais necessitamos, em conhecer o desconhecimento no cerne do que sabemos e do que necessitamos, e em reconhecer o sinal da vida naquilo que experienciamos, sem certeza sobre o que virá.

2
Regulações de gênero[*]

À primeira vista, o termo "regulação" parece sugerir a institucionalização do processo pelo qual as pessoas são tidas como normais. Com efeito, referir-se à regulação no plural é já reconhecer as leis, regras e políticas concretas que constituem os instrumentos jurídicos por meio dos quais as pessoas se tornam normais. Mas creio que seria um erro entender todas as maneiras pelas quais o gênero é regulado nos termos dessas instâncias legais empíricas, pois as normas que regem tais regulações excedem as próprias instâncias em que estão corporificadas. Por outro lado, seria igualmente problemático falar de regulação de gênero em abstrato, como se as instâncias empíricas apenas exemplificassem uma operação de poder que ocorreria independentemente delas.

De fato, muito do mais importante trabalho realizado pelos estudos feministas e lésbicos/gays se concentra em regulações concretas: legais, militares, psiquiátricas e uma série de outras. Os tipos de questões colocadas no âmbito das pesquisas

---

[*] Tradução de Aléxia Bretas.

acadêmicas tendem a indagar como o gênero é regulado, como tais regulações são impostas e como são incorporadas e vividas pelos sujeitos aos quais são impostas. Porém, para que o gênero seja regulado, não basta que este se situe sob a força exterior de uma regulação.[1] Se o gênero existisse antes de sua regulação, poderíamos, então, tomá-lo como nosso tema e prosseguiríamos a enumerar os vários tipos de regulações a que ele está submetido e as maneiras pelas quais essa sujeição ocorre. No entanto, o problema é mais grave para nós. Afinal, existe um gênero que preexista à sua regulação ou será o caso que, ao estar sujeito à regulação, o sujeito generificado emerge, produzido nessa forma particular de sujeição e por meio dela? Não é a sujeição o processo pelo qual as regulações produzem o gênero?

É relevante lembrar de pelo menos duas advertências sobre sujeição e regulação derivadas dos estudos foucaultianos: (1) o poder regulatório não apenas age sobre um sujeito preexistente, mas também molda e forma esse sujeito; além disso, toda forma jurídica de poder tem seu efeito produtivo; e (2) tornar-se sujeito à regulação é também tornar-se subjetivado por ela, isto é, tornar-se sujeito precisamente por ser regulado. Este segundo ponto decorre do primeiro em que os discursos regulatórios que formam o sujeito do gênero são precisamente aqueles que requerem e induzem o sujeito em questão.

Tipos particulares de regulações podem ser compreendidos como instâncias de um poder regulatório mais geral, em que é especificado como regulação de gênero. Aqui eu contradigo Foucault em alguns aspectos. Pois, se a sabedoria foucaultiana

---

1 Smart, *Regulating Womanhood: Historical Essays on Marriage, Motherhood and Sexuality.*

parece consistir no entendimento de que o poder regulatório tem certas características históricas abrangentes e opera sobre o gênero assim como sobre outros tipos de normas sociais e culturais, então parece que o gênero é somente a instância de uma operação de poder regulatório mais ampla. Contra essa subsunção do gênero ao poder regulatório, eu argumentaria que o dispositivo regulatório que governa o gênero é, ele próprio, específico do gênero. Não pretendo sugerir que a regulação de gênero seja paradigmática do poder regulatório como tal, mas sim que o gênero exige e institui seu próprio regime regulatório e disciplinar distinto.

A sugestão de que o gênero seja uma norma requer maior elaboração. Uma norma não é o mesmo que uma regra e não é o mesmo que uma lei.[2] Uma norma opera dentro das práticas sociais como o padrão implícito de *normalização*. Embora uma norma possa ser analiticamente separável das práticas em que se insere, pode também revelar-se resistente a qualquer esforço de descontextualização do seu funcionamento. As normas podem ou não ser explícitas e quando operam como o princípio normalizador em práticas sociais, elas em geral permanecem implícitas, difíceis de ler, discerníveis de forma mais clara e dramática nos efeitos que produzem.

A possibilidade de o gênero ser uma norma sugere que ele seja sempre e apenas tenuemente corporificado por qualquer ator social em particular. A norma rege a inteligibilidade

---

2 Ewald, Norms, Discipline, and the Law in: *Law and the Order of Culture*; A Concept of Social Law, in: *Dilemmas of Law in the Welfare State*; A Power Without an Exterior, in: *Michel Foucault, Philosopher*; e Taylor, To Follow a Rule [...], in: *Bourdieu: Critical Perspectives*.

social da ação, mas não é o mesmo que a ação que ela governa. A norma parece ser indiferente às ações que ela governa; com isso quero apenas dizer que a norma demonstra ter um estatuto e um efeito independentes das ações regidas por ela. A norma governa a inteligibilidade, permite que certos tipos de práticas e ações se tornem reconhecíveis como tal, impondo uma grade de legibilidade ao social e definindo os parâmetros do que vai e do que não vai aparecer dentro do domínio social. A questão do que seja estar fora da norma constitui um paradoxo para o pensamento, pois se a norma torna o campo social inteligível e normaliza esse campo para nós, então estar fora da norma é, em certo sentido, ser definido ainda em relação a ela. Não ser bastante masculino ou não ser bastante feminina é ser entendido ainda exclusivamente nos termos da relação com o "bastante masculino" e o "bastante feminina".

Afirmar que o gênero seja uma norma não é bem o mesmo que dizer que existam visões normativas de feminilidade e de masculinidade, embora estas de fato existam. Gênero não é exatamente o que se "é" nem é precisamente o que se "tem". Gênero é o dispositivo pelo qual a produção e a normalização do masculino e do feminino ocorrem junto às formas intersticiais hormonais, cromossômicas, psíquicas e performativas que o gênero assume. Pressupor que o gênero signifique sempre e apenas a matriz do "masculino" e do "feminino" é justamente perder o ponto crítico de que a produção desse binarismo coeso é contingente, tem um custo, e aquelas permutações de gênero que não se encaixam no binarismo são tanto uma parte do gênero como sua instância mais normativa. Associar a definição de gênero à sua expressão normativa é, inadvertidamente, reconsolidar o poder da norma para restringir a definição de gênero. Gênero é o mecanismo pelo qual as noções de masculino e de feminino são produzidas e naturalizadas, mas o gênero pode muito bem ser o dispositivo pelos quais tais termos são desconstruídos e desnaturalizados. Com efeito, pode ser que o próprio dispositivo que busca instalar a norma funcione também para minar essa mesma instalação, sendo, por assim dizer, uma definição incompleta. Manter o termo "gênero" separado de ambas, masculinidade e feminilidade, é salvaguardar uma perspectiva teórica pela qual se possa prestar contas de como o binarismo do masculino e do feminino vem esgotar o campo semântico do gênero. Referir-se a "problemas de gênero" ou "mistura de gêneros" [*gender blend*], "transgênero" ou "gênero cruzado" [*cross-gender*] é já sugerir que o gênero tenha uma maneira de ir além desse binarismo naturalizado. A conjugação de gênero como masculino/feminino, homem/mulher, macho/fêmea performa, então, a própria naturalização que a noção de gênero pretende evitar.

Assim, um discurso restritivo sobre gênero que insiste no binarismo de homem e mulher como forma exclusiva de compreender o campo do gênero desempenha uma operação de poder *regulatório* que naturaliza a instância hegemônica e impede a capacidade de pensar sua disrupção.

Uma tendência dentro dos estudos de gênero tem sido a de presumir que a alternativa ao sistema binário de gênero é uma multiplicação de gêneros. Tal abordagem acaba sempre provocando a pergunta: quantos gêneros podem existir e como eles serão chamados?[3] Porém, a disrupção do sistema binário não precisa nos levar a uma igualmente problemática quantificação

---

3 Ver, por exemplo, a tese de Randolph Trumbach e Anne Fausto-Sterling.

de gênero. Seguindo o exemplo lacaniano, Luce Irigaray pergunta se o sexo masculino é o sexo "um", significando não apenas "o único", mas aquele que inaugura uma abordagem quantitativa do sexo. "Sexo", em sua visão, não é uma categoria biológica nem social (sendo, portanto, distinto de "gênero"), mas uma categoria linguística que existe, por assim dizer, na divisão entre o social e o biológico. "Este sexo que não é só um sexo" é, assim, a feminilidade entendida precisamente como o que não pode ser capturado por um número.[4] Outras abordagens insistem que "transgênero" não equivale de forma exata a um terceiro gênero, mas é um modo de passagem entre gêneros, uma figura intersticial e transicional de gênero que não é redutível à insistência normativa em "um" ou "dois".[5]

Posições simbólicas e normas sociais

Apesar de alguns teóricos afirmarem que normas são sempre sociais, teóricos lacanianos, devedores do estruturalismo de Claude Lévi-Strauss, insistem que normas simbólicas não são o mesmo que normas sociais, e que uma certa "regulação" de gênero se dá através de uma demanda simbólica que é colocada em *psiques* desde sua origem.

O "simbólico" tornou-se um termo técnico para Jacques Lacan em 1953, convertendo-se em seu próprio modo de mesclar usos matemáticos (formais) e antropológicos do termo. Em um dicionário de linguagem lacaniana, o simbólico é explicitamente ligado ao problema da regulação: "O simbólico é

---

4 Cf. Irigaray, *This Sex Which Is Not One*. [ed. bras.: *Este sexo que não é só um sexo*].
5 Cf. Bornstein, *Gender Outlaw*.

o domínio da Lei que *regula* o desejo no complexo de Édipo" (ênfase minha).[6] Esse complexo é entendido como derivado de uma proibição primária ou simbólica contra o incesto, a qual só faz sentido em termos de relações de parentesco em que várias "posições" são estabelecidas dentro da família de acordo com um mandato exogâmico. Em outras palavras, uma mãe é alguém com quem filhos e filhas não têm relações sexuais, um pai é alguém com quem filhos e filhas não têm relações sexuais, a mãe é alguém que só tem relações sexuais com o pai, e assim por diante. Essas relações de proibição estão codificadas na "posição" que cada um/a desses/as membros/as da família ocupa. Estar em tal posição é, assim, estar em uma relação sexual cruzada, pelo menos de acordo com a concepção simbólica ou normativa do que seja essa "posição".

As consequências dessa perspectiva são claramente enormes. De muitas maneiras, o legado estruturalista dentro do pensamento psicanalítico exerceu um efeito monumental no cinema feminista e na teoria literária, bem como em abordagens feministas da psicanálise por várias disciplinas. Também preparou caminho para uma crítica queer do feminismo que teve, e continua a ter, de modo inevitável, efeitos consequentes e divisores dentro dos estudos de gênero e sexualidade. A seguir, espero mostrar como a noção de cultura que se transmuta no "simbólico" para a psicanálise é muito diferente da noção de cultura que permanece atual dentro do campo contemporâneo dos estudos culturais, de modo que as duas iniciativas são muitas vezes entendidas como irremediavelmente opostas. Também planejo argumentar que qualquer pretensão

---

6 Evans, *An Introductory Dictionary of Lacanian Psychoanalysis*, p.202.

de estabelecer regras que "regulam o desejo" em um domínio inalterável e eterno da lei tem uso limitado para uma teoria que busque compreender as condições sob as quais a transformação social de gênero é possível. Outra preocupação em relação ao simbólico é a possibilidade de a proibição do incesto ser uma das motivações para sua própria transgressão, o que sugere que as posições simbólicas de parentesco são derrotadas, de muitos modos, pela própria sexualidade que produzem através da regulação.[7] Por fim, espero mostrar que a distinção entre lei simbólica e lei social não pode se sustentar, que o próprio simbólico é a sedimentação de práticas sociais, e que alterações no parentesco exigem uma rearticulação dos pressupostos estruturalistas da psicanálise, movendo-nos, por assim dizer, em direção a um pós-estruturalismo queer da psique.

Voltando ao tabu do incesto, surge a questão: qual é o estatuto dessas proibições e dessas posições? Lévi-Strauss deixa claro em *As estruturas elementares do parentesco* que nada na biologia necessita do tabu do incesto, o qual é um fenômeno puramente *cultural*. Por "cultural", Lévi-Strauss não quer dizer "culturalmente variável" ou "contingente", mas sim de acordo com leis "universais" da cultura. Assim, para Lévi-Strauss, as regras culturais não são regras alteráveis (como Gayle Rubin argumentou posteriormente), mas são imutáveis e universais. O domínio de uma regra universal e eterna de cultura – o que Juliet Mitchell chama de "a lei universal e primordial"[8] – torna-se a base para a noção lacaniana do simbólico e os esforços

---

7 Cf. Bell, *Interrogating Incest: Feminism, Foucault, and the Law.*

8 Mitchell, *Psychoanalysis and Feminism: A Radical Reassessment of Freudian Psychoanalysis*, p.370 [ed. bras.: *Psicanálise e feminismo*].

Desfazendo gênero

subsequentes para separar o simbólico tanto do domínio biológico quanto do social. Em Lacan, o que é universal na cultura é entendido como suas regras simbólicas ou linguísticas, e essas são compreendidas como o que sustenta as relações de parentesco. A própria possibilidade de referência pronominal a um "eu", a um "você", a "nós" e "eles" parece depender desse modo de parentesco que opera na e como linguagem. Este é um deslizamento do cultural ao linguístico, para o qual o próprio Lévi-Strauss aponta no final de *As Estruturas Elementares do Parentesco*. Em Lacan, o simbólico torna-se definido nos termos de uma concepção de estruturas linguísticas que são irredutíveis às formas sociais que a linguagem assume. De acordo com os termos estruturalistas, o simbólico estabelece as condições universais sob as quais a sociabilidade, isto é, a comunicabilidade de todo uso da linguagem, torna-se possível. Esse movimento abre caminho para a consequente distinção entre narrativas simbólicas e sociais de parentesco.

Portanto, uma norma não é exatamente o mesmo que uma "posição simbólica" no sentido lacaniano, a qual parece gozar de um caráter quase atemporal, a despeito das qualificações oferecidas nas notas finais de vários seminários de Lacan. Quase sempre, os lacanianos insistem que uma posição simbólica não é o mesmo que uma posição social, que seria um erro tomar a posição simbólica do pai, por exemplo – que é, afinal, a posição simbólica paradigmática –, confundindo-a com uma posição socialmente constituída e alterável que os pais assumiram ao longo do tempo. A perspectiva lacaniana insiste que há uma demanda ideal e inconsciente feita sobre a vida social que permanece irredutível a causas e efeitos socialmente legíveis. O lugar simbólico do pai não cede às exigências de uma reorganização social da paternidade. Em vez disso, o simbólico é precisamente o que estabelece limites a todo e qualquer esforço utópico para reconfigurar e reviver relações de parentesco a alguma distância da cena edipiana.[9]

Um dos problemas que surgiram quando o estudo do parentesco foi combinado com o estudo da linguística estrutural foi o fato de as posições de parentesco serem elevadas ao estatuto de estruturas linguísticas fundamentais. Essas são posições que possibilitam a entrada na linguagem e que, portanto, mantêm um estatuto essencial no que diz respeito à linguagem. Em outras palavras, elas são posições sem as quais nenhuma significação pode prosseguir ou, dito de outra forma, sem as quais nenhuma inteligibilidade cultural pode ser garantida. Quais foram as consequências de tornar certas concepções de parentesco atemporais, elevando-as, então, ao estatuto de estruturas elementares de inteligibilidade?

Embora Lévi-Strauss pretenda considerar uma variedade de sistemas de parentesco, ele assim o faz a fim de delimitar aqueles princípios de parentesco que assumem um estatuto transcultural. O que é oferecido pelo estruturalismo como uma "posição" dentro da linguagem ou do parentesco não é o mesmo que uma "norma", pois esta é um enquadramento variável produzido em um contexto social. Uma norma não é o mesmo que uma posição simbólica. Além disso, se uma posição simbólica é mais apropriadamente considerada como norma, então uma posição simbólica não é o mesmo que ela própria,

---

9 Sobre a relação entre o social e o simbólico em relação ao parentesco, ver Tort, Artifices du père, in *Dialogue – recherches cliniques et sociologiques sur le couple et la famille*, p.46-59.

mas sim uma norma contingente, cuja contingência foi encoberta por uma reificação teórica de consequências com potencial drástico para a vida generificada. Dentro da pretensão estruturalista, pode-se responder com a afirmação: "Mas esta é a lei!". No entanto, qual é o estatuto de tal enunciado? "É a lei!" torna-se o enunciado que atribui de forma performativa a própria força à lei que ela mesma diz exercer. "É a lei" é então um sinal de fidelidade à lei, um sinal do desejo de que a lei seja incontestável, um impulso teológico dentro da teoria da psicanálise que procura pôr de lado qualquer crítica ao pai simbólico, a própria lei da psicanálise. Assim, o estatuto atribuído à lei é precisamente, sem qualquer surpresa, o estatuto dado ao falo, sendo que o falo não é um mero "significante" privilegiado dentro do esquema lacaniano, mas o traço característico do dispositivo teórico no qual esse significante é introduzido. Em outras palavras, a força autoritária que sustenta a incontestabilidade da lei simbólica é ela mesma um exercício dessa lei simbólica, mais uma instância do lugar do pai, por assim dizer, indiscutível e incontestável. Embora existam sempre, como os lacanianos nos lembrarão, contestações do simbólico, elas não exercem nenhuma força final para minar o próprio simbólico ou forçar uma reconfiguração radical de seus termos.

A autoridade da teoria expõe sua própria defesa tautológica na medida em que o simbólico sobrevive a toda e qualquer contestação da sua autoridade. Não é apenas uma teoria que insiste no masculino e no feminino como posições simbólicas que estão, por fim, além de qualquer contestação e que estabelecem o limite da contestação como tal, mas uma teoria que depende da mesma autoridade descrita para reforçar suas próprias pretensões descritivas.

Separar o simbólico do social facilita a distinção entre a Lei e as leis variáveis. No lugar de uma prática crítica que não prevê nenhuma autoridade final, e que abre um campo de possibilidades de gênero produtor de angústia, o simbólico surge para colocar um fim a tal angústia. Se existe uma Lei que não podemos alterar, mas que buscamos repetidamente deslocar por meios imaginários, então sabemos de antemão que nossos esforços de mudança serão postos em xeque, que nossa luta contra a narrativa oficial de gênero será frustrada e que nos submeteremos a uma autoridade inatacável. Há quem acredite que pensar que o próprio simbólico pode ser mudado pela prática humana é puro voluntarismo. Mas é mesmo? Pode-se com certeza aceitar que o desejo seja radicalmente condicionado sem afirmar que seja radicalmente determinado, e pode-se reconhecer que existam estruturas que tornam o desejo possível sem afirmar que tais estruturas sejam atemporais e recalcitrantes, impermeáveis a repetições reiterativas e a deslocamentos. A contestação da autoridade simbólica não é necessariamente um retorno ao "ego" ou a noções liberais clássicas de liberdade. Fazê-lo é, antes, insistir que a norma, em sua temporalidade necessária, está aberta a deslocamentos e subversões a partir de dentro.

O simbólico é compreendido como a esfera que regula a designação do sexo, enquanto este, por sua vez, é entendido como um conjunto diferencial de posições, masculino e feminino. Assim, o conceito de gênero, derivado que é do discurso sociológico, é estranho ao discurso da diferença sexual que emerge do enquadramento lacaniano e pós-lacaniano. Lacan foi claramente influenciado por *As Estruturas Elementares do Parentesco*, de Lévi-Strauss, publicado pela primeira vez em

Desfazendo gênero

1947, aproximadamente seis anos antes de Lacan usar o termo.[10] No modelo de Lévi-Strauss, a posição do homem e da mulher é o que possibilita certas formas de troca sexual. Portanto, o gênero opera para assegurar determinados modos de laços sexuais reprodutivos e proibir outros. O gênero de uma pessoa é, nesta perspectiva, um índice das relações sexuais proscritas e prescritas pelas quais um sujeito é socialmente regulado e produzido.

De acordo com Lévi-Strauss, as regras que regem a troca sexual – e que, consequentemente, produzem posições de sujeito viáveis com base na regulação da sexualidade – são distintas dos indivíduos que cumprem aquelas regras e que ocupam tais posições. Que as ações humanas sejam reguladas por tais

---

10 Laplanche e Pontalis escrevem no verbete "Symbolique", em *Vocabulaire de la Psychanalyse*, p.439-441: "A ideia de uma ordem simbólica estruturar a realidade intersubjetiva foi introduzida nas ciências sociais mais notadamente por Claude Lévi-Strauss, que fundamentou sua visão no modelo de linguística estrutural ensinado por F. de Saussure. A tese do *Course in General Linguistics* (1955) é que o significado linguístico não se dá internamente ao significante; produz uma significação porque faz parte de um sistema de significados caracterizado por oposições diferenciais".
Eles citam Lévi-Strauss: "Toda cultura pode ser considerada como um conjunto de sistemas simbólicos que, em primeira instância, regulam o lugar da linguagem, as regras matrimoniais, as relações econômicas, a arte, a ciência e a religião". Segundo os autores acima, Lacan faz uso do simbólico para estabelecer que o inconsciente se estrutura como linguagem e para mostrar a fecundidade linguística do inconsciente. O segundo uso a que se destina, no entanto, incide mais diretamente sobre nosso questionamento: "mostrar que o sujeito humano está inserido em uma ordem preestabelecida que é, em si mesma, uma natureza simbólica, no sentido que Lévi-Strauss descreve".

leis sem ter o poder de transformar sua substância e seu objetivo parece ser consequência de uma concepção de direito indiferente ao conteúdo que regula. De que modo uma mudança de pensamento sobre gênero como uma instância regulada por leis simbólicas para uma concepção de gênero como algo regulado por normas sociais contesta essa indiferença da lei diante do que ela regula? E como tal mudança abre a possibilidade de uma contestação mais radical da própria lei?

Nesta perspectiva, a qual se distingue da de outros expositores lacanianos, como Malcolm Bowie, o sentido do simbólico enquanto uma ordem preestabelecida está em tensão com a insistência de Lacan em afirmar que existe uma relação arbitrária entre significante e significado. Em algumas ocasiões, parece que Lacan usa "o simbólico" para descrever os elementos discretos que funcionam como significados, mas, outras vezes, ele parece usar o termo para descrever o registro mais geral em que esses elementos funcionam. Além disso, Laplanche e Pontalis argumentam que Lacan usa "o simbólico" "para designar a lei (*la loi*) que funda esta ordem". A exclusão do "pai simbólico" ou do "nome do Pai" é um exemplo de fundação irredutível a um pai imaginário ou real, e que faz cumprir a lei. É claro que ninguém ocupa a posição do pai simbólico e é essa "ausência" que, paradoxalmente, confere à lei o seu poder.

Ainda que Malcolm Bowie (cf. *Lacan*, p.108), afirme que o simbólico é regido pela lei simbólica, ele também sustenta que "o simbólico é muitas vezes dito com admiração [...], é o domínio do movimento e não da fixidez, da heterogeneidade em vez da semelhança [...]. O simbólico é inexoravelmente social e intersubjetivo [...]" (p.92-93). Permanece, porém, a questão de saber se a esfera "social" designada pelo simbólico não é governada pelo "Nome do Pai", um lugar simbólico para o pai, que, se perdido (o lugar, e não o pai), leva à psicose. Quais constrangimentos pré-sociais são assim impostos à inteligibilidade de qualquer ordem social?

Se o gênero é uma norma, isso não significa que funcione como um modelo do qual os indivíduos procurem se aproximar. Em vez disso, é uma forma de poder social que produz o campo inteligível dos sujeitos e um dispositivo pelo qual o binarismo de gênero é instituído. Como uma norma que parece independente das práticas que rege, sua idealidade é o efeito reinstituído por aquelas mesmas práticas. Isso sugere não apenas que a relação entre as práticas e as idealizações sob as quais funcionam é contingente, mas que a própria idealização pode ser posta em causa e entrar em crise, passando potencialmente pela desidealização e pelo desinvestimento.

A distância entre o gênero e suas instanciações naturalizadas é a distância entre uma norma e suas incorporações. Sugeri anteriormente que a norma é independente de modo analítico de suas incorporações, mas quero enfatizar que esta é apenas uma heurística intelectual, a qual ajuda a garantir a perpetuação da própria norma como um ideal atemporal e inalterável. De fato, a norma só persiste como norma na medida em que é atualizada na prática social, idealizada repetidas vezes e reinstituída nos rituais sociais cotidianos da vida corpórea. A norma não tem estatuto ontológico independente, mas não pode ser reduzida com facilidade a suas instanciações; ela própria é (re)produzida através de sua corporificação pelos atos que se esforçam por aproximar-se dela, pelas idealizações reproduzidas em tais atos.

Foucault trouxe à tona o discurso da norma ao argumentar em *A História da Sexualidade* (v.I), que o século XIX viu o surgimento da norma como meio de regulação social, a qual não é idêntica às operações da lei. Influenciado por Foucault, o sociólogo François Ewald expandiu essa observação em vários ensaios.[11] Ewald argumenta que a ação da norma se dá às expensas do sistema jurídico da lei e que, embora a normalização implique um reforço da legislação, não se opõe necessariamente a ela, permanecendo independente em alguns aspectos significativos.[12] Foucault observa que a norma muitas vezes aparece na forma legal, que é mais comum que o normativo assuma o primeiro plano em constituições, em códigos legais e na atividade constante e ardorosa da legislatura (Foucault, "Direito de morte e poder sobre a vida"). Foucault ainda afirma que uma norma pertence às artes do julgamento, e que, embora uma norma tenha uma evidente relação com o poder, caracteriza-se menos pelo uso da força ou da violência do que, como Ewald coloca, por "uma lógica implícita que permite que o poder reflita sobre suas próprias estratégias e defina com clareza seus objetos. Essa lógica é, ao mesmo tempo, a força que nos permite imaginar a vida, o viver como objetos de poder e o poder que pode tomar a 'vida' nas mãos, criando a esfera da biopolítica".[13]

Para Ewald, isso levanta pelo menos duas questões: se, por exemplo, a modernidade participa da lógica da norma, e o que a relação entre as normas e a lei seria.[14] Apesar de a norma ser algumas vezes usada como sinônimo de "a regra", é claro que

---

11 Ver a nota 3 deste capítulo.

12 Ewald, Norms, Discipline, and the Law, p.138.

13 Ibid.

14 Talvez seja útil notar o importante trabalho histórico que Georges Canguilhem fez sobre a história do normal em *The Normal and the Pathological* [ed. bras.: *O Normal e o patológico*]. Ewald observa que a etimologia liga a norma à matemática e aos protótipos arquitetônicos. A norma é, literalmente, a palavra latina para uma régua T; e *normalis* significa perpendicular. Vitrúvio usou a palavra para indicar

Desfazendo gênero

as normas são também o que dá às regras uma certa coerência local. Ewald afirma que o início do século XIX inaugura uma mudança radical na relação entre a regra e a norma,[15] e que a norma emerge conceitualmente não apenas como uma *variedade particular de regras*, mas também como *uma forma de produzi-las e um princípio de valorização.*

Em francês, o termo *normalité* aparece em 1834, *normatif* em 1868, e na Alemanha do final do século XIX, temos as ciências normativas (que, imagino, são levadas adiante no próprio nome das reuniões da repartição contemporânea da American Political Science Association [Associação Americana de Ciência Política] denominadas "teoria política normativa"); o termo *normalization* aparece em 1920. Tanto para Foucault quanto para Ewald, ele corresponde à normalização do funcionamento dos poderes burocráticos e disciplinares.

Segundo Ewald, a norma transforma as coerções em mecanismo e assim marca o movimento pelo qual, em termos foucaultianos, o poder jurídico torna-se produtivo; ela transforma os constrangimentos negativos do jurídico nos controles mais positivos da normalização; logo, a norma performa essa função transformadora. A norma, portanto, marca e efetua a virada de perspectiva a partir da qual se deixa de pensar o poder como coerção jurídica para pensá-lo como (a) um conjunto organizado de coerções e (b) como um mecanismo regulatório.

---

o instrumento usado para desenhar ângulos retos, e Cícero usou o termo para descrever a regularidade arquitetônica da natureza; a natureza, afirmou, é a norma da lei.

15 Ewald, Norms, Discipline, and the Law, p.140.

Judith Butler

As normas e o problema da abstração

Isso, então, nos traz de volta não apenas à questão de como se pode dizer que o discurso produz um sujeito (algo presumido em toda parte nos estudos culturais, ainda que raramente investigado por si só), mas, de fato, o que efetua essa produção no discurso. Quando Foucault afirma que a disciplina "produz" indivíduos, ele quer dizer não só que aquele discurso disciplinador *administra* e *faz uso deles*, mas que também *os constitui de forma ativa*.

A norma é uma medida e um meio de produzir um padrão comum, tornando-se uma instância da norma que não a esgota completamente, mas, antes, torna-se sujeita a uma abstração da comunalidade. Embora Foucault e Ewald tendam a concentrar suas análises desse processo nos séculos XIX e XX, Mary Poovey em *Making a Social Body* data a história da abstração na esfera social no final do século XVIII. Na Grã-Bretanha, ela afirma: "As últimas décadas do século XVIII testemunharam os primeiros esforços modernos para representar toda ou partes significativas da população da Grã-Bretanha como agregadas e para delinear uma esfera social distinta dos domínios político e econômico".[16] O que caracteriza esse domínio social, segundo ela, é a entrada de medidas quantitativas: "Tais comparações e medidas produzem, é claro, alguns fenômenos como normativos, ostensivamente porque são numerosos, representam uma média ou constituem um ideal em direção ao qual todos os outros fenômenos se movem".[17]

---

16 Poovey, *Making a Social Body: British Cultural Formation, 1830-1964*, p.8.
17 Ibid., p.9

Desfazendo gênero

Ewald busca uma definição mais estrita da norma para entender sua capacidade de regular todos os fenômenos sociais, bem como os limites internos que essa enfrenta em qualquer uma de tais regulações.[18] Ele escreve:

O que precisamente é a norma? É a medida que simultaneamente individualiza, torna possível a individualização incessante e cria comparabilidade. A norma permite localizar espaços indefinidamente, que se tornam cada vez mais discretos, ínfimos e, ao mesmo tempo, garante que esses espaços nunca incluam qualquer pessoa de modo a criar uma natureza para ela, pois esses espaços individualizantes *nunca são mais do que a expressão de uma relação*, de uma relação que deve ser vista indefinidamente no contexto de outras. O que é uma norma? Um princípio de comparação, de comparabilidade, uma medida comum, que é instituída a partir da pura referência de um grupo a si próprio, quando o grupo não tem outra relação a não ser consigo mesmo, sem referência e sem verticalidade. (Ênfase minha)[19]

Segundo Ewald, Foucault acrescenta o seguinte ao pensamento da normalização: "A individualização normativa não é exterior. O anormal não tem uma natureza diferente da do normal. A norma, ou espaço normativo, não conhece um lado de fora. A norma integra qualquer coisa que possa tentar ir além dela — nada, ninguém, qualquer que seja a diferença que ela possa exibir, pode reivindicar ser exterior ou reivindicar possuir uma alteridade que o tornaria realmente outro".[20]

---

18 Ewald, A Power Without an Exterior, p.170-71.
19 Ewald, Norms, Discipline, and the Law, p.173
20 Ibid., p.173.

Tal perspectiva sugere que qualquer oposição à norma já está contida nela mesma e é crucial para o seu próprio funcionamento. Com efeito, neste ponto de nossa análise, parece que passar de uma noção lacaniana de posição simbólica para uma concepção mais foucaultiana de "norma social" não aumenta as chances de um efetivo deslocamento ou ressignificação da própria norma.

Na obra de Pierre Macherey, porém, começa-se a perceber que as normas não são entidades ou abstrações independentes e subsistentes por si próprias, mas devem ser entendidas como formas de ação. Em *Towards a Natural History of Norms*, Macherey deixa claro que o tipo de causalidade que as normas exercem não é transitivo, mas imanente, e recorre a Espinosa e Foucault para fazer sua afirmação:

> Pensar em termos de imanência da norma é, de fato, abster-se de considerar a ação da norma de modo restritivo, vendo-a como uma forma de "repressão" formulada como interdição exercida contra um dado sujeito antes da realização da ação, implicando assim que este sujeito poderia, por si mesmo, liberar-se ou ser liberado dessa espécie de controle: a história da loucura, assim como a da sexualidade, mostra que tal "liberação", longe de suprimir a ação das normas, ao contrário, a reforça. Mas pode-se também perguntar se é suficiente denunciar as ilusões desse discurso antirrepressivo para escapar delas: não se corre o risco de reproduzi-las em outro nível, em que elas deixam de ser ingênuas, mas, apesar de uma natureza mais erudita, ainda permaneçam desajustadas em relação ao contexto para o qual parecem estar dirigidas?[21]

---

21 Macherey, Towards a Natural History of Norms, in: *Michel Foucault, Philosopher*, p.185.

Desfazendo gênero

Ao sustentar que a norma só subsiste através de suas ações, Macherey efetivamente localiza a ação como o lugar da intervenção social: "Sob esse ponto de vista, não é mais possível pensar na norma em si antes das consequências de sua ação, como estando de algum modo atrás delas e independente delas; *a norma deve ser considerada precisamente em seus efeitos, tal como age*, e não de modo a limitar a realidade por meio de um simples condicionamento, mas para conferir-lhe o máximo de realidade de que é capaz" (ênfase minha).[22]

Mencionei anteriormente que a norma não pode ser reduzida a nenhuma de suas instâncias, mas acrescentaria: a norma também não pode absolutamente ser desvinculada de suas instanciações. A norma não é exterior ao seu campo de aplicação. Segundo Macherey,[23] a norma não apenas é responsável por produzir seu campo de aplicação, mas *se produz na produção desse campo*. A norma está ativamente conferindo realidade; com efeito, apenas em virtude da repetição de seu poder de conferir realidade é que a norma se constitui como tal.

Normas de gênero

De acordo com a noção de normas elaboradas ao longo deste ensaio, poderíamos dizer que o campo de realidade produzido pelas normas de gênero constitui o pano de fundo para o aparecimento superficial do gênero em suas dimensões idealizadas. Porém, como devemos entender a formação histórica de tais ideais, sua persistência ao longo do tempo e seu lugar

---

22 Ibid., p.186.
23 Ibid., p.187.

como uma convergência complexa de significados sociais que não pareçam ser imediatamente sobre gênero? Na medida em que as normas de gênero são *reproduzidas*, elas são invocadas e citadas por práticas corporais que também têm a capacidade de alterar normas no decorrer de sua citação. Não se pode oferecer um relato narrativo total da história citacional da norma: se a narratividade não oculta completamente sua história, ela tampouco revela uma origem única.

Um sentido importante de regulação, então, é que as pessoas são reguladas pelo gênero, e que esse tipo de regulação opera como uma condição de inteligibilidade cultural para qualquer pessoa. Desviar das normas de gênero é produzir o exemplo aberrante que os poderes regulatórios (médicos, psiquiátricos e legais, para citar alguns) podem rapidamente explorar para fundamentar a justificativa para seu próprio zelo regulatório contínuo. Porém, a questão permanece: quais desvios da norma constituem algo além de uma desculpa ou justificativa para a sua autoridade contínua? Quais desvios da norma perturbam o próprio processo regulatório?

A questão da "correção" cirúrgica para crianças intersexo é um exemplo em pauta. Nesse caso, argumenta-se que crianças nascidas com características sexuais primárias irregulares devem ser "corrigidas" para se encaixarem, se sentirem mais confortáveis, enfim, atingirem a normalidade. Às vezes, a cirurgia corretiva é realizada com o apoio dos pais em nome da normalização, e os custos físicos e psíquicos da cirurgia provaram ser enormes para aquelas que são submetidas, por assim dizer, à faca da norma.[24] Os corpos produzidos através de tal imposição

---

24 Cf. Chase, Hermaphrodites with Attitude, p.189-211.

Desfazendo gênero

regulatória de gênero são corpos sofridos, que carregam as marcas da violência e da dor. Aqui a idealidade da morfologia de gênero é literalmente entalhada na carne.

Portanto, o gênero é uma norma regulatória, mas também uma norma que se produz a serviço de outros tipos de regulações. Por exemplo, códigos de assédio sexual tendem a presumir, seguindo o raciocínio de Catharine MacKinnon, que o assédio consiste na subordinação sexual sistemática das mulheres no local de trabalho, e que os homens em geral estão na posição de assediadores, e as mulheres na de assediadas. Para MacKinnon, isso parece ser consequência de uma subordinação sexual mais fundamental das mulheres. Embora essas regulações procurem restringir comportamentos sexualmente aviltantes no local de trabalho, eles também trazem consigo certas normas tácitas de gênero. Em um certo sentido, a regulação implícita de gênero ocorre por meio da regulação explícita da sexualidade.

Para MacKinnon, a estrutura hierárquica da heterossexualidade, na qual homens são vistos como quem subordinam mulheres, é o que produz o gênero: "Suspensa como atributo de uma pessoa, a desigualdade sexual toma a forma do gênero; movendo-se como uma relação entre pessoas, toma a forma da sexualidade. O gênero surge como a forma paralisada da sexualização da desigualdade entre homens e mulheres".[25]

Se o gênero é a forma fixa que a sexualização da desigualdade assume, então, a sexualização da desigualdade precede o gênero, e o gênero é seu efeito. Contudo, podemos mesmo conceituar a sexualização da desigualdade sem uma concepção prévia de gênero? Faz sentido afirmar que os homens subordinam

---

25 MacKinnon, *Feminism Unmodified: Discourses on Life and Law*, p.6-7.

sexualmente as mulheres, se não tivermos primeiro uma ideia do que homens e mulheres são? MacKinnon sustenta, no entanto, que não há constituição de gênero fora dessa forma de sexualidade e, em consequência, fora dessa maneira subordinadora e exploradora de sexualidade.

Ao propor a regulação do assédio sexual por meio do recurso a esse tipo de análise do caráter sistemático da subordinação sexual, MacKinnon institui uma regulação de outro tipo: ter um gênero significa já ter entrado em um relacionamento heterossexual de subordinação; parece não haver pessoas generificadas que estejam fora de tais relacionamentos; parece não haver relações heterossexuais não subordinadas; parece não haver relações não heterossexuais; parece não haver assédio entre pessoas do mesmo sexo.

Logo, essa forma de reduzir o gênero à sexualidade deu lugar a duas preocupações separadas, mas sobrepostas, dentro da teoria queer contemporânea. O primeiro movimento é separar a sexualidade do gênero, de modo que ter um gênero não pressupõe um engajamento em uma prática sexual de qualquer forma particular, e engajar-se em uma dada prática sexual, como sexo anal por exemplo, não pressupõe que se seja de um dado gênero.[26] O segundo e relacionado movimento dentro da teoria queer é argumentar que o gênero não é redutível à heterossexualidade hierárquica; que ele assume diferentes formas quando contextualizado por sexualidades queer; que sua bina-

---

26 Esta é uma posição levada adiante por Gayle Rubin em seu ensaio "Thinking Sex" [ed. bras.: Pensando o sexo, in: *Políticas do sexo*], o qual foi elaborado a partir de *Epistemology of the Closet*, de Eve Kosofsky Sedgwick [ed. bras.: *A epistemologia do armário*].

Desfazendo gênero

ridade, de fato, não pode ser dada como certa fora do quadro heterossexual; que o próprio gênero é internamente instável; que vidas transgênero são evidências da ruptura de quaisquer linhas de determinismo causal entre sexualidade e gênero. Assim, a dissonância entre gênero e sexualidade é afirmada a partir de duas perspectivas diferentes; uma procura mostrar possibilidades para a sexualidade que não sejam limitadas pelo gênero, a fim de romper com o reducionismo causal dos argumentos que os ligam; a outra busca mostrar possibilidades de gênero que não sejam predeterminadas por formas de heterossexualidade hegemônica.[27]

O problema de se fundamentar os códigos de assédio sexual em uma concepção da sexualidade na qual o gênero é o efeito oculto da subordinação sexualizada no interior da heterossexualidade é que certas concepções de gênero e de sexualidade são reforçadas através deste fundamento. Na teoria de MacKinnon, o gênero é produzido na cena da subordinação sexual e o assédio sexual é o momento explícito da instituição da subordinação heterossexual. O que isso significa, efetivamente, é que o assédio sexual se torna a alegoria para a produção de gênero. A meu ver, os próprios códigos de assédio sexual se tornam o instrumento pelo qual o gênero é assim reproduzido.

Conforme argumenta a jurista Katherine Franke, é a regulação de gênero que permanece não apenas não questionada nesta perspectiva, mas involuntariamente instigada. Franke escreve:

---

27 Acredito que meu próprio trabalho caminha nesta direção e está intimamente ligado ao de Biddy Martin, Joan W. Scott, Katherine Franke, e à emergência da teoria transgênero.

O que há de errado com o mundo que MacKinnon descreve em seu trabalho não se esgota com a constatação de que homens dominam mulheres, embora isso seja descritivamente verdadeiro na maioria dos casos. Antes, o problema é muito mais sistemático. Ao reduzir o sexismo apenas ao que é feito às mulheres pelos homens, perdemos de vista a ideologia subjacente que torna o sexismo tão poderoso [...]. A subordinação das mulheres pelos homens faz parte de uma prática social mais ampla que cria corpos generificados – mulheres femininas e homens masculinos.[28]

As punições sociais que se seguem às transgressões de gênero envolvem a correção cirúrgica de pessoas intersexo, a patologização e a criminalização médica e psiquiátrica de pessoas "disfóricas de gênero" em vários países, incluindo os Estados Unidos, o assédio de pessoas com problemas de gênero, seja na rua ou no local de trabalho, a discriminação no emprego e a violência. A proibição do assédio sexual de mulheres por homens com base em uma lógica que pressupõe a subordinação heterossexual como o cenário exclusivo da sexualidade e do gênero torna-se, assim, um meio regulador para a produção e a manutenção das normas de gênero dentro da heterossexualidade.[29]

No início deste ensaio, sugeri várias maneiras de entender o problema da "regulação". Uma regulação é aquilo que torna normal, mas é também, seguindo Foucault, um modo de *disciplina e vigilância* dentro das formas modernas tardias de poder; ela não apenas restringe e nega, não sendo, portanto, uma mera

---

28 Franke, What's Wrong with Sexual Harassment?, p.761-2.
29 Ver o importante ensaio de Alexander, Redrafting Morality: The Postcolonial State and the Sexual Offences Bill of Trinidad and Tobago, in: *Third World Women and the Politics of Feminism*.

forma jurídica de poder. Na medida em que as regulações operam por meio de normas, elas se tornam momentos-chave em que a idealidade da norma é reconstituída, sendo sua historicidade e vulnerabilidade temporariamente postas de lado. Como operação de poder, a regulação pode assumir uma forma jurídica, mas sua dimensão jurídica não esgota a esfera de sua eficácia. Como aquilo que se baseia em categorias que tornam os indivíduos socialmente intercambiáveis uns com os outros, a regulação está assim ligada ao processo de *normalização*. Estatutos que regem quem serão os beneficiários dos direitos sociais estão empenhados de maneira ativa em produzir a norma dos beneficiários do bem-estar social. Do mesmo modo como aqueles que regulam o discurso gay nas forças armadas estão engajados em produzir e manter a norma do que um homem ou uma mulher será, qual discurso será aceito, onde a sexualidade estará e não estará. Regulações estatais sobre adoção por lésbicas e gays, bem como adoções monoparentais, não apenas restringem essa atividade, mas se referem a e reforçam um ideal do que pais e mães devem ser, por exemplo, que devem ser parceiros/as, e o que conta como um/a parceiro/a legítimo/a. Assim, as regulações que buscam meramente coibir certas atividades específicas (assédio sexual, fraude, discurso sexual) realizam outra atividade que, em sua maioria, permanece sem marca: a produção dos parâmetros de pessoalidade, isto é, fazer pessoas de acordo com normas abstratas que, ao mesmo tempo, condicionam e excedem as vidas que fazem – e destroem.

3
Fazendo justiça a alguém: redesignação sexual e alegorias da transexualidade*

Gostaria de tomar, como ponto de partida, a questão do poder, o poder de regulação que determina, mais ou menos, o que somos, o que podemos ser.[1] Não estou falando de poder unicamente no sentido jurídico ou positivo, estou me referindo aos trabalhos de certo regime regulatório, aquele que informa a lei, mas que também a excede. Quando perguntamos sobre as condições de inteligibilidade pelas quais o humano emerge, pelas quais o humano é reconhecido, pelas quais algum sujeito se torna o sujeito do amor humano, estamos perguntando sobre as condições de inteligibilidade que são compostas de normas e práticas, do que se tornou o pressuposto sem o qual não podemos pensar o humano. Assim, proponho abordar a relação entre ordens de inteligibilidade variáveis e a gênese e cognoscibilidade do humano. E não se trata apenas da

---

* Tradução de Ana Luiza Gussen e Victor Galdino.

1 Este ensaio apareceu em uma versão ligeiramente diferente no periódico *GLQ: A Journal of Lesbian and Gay Studies*. Incorporei sugestões feitas por Vernon Rosario e Cheryl Chase e sou grata a ambos pelas importantes perspectivas que forneceram.

existência de leis governando nossa inteligibilidade, mas dos modos de saber, modos de verdade que definem forçosamente a inteligibilidade.

Isto é o que Foucault descreve como a política da verdade, uma política que diz respeito às relações de poder que circunscrevem, antecipadamente, o que será ou não considerado verdade, que ordenam o mundo de certas maneiras regulares e reguláveis, e que passamos a aceitar como um campo dado de conhecimento. Podemos entender a importância disso quando começamos a perguntar: O que conta como pessoa? O que conta como um gênero coerente? Quem é qualificável para a cidadania? De quem é o mundo legitimado como real? Subjetivamente, perguntamos: quem posso me tornar em um mundo onde os sentidos e limites do sujeito são definidos de antemão para mim? Quais as normas que me constrangem quando começo a perguntar o que posso me tornar? E o que acontece quando começo a me tornar algo para o qual não há lugar no interior do regime de verdade instaurado? É isso que Foucault descreve como "o desassujeitamento no jogo da [...] política da verdade".[2]

Outra forma de dizer isso é a seguinte: "o que, dada a ordem contemporânea do ser, posso ser?". Esse problema não aborda inteiramente a questão do que não deve ser, ou do que significa ocupar o lugar de não-ser no interior do campo do ser. Do que significa viver, respirar e experimentar amar não sofrendo nem uma negação completa e nem recebendo um reconhecimento completo como ser. Essa relação entre inteligibilidade e o humano é urgente; ela carrega certa urgência teórica

---

2 Foucault, What is critique?, in: *The Politics of Truth*, p.39.

Desfazendo gênero

precisamente naqueles momentos em que o humano se encontra nos limites da própria inteligibilidade. Gostaria de sugerir que essa interrogação tem uma relação importante com a justiça. A justiça não é apenas ou exclusivamente um problema de como pessoas são tratadas ou como sociedades são constituídas. Ela também diz respeito a decisões significativas sobre o que é uma pessoa e sobre quais normas sociais devem ser honradas e expressas para que a "pessoalidade" seja alocada, sobre como nós reconhecemos ou não outros seres animados enquanto pessoas, algo que depende de reconhecermos ou não a manifestação de certa norma no e através do corpo desse outro. O próprio critério pelo qual julgamos que uma pessoa é um ser generificado, critério que postula um gênero coerente como pressuposto de sua humanidade, não é apenas algo que, justa ou injustamente, governa a reconhecibilidade do humano, mas também informa as maneiras de nos reconhecermos ou não, nos níveis do sentimento, do desejo e do corpo, quando estamos diante do espelho, diante de uma janela, ou quando apelamos a psicólogos, psiquiatras, profissionais da área médica e legal para negociar o que pode muito bem parecer a irreconhecibilidade de nosso gênero e, portanto, de nossa pessoalidade.

Gostaria de considerar um caso legal e psiquiátrico de uma pessoa que, sem dificuldade, foi determinada que se tratava de um garoto quando nasceu, e que, dentro de poucos meses, foi designada como uma garota, que, por sua vez, decidiu, em seus anos de adolescência, tornar-se homem. É a história de David Reimer, cuja situação é chamada de "o caso de Joan/John", e que foi trazida à atenção pública pela BBC (British Broadcasting Corporation) e em vários periódicos médicos, psicológicos e populares. Baseio minha análise em diversos documentos:

um artigo escrito pelo Dr. Milton Diamond, um endocrino-
logista, e o popular livro *As Nature Made Him*, escrito por John
Colapinto, um jornalista da revista *Rolling Stone*, bem como
várias publicações de John Money e comentários críticos feitos
por Anne Fausto-Sterling e Suzanne Kessler em seus importantes e recentes livros.[3] David Reimer, no momento, já falou
abertamente com a mídia e escolheu viver fora do pseudônimo
reservado para ele por Milton Diamond e colegas. Em certo
ponto da infância que irei discutir em seguida, David se tornou
"Brenda" e, portanto, em vez de me referir a ele como Joan e
John, nenhum dos quais é seu nome, usarei o nome que ele usa.

David nasceu com os cromossomos XY e, aos oito meses,
seu pênis foi acidentalmente queimado e cortado durante um
procedimento cirúrgico para retificar fimose, uma condição
em que o prepúcio dificulta a micção. Este é um procedimento
relativamente sem riscos, mas o médico que o realizou em
David estava usando um novo aparelho, que, ao que parece, ele
nunca havia usado antes e que seus colegas médicos declararam
ser desnecessário para o trabalho. Ele teve dificuldades para
fazer a máquina funcionar, então aumentou sua potência até o

---

3 Cf. Colapinto, *The True Story of John/Joan*. Id., *As Nature Made Him: The
Boy Who Was Raised as a Girl*. Kessler, *Lessons from the Intersexed*. Money;
Green, *Transsexualism and Sex Reassignment*. Angier, Sexual Identity
Not Pliable After All, Report Says. Diamond; Sigmundsen. Sex
Reassignment at Birth: Long-Term Review and Clinical Implica-
tions, p.298-304. Cf. também o vídeo "Redefining Sex" publicado
pela Sociedade Intersexo da América do Norte [Intersex Society of
North America] (http://www.isna.org/), no qual é possível encon-
trar perspectivas importantes sobre a ética da redesignação sexual.
Para um panorama excelente dessa controvérsia, cf. Fausto-Sterling,
Sexing the Body, p.45-77.

Desfazendo gênero

ponto em que ela efetivamente queimou parte significativa do pênis. Os pais ficaram, evidentemente, horrorizados, chocados e, de acordo com seus próprios relatos, incertos sobre como proceder. Então, em certa noite, cerca de um ano após o ocorrido, estavam assistindo à televisão e ali se depararam com John Money falando sobre cirurgia trans e intersexual, apresentando a ideia de que, se uma criança é submetida à cirurgia e começa a socialização como um gênero diferente daquele que foi designado no nascimento, ela então poderia se desenvolver normalmente, adaptar-se perfeitamente bem ao novo gênero e viver uma vida feliz. Os pais escreveram a Money e ele os convidou para ir a Baltimore. Assim, em sequência, David foi avaliado na Universidade Johns Hopkins, quando o Dr. John Money recomendou de maneira enfática que ele fosse criado como menina. Os pais concordaram, e os médicos removeram seus testículos, fizeram uma preparação preliminar para uma cirurgia para criar uma vagina, mas decidiram esperar até que Brenda, a criança recém-nomeada, tivesse idade para completar a tarefa. Assim, Brenda cresceu como menina, sendo monitorada com frequência, entregue periodicamente ao John Money's Gender Identity Institute [Instituto de Identidade de Gênero de John Money] para receber auxílio na adaptação à vida como menina. Então, entre oito e nove anos, Brenda percebeu seu desejo crescente de comprar uma metralhadora de brinquedo. Entre nove e onze anos, começou a perceber que não era uma garota. Essa compreensão parece coincidir com o desejo de comprar certos tipos de brinquedos: mais armas e, aparentemente, alguns caminhões. Ainda que não houvesse pênis, Brenda gostava de ficar de pé para urinar. Certa vez, foi pega nessa posição, na escola, e as outras garotas ameaçaram "matá-la" se continuasse.

105

Nesse ponto, as equipes de psiquiatras que monitoravam a adaptação de Brenda de maneira intermitente lhe ofereceram estrogênio, mas ela recusou. Money tentou convencê-la a adquirir uma vagina de verdade, mas ela recusou; saiu gritando da sala inclusive. Money fez com que ela visse fotos sexualmente explícitas de vaginas. Ele chegou ao extremo de mostrar imagens de mulheres dando à luz, prometendo que Brenda seria capaz de fazer o mesmo se viesse a ter uma vagina. Em uma cena que poderia ter inspirado o filme *Nunca fui santa*,[4] ela e seu irmão eram obrigados, sob comando, a executar exercícios simulando coito um com o outro. Mais tarde, ambos relataram estar muito assustados e desorientados por essa demanda e não contaram a seus pais na época. Diz-se que Brenda preferia atividades masculinas e não gostou de ter desenvolvido seios. E todas essas atribuições a ela foram feitas por outro grupo de médicos, dessa vez, uma equipe psiquiátrica do hospital local de Brenda. Psiquiatras locais e profissionais da medicina intervieram no caso, acreditando que um erro havia sido cometido na redesignação sexual e, por fim, o caso foi revisado por Milton Diamond, pesquisador do sexo que acredita que a identidade de gênero tem base hormonal, e que vem lutando contra Money há vários anos. O novo grupo de psiquiatras e médicos ofereceu a ela a escolha de mudar o seu caminho, o que Brenda aceitou. Ela começou a viver como um garoto chamado David aos catorze anos. Nesse ponto, David passou a solicitar e receber injeções com hormônios masculinos e também teve seus seios removidos. Um falo, como Diamond chamou, foi construído para ele entre seus

---

4 *But I'm a Cheerleader!* Direção de Jamie Babbit, Universal Studios, 1999.

Desfazendo gênero

quinze e dezesseis anos. David, como é relatado, não ejacula, mas sente algum prazer sexual ali; e ele urina pela base do falo. É um falo que apenas se aproxima de algumas das funções que se espera do membro e, como veremos, insere David na norma apenas de forma ambivalente.

Durante o período em que David foi Brenda, Money continuou publicando artigos exaltando o sucesso desse episódio de redesignação sexual. O caso teve enormes consequências porque Brenda tinha um irmão gêmeo idêntico, então Money podia acompanhar o desenvolvimento dos irmãos e presumir uma composição genética idêntica para ambos. Ele insistia que os dois irmãos estavam se desenvolvendo normal e felizmente de acordo com seus diferentes gêneros. Mas suas próprias entrevistas gravadas, que, em sua maioria, não foram publicadas, assim como pesquisas subsequentes, colocaram sua honestidade em questão. Brenda não estava feliz, recusou-se a se adaptar a muitos dos chamados comportamentos femininos e ficou horrorizada e irritada com os interrogatórios invasivos e constantes de Money. E, no entanto, os registros publicados da Johns Hopkins afirmam que a adaptação de Brenda à forma de vida de menina foi "bem-sucedida", e certas conclusões ideológicas foram imediatamente tiradas disso. A Clínica de Identidade de Gênero de John Money, que monitorava Brenda com frequência, concluiu que seu desenvolvimento bem-sucedido como menina "oferece evidências convincentes de que as portas da identidade de gênero não estão menos abertas, no nascimento, para uma criança normal do que estão para uma nascida com órgãos sexuais inacabados ou que tenha sido super ou subexposta a androgênios durante o período pré-natal, e que permanecem abertas, pelo menos, por pouco mais de um ano do nascimento".[5] De fato, o caso foi usado pela mídia pública para argumentar que o feminino e o masculino podem ser alterados, que esses termos culturais não têm significado fixo ou destino intrínseco, e que são mais maleáveis do que se pensava anteriormente. Até mesmo Kate Millett citou o caso ao argumentar que biologia não é destino. E Suzanne Kessler também escreveu ensaios com Money que defendiam a tese do construcionismo social. Mais tarde, Kessler acabou repudiando essa aliança e escrevendo um dos mais importantes livros sobre as dimensões éticas e médicas da designação sexual, *Lessons from the Intersexed*, que inclui uma incisiva crítica ao próprio Money.

A abordagem de Money era a de recrutar transexuais MpF para conversar com Brenda acerca das vantagens de ser uma garota. Ela foi submetida a uma miríade de entrevistas, perguntada repetidas vezes se sentia-se como uma garota, quais eram seus desejos, qual era sua imagem do futuro, se isso incluía o casamento com um homem. Brenda também foi convidada a se despir e mostrar suas genitais para médicos que estavam interessados no caso ou monitorando-o pelo seu sucesso adaptativo.

Quando o caso foi discutido na imprensa, e quando psiquiatras e médicos se referiram a ele, fizeram isso para criticar o papel que o instituto de John Money desempenhou e, em especial, a rapidez com que esse instituto procurou usar Brenda como exemplo de suas próprias crenças teóricas; crenças sobre a neutralidade de gênero da primeira infância, sobre a maleabilidade do gênero e sobre o papel primário da socialização na produção da identidade de gênero. Na verdade, isso não é exatamente tudo o que Money acredita, porém não vou

---

5 Money; Green, *Transsexualism and Sex Reassignment*, p.299.

Desfazendo gênero

explorar essa questão aqui. As pessoas que vieram a criticar esse caso acreditam que ele nos mostra algo muito diferente. Quando consideramos, elas argumentam, que David sentiu-se profundamente tocado pela ideia de se tornar um garoto, e descobriu ser insuportável continuar vivendo como garota, devemos considerar também que havia algum sentido profundo de gênero que David experimentou, ligado ao seu conjunto original de órgãos genitais, o qual parece estar lá como uma verdade interna e uma necessidade que nenhuma quantidade de socialização poderia reverter. Essa é a visão de Colapinto e também de Milton Diamond. Agora, então, o caso de Brenda/David está sendo usado para fazer uma revisão e inversão na teoria do desenvolvimento de gênero, fornecendo evidência, desta vez, para a inversão da tese de Money, apoiando a noção de um núcleo essencial do gênero que está ligado, de modo irreversível, à anatomia e a um sentido determinista da biologia. De fato, Colapinto claramente relaciona a crueldade de Money com Brenda à "crueldade" da construção social como teoria, destacando que a recusa de Money em identificar uma base biológica ou anatômica para a diferença de gênero, no começo dos anos 1970, "não se perdeu no então florescente movimento de mulheres, que vinha argumentando contra uma base biológica para as diferenças sexuais por décadas". Ele afirma que os ensaios publicados de Money "já haviam sido usados como um dos principais alicerces do feminismo moderno".[6] E cita a *Times Magazine* como exemplo de engajamento em uma apropriação equivocada de maneira semelhante às visões de Money, pelo argumento de que esse caso "fornece forte apoio para uma

---

6 Colapinto, *As Nature Made Him: The Boy Who Was Raised as a Girl*, p.69.

grande alegação de ativistas pela libertação das mulheres que os padrões convencionais de comportamento masculino e feminino podem ser alterados...".[7] De fato, Colapinto passa a falar sobre o fracasso dos indivíduos que fizeram cirurgia de redesignação sexual em viver como mulheres e homens "normais" e "padrão", argumentando que a normalidade nunca é alcançada e, portanto, presumindo até o fim o valor indiscutível da própria normalidade.

Quando Natalie Angier relatou a refutação da teoria de Money no *The New York Times* (14 de março de 1997), ela afirmou que a história de David tinha "a força da alegoria". Mas que força é essa? E há um desfecho para essa alegoria? Em seu artigo, Angier informa que Diamond utilizou o caso para defender a cirurgia intersexual e, por implicação, o sucesso relativo da cirurgia transexual. Diamond argumentou, por exemplo, que as crianças intersexuais, ou seja, aquelas que nascem com características genitais misturadas, em geral têm um cromossomo Y, o que serve de base adequada para concluir que a criança deva ser criada como um garoto. Assim, a grande maioria das crianças intersexuais é submetida à cirurgia que busca designá-las no sexo feminino, uma vez que, como Cheryl Chase destaca, simplesmente se considera mais fácil produzir um trato vaginal provisório do que construir um falo. Diamond argumenta que essas crianças deveriam ser designadas ao sexo masculino, uma vez que a presença do Y é razão suficiente para supor uma masculinidade de caráter social.

Na verdade, Chase, fundadora e diretora da Intersexed Society of North America [Sociedade Intersexo da América

---

7 Ibid.

Desfazendo gênero

do Norte], expressou seu ceticismo sobre as recomendações de Diamond. Sua visão, também defendida por Anne Fausto-Sterling, é a de que, ainda que uma criança deva receber uma designação sexual com o propósito de estabelecer uma identidade social estável, disso não decorre que a sociedade deveria aderir a cirurgias coercitivas para refazer o corpo à imagem social daquele gênero. Essas tentativas de "correção" violam não apenas a criança, mas também dão apoio à ideia de que o gênero deve ser confirmado de maneiras singulares e normativas no nível da anatomia. O gênero é uma forma diferente de identidade e sua relação com a anatomia é complexa. Segundo Chase, uma criança pode escolher mudar de gênero ao amadurecer, ou mesmo optar pela intervenção hormonal ou cirúrgica, mas essas decisões se justificam porque se baseiam na escolha consciente. De fato, pesquisas mostraram que esses procedimentos cirúrgicos têm sido realizados sem conhecimento dos pais, sem que as próprias crianças tenham sido verdadeiramente informadas, além de não aguardarem até que a criança tenha idade suficiente para oferecer o consentimento dele ou dela. O mais surpreendente, em certo sentido, é o estado mutilado em que são deixados esses corpos, as mutilações feitas e depois paradoxalmente racionalizadas em nome de "ter uma aparência normal", assim como a lógica usada pelos médicos para justificar essas cirurgias. Eles costumam dizer aos pais que a criança não vai parecer normal, que vai sentir vergonha no vestiário – o vestiário, aquele local de angústia pré-adolescente quanto aos iminentes desenvolvimentos de gênero – e afirmam que seria melhor para ela ter uma aparência normal, mesmo que a cirurgia possa privar a pessoa permanentemente das funções e dos prazeres sexuais. Da mesma forma que alguns especialistas, como Money, afirmam que a ausência do falo completo oferece razões de ordem social para que a criança seja criada como menina, outros, como Diamond, argumentam que presença do Y é a evidência mais convincente, é aquilo que é indicado pelos sentimentos persistentes de masculinidade, algo que não pode ser negado falando em construção social.

Desse modo, o que temos em um caso é a aparência da anatomia, como ela aparece para outras pessoas, para mim mesma, quando me vejo pelos olhos delas – essa é a base de uma identidade social como mulher ou homem. No outro caso, a base é o modo como a presença genética do Y opera, de maneira tácita, para estruturar o sentimento e a autocompreensão como pessoa sexuada. Money argumenta, portanto, sobre a facilidade de construir cirurgicamente o corpo feminino, como se a feminilidade fosse sempre pouco mais ou pouco menos que uma construção cirúrgica, uma eliminação, um corte. Já Diamond argumenta a favor da invisível e necessária persistência da masculinidade, aquela que não precisa estar "aparente" para operar como característica-chave da própria identidade de gênero. Quando Angier pergunta a Chase se ela concorda com as recomendações de Diamond acerca da cirurgia intersexual, sua resposta é: "Não passa pela cabeça deles deixar uma pessoa em paz". De fato, no fim das contas, será que a cirurgia é feita para criar um corpo de "aparência normal"? As mutilações e cicatrizes que ficam dificilmente oferecem evidências convincentes de que seja esse o sucesso efetivo das cirurgias. Ou será que é justo por serem "inconcebíveis" que esses corpos são submetidos a um maquinário médico que os marca para toda a vida?

Outro paradoxo emerge aqui – sobre o qual espero escrever mais em outra ocasião –, a saber, o lugar das máquinas afiadas,

Desfazendo gênero

da tecnologia da faca nos debates sobre inter e transexualidade. Se o caso David/Brenda é uma alegoria, ou tem força de alegoria, ele parece ser o lugar para onde convergem os debates sobre intersexualidade (David não é intersexual) e transexualidade (David não é transexual). Esse corpo se torna ponto de referência para uma narrativa que não é sobre ele, mas, por assim dizer, apodera-se desse corpo para inaugurar uma narrativa que interroga os limites do que se concebe como humano. O inconcebível é concebido de novo e de novo, por meios narrativos, mas algo permanece fora da narrativa, um momento de resistência que sinaliza uma persistente inconcebilidade.

Apesar das recomendações de Diamond, o movimento intersexual tem sido galvanizado pelo caso Brenda/David, agora sendo capaz de chamar à atenção do público para a brutalidade, o caráter coercitivo e os danos duradouros de cirurgias involuntárias realizadas em bebês intersexuais. A questão é tentar imaginar um mundo no qual indivíduos com características genitais mistas possam ser aceitos e amados sem que tenham de se transformar numa versão do gênero mais socialmente coerente ou normativa. Nesse sentido, o movimento intersexual tem buscado questionar por que a sociedade mantém o ideal de dimorfismo de gênero quando uma porcentagem significativa de crianças é cromossomicamente variada, havendo um *continuum* entre masculino e feminino que aponta para a arbitrariedade e a falsidade desse dimorfismo como pré-requisito do desenvolvimento humano. Em outras palavras, há humanos que vivem e respiram nos interstícios dessa relação binária, mostrando que ela não é exaustiva; não é necessária. Embora o movimento transexual, internamente variado, tenha clamado por direitos a meios cirúrgicos pelos quais o sexo possa ser transformado, também é nítido que – e Chase ressalta isso – há uma crítica séria e cada vez mais popular ao dimorfismo de gênero idealizado dentro do próprio movimento trans. Podemos ver isso no trabalho de Riki Wilchins, em que a teoria de gênero abre espaço para a transexualidade como exercício transformador, mas talvez possamos ver isso de maneira mais dramática em Kate Bornstein, que argumenta que fazer a transição de FpM ou de MpF não é necessariamente permanecer no interior do quadro binário de gênero, mas tratar a própria transformação como sendo o sentido do gênero. De certa forma, é Kate Bornstein quem agora carrega o legado de Simone de Beauvoir: se não se nasce mulher, mas torna-se, então o devir é o veículo para o próprio gênero. Mas por quê, podemos perguntar, David se tornou ocasião para uma reflexão sobre a transexualidade?

Ainda que David tenha afirmado que preferia ser um homem, não está claro se o próprio David acredita na força causal primária do cromossomo Y. Diamond encontra apoio para sua teoria em David, mas não fica explícito se David concorda com Diamond. David claramente conhece o mundo dos hormônios, tendo solicitado e feito uso deles. David aprendeu sobre a construção fálica a partir de contextos transexuais, quis um falo, teve-o feito, e assim alegoriza certa transformação transexual sem precisamente exemplificá-la. Ele é, em sua opinião, um homem nascido homem, castrado pela instituição médica, feminizado pelo mundo psiquiátrico e, por fim, habilitado a voltar a quem ele é. Mas para voltar a ser quem ele é, ele precisa – e quer, e consegue – se submeter a hormônios e à cirurgia. Ele alegoriza a transexualidade para alcançar um sentido de naturalidade. E essa transformação é aplaudida pelos endocrinologistas do caso, pois entendem que sua aparência

Desfazendo gênero

agora está de acordo com uma verdade interior. Enquanto o Instituo Money recruta transexuais para instruir Brenda nos modos das mulheres, e *em nome da normalização*, os endocrinologistas prescrevem a David o protocolo de mudança de sexo da transexualidade, para que ele reassuma seu destino genético, *em nome da natureza*.

E, embora o Instituto Money recrute transexuais para alegorizar a transformação completa de Brenda em mulher, os endocrinologistas propõem a apropriação da cirurgia transexual para construir o falo que fará de David um homem mais legível. É importante ressaltar que as normas que regem o gênero inteligível para o Money são aquelas que podem ser impostas à força e apropriadas em um nível comportamental, de modo que a maleabilidade da construção do gênero, que faz parte de sua tese, acaba por exigir uma aplicação forçada de serviços. E a "natureza" que os endocrinologistas defendem também precisa de algum suporte, por meios cirúrgicos e hormonais, fazendo com que certa intervenção não natural na anatomia e na biologia seja precisamente a ordem da natureza. Assim, em cada caso, a premissa primária é, de certo modo, refutada pelos meios de sua implementação. *A maleabilidade é, por assim dizer, imposta violentamente. E a naturalidade é artificialmente induzida.* Há formas de defender a construção social que nada têm a ver com o projeto de Money, mas não é esse o meu objetivo aqui. E existem, sem dúvida, maneiras de recorrer a determinantes genéticos que não levam ao mesmo tipo de conclusões intervencionistas a que Diamond e Sigmundsen chegaram. Mas esse também não é exatamente o meu ponto. Então, apenas para registrar, as prescrições a que esses provedores do gênero natural e normativo chegaram de modo algum decorrem, necessariamente, de suas premissas, e as premissas com as quais começam não são necessárias por si mesmas. (Também podemos desvincular a teoria da construção social de gênero, por exemplo, da hipótese da normatividade de gênero, explicando a construção social de maneira muito diferente daquela oferecida por Money; podemos admitir fatores genéticos sem presumir que sejam o único aspecto da "natureza" que consultamos para entender as características sexuadas do humano: por que o Y é considerado o determinante exclusivo e primário da masculinidade, exercendo um direito de preferência sobre todos e quaisquer outros fatores?)

Mas, meu objetivo, ao contar novamente para vocês essa história e sua apropriação para os propósitos da teoria de gênero, é sugerir que, na verdade, ela não fornece evidências para nenhuma das teses, e indicar que pode haver outra maneira de ler essa história, que não confirma nem nega a teoria da construção social, que não afirma nem nega o essencialismo de gênero. De fato, o que espero destacar aqui é o enquadramento disciplinar no interior do qual Brenda/David desenvolve um discurso de autorrelato e autocompreensão, uma vez que isso constitui a grade de inteligibilidade pela qual sua própria humanidade é, ao mesmo tempo, questionada e afirmada. Parece crucial lembrar, quando consideramos o que pode contar como evidência da verdade do gênero, que Brenda/David foi intensamente monitorada por equipes psicológicas durante a infância e adolescência, que equipes médicas observaram seu comportamento, pediram a ela e ao seu irmão que se despissem em sua frente para avaliar o desenvolvimento genital, que houve um médico que lhe pediu para fazer exercícios de coito simulado com seu irmão, para ver as fotos, para conhecer e querer a suposta normalidade da desambiguação genital. Havia um

Desfazendo gênero

dispositivo de conhecimento aplicado à pessoa e ao corpo de Brenda/David que raramente ou nunca é levado em consideração como parte daquilo que David está respondendo quando relata seus sentimentos sobre gênero verdadeiro.

Os atos de autorrelatar e auto-observar ocorrem em relação a certa audiência, imaginada como destinatária, diante de e para a qual uma imagem verbal e visual da pessoalidade é produzida. São atos de fala que, muitas vezes, são entregues àqueles que há anos vêm examinando brutalmente a verdade do gênero de Brenda. E mesmo que Diamond e Sigmundsen e até Colapinto estejam na posição de defender David contra as várias intromissões de Money, continuam perguntando a David como ele se sente e quem ele é, tentando estabelecer a verdade de seu sexo pelo discurso que ele oferece. Porque Brenda foi submetida a tal escrutínio e, o mais importante, submetida constantes e repetidas vezes a uma norma, um ideal normalizador transmitido por uma pluralidade de olhares, uma norma aplicada ao corpo, há uma pergunta constantemente feita: essa pessoa é feminina o bastante? Essa pessoa alcançou a feminilidade? A feminilidade está sendo devidamente corporificada aqui? A corporificação está funcionando? Que evidências podem ser reunidas para que possamos saber? E, com certeza, devemos ter algum conhecimento aqui. Devemos ser capazes de dizer que sabemos e comunicar isso nos periódicos profissionais, justificar nossa decisão, nosso ato. Em outras palavras, esses exercícios questionam se a norma de gênero que estabelece uma pessoalidade coerente foi cumprida com sucesso. As investigações e fiscalizações podem ser entendidas, nessa linha, como a tentativa violenta de implementação da norma e a institucionalização desse poder de implementação.

Judith Butler

Os pediatras e psiquiatras que revisitaram o caso nos últimos anos citam a própria autodescrição de David para apoiar seu ponto de vista. É a narrativa de David sobre o que significa, para ele, ser homem, que sustenta a teoria de que ele é realmente homem, que sempre foi, mesmo quando era Brenda.

A seus entrevistadores, David diz sobre si mesmo o seguinte:

> Havia umas coisinhas desde o começo. Comecei a ver como me sentia diferente, como eu era diferente daquilo que deveria ser. Mas não sabia o que isso significava. Pensei que eu era uma aberração, algo assim... Eu olhei pra mim mesmo e falei que não gosto desse tipo de roupa, não gosto dos tipos de brinquedo que ficavam me dando. Eu gosto de andar com os meninos, escalar árvores, coisas assim, e as garotas não gostam de nada disso. Olhei no espelho e [vi que] meus ombros [estavam] tão largos, quer dizer, [não havia] nada de feminino em mim. Eu [era] magro, mas tirando isso, nada. Mas [foi] assim que eu descobri. [Percebi que eu era menino], mas não queria admitir. Notei que não queria acabar aumentando ainda mais o problema.[8]

Então, agora vocês leram como David se descreve. E, assim, se parte de minha tarefa aqui é fazer justiça, não apenas ao meu tema, mas à pessoa que estou rascunhando para vocês, a pessoa sobre a qual tanto se falou, que teve sua autodescrição e suas decisões tomadas como base para tanta teorização sobre gênero, devo ter cuidado ao apresentar essas palavras. Pois elas podem oferecer apenas parte da pessoa que estou tentando entender, alguma parte de sua instância verbal. Como

---

8 Diamond; Sigmundson, *Sex Reassignment at Birth*, p.299-300.

Desfazendo gênero

não consigo entendê-la verdadeiramente, como não conheço essa pessoa e não tenho acesso a ela, resta-me ser leitora de um número selecionado de palavras, palavras que não selecionei inteiramente, que foram selecionadas para mim, gravadas a partir de entrevistas e, enfim, escolhidas por quem decidiu escrever artigos sobre essa pessoa para periódicos como o *Archives of Pediatric Adolescent Medicine*. Assim, podemos dizer que me são dados fragmentos da pessoa, fragmentos linguísticos de algo chamado "pessoa"; o que pode significar fazer justiça a alguém nessas circunstâncias? Será que é mesmo possível?

Por um lado, temos uma autodescrição, e isso deve ser respeitado. Essas são as palavras que esse indivíduo usou para se oferecer ao entendimento do outro. Por outro lado, temos a descrição de um si mesmo que se dá em uma linguagem já em curso, já saturada de normas, que nos predispõe quando tentamos falar de nós. Além do mais, temos palavras que foram ditas no contexto de uma entrevista, entrevista que faz parte do longo e intrusivo processo de observação que acompanhou a formação de Brenda desde o início. Fazer justiça a David é, certamente, acreditar na sua palavra, e chamá-lo pelo nome que escolheu, mas como devemos entender sua palavra e seu nome? Ele cria essa palavra? Ou ele a recebe? São palavras que já circulavam antes dele emergir como um "eu" autorizado a começar uma autodescrição apenas dentro das normas dessa mesma linguagem? Assim, quando se fala, fala-se uma língua que já é falada, mesmo que falemos de uma maneira que não é exatamente como foi falada antes. Então o que e quem está falando aqui, quando David relata: "Havia umas coisinhas desde o começo. Comecei a ver como eu me sentia diferente, como eu era diferente daquilo que deveria ser"?

Essa afirmação nos diz minimamente que David entende que existe uma norma, uma norma de como ele deveria ser, e que ele ficou aquém dela. A afirmação implícita aqui é que a norma é a feminilidade, e ele falhou em viver de acordo com ela. A norma existe, é imposta de fora, comunicada por um conjunto de expectativas que os outros têm; e, então, existe o mundo do sentir e do ser, e essas dimensões são, para ele, distintas. O que ele sente não é de forma alguma produzido pela norma, e a norma é outra, em outro lugar, não faz parte de quem ele é, de quem se tornou, do que sente.

Mas, dado o que sabemos sobre como David foi endereçado, eu poderia, em um esforço para lhe fazer justiça, perguntar o que Brenda viu quando Brenda olhou para si mesmo, o que sentiu quando tocava a si mesmo, e, por favor, desculpem minha mistura de pronomes aqui, mas as coisas estão se tornando instáveis. Quando Brenda se olha no espelho e vê algo sem nome, aberrante, algo entre uma norma e outra, não estaria ela, naquele momento, em questão enquanto humana, não seria ela o espectro da aberração contra e por meio da qual a própria norma se instala? Qual é o problema com Brenda que faz com que as pessoas estejam sempre pedindo para vê-la nua, fazendo perguntas sobre o que ela é, como se sente, se isso é ou não o mesmo que aquilo que é normativamente verdadeiro? Essa autovisão é distinta da maneira como ela/e é vista/o? Ele parece certo de que as normas são externas, mas, e se as normas se tornaram o meio pelo qual ele vê, o enquadramento para sua própria visão, sua maneira de ver a si mesmo? E se a ação da norma se encontrar não apenas no ideal que ela postula, mas no senso de aberração e esquisitice que veicula? Consideremos onde exatamente a norma opera quando David afirma: "Eu olhei para mim mesmo e falei que não gosto desse tipo de roupa". Com quem David está falando? E em que mundo, sob quais condições, não gostar desse tipo de roupa oferece evidências de que se é o gênero errado? Para quem isso seria verdadeiro? E sob quais condições?

Brenda relata "Não gostei dos brinquedos que me davam", e ela está falando aqui como alguém que entende que tal desgosto pode funcionar como evidência. E parece razoável supor que a razão para Brenda compreender esse "desgosto" como evidência de disforia de gênero,[9] para usar o termo técnico, é que as pessoas endereçaram a Brenda, repetidamente, usando todos os enunciados que ela fez sobre sua experiência como evidências a favor ou contra um gênero verdadeiro. Que Brenda não goste de certos brinquedos, certas bonecas, certos jogos, isso pode ser significativo em relação à questão de como e com o que Brenda gosta de brincar. Mas, em que mundo exatamente esses desgostos contam como evidência clara ou inequívoca a favor ou contra um determinado gênero? É normal que os pais corram para clínicas de identidade de gênero quando seus meninos brincam com novelos de lã ou suas meninas brincam com caminhões? Ou será que não existe já uma angústia um tanto enorme em jogo, um anseio pela verdade do gênero que se aproveita deste ou daquele brinquedo, desta ou daquela tendência indumentária, do tamanho do ombro, da magreza do corpo, para concluir que algo como uma clara identidade de gênero

---

9 No original, encontra-se a expressão *"gender dystopia"*, que, como esclarecido pela autora em contato recente, deveria ser *"gender dysphoria"*, justificando, portanto, a tradução da expressão por "disforia de gênero". (N. T.)

pode ou não ser construído a partir desses desejos difusos, dessas características variáveis e invariáveis do corpo, da estrutura óssea, da tendência, do vestuário?

Então, o que minha análise sugere? Ela nos diz se o gênero aqui é verdadeiro ou falso? Não. E suas implicações nos dizem se David devia ter sido cirurgicamente transformado em Brenda, ou Brenda cirurgicamente transformada em David? Não, não dizem. Não sei como julgar essa questão aqui, e não tenho certeza se cabe a mim julgá-la. A justiça exige que eu decida? Ou ela exige que eu espere para decidir, que pratique certo diferimento diante de uma situação que muitos se apressaram para julgar? Não seria útil, importante, ou mesmo justo considerar algumas questões antes de decidirmos, antes de determinarmos se é, de fato, nossa decisão?

Considere nesse mesmo espírito, então, que, em grande parte, é a posição essencialista de gênero que deve ser verbalizada para que a cirurgia transexual ocorra, e que uma pessoa com um sentido mutável de gênero terá mais dificuldade em convencer psiquiatras e médicos a realizar a cirurgia. Em São Francisco, os candidatos a FpM chegam mesmo a praticar a narrativa do essencialismo de gênero a qual são obrigados a apresentar, antes de irem ao médico, e já existem treinadores para ajudá-los, dramaturgos da transexualidade que irão auxiliá-los na argumentação sem cobrar nenhuma taxa. De fato, podemos dizer que Brenda/David passaram juntos por duas cirurgias transexuais: a primeira baseada em um argumento hipotético sobre o que deveria ser o gênero, dada a natureza ablacionada do pênis; a segunda baseada no que deveria ser o gênero, nas indicações comportamentais e verbais da pessoa em questão. Em ambos os casos, são feitas certas inferências,

Desfazendo gênero

algumas sugerem que um corpo deve ser de certa maneira para que um gênero funcione, outra diz que um corpo deve sentir de uma determinada forma para que um gênero funcione. David claramente veio a desrespeitar e abominar os pontos de vista do primeiro grupo de médicos e desenvolveu, poderíamos dizer, uma crítica leiga do falo para apoiar sua resistência:

> O médico disse: "vai ser difícil, vão te encher o saco, você vai se sentir muito solitário, você não vai encontrar ninguém (a não ser que faça uma cirurgia vaginal e viva como mulher)". E pensei comigo mesmo, você sabe, eu não era muito velho na época, mas me dei conta de que essas pessoas devem ser muito superficiais se essa é a única coisa que pensam que tenho a meu favor; que a única razão para as pessoas se casarem e terem filhos e terem uma vida produtiva é por causa do que elas têm entre as pernas... Se é só isso que elas pensam de mim, se elas justificam meu valor pelo que tenho entre as pernas, então devo ser um fracassado completo.[10]

Aqui, David faz uma distinção entre o "eu" que ele é, a pessoa que ele é, e o valor que é conferido à sua pessoalidade em virtude do que está ou não entre suas pernas. Ele estava apostando que seria amado por algo diferente disso ou, pelo menos, que seu pênis não seria a razão pela qual seria amado. Ele estava esperando, implicitamente, que algo chamado "profundidade" estivesse acima e em oposição à "superficialidade" dos médicos. E assim, embora David tenha pedido e recebido seu novo estatuto masculino, tenha pedido e recebido seu novo falo, ele

---

10 Ibid., p.301.

123

também é algo além do que tem agora e, apesar de ter passado por essa transformação, ele se recusa a ser reduzido à parte do corpo que obteve. "Se é só isso que elas pensam de mim", assim ele começa sua frase, oferecendo uma resposta consciente e crítica ao trabalho da norma. Há algo de mim que excede essa parte, embora eu queira essa parte, embora seja parte de mim. Ele não quer que seu "valor" seja "justificado" pelo que tem entre as pernas, e isso significa que ele tem outra noção de como o valor de uma pessoa possa ser justificado. Assim, podemos dizer que ele está vivendo seu desejo, adquirindo a anatomia que quer para poder vivê-lo, mas que esse desejo é complexo, assim como seu valor. E é por isso que, sem dúvida, em resposta a muitas das perguntas que Money fez – Você quer ter um pênis? Você quer se casar com uma garota? –, David se recusava com frequência a responder à pergunta, a ficar no mesmo ambiente onde Money estava, até mesmo a visitar Baltimore depois de um tempo.

David não troca uma norma de gênero por outra, não exatamente. Seria tão errado dizer que ele apenas internalizou uma norma generificada (de uma perspectiva crítica), quanto seria dizer que ele falhou em viver de acordo com tal norma (de uma perspectiva médica normalizadora), uma vez que ele já estabeleceu que o que justificará seu valor será a invocação de um "eu" irredutível à compatibilidade de sua anatomia com a norma. Ele pensa mais de si do que os outros pensam, não justifica plenamente seu valor recorrendo ao que tem entre as pernas, e não se considera um fracassado completo. Algo excede a norma, e ele reconhece sua irreconhecibilidade. Em certo sentido, é sua distância do humano cognoscível que opera como condição do discurso crítico, a fonte de seu valor, o que o justifica. Ele diz

Desfazendo gênero

que, se o que esses médicos acreditam fosse verdade, ele seria um perdedor completo, e dá a entender que não é um, que algo nele está vencendo.

Porém ele está dizendo algo a mais – está nos advertindo contra o absolutismo da própria distinção, pois seu falo não constitui a totalidade de seu valor. Há uma incomensurabilidade entre o que ele é e o que ele tem, entre o falo que tem e o que se espera que seja (e, portanto, não é diferente de qualquer outra pessoa com falo), o que significa que ele não se tornou um com a norma e, no entanto, ainda assim ele é alguém, falando, insistindo, até referindo a si mesmo. E é a partir dessa lacuna, dessa incomensurabilidade entre a norma que deveria inaugurar sua humanidade e a insistência verbal sobre si por ele performada, que ele deriva seu valor, que ele fala seu valor. E não podemos definir o conteúdo dessa pessoa com precisão no exato momento em que ela fala de seu valor, o que significa que sua humanidade emerge precisamente pelas maneiras nas quais ela não é totalmente reconhecível, descartável, categorizável. E isso é importante porque podemos solicitar que ele adentre a inteligibilidade para falar e ser conhecido, mas o que ele faz, em vez disso, e por meio de seu discurso, é oferecer uma perspectiva crítica sobre as normas que conferem a própria inteligibilidade. Ele mostra, é possível dizer, que há um entendimento a ser obtido que excede as próprias normas da inteligibilidade. E ele alcança esse "fora", podemos especular, recusando os interrogatórios que o assediam, invertendo seus termos e aprendendo as maneiras pelas quais ele pode escapar. Se ele se torna ininteligível para quem procura conhecer e capturar sua identidade, isso significa que algo sobre ele é inteligível fora do enquadramento aceito da inteligibilidade. Pode ser tentador dizer que existe algum núcleo que define a pessoa, e assim teríamos alguma presunção de humanismo emergindo aqui, superveniente com relação aos discursos particulares sobre inteligibilidade sexuada e generificada que constrangem David. Mas isso significaria somente que ele é denunciado por um discurso apenas para ser levado por outro, o discurso do humanismo. Ou podemos dizer que há algum núcleo do sujeito que fala, e fala além do dizível, e que é essa inefabilidade que marca a fala de David, a inefabilidade do outro que não se revela pela fala, mas deixa um fragmento portentoso de si em seu dizer, um eu que está além do próprio discurso.

Mas o que prefiro é que possamos considerar cuidadosamente que, quando David invoca o "eu" desta maneira bastante esperançosa e inesperada, está falando sobre certa convicção que ele tem sobre sua própria amabilidade; ele diz que "eles" devem pensar que ele é um fracassado completo se a única razão pela qual alguém vai amá-lo é o que ele tem entre as pernas. "Eles" estão dizendo que ele não será amado, ou que não será a menos que aceite o que eles têm para ele, e que eles têm o que ele precisa para obter amor, que ele não será amado sem isso. Mas, ele se recusa a aceitar que o que estão oferecendo em seu discurso é amor. Recusa a oferta, entendendo-a como um suborno, como uma sedução que leva à sujeição. Ele é e será amado por alguma outra razão, David nos diz, uma razão que eles não entendem, e que não nos é dada. É claramente uma razão que está além do regime da razão estabelecido pelas normas da própria sexologia. Sabemos apenas que ele insiste em outra razão e que, nesse sentido, não sabemos mais que tipo de razão é essa, o que ela pode ser; David estabelece os limites do que eles sabem, perturbando a política da verdade, fazendo uso de seu desassujeitamento no interior dessa ordem do ser para estabelecer a possibilidade de um amor além do alcance dessa norma. Ele se posiciona, conscientemente, em relação à norma, mas não obedece a seus requisitos. Corre o risco de certo "desassujeitamento" – ele é um sujeito? Como saberemos? E, nesse sentido, o discurso de David põe em jogo a própria operação da crítica, crítica que, definida por Foucault, é precisamente o desassujeitamento no interior da política da verdade. Isso não significa que David se torna ininteligível e, portanto, desprovido de valor para a política; ele emerge nos limites da inteligibilidade, oferecendo uma perspectiva sobre as formas variáveis pelas quais as normas circunscrevem o humano. É justamente porque entendemos, sem apreender muito bem, que ele tem outra razão, que ele *é*, por assim dizer, outra razão, que vemos os limites do discurso da inteligibilidade que tenta definir seu destino. David não ocupa exatamente um mundo novo, pois mesmo dentro da sintaxe que produz seu "eu", ele ainda está posicionado em algum lugar entre a norma e seu fracasso. E, por fim, ele não é nenhuma das duas coisas; é o humano em seu anonimato, aquilo que ainda não sabemos como nomear ou que limita toda nomeação. E, nesse sentido, ele é a condição anônima – e crítica – do humano, ao mesmo tempo que fala a partir dos limites do que nós pensamos saber.

Pós-escrito: Quando este livro estava prestes a ser impresso em junho de 2004, fiquei triste ao saber que David Reimer tirou sua vida aos 38 anos. O obituário do New York Times (12/05/04) menciona que seu irmão morreu dois anos antes e que agora estava separado de sua esposa. É difícil saber o que, no final, tornou sua vida inviável ou por que ele sentiu que estava na hora desta vida terminar. Parece claro, no entanto, que sempre houve uma questão colocada para ele, e por ele, se a vida em seu gênero seria passível de sobrevivência. Não está claro se seu gênero foi o problema, ou o "tratamento" que trouxe um sofrimento constante para ele. As normas que regem o que é ser uma vida humana digna, reconhecível e sustentável claramente não sustentavam sua vida de forma contínua ou sólida. A vida para ele sempre foi uma aposta e um risco, uma corajosa e frágil conquista.

4
Desdiagnosticando gênero*

Nos últimos anos, ocorreram muitos debates sobre o estatuto do diagnóstico do transtorno de identidade de gênero do *Manual Diagnóstico e Estatístico de Transtornos Mentais* (DSM-IV) e, em particular, se há boas razões para manter o diagnóstico no Manual, ou se já não há muitas boas razões.[1] Por um lado, as

---

* Tradução de Gabriel Lisboa Ponciano e Luís Felipe Teixeira.

1 Em 2018, a CID-11 redefiniu a saúde relacionada à identidade de gênero, substituindo categorias diagnósticas como "transexualismo" e "transtorno de identidade de gênero infantil" da CID-10 por "incongruência de gênero da adolescência e idade adulta" e "incongruência de gênero da infância", respectivamente. Assim, a incongruência de gênero foi amplamente removida do capítulo "Transtornos mentais e comportamentais" para o novo capítulo "Condições relacionadas à saúde sexual". Isso reflete a evidência de que identidades trans e de gênero diverso não são condições de saúde mental, e classificá-las como tal pode estigmatizar quem tiver o diagnóstico. A inclusão de incongruência de gênero na CID deve garantir o acesso das pessoas trans a cuidados de saúde de afirmação de gênero, bem como cobertura de seguro de saúde adequada para esses serviços. O reconhecimento na CID também admite as ligações entre identidade de gênero, comportamento sexual, exposição à violência e infecções sexualmente transmissíveis. A

pessoas integrantes da comunidade LGBTQI+ que querem manter o diagnóstico argumentam que ele oferece uma certificação para uma condição e facilita o acesso a uma variedade de meios médicos e tecnológicos para a transição. Além disso, alguns seguros de saúde só arcam com parte dos altíssimos custos da mudança de sexo se puderem, primeiro, estabelecer que a mudança é uma "necessidade médica". É importante, por essas razões, não entender a cirurgia de mudança de sexo ou o uso de hormônios como uma "cirurgia eletiva". Embora alguns possam querer dizer que se trata de uma escolha, até mesmo uma escolha de caráter profundo e dramático, para fins de alocação de seguro de saúde é preciso que essa seja uma escolha medicamente condicionada. Há, é claro, muito o que se pensar acerca do que consiste exatamente uma escolha medicamente condicionada, porém o que importa aqui é distinguir entre esta escolha condicionada por um diagnóstico e outra que não o é. Neste último caso, a escolha da transição pode ser incluída em alguma ou em todas das seguintes opções: a escolha de viver como outro gênero, fazer terapia hormonal, encontrar e declarar um nome, assegurar um novo estatuto jurídico para o gênero da pessoa, e passar por uma cirurgia. Se esse processo for determinado como necessário por profissionais da psicologia ou da medicina, isso é, se for determinado que não passar por esses procedimentos pode produzir aflição, má adaptação, e outras formas de sofrimento, logo, como consequência,

---

vigência da alteração tem início a partir de 2022. Referência: <https://www.euro.who.int/en/health-topics/health-determinants/gender/gender-definitions/whoeurope-brief-transgender-health-in-the-context-of-icd-11#402742> (acesso em: 8 mar. 2022). (N. T.)

a escolha de passar pela transição parece ser concebida como uma escolha adotada e admitida por profissionais da medicina que levam em conta o bem-estar de quem realiza esse processo. O "diagnóstico" pode operar de várias maneiras, mas uma das maneiras pela qual pode e costuma operar, especialmente nas mãos daqueles que são transfóbicos, é como um instrumento de patologização.

Ser diagnosticado com Transtorno de Identidade de Gênero (TIG) é se encontrar, de certa maneira, enfermo, doente, errado, avariado, anormal, e sofrer certa estigmatização como consequência do diagnóstico. Em resultado, muitos psiquiatras ativistas e pessoas trans argumentaram que o diagnóstico deveria ser completamente eliminado, pois a transexualidade não é um transtorno e não deve ser concebida como tal, e que é preciso compreender as pessoas trans como engajadas em uma prática de autodeterminação, em um exercício de autonomia. Então, por um lado, o diagnóstico continua a ter um valor já que facilita o acesso a uma forma economicamente viável de transição. Por outro, o diagnóstico é criticado de maneira taxativa porque continua a patologizar como transtorno mental o que, em vez disso, deveria ser entendido como uma dentre as várias possibilidades de uma pessoa determinar o próprio gênero.

Este esboço demonstra que há uma tensão no debate entre aqueles que estão, para os devidos fins, tentando alcançar um direito e uma assistência financeira, e aqueles que buscam fundamentar a prática da transexualidade na noção de autonomia. Podemos muito bem a princípio hesitar e então questionar se essas duas visões estão realmente em oposição uma à outra. Afinal, é possível argumentar, e costuma-se fazê-lo, que da maneira pela qual o diagnóstico facilita certos direitos aos benefícios do seguro de saúde,[2] ao tratamento médico, e ao estatuto legal, ele de fato funciona a serviço daquilo que podemos chamar de autonomia trans. Já que, se quero fazer a transição, posso muito bem precisar do diagnóstico para me ajudar a atingir meu objetivo, e atingir meu objetivo é precisamente um exercício da minha autonomia. Na verdade, podemos argumentar que ninguém alcança a autonomia sem a assistência ou o apoio de uma comunidade, em especial se se está fazendo uma corajosa e difícil escolha como a transição. Contudo, precisamos nos perguntar se o diagnóstico é uma parte ambígua do "apoio" que os indivíduos precisam para exercerem autodeterminação no que diz respeito ao gênero. Afinal, o diagnóstico faz muitas suposições que prejudicam a autonomia trans. Ele subscreve formas de avaliação psicológica que presumem que a pessoa diagnosticada é afetada por forças que ele ou ela não entende, que presumem que há ilusão ou disforia em tais pessoas. O diagnóstico assume que certas normas de gênero não foram propriamente corporificadas, e que se deu um erro ou uma falha. O diagnóstico faz suposições sobre pais e mães e sobre o que é e o que deveria ser a vida normal de uma família. O diagnóstico assume a linguagem da correção, da adaptação e da normalização. Além de buscar preservar as normas de gênero do mundo como são atualmente constituídas, e ter a tendência a patologizar qualquer esforço de produzir gênero de maneiras que falhem em se conformar às normas existentes (ou, que

---

2 Cf. Friedman, Gender Identity. Esse ponto de vista, no entanto, sustenta que o diagnóstico descreve uma patologia; então, a seu ver o diagnóstico não precisa ser mantido apenas por razões instrumentais.

Desfazendo gênero

falhem em se conformar a certa fantasia dominante do que as normas existentes realmente são). Trata-se de um diagnóstico que tem sido dado às pessoas contra a vontade delas, é um diagnóstico que efetivamente vai contra a vontade de muitas pessoas, em particular jovens queer e trans.

Portanto, parece que o debate é muito complexo, e que, de certa forma, aqueles que querem manter o diagnóstico o querem porque isso os ajuda a atingir seus objetivos e, nesse sentido, a alcançar sua autonomia. E aqueles que querem se livrar do diagnóstico o querem porque isso pode criar um mundo onde possam ser considerados e tratados de maneiras não-patológicas e, por consequência, ampliando sua autonomia em importantes maneiras. Penso que vemos aqui os limites concretos de qualquer noção de autonomia que estabeleça o indivíduo como sozinho, livre de condições sociais, sem depender de instrumentos sociais de vários tipos. A autonomia é uma forma socialmente condicionada de viver no mundo. Instrumentos, assim como o diagnóstico, podem ser facilitadores, porém também podem ser restritivos e muitas vezes funcionar das duas maneiras ao mesmo tempo.

Em face disso, pareceria que temos duas formas diferentes de tratar a autonomia, contudo é importante notar que não se trata apenas de um problema filosófico a ser respondido em abstrato. Para compreender a diferença entre essas visões, temos que nos perguntar como o diagnóstico é realmente vivido. O que significa viver com ele?[3] Isso ajuda algumas

---

3 Cf. Pela, Boys in the Dollhouse, Girls with Toy Trucks, p.55. Ele argumenta que a "American Psychiatric Association inventou categorias de saúde mental – especificamente, a de Transtorno de Identidade de

pessoas a viver, a alcançar uma vida que parece valer a pena ser vivida? Isso impede algumas pessoas de viver, as faz sentir estigmatizadas, e, em alguns casos, contribui para o suicídio? Por um lado, não devemos subestimar os benefícios que o diagnóstico trouxe, em especial para pessoas trans com limitações econômicas que, sem a assistência do seguro de saúde, não poderiam alcançar seus objetivos. Por outro, não devemos subestimar a força patologizante do diagnóstico, principalmente para pessoas jovens que podem não ter os recursos críticos para resistir ao seu peso. Nesses casos, o diagnóstico pode ser debilitante, se não assassino. Algumas vezes assassina a alma, e em outras se torna um fator contribuinte para o suicídio. Portanto, muita coisa está em jogo nesse debate já que parece ser, no fim, uma questão de vida ou morte; para alguns o diagnóstico parece significar vida, para outros o diagnóstico parece significar a morte. Para outros, também, pode muito bem parecer ser uma benção ambivalente, ou, deveras, uma maldição ambivalente.

Gênero – que visam patologizar a homossexualidade e continuar o abuso contra os jovens gays". Pela também cita Shannon Minter no sentido de que "TIG é apenas outra forma de expressar homofobia". Cf. também Rachlin, Transgender Individuals' Experiences of Psychotherapy. Ela nota que "indivíduos podem se ressentir por terem que gastar tempo e dinheiro em serviços psicológicos para obter serviços médicos. Eles também podem ter medo de falar com alguém que tem o poder de lhes garantir ou negar acesso às intervenções que eles sentem precisar. Esse medo e ressentimento criam uma dinâmica entre o terapeuta e o paciente que pode ter algum impacto no processo e no resultado do tratamento". Cf. também Vitale, The Therapist Versus the Client.

Desfazendo gênero

De modo a entender como essas duas compreensíveis posições emergiram, consideremos primeiro no que consiste o diagnóstico nos Estados Unidos e, depois, sua história e usos recorrentes. Um diagnóstico de transtorno de gênero precisa estar de acordo com a definição do DSM-IV de disforia de gênero.[4] A última revisão desse conjunto de definições foi instituída em 1994.[5] Para um diagnóstico ser completo, no entanto, são necessários testes psicológicos assim como "cartas" de terapeutas de modo a comprovar e atestar que o indivíduo em questão pode viver e prosperar na nova identidade sexual. A

---

4 É importante notar que o transexualismo foi pela primeira vez diagnosticado em 1980 no DSM-III. No DSM-IV, publicado em 1994, o transexualismo não aparece, mas, em vez disso, é tratado sob a rubrica de Transtorno de Identidade de Gênero (TIG). O diagnóstico, como ele está atualmente, requer que os candidatos à cirurgia e o tratamento de redesignação sexual mostrem "evidência de uma forte e persistente identificação cruzada de gênero, o qual se deseja ser, ou uma insistência de que se é do outro sexo". Além disso, "essa identificação com o outro gênero não pode ser meramente o desejo por alguma vantagem cultural percebida por ser do outro sexo", mas "deve ser também a evidência de desconforto persistente sobre o sexo designado ao indivíduo ou uma sensação de inadequação ao papel de gênero desse sexo". O diagnóstico "não é feito se o indivíduo tiver uma condição física intersexual preexistente", e "para fazer o diagnóstico, precisa haver evidência de aflição clinicamente significativa ou inadequação social, ocupacional ou em outras áreas importantes de funcionamento. Para mais informações, ver <http://trans-health.com>, n.4, v.1, primavera 2002; ver a mesma publicação on-line, 1:1, verão, 2001. Para uma importante crítica intitulada The Medicalization of Transgenderism, ver o trabalho de Whitney Barnes dividido em cinco partes (publicado em edições sucessivas) que, de forma completa e vigorosa, cobre o arco de questões pertinentes no que diz respeito à categoria de diagnóstico.

5 Atualizado, ver a nota 1 deste capítulo. (N. T.)

definição de 1994 é o resultado de várias revisões e, provavelmente, também precisa ser compreendida à luz das decisões estabelecidas pela American Psychiatric Association [Associação Americana de Psiquiatria] (APA) de se livrar do diagnóstico da homossexualidade como um transtorno em 1973 e, em 1987, de apagar a "homossexualidade ego-distônica", um vestígio remanescente da antiga definição. Argumentou-se que o diagnóstico do TIG assumiu parte do papel do antigo diagnóstico da homossexualidade e que o TIG se tornou uma via indireta de diagnosticar a homossexualidade como um problema de identidade de gênero. Nesse sentido, o TIG dá continuidade à tradição homofóbica da APA, mas de forma menos explícita. Na verdade, grupos conservadores que buscam "corrigir" a homossexualidade, como a National Association of Research and Therapy of Homosexuality [Associação Nacional de Pesquisa e Terapia da Homossexualidade], argumentaram que se for possível identificar a TIG em uma criança, há 75% de chance de se prever a homossexualidade naquela pessoa quando adulta, um resultado que, para eles, é uma clara anormalidade e uma tragédia. Assim, o diagnóstico da TIG é, na maior parte dos casos, um diagnóstico de homossexualidade, e o transtorno acoplado ao diagnóstico implica que a homossexualidade permanece também como um transtorno.

A própria maneira com que grupos como esses conceitualizam a relação entre TIG e homossexualidade é muito problemática. Se formos entender o TIG baseado na percepção de características de gênero do sexo oposto que sejam duradouras, ou seja, meninos com atributos "femininos", e meninas com atributos "masculinos", então permanece a pressuposição de que características de menino conduzirão a um desejo

Desfazendo gênero

por mulheres e de que características de menina conduzirão a um desejo por homens. Em ambos os casos, o desejo heterossexual é presumido, na circunstância em que presumidamente os opostos se atraem. Mas isso é argumentar, de fato, que a homossexualidade é entendida como uma inversão de gênero, e que a parte "sexual" permanece heterossexual, ainda que invertida. É aparentemente raro, de acordo com essa conceitualização, que características de menino em um menino o conduzam a desejar outros meninos, e que características de menina em uma menina a conduzam a desejar outras meninas. Então, 75% dos diagnosticados com TIG são considerados homossexuais apenas se entendermos a homossexualidade a partir do modelo de inversão de gênero e sexualidade por meio do modelo de desejo heterossexual. Meninos ainda estão sempre desejando meninas e meninas ainda estão sempre desejando meninos. Se 25% dos diagnosticados com TIG não se tornam homossexuais, isso parece significar que eles não se conformaram ao modelo de inversão de gênero. Mas já que o modelo de inversão de gênero pode apenas entender a sexualidade como heterossexualidade, parece que os 25% restantes podem ser homossexuais não-conformados ao modelo de homossexualidade como heterossexualidade invertida. Portanto, poderíamos argumentar, com um tanto de humor, que 100% das pessoas que foram diagnosticadas com TIG se revelaram homossexuais!

Embora para mim a piada seja irresistível apenas porque seria alarmante para a National Association of Research and Therapy of Homosexuality [Associação Nacional de Pesquisa e Terapia da Homossexualidade], é importante considerar a sério como o mapa da sexualidade e do gênero é radicalmente mal descrito por aqueles que pensam nesses termos. Na verdade, as correlações entre identidade de gênero e orientação sexual são, na melhor das hipóteses, obscuras: não podemos predizer com base no gênero de uma pessoa que tipo de identidade de gênero essa pessoa terá, e em que direção o desejo dele ou dela, em última análise, se animará e será exercido. Embora John Money e outros assim chamados transposicionalistas pensem que a orientação sexual tende a decorrer da identidade de gênero, seria um grande erro presumir que a identidade de gênero causa a orientação sexual ou que a sexualidade se refira de alguma maneira necessária a uma identidade de gênero anterior. Como tentarei mostrar, mesmo que se pudesse aceitar como não problemático o que são características "femininas" e o que são características "masculinas", disso não decorre que o "feminino" seja atraído pelo masculino e que o "masculino" pelo feminino. Isso só decorreria se usássemos uma matriz exclusivamente heterossexual para entender o desejo. E, na realidade, essa matriz deturparia alguns dos cruzamentos queer na heterossexualidade, quando, por exemplo, um homem heterossexual feminilizado quer uma mulher feminilizada, para que os dois possam ser "meninas juntos". Ou quando uma mulher heterossexual masculina quer que seus meninos sejam tanto meninas quanto meninos para ela. O mesmo cruzamento queer se dá na vida lésbica e gay, quando *butch* com *butch* produz um modo especificamente lésbico da homossexualidade masculina. Além disso, a bissexualidade, como havia dito, não pode ser reduzida a dois desejos heterossexuais e entendida como um lado feminino querendo um objeto masculino ou um lado masculino querendo um feminino. Esses cruzamentos são tão complexos quanto qualquer coisa que aconteça na heterossexualidade ou na homossexualidade. Esses tipos de cruzamentos

Desfazendo gênero

ocorrem com mais frequência do que é geralmente notado e zombam da alegação transposicionalista de que a identidade de gênero é um indicador da orientação sexual. Na verdade, às vezes, é a própria disjunção entre identidade de gênero e orientação sexual – a desorientação mesma do modelo transposicionalista – que constitui para algumas pessoas o que é mais erótico e excitante.

A maneira pela qual o transtorno foi tratado pelos pesquisadores com propósitos homofóbicos pressupõe a tese tácita de que a homossexualidade é o dano que decorre de tal troca de sexo, mas é mais importante argumentar que isso não é um transtorno e que existe toda uma gama de relações complexas para a vida de gênero cruzado: algumas delas podem envolver se vestir de outro gênero, algumas delas podem envolver viver em outro gênero, algumas delas podem envolver hormônios e/ ou cirurgia, e a maior parte de tais vidas inclui uma ou mais das opções anteriores. Algumas vezes isso implica uma mudança no que é chamado como objeto de desejo, mas algumas vezes não. Uma pessoa pode se tornar um homem trans e querer meninos (e se tornar um homem homossexual), pode se tornar um homem trans e querer meninas (e se tornar heterossexual) ou pode se tornar um homem trans e experienciar um conjunto de mudanças na orientação sexual que constituam uma história de vida e uma narrativa muito específicas. Essa narrativa não é capturável por uma categoria ou pode ser capturável por uma categoria apenas por um tempo. Histórias de vida são histórias de vir a ser e categorias podem, algumas vezes, de agir para congelar esse processo. Mudanças na inclinação sexual podem ser em resposta a parceiros específicos, então, essas vidas, trans ou não, não emergem sempre de maneira coerentemente heterossexuais ou homossexuais e o próprio sentido e a experiência vivida da bissexualidade também podem mudar com o tempo, formando uma história particular que reflete mais certos tipos de experiências do que outros.

O diagnóstico da disforia de gênero requer que se assuma uma forma mais ou menos definida ao longo do tempo; um gênero só pode ser diagnosticado se ele passar pelo teste do tempo.[6] Você deve demonstrar que, por um longo período, quis viver a vida como outro gênero; também é necessário provar a existência de um plano prático e vivível para viver a vida durante um bom tempo como o outro gênero. O diagnóstico, dessa maneira, visa estabelecer que aquele gênero é um fenômeno relativamente estável. Não adianta, por exemplo, entrar em uma clínica e dizer que foi só depois de ler um livro da Kate Bornstein que você se deu conta do que queria fazer, mas que, até então, isso não era algo de fato consciente para você. Não é aceitável como uma justificativa o fato de a vida cultural ter mudado, porque palavras foram escritas e transformadas, ou que você foi a eventos e a boates e viu como certas formas de vida eram realmente possíveis e desejáveis, e, então, algo sobre suas próprias possibilidades se tornou claro de maneiras até então inéditas. Seria imprudente afirmar que você acredita que as normas as quais governam o que é reconhecível e vivível são mutáveis e que, ao longo de sua vida, novos esforços culturais serão feitos para

---

6 Para uma discussão sobre as mudanças de nomenclatura na história do diagnóstico para diferenciar as pessoas que, desde o início, consideravam ter "disforia de gênero" das pessoas que chegaram a essa conclusão com o tempo, cf. item "The Development of a Nomenclature" no manual *The Standards of Care for Gender Identity Disorders*, da Harry Benjamin International Gender Dysphoria Association.

Desfazendo gênero

ampliar tais normas e, assim, pessoas como você poderão muito bem viver enquanto transexuais em comunidades acolhedoras, e que é em função dessa mudança nas normas públicas e da presença de uma comunidade acolhedora que você é capaz de sentir a transição como possível e desejável. Portanto, não é possível subscrever de maneira explícita uma visão de que as mudanças na experiência generificada acompanham mudanças nas normas sociais, já que isso não seria suficiente para satisfazer as exigências da Harry Benjamin International Gender Dysphoria Association [Associação Internacional de Disforia de Gênero Harry Benjamin][7] para o tratamento do TIG. Na verdade, essas regras presumem, assim como o diagnóstico do TIG, que todos nós mais ou menos já "sabemos" o que são as normas de gênero – "masculino" e "feminino" – e que tudo que realmente precisamos fazer é descobrir se essas estão sendo corporificadas de uma maneira ou de outra. Mas e se esses termos já não fazem mais o trabalho descritivo que necessitamos que eles façam? E se eles apenas atuam de maneira desajeitada para descrever a experiência de gênero? E se as normas de cuidado e as medidas para o diagnóstico pressupõem que nós sejamos constituídos permanentemente de uma maneira ou de outra, o que acontece

---

7 A associação foi criada em 1979 em homenagem ao médico Harry Benjamin, um dos primeiros, nos Estados Unidos, a dedicar-se à saúde de pessoas diagnosticadas na categoria disforia de gênero. Hoje chama-se World Professional Association for Transgender Health (WPATH) ou Associação Mundial Profissional para a Saúde Transgênero e publica o manual *Normas de atenção à saúde das pessoas trans e com variabilidade de gênero*. É a esse manual que Butler se refere anteriormente. A 7ª versão do documento, publicada em 2012, pode ser encontrada em português em: <https://www.wpath.org/media/cms/Documents/SOC%20v7/ SOC%20V7_Portuguese.pdf>. (N. T.)

com o gênero como um modo de vir a ser? Somos parados no tempo, tornados mais normais e coerentes do que necessariamente queremos ser, quando nos submetemos às normas para alcançar os direitos que precisamos e a condição que desejamos?

Apesar de haver duras críticas a serem feitas ao diagnóstico – e detalharei algumas delas abaixo quando me debruçar no texto propriamente dito – seria errado pedir por sua erradicação sem antes pôr em seu lugar um conjunto de estruturas a partir do qual a transição possa ser paga e seja possível obter um estatuto legal. Em outras palavras, se o diagnóstico é neste momento o instrumento por meio do qual podem ser alcançados benefícios e uma determinada condição, ele não pode ser apenas eliminado sem que se encontrem outras maneiras duráveis de alcançar os mesmos resultados.

Uma resposta óbvia para esse dilema é o argumento de que se deve tratar do diagnóstico *estrategicamente*. Dessa maneira, pode-se rejeitar a pretensão de verdade do diagnóstico, isso é, rejeitar a descrição que ele oferece da transexualidade, mas, ainda assim, fazer uso do diagnóstico como um puro instrumento, um veículo para atingir certos objetivos. Pode-se, então, de forma irônica, jocosa ou irresoluta se submeter ao diagnóstico, mesmo que intimamente se sustente que não há nada "patológico" no desejo de transição ou na decisão de realizar esse desejo. Mas aqui temos que perguntar se submeter-se ao diagnóstico não envolve certa sujeição, mais ou menos consciente, a este, o que acaba fazendo com que se internalizem alguns aspectos do diagnóstico e faça com que a pessoa se conceba como mentalmente doente ou "falhando" na normalidade, ou os dois, mesmo que busque ter uma atitude apenas instrumental frente a esses termos.

Desfazendo gênero

O ponto mais importante em defesa desse último argumento tem a ver com as crianças e com os jovens adultos, já que quando nos perguntamos quem seria capaz de sustentar uma relação puramente instrumental com o diagnóstico, a resposta tende a ser adultos sagazes e esclarecidos, aqueles que detêm outros discursos disponíveis para entender quem são e quem querem ser. Porém, serão as crianças e os adolescentes sempre capazes de manter a distância necessária para sustentar uma abordagem apenas instrumental ao se sujeitar a um diagnóstico?

Dr. Richard Isay oferece como principal razão para se livrar completamente do diagnóstico o seu efeito sobre as crianças. O diagnóstico, ele escreve, "pode causar dano emocional prejudicando a autoestima de uma criança que não tem um transtorno mental".[8] Isay aceita a alegação de que muitos meninos jovens gays preferem o assim chamado comportamento feminino quando crianças, brincando com as roupas da mãe, recusando atividades agitadas e brutas, mas ele argumenta que o problema aqui não é com as características, mas com as "admoestações dos pais... que visam modificar esse comportamento e [que] perniciosamente afetam a autoestima desses meninos". A solução dele é que os pais aprendam a ser solidários ao que ele chama de "características atípicas de gênero". A contribuição de Isay é importante em muitos aspectos, mas uma clara contribuição sua é o que chama de reconceitualização do fenômeno de recusa da linguagem patologizante: ele recusa elevar atributos típicos de gênero a um padrão de normalidade psicológica ou a relegar características atípicas à anormalidade. Em

---

8 Isay, Remove Gender Identity Disorder from DSM.

vez disso, Isay substitui completamente a linguagem da normalidade pela da tipicidade. Os médicos que argumentam contra Isay não apenas insistem que o transtorno *é* um transtorno, e que a apresentação de características de gênero atípicas persistentemente em uma criança é uma "psicopatologia",[9] mas conjugam essa insistência na patologização com uma preocupação paternalista pelos envolvidos, mencionando como o diagnóstico é necessário para os benefícios do seguro de saúde e outros direitos. Na verdade, eles exploram o fato de as pessoas em processo de transição que são pobres, membros da classe trabalhadora ou da classe média necessitarem, de maneira evidente e indiscutível, do seguro de saúde e do apoio legal como uma justificativa para argumentar não apenas em favor da manutenção do diagnóstico nos Manuais, mas também da compreensão da transexualidade enquanto uma patologia a ser corrigida. Portanto, mesmo que o diagnóstico seja abordado como um instrumento ou um meio para completar o objetivo final da transição, o diagnóstico ainda pode (a) inculcar uma sensação de transtorno mental naqueles que são diagnosticados; (b) reforçar o seu próprio poder na conceitualização da transexualidade como uma patologia, e (c) ser usado como uma justificativa por aqueles que estão em institutos de pesquisa bem financiados e que objetivam manter a transexualidade na esfera da patologia mental.

Também foram propostas algumas outras soluções que visam amenizar os efeitos patológicos do diagnóstico, tirando-o completamente das mãos dos profissionais da saúde mental. Jacob Hale argumenta que essa matéria não deveria ser

---

9 Ver, por exemplo, Friedman, Gender Identity.

Desfazendo gênero

mediada por psicólogos e psiquiatras; a questão de se e quando ter acesso aos recursos médicos e tecnológicos deve ser matéria debatida apenas entre o paciente e o médico.[10] Segundo Hale, as pessoas vão ao médico para outros tipos de cirurgias reconstrutivas, assim como em outras ocasiões em que tomar hormônios se provou uma opção feliz, e, nestes casos, ninguém precisa passar por uma série de perguntas sobre as suas mais antigas fantasias ou sobre as suas brincadeiras mais comuns durante a infância. A certificação de saúde mental estável não é exigida para uma redução de seios ou para a ingestão de estrogênio na menopausa. Exigir a intervenção de um profissional da saúde mental quando alguém quer fazer uma transição de gênero inclui neste processo uma estrutura paternalista e compromete a própria autonomia, que é, por princípio, a base da reinvindicação de direitos. Pede-se que um terapeuta se preocupe se você será capaz, psicologicamente, de integrar um mundo social estabelecido, caracterizado por uma

---

10 Cf. Hale, Medical Ethics and Transsexuality; ver também Green, Should sex change be available on demand?. Esse definitivamente não era o problema em 1969, quando o obstáculo intransponível mais próximo era a redesignação profissionalmente aprovada. Se pacientes de gênero pudessem procurar cirurgiões que não exigissem indicação psiquiátrica ou psicológica, a pesquisa deveria abordar o resultado para aqueles que foram profissionalmente indicados contra aqueles que se autoindicaram. Então uma questão ética poderia surgir se o sucesso for menor (ou a falha maior) entre aqueles que se autoindicaram, um adulto legalmente competente deveria ter autonomia para a autodeterminação? Green se pergunta, em seguida, "deveria haver um limite para a autonomia de uma pessoa sobre o corpo?" (Transsexualism and Sex Reassignment, 1966–1999). Ele também aplaude o fato de que algumas pessoas transgênero agora entraram na profissão, e portanto são as mesmas que estão fazendo o diagnóstico e escolhendo os benefícios médicos.

ampla conformidade às normas de gênero aceitas, mas não se espera que esse mesmo terapeuta determine se você é corajoso o suficiente ou se tem uma comunidade que apoie a sua vida transgênero no momento em que a ameaça da violência e da discriminação se mostrar mais expressiva. Não é pedido que o terapeuta questione se a sua forma de viver o gênero ajudará a produzir um mundo com menos constrições de gênero, ou se você está à altura dessa importante tarefa. Ao terapeuta é solicitado predizer se a sua escolha levará ao arrependimento pós--operatório, e aqui seu desejo é examinado por sua persistência e tenacidade, mas se dá pouca atenção ao que acontece ao seu persistente e tenaz desejo quando o mundo social, e o próprio diagnóstico, rebaixam-no como um transtorno psíquico.[11]

Comecei este ensaio sugerindo que o modo como se compreende a manutenção ou a oposição ao diagnóstico depende, em parte, de como se concebe as condições de autonomia. Nos argumentos de Isay, encontramos uma afirmação de que o diagnóstico não apenas mina a autonomia das crianças, mas que também confunde sua autonomia com a patologia. Já na argumentação de Hale, observamos que o diagnóstico assume um significado diferente se não for mais utilizado por profissionais de saúde mental. Permanece, no entanto, a dúvida acerca da possibilidade de os praticantes de medicina que não têm nenhum histórico particular com o âmbito da saúde mental, ainda assim, fazerem uso dos parâmetros desta área

---

11 Para uma discussão sobre a etiologia do diagnóstico que cubra as mais recentes descobertas psicológicas sobre o arrependimento pós-operatório e sobre as "taxas de sucesso" das cirurgias de redesignação sexual, ver P. Cohen-Kettenis; Gooren; Transsexualism: A Review of Etiology, Diagnosis, and Treatment, p.315-33.

Desfazendo gênero

para tomarem decisões que podem ser não menos favoráveis do que aquelas feitas por profissionais da saúde mental. Se Hale está argumentando, no entanto, que isso deve estar nas mãos de médicos como parte de um movimento para redefinir o diagnóstico, para que ele não mais contenha a especificação de saúde mental, então, ele também está propondo um novo diagnóstico ou nenhum diagnóstico, já que a rendição ao DSM-IV não pode ser esvaziada de suas especificações de saúde mental. Para responder à questão se seria mais propício transferir para os médicos essa responsabilidade, deveríamos questionar se as inclinações dos praticantes de medicina geralmente fazem com que eles sejam confiáveis para recebê-la, ou se o mundo dos terapeutas progressistas oferece melhores chances para uma passagem humana e bem-sucedida pelo processo do diagnóstico. Apesar de não ter uma resposta sociologicamente fundamentada para essa questão, considero que ela precisa ser investigada antes de julgar a adequação da proposta de Hale. O grande benefício de sua proposta é que o paciente é tratado como um cliente que está exercendo a autonomia do consumidor no domínio médico. Essa autonomia é presumida e também postulada como o objetivo e o significado último do processo de transição.

Mas isso levanta a questão de como a autonomia deve ser concebida nesse debate e se as revisões no diagnóstico podem prover um desvio desse aparente impasse entre aqueles que desejam o fim do diagnóstico e aqueles que desejam mantê-lo pelo valor instrumental proveniente deste, em especial pelos que passam por necessidades financeiras. Há duas diferentes concepções de autonomia em jogo nesse debate. A visão que se opõe completamente ao diagnóstico tem a tendência de ser individualista, se não libertária, e a visão que argumenta em favor de manter o diagnóstico tende a reconhecer que há condições materiais para o exercício da liberdade. Já a visão que se preocupa com o modo como o diagnóstico pode ser internalizado ou causar danos sugere que as condições psicológicas para a autonomia são passíveis de ser prejudicadas, e têm sido prejudicadas, e que os jovens estão sob maior risco frente a esse comprometido e danificado sentido de si mesmos.

Autonomia, liberdade e livre arbítrio são termos relacionados, e eles também implicam certas proteções legais e direitos. Afinal, a Constituição dos EUA garante o direito à busca pela liberdade. Pode-se argumentar que são discriminatórias as condições restritivas impostas aos indivíduos transexuais e transgêneros para um exercício de liberdade próprio dessas identidades e práticas. Paradoxalmente, as seguradoras de saúde rebaixam a noção de liberdade quando distinguem, digamos, entre mastectomias que são "medicamente necessárias" e aquelas que se constituem como "cirurgia eletiva". As primeiras são concebidas como operações que ninguém prontamente escolhe, são impostas aos indivíduos pela circunstância médica, em geral por um câncer. Mas mesmo essa conceitualização não representa os tipos de escolhas viáveis de um paciente bem-informado acerca de como lidar com o câncer, já que os tratamentos possíveis incluem radiação, quimioterapia, Arimidex,[12] lumpectomia, mastectomia parcial e completa. As mulheres farão diferentes escolhas de tratamento dependendo de como se sentem sobre seus seios e sobre a prospecção de outros

---

12 Medicamento indicado para tratamento de câncer de mama em mulheres pós-menopausa. (N. T.)

Desfazendo gênero

tumores, e o arco de escolhas a serem feitas apresenta uma significativa amplitude. Algumas mulheres lutarão para manter seus seios a qualquer custo, e outras os deixarão ir sem muita dificuldade. Algumas escolherão a reconstrução e farão escolhas sobre seus futuros seios, e outras não.

Uma lésbica muito *butch* de São Francisco recentemente teve câncer em um seio e decidiu, após consultar seu médico, fazer uma mastectomia completa. Ela achou que seria uma boa ideia também ter o outro seio removido, já que queria minimizar as chances de recorrência. Essa escolha foi tomada com facilidade porque ela não tinha nenhum forte apego emocional aos seus seios: eles não formavam uma parte importante da sua autocompreensão de gênero ou sexual. Seu seguro de saúde concordou em pagar pela primeira mastectomia, mas eles se preocuparam que a segunda cirurgia fosse considerada uma "cirurgia eletiva" e que, se pagassem por ela, abririam um precedente para cobrir cirurgias transexuais eletivas. O seguro de saúde, portanto, quis limitar tanto a autonomia do consumidor na tomada de decisão médica (entendendo a mulher como alguém que queria ter, por razões médicas, seu segundo seio removido), e descartar a autonomia como base para uma operação transexual (entendendo a mulher como uma possível pessoa em transição). Ao mesmo tempo, uma amiga minha que estava se recuperando de uma mastectomia buscava compreender quais possibilidades existiam para ela quanto à cirurgia reconstrutiva. Seu médico a indicou clientes transexuais que poderiam apresentá-la a várias tecnologias e os méritos relativos de cada uma dessas opções. Mesmo que eu desconheça alianças de sobreviventes de câncer de mama e transexuais, posso ver como um movimento poderia emergir com facilidade e que a principal demanda seria solicitar aos seguros de saúde que reconheçam o papel da autonomia em produzir e manter características sexuais primárias e secundárias. Tudo isso parecerá menos estranho, acredito, quando compreendermos a cirurgia plástica em uma mesma escala com todas as outras práticas que os humanos se envolvem para manter e cultivar características sexuais primárias e secundárias, por razões culturais e sociais. Presumo que homens que querem aumentar o pênis ou mulheres que querem aumentar ou diminuir os seios não são recomendados/as a buscar autorização com psiquiatras. É interessante considerar, claro, sob a luz das atuais normas de gênero, por quais motivos uma mulher que quer reduzir os seios não precisa de autorização psicológica, mas um homem que quer uma redução de pênis talvez precise. Não há pressuposição de mau funcionamento mental para mulheres que tomam estrogênio e para homens que tomam Viagra. Isso se dá de tal modo, presumo, porque eles estão operando na norma à medida que estão buscando aprimorar o "natural", fazendo reajustes sob normas aceitas, e, às vezes, até mesmo confirmando e fortalecendo tais normas tradicionais de gênero.

A *butch*, quase trans, que queria que tanto o seu seio com câncer quanto o sem fossem removidos entendeu que a única maneira com que ela poderia ter os benefícios de uma mastectomia seria ter câncer no outro seio ou sujeitar seus desejos de gênero à avaliação médica e psiquiátrica. Mesmo que ela não considerasse a si mesma trans, ela entendeu que poderia se apresentar como uma pessoa trans para ser elegível ao TIG e aos benefícios do seguro. Algumas vezes as cirurgias de reconstrução do seio são cobertas pelo seguro de saúde mesmo quando feitas por razões eletivas, mas a mastectomia não está

Desfazendo gênero

incluída como uma cirurgia eletiva coberta pelo seguro. No mundo dos seguros de saúde, parece fazer sentido que uma mulher queira menos seio, mas não há qualquer sentido que não queira nenhum. Querer nenhum seio põe em questão se ela ainda quer ser uma mulher. É como se o desejo da *butch* de ter o seio removido não fosse plausível como uma opção saudável, a menos que seja sinal de um transtorno de gênero ou de alguma outra urgência médica.

Mas por que aceitamos essas outras escolhas como escolhas, independentemente do modo como apreendemos seu significado social? A sociedade não considera que tem o direito de impedir uma mulher de aumentar ou diminuir seus seios, e não consideramos o aumento de pênis um problema, a menos que isso seja feito por um médico ilegítimo que comprometa os resultados da operação. Ninguém é mandado para um psiquiatra por anunciar um plano de cortar ou deixar crescer os cabelos ou por começar uma dieta, a não ser que se esteja sob risco de anorexia. Ainda assim, essas práticas são parte dos nossos hábitos diários de cultivar características sexuais secundárias, se essa categoria é interpretada significando todos os vários indicadores corporais do sexo. Se uma característica corpórea "indica" sexo, então o sexo não é exatamente o mesmo que os meios pelos quais ele é indicado. O sexo torna-se compreensível por meio de sinais que indicam como ele deve ser lido e entendido. Esses indicadores corpóreos são os meios culturais pelos quais o corpo sexuado é lido. Eles são corpóreos, e operam como sinais, logo não há maneira fácil de distinguir o que é "materialmente" verdadeiro e o que é "culturalmente" verdadeiro sobre o corpo sexuado. Não pretendo sugerir que sinais puramente culturais produzem um corpo material, mas apenas que o corpo não se torna sexualmente legível sem esses sinais, e que esses sinais são, ao mesmo tempo e de forma irredutível, culturais e materiais.

Então, quais são as versões de autonomia que estão em jogo nessas várias abordagens do diagnóstico do TIG? E como podemos conceber a autonomia de modo a encontrarmos uma maneira de pensar sobre os muito razoáveis desacordos que emergiram no debate acerca da preservação ou da erradicação do diagnóstico? Mesmo que seja óbvio que nem todos os indivíduos diagnosticados com TIG são ou desejam se tornar transexuais, elas/es, ainda assim, são afetadas/os pelo uso do diagnóstico para promover os objetivos dos transexuais, já que usar o diagnóstico é reforçar sua condição de instrumento útil. Isso não é razão para não o usar, mas envolve um certo risco, certas implicações. É possível que um diagnóstico fortalecido tenha efeitos que seus usuários não pretendem ou admitem. E, embora possa muito bem servir a importantes necessidades de um indivíduo para garantir as condições e o financiamento para a sua transição, o diagnóstico pode também ser usado por estabelecimentos médicos e psiquiátricos para estender sua influência patologizante às populações transexuais, jovens trans, assim como jovens lésbicas, bi e gays. Do ponto de vista do indivíduo, o diagnóstico pode ser considerado um instrumento por meio do qual se promove a autoexpressão e a autodeterminação. Na verdade, é admissível contá-lo entre os instrumentos fundamentais necessários para fazer a transição que torna a vida vivível e que fornece as bases para que se prospere como um sujeito corporificado. Por outro lado, o instrumento ganha vida própria, e pode tornar mais difícil a vida das pessoas que sofrem por ter sido patologizadas, ao fazer que

Desfazendo gênero

estas percam certos direitos e liberdades, incluindo a guarda de um filho, um emprego, uma casa, em virtude do estigma vinculado ao diagnóstico ou, mais precisamente, em virtude do estigma que o diagnóstico fortalece e estimula. Mesmo que, sem dúvidas, fosse melhor viver em um mundo onde não houvesse tal estigma, e nem tal diagnóstico, essa ainda não vivemos nesse mundo. Além disso, a maioria dos discursos de instituições psicológicas está estruturada sobre a profunda suspeita acerca da saúde mental de quem transgride as normas de gênero; as abordagens médicas do gênero e as instituições legais e financeiras, que regulam questões de condições e possibilidades de assistência financeira e benefícios médicos.

Existe, no entanto, um argumento importante a ser feito a partir da perspectiva do livre-arbítrio. É importante lembrar que as formas específicas que a liberdade toma dependem das condições e instituições sociais que governam as opções humanas nesse momento. Aqueles que reivindicam que a transexualidade é, e deveria ser, matéria de escolha, um exercício de liberdade, estão definitivamente certos, e também estão corretos em apontar que vários obstáculos colocados por profissionais da psicologia e da psiquiatria são formas paternalistas de poder, a partir dos quais uma liberdade humana básica está sendo suprimida. Sublinhar algumas dessas posições é uma abordagem liberal à transformação de sexo. Richard Green, presidente da Harry Benjamin International Gender Dysphoria Association [Associação Internacional de Disforia de Gênero Harry Benjamin] e forte porta-voz dos direitos transexuais, incluindo os direitos de pais e mães transexuais, argumenta a favor desse assunto como matéria de liberdade pessoal e de privacidade. Ele cita John Stuart Mill, escrevendo que ele "argumentou fortemente que adultos deveriam poder fazer o que quisessem com seus corpos, desde que isto não trouxesse mal a outros. Portanto, se o terceiro gênero, o transexual, ou uma pessoa com aspirações de ter um membro amputado pode continuar a arcar com responsabilidades sociais após a cirurgia, então os pedidos cirúrgicos não são do interesse da sociedade".[13] Apesar de Green fazer essa alegação, a qual chama de "filosófica", ele nota que ela entra em conflito com a questão de quem irá pagar, e se a sociedade tem a obrigação de pagar por um procedimento que está sendo defendido como uma questão de liberdade pessoal.

Não encontro muitas pessoas escrevendo nessa área, com exceção do discurso dentro do Direito Cristão, cuja resposta ao TIG é abraçá-lo com todo o coração e dizer, "Não leve de mim esse diagnóstico! Me patologize, por favor!". Existem, com certeza, muitos psiquiatras e psicólogos que insistem no TIG como uma patologia. E há um bem financiado e absurdamente prolífico professor de neuropsiquiatria e ciência comportamental na Universidade da Carolina do Sul, George Rekers, que combina um polêmico conservadorismo político com um esforço de intensificar e estender o uso desse diagnóstico.[14] A sua principal preocupação parece ser sobre meninos, meni-

---

13 Green, Transsexualism and Sex Reassignment.

14 Ver, por exemplo, Rekers, Gender Identity Disorder, em *The Journal of Family and Culture*, depois revisado para o *Journal of Human Sexuality*, uma publicação da Christian Leadership Ministries de 1996, disponível em <www.leaderu.com/jhs/rekers>. Em seu livro *Handbook of Child and Adolescent Sexual Problems*, ele propõe a conversão ao cristianismo como a "cura" para transexualidade e provê orientação psicológica para aqueles "afligidos" com e "arrependidos" dessa condição.

Desfazendo gênero

nos se tornando homens, e homens se tornando fortes figuras paternas no contexto do casamento heterossexual. Ele também associa o aumento do TIG à falência da família, à perda de figuras paternas sólidas para garotos e ao subsequente "distúrbio" que se alega causar. Na discussão promovida por Rekers há também uma preocupação explícita com a emergência da homossexualidade nos meninos, ele menciona, por exemplo, a conclusão de 1994 do DSM de que 75% da juventude identificada com TIG veio a ser homossexual na idade adulta. Rekers publicou uma série de estudos cobertos de "dados" apresentados em um contexto de protocolos de pesquisa empírica. Embora profundamente polêmico, ele entende a si próprio como um cientista e empirista, imputando o viés ideológico aos seus oponentes. Ele escreve que "em uma geração confundida por ideologias radicais sobre papéis masculinos e femininos, precisamos de pesquisas sólidas sobre homens e mulheres que são exemplos bem ajustados de identidades masculina e feminina seguras, respectivamente".[15] A "pesquisa sólida" de Rekers é direcionada a mostrar os benefícios de distinguir com clareza entre as normas de gênero e suas patologias "para a vida familiar e a cultura maior". Nesse sentido, Rekers também nota que "descobertas preliminares foram publicadas na literatura que reporta sobre os efeitos terapêuticos positivos da conversão religiosa para curar o transexualismo [...] e sobre os efeitos terapêuticos positivos de um ministério da Igreja voltado para perdoar os homossexuais".[16] Ele parece estar um tanto despreocupado em relação às meninas, o que me impressiona como

---

15 Rekers, Gender Identity Disorder.
16 Ibid.

algo bastante sintomático de sua preocupação com a autoridade patriarcal, e a sua inabilidade de enxergar a ameaça que mulheres de todos os tipos podem impor à sua pressuposição sobre o poder masculino. O destino da masculinidade absorve esse estudo porque a masculinidade, um constructo frágil e falível, precisa do suporte social do casamento e da vida familiar estável para encontrar o seu caminho certo. De fato, a masculinidade por si mesma tende a vacilar, na visão de Rekers, e precisa ser abrigada e amparada por vários suportes sociais, sugerindo que a masculinidade é ela mesma uma função dessas organizações sociais, e não tem sentido intrínseco fora delas. De qualquer modo, existem pessoas como Rekers que criam um cenário inflexível e altamente polêmico, não só por garantir a manutenção do diagnóstico, mas para fortalecê-lo. Assim, são capazes de oferecer razões políticas de um extremo conservadorismo que reforçam o diagnóstico, de modo que as estruturas que sustentam o estabelecimento das normas possam ser fortalecidas.

Ironicamente, são essas mesmas estruturas as quais sustentam as normas que impõem, desde o princípio, a necessidade do diagnóstico, incluindo os seus benefícios para aqueles que precisam de auxílio financeiro e um status legal para efetuar seus processos de transição.

É com alguma ironia, então, que aqueles que sofrem sob o peso do diagnóstico também descobrem que não há muita esperança de sobreviver sem este. O fato é que, sob as condições atuais, um considerável número de pessoas tem razão de se preocupar sobre as consequências de ter os seus diagnósticos tomados de si ou fracassar em estabelecer a elegibilidade necessária para o diagnóstico. Talvez os ricos sejam capazes de desembolsar as dezenas de milhares de dólares que uma transformação FpM implica, incluindo a dupla mastectomia e uma faloplastia muito bem realizada, mas a maioria das pessoas, em especial transexuais pobres e da classe trabalhadora, não serão capazes de pagar essa conta. Ao menos nos Estados Unidos, onde a cobertura universal de saúde é amplamente entendida como uma conspiração comunista, não será uma opção ter o Estado ou empresas de seguros de saúde para pagar por esses procedimentos sem, primeiro, estabelecer que existem razões médicas e psiquiátricas, sérias e duradouras, para fazê-lo. Um conflito tem de ser estabelecido; tem de existir um sofrimento enorme; tem de existir a ideação persistente de si mesmo no outro gênero; tem de existir um período experimental de *cross-dressing*[17] diário para ver se a adaptação pode ser prevista; e têm de existir sessões de terapia e cartas atestando o equilíbrio mental da pessoa. Em outras palavras, uma pessoa tem que ser sujeitada a um dispositivo regulatório, como Foucault o teria chamado, para chegar ao ponto em que algo como um exercício de livre-arbítrio se torne possível. É preciso ser submetido a rótulos e nomes, a incursões, a invasões; é preciso ser aferido em relação às medidas de normalidade; e é preciso passar no teste. Algumas vezes isso significa é que é preciso se tornar muito sagaz diante desses parâmetros, e saber como se apresentar de tal maneira a passar como um candidato plausível. Algumas vezes, terapeutas se encontram em um impasse diante de pedidos para que forneçam uma carta para uma pessoa a qual querem ajudar, embora abominem o próprio fato de que eles têm de escrever esta carta em linguagem diagnóstica para ajudar a produzir a vida que seu paciente quer ter.

---

17 Ver glossário ao final desta edição. (N. T.)

Em certo sentido, o discurso regulatório em torno do diagnóstico toma vida própria: pode não descrever efetivamente a/o paciente que usa a linguagem para conseguir o que ela ou ele quer; pode não refletir as crenças da/o terapeuta que ainda assim assina o nome dele/a no diagnóstico e o passa à frente. Aproximar-se de maneira estratégica do diagnóstico envolve uma série de indivíduos um tanto descrentes daquilo que falam, assinando em uma linguagem que não representa o que a realidade é ou deveria ser. O preço de usar o diagnóstico de modo a conseguir o que se quer é não poder fazer uso da linguagem para dizer o que realmente se pensa ser verdade. Assim, se paga pela própria liberdade, ao sacrificar a reivindicação de usar a linguagem de forma verdadeira. Em outras palavras, se compra um tipo de liberdade apenas por meio da desistência de outra.

Talvez isso nos aproxime de entender a querela da autonomia que o diagnóstico introduz e o problema específico de como a liberdade deve ser entendida como condicionada e articulada por meios sociais específicos. A única maneira de assegurar as condições necessárias para iniciar essa transformação é aprendendo como se apresentar em um discurso que não é seu, um discurso que te apaga no ato de te representar, um discurso que nega a linguagem que você pode querer usar para descrever quem você é, como chegou aqui e o que quer dessa vida. Tal discurso nega tudo isso, ao mesmo tempo que mantém a promessa, se não a chantagem, de que você tem chance de receber a sua vida, o corpo e o gênero que você quer, se concordar em falsificar a si mesmo, e, ao fazê-lo, sustentar e ratificar o poder desse diagnóstico sobre muitas pessoas no futuro. Se uma pessoa se diz a favor da escolha, e contra o diagnóstico, parece que ela teria de lidar com as enormes consequências financeiras

Desfazendo gênero

dessa decisão para quem não pode pagar pelos recursos disponíveis, e cujo seguro de saúde, se é que existe um, não irá honrar essa escolha enquanto uma que deve ser incluída como um tratamento eletivo coberto. E mesmo quando leis locais são aprovadas, oferecendo seguro a trabalhadores da cidade que procuram tais tratamentos, como é agora o caso de São Francisco, ainda existem testes de diagnósticos pelos quais se tem de passar, logo, a escolha é claramente comprada a um preço, algumas vezes ao preço da verdade ela mesma.

Da forma como as coisas estão configuradas, parece que, se queremos apoiar nesse aspecto aqueles que são pobres e sem seguro de saúde, temos de respaldar os esforços de estender a cobertura do seguro de saúde e trabalhar dentro das categorias de diagnósticos aceitas pela AMA e a APA, codificadas no DSM-IV. Parece fadado ao fracasso o apelo para despatologizar a questão da identidade de gênero e para que a cirurgia eletiva e o tratamento hormonal sejam cobertos como um conjunto legítimo de procedimentos eletivos, apenas porque a maioria dos profissionais médicos, do Direito e de seguros de saúde só estão comprometidos em fornecer acesso a tecnologias de mudança de sexo se estivermos falando de um distúrbio. Estão fadados a serem vistos como inadequados os argumentos que atestam a existência de uma esmagadora e legítima demanda humana. Alguns exemplos de justificativas que idealmente fariam sentido e deveriam ser reivindicadas para as empresas de seguro de saúde incluem: essa transição irá permitir alguém realizar certas possibilidades humanas que vão contribuir para que essa vida a floresça, ou isso vai tornar possível que uma pessoa saia de um estado de medo, vergonha e paralisia para um aumento de sua autoestima e da habilidade de formar laços próximos com outras pessoas, ou que essa transição irá ajudar a aliviar uma fonte de enorme sofrimento, ou dar realidade a um desejo fundamentalmente humano de assumir uma forma corpórea a qual expressa um sentido fundamental do que é ser singular. Contudo, algumas clínicas de identidade de gênero, como a da Universidade de Minnesota comandada pelo Dr. Walter Bockting, discutem essas questões e proveem contextos terapêuticos de apoio para pessoas dispostas a fazer uma escolha nesse sentido, seja viver como transgênero ou transexual, seja um terceiro sexo, seja considerar o processo como um vir a ser cujo fim não está à vista, e pode nunca estar.[18] Mas mesmo essa clínica deve prover materiais para as empresas de seguro de saúde que seguem o DSM-IV.[19]

O exercício de livre-arbítrio que é performado por meio de uma abordagem estratégica ao diagnóstico nos envolve em uma medida na qual não há escolha, uma vez que o próprio diagnóstico rebaixa as capacidades de se autodeterminar das pessoas que diagnostica, mas cuja autodeterminação, paradoxalmente, certas vezes cultiva. Quando o diagnóstico pode ser usado de maneira estratégica, e quando ele mina sua própria pressuposição de que o indivíduo diagnosticado é afetado com

---

18 Ver Bockting e Cesaretti, Spirituality, Transgender Identity, and Coming Out, p.291-300 e Bockting, From Construction to Context: Gender Through the Eyes of the Transgendered, p.13.

19 Para uma narrativa impressionante sobre como a clínica trabalha para prover um ambiente acolhedor para os seus clientes, ao mesmo tempo que procura assegurar benefícios por meio do diagnóstico, ver Bockting, The Assessment and Treatment of Gender Dysphoria. Para outra narrativa impressionante, ver Green, Transsexualism and Sex Reassignment, 1966-1999.

Desfazendo gênero

uma condição sobre a qual nenhuma escolha pode ser exercida, o uso do diagnóstico pode subverter seus próprios objetivos. Por outro lado, para passar no teste, tem-se que se sujeitar à linguagem do diagnóstico. Apesar de o objetivo declarado do diagnóstico ser o de saber se um indivíduo pode, com êxito, conformar-se a viver de acordo com as normas de outro gênero, parece que o verdadeiro teste que o TID aponta é o de se é possível conformar-se à linguagem do diagnóstico. Em outras palavras, pode não ser uma questão de se você pode conformar--se às normas que governam a vida como outro gênero, mas se você pode se conformar ao *discurso psicológico* que estipula o que essas normas são.

Vamos dar uma olhada na linguagem. A seção TID do DSM inicia deixando claro que existem duas partes desse diagnóstico. A primeira é a de que "deve existir identificação de gênero cruzada forte e persistente". Isso seria difícil de verificar, pensaria eu, uma vez que identificações nem sempre aparecem de tal forma: elas podem permanecer como aspectos de fantasias escondidas, ou partes de sonhos, ou estruturas incipientes de comportamento. Mas o DSM nos pede para ser um pouco mais positivistas em nossa abordagem com a identificação, assumindo que podemos ler a partir do comportamento quais identificações estão atuando na vida psíquica de qualquer pessoa. A identificação cruzada de gênero é definida como "o desejo de ser" o outro sexo, 'ou a insistência de que se é". O "ou" nesta frase é significante, já que implica que se pode desejar ser de outro sexo – temos de suspender por um momento o que "o outro sexo" é e, por falar nisso, na minha cabeça, essa compreensão não está bem clara – sem necessariamente insistir nisso. Esses são dois critérios separados. Eles não precisam emergir conjuntamente. Então, se existe uma maneira de determinar que uma pessoa tem esse "desejo de ser", apesar de ele ou ela não insistir nele, isso pareceria ser um motivo satisfatório para concluir que a identificação de gênero cruzada está acontecendo. E, se existe "uma insistência de que se é" do outro sexo, logo isso funcionaria como um critério separado que, se preenchido, iria garantir a conclusão de que a identificação de gênero cruzada está se dando. Na segunda insistência, é requerido um ato de fala no qual uma pessoa insiste que *é* do outro sexo; essa insistência é entendida enquanto uma maneira de estabelecer a reivindicação ao outro sexo em sua própria fala e designá-lo a si mesmo. Logo, certas expressões desse "desejo de ser" e "insistência de que sou" são excluídas como evidência viável para a reivindicação. "Isso não pode ser meramente um desejo por qualquer vantagem cultural percebida por ser do outro sexo." Agora, esse é um momento de pausa, uma vez que o diagnóstico assume que podemos ter uma experiência do sexo sem considerar quais são as vantagens culturais de ser de um dado sexo. Isso é, de fato, possível? Se o sexo é experienciado dentro de uma matriz cultural de significados, se ele vem a ter a sua significação e significado em referência a um mundo social mais amplo, então, podemos separar a experiência do "sexo" dos seus significados sociais, incluindo a maneira com que o poder funciona por toda a parte nesses significados? "Sexo" é um termo que se aplica a pessoas de maneira geral, de forma que é difícil se referir ao meu "sexo" como se ele fosse radicalmente singular. Falando de modo amplo, então, se nunca é apenas o "meu sexo" ou o "seu sexo" que está em questão, mas uma forma na qual a categoria do "sexo" excede a apropriação pessoal dela,

Desfazendo gênero

logo, pareceria ser impossível perceber o sexo fora dessa matriz cultural e de entender essa matriz cultural fora das vantagens possíveis que se pode obter. De fato, quando pensamos sobre as vantagens culturais, se estamos fazendo algo – qualquer coisa – para as vantagens culturais que são obtidas, temos de perguntar se o que fazemos é vantajoso para mim, se provêm ou satisfazem meus desejos e minhas aspirações.

Existem análises brutas que sugerem que FpM acontece apenas porque é mais fácil ser homem do que mulher na sociedade. Mas, estas análises não perguntam se é mais fácil ser *trans* do que estar em um biogênero percebido, isto é, um gênero que parece "decorrer" de um sexo nativo. Se vantagens sociais estivessem comandando todas essas decisões unilateralmente, então as forças a favor da conformidade social provavelmente ganhariam o dia. Por outro lado, existem argumentos de que é mais vantajoso ser uma mulher se você quer vestir fabulosos lenços vermelhos e saias justas na rua à noite. Em alguns lugares do mundo, isso é obviamente verdade, embora biomulheres, aquelas em drag, pessoas transgênero, e mulheres trans, todas compartilham certos riscos na rua, em especial se alguma delas é percebida como prostituta. Da mesma maneira, se poderia dizer que em geral é mais vantajoso culturalmente ser um homem, se você quer ser levado a sério em um seminário de filosofia. Mas alguns homens não estão em nenhuma vantagem, se não conseguem fazer a fala apropriada; ser um homem não é uma condição suficiente para ser capaz de falar apropriadamente. Portanto, me pergunto se é possível considerar se tornar de um sexo ou outro sem considerar a vantagem social que pode ser obtida, uma vez que a vantagem social que se poderia obter será aquela que se proporciona a uma pessoa que tem certos tipos de desejos e que quer estar em uma posição para tirar proveito de certas oportunidades culturais.

Se o TIG insiste que o desejo de ser de outro sexo ou a insistência de que se é do outro sexo tem de ser avaliados sem referência à vantagem cultural, pode ser que o TIG entenda errado algumas forças culturais que irrompem em criar e sustentar certos desejos desse tipo. E, então, o TIG também teria de responder à pergunta epistemológica de se o sexo pode ser percebido *de qualquer modo* fora da matriz cultural de relações de poder, nas quais vantagens e desvantagens relativas seriam parte fundamental dessa matriz.

O diagnóstico também requer que exista um "desconforto persistente" quanto ao gênero que lhe foi atribuído ou "impropriedade", e é neste ponto que entra o discurso de "não estar fazendo a coisa certa". A pressuposição é de que existe um sentido apropriado que as pessoas podem ter e têm, um sentido de que esse gênero é apropriado a mim, para mim. E existe um conforto que eu teria, poderia ter, e que poderia ter tido se fosse a norma certa. Em um sentido importante, o diagnóstico assume que normas de gênero são relativamente fixas e que a questão é garantir que você encontre a norma certa, aquela que irá te permitir se sentir apropriado onde você esteja, confortável no gênero que você é. É preciso que exista evidência de "aflição" – sim, certamente, aflição. E se não existe "aflição", logo deve existir "deficiência". Aqui faz sentido perguntar de onde vem tudo isso: a aflição e a deficiência, o não ser capaz de funcionar bem no lugar de trabalho ou de lidar com certas tarefas diárias. O diagnóstico presume que se sente aflição, desconforto e impropriedade porque se está no gênero errado, e que se conformar com uma norma de gênero diferente, sendo

Desfazendo gênero

isso viável para a pessoa em questão, irá fazê-la se sentir muito melhor. Mas o diagnóstico não pergunta se existe um problema com as normas de gênero, que ele toma como fixas e intransigentes, se essas normas produzem aflição e desconforto, se elas impedem a habilidade de alguém ser funcional, ou se elas geram fontes de sofrimento para algumas pessoas ou para muitas pessoas. Nem tampouco perguntam quais são as condições que proveem uma sensação de conforto, ou pertencimento, ou mesmo que tornam um lugar propício para a realização de certas possibilidades humanas, as quais permitem que uma pessoa possa experimentar um senso de futuro, vida e bem-estar.

O diagnóstico busca estabelecer certos critérios pelos quais uma pessoa de gênero cruzado pode se identificar, mas, ao articular tais critérios, se estabelece uma versão bastante rígida das normas de gênero. O diagnóstico oferece a seguinte narrativa das normas de gênero (as ênfases são minhas) em uma simples linguagem descritiva: "Em meninos, a identificação de gênero cruzada é manifesta pela preocupação marcante com atividades tradicionalmente femininas. Eles podem ter a preferência por se vestir com roupas de meninas ou mulheres, *ou podem improvisar tais itens a partir de materiais disponíveis* quando materiais genuínos não estão disponíveis. Toalhas, aventais e lenços são com frequência usados para representar o cabelo longo ou saias". A descrição parece ser baseada em um histórico de observações coletadas e resumidas; alguém viu meninos fazendo isso e relatou essas práticas, e outros fizeram o mesmo, esses relatos são coletados, e generalizações são obtidas a partir desse conjunto de dados observados. Mas quem está observando, e por qual lente de observação? Isso não sabemos. E apesar de nos dizerem que em meninos essa identificação é "marcada" pela preocupação com "atividades tradicionalmente femininas", não nos dizem no que consiste essa marca. Contudo, esta parece importante, uma vez que a "marca" vai ser o que seleciona a observação como uma evidência da tese em questão.

Na verdade, o que se segue dessa alegação parece minar a sua própria argumentação, uma vez que, de acordo com esses relatos, o que os meninos fazem é se engajar em uma série de substituições e improvisações. Nos dizem que eles podem ter preferência por se vestir com roupas de meninas ou mulheres, mas não nos é dito se a preferência se manifesta em efetivamente vesti-las. Somos entregues a uma vaga noção de "preferência" que pode apenas descrever um suposto estado mental, ou disposição interna, ou pode ser inferido pela prática. Esta última parece aberta a interpretação. Nos dizem que a prática com a qual eles se envolvem é a improvisação, manuseando itens que estão disponíveis e adaptando-os para que sirvam como roupas femininas, as quais, por sua vez, são chamadas de "roupas genuínas" no texto do diagnóstico. Isto nos leva a concluir que os materiais com os quais esses garotos estão improvisando são menos do que genuínos, são diferentes, ou mesmo não genuínos e "falsos". "Toalhas, aventais e lenços são com frequência usados para representar o cabelo longo ou saias". Logo, existe um certo jogo imaginário e a capacidade de transfigurar um item em outro por meio do processo de improvisação e substituição. Em outras palavras, existe uma prática artística funcionando aqui; seria difícil nomeá-la, simplesmente, como o mero ato de conformar-se a uma norma. Alguma coisa está sendo feita, alguma coisa está sendo feita a partir de alguma outra coisa, algo está sendo experimentado. E se é uma improvisação, não há um roteiro estabelecido de forma prévia.

Desfazendo gênero

Ainda que os relatos descritivos continuem insistindo na fascinação desses meninos com "bonecas femininas estereotipadas" – a "Barbie" é mencionada pelo nome – assim como "figuras femininas de fantasia", a descrição não nos fornece realmente uma narrativa sobre o lugar que bonecas e fantasias ocupam na formulação da identificação de gênero. Para um dado gênero ser um lugar de fascinação, ou na verdade, para um assim chamado estereótipo ser a fonte de fascinação, pode muito bem envolver vários tipos de relação com o estereótipo. Pode ser que o estereótipo seja fascinante porque é sobredeterminado e, assim, tenha se tornado o lugar para uma série de desejos conflitantes. O DSM assume que a boneca com que você brinca é aquela que você quer ser, mas talvez você queira ter a sua amizade, ser rival dela, ser seu/sua amante. Talvez você queira tudo isso ao mesmo tempo. Talvez você faça alguma troca com ela. Talvez brincar com a boneca seja também uma cena de improvisação que articula um conjunto complexo de disposições. Talvez alguma outra coisa esteja acontecendo nesse jogo além de um simples ato de se conformar a uma norma. Possivelmente a norma ela mesma está sendo reproduzida, explorada, até mesmo quebrada. Se começássemos a indagar e a perseguir esses tipos de questões, seria preciso considerar a brincadeira como um fenômeno mais complexo do que o DSM supõe.

A forma pela qual é possível dizer que meninas estão tendo identificações de gênero cruzadas, de acordo com o DSM-IV, é que elas discutem com seus pais e mães sobre vestir certos tipos de roupas. Aparentemente, elas preferem roupas de meninos e cabelo curto e têm principalmente amigos meninos, expressam o desejo de se tornar um menino, mas também, de maneira estranha, "elas são com frequência identificadas erroneamente por estranhos como meninos". Estou tentando pensar como pode ser que a evidência de que uma pessoa apresenta uma identificação de gênero cruzada seja confirmada pelo fato desta ser identificada como um menino por um estranho. Consentir a esse critério, significaria que atribuições sociais aleatórias funcionam como evidência, como se estranhos *soubessem* algo sobre a composição psicológica daquela menina, ou como se a menina tivesse solicitado aquela interpelação de um estranho. O DSM segue dizendo que a menina "pode pedir para ser chamada por um nome de menino". Mas mesmo nesse caso, ao que parece, ela é primeiro abordada como menino, e só depois de ser abordada, quer ter um nome que confirme a exatidão da própria abordagem. Aqui, mais uma vez, a linguagem mesma que o DSM fornece parece prejudicar os seus próprios argumentos, uma vez que ele quer poder alegar a identificação de gênero cruzada enquanto parte do TIG, e, portanto, como um problema psicológico que pode ser enfrentado por meio de tratamento. O DSM supõe que cada indivíduo tem uma relação com o seu "sexo designado", e que essa relação ou é de desconforto e aflição ou uma sensação de conforto e paz. Contudo, mesmo essa noção de "sexo designado" – sexo "designado" ao nascer – implica que o sexo é socialmente produzido e retransmitido, e que vem a nós não como uma reflexão de uma mera ordem privada, a qual cada um faz sobre si mesmo, mas como uma interrogação crítica que cada um de nós faz da categoria social que nos é atribuída e que nos excede em sua generalidade e poder, mas que, em consequência, acontece também em nossos corpos. É interessante que o DSM procure estabelecer o gênero como um conjunto de normas mais ou menos fixas

Desfazendo gênero

e convencionais, mesmo que ele continue nos dando evidência do contrário, quase como se esse tivesse objetivos contrários aos seus próprios. Assim como os meninos que improvisavam e substituíam estavam fazendo outra coisa que não se conformando a normas pré-estabelecidas, as meninas parecem estar entendendo algo sobre a designação social, sobre o que pode acontecer se alguém começa a tratá-las como menino, e o que aquilo pode tornar possível. Não estou certa de que a menina que se agarra a essa dispersa e feliz interpelação está evidenciando um "transtorno" pré-estabelecido de qualquer tipo. Em vez disso, ela está notando que os próprios meios pelos quais o sexo vem a ser, por meio da designação, abre possibilidades de redesignação que excita seus sentidos de agência, jogo e possibilidade. Do mesmo modo como os meninos que estão brincando com lenços como se fossem outra coisa já estão versando a si mesmos no mundo dos adereços e da improvisação, também as meninas, aproveitando a possibilidade de ser chamadas por outro nome, estão explorando as possibilidades de nomear a si mesmas no contexto daquele mundo social. Eles não estão simplesmente dando evidência de estados internos, mas performando certos tipos de ações, e mesmo se envolvendo em práticas que vêm a ser essenciais para o próprio fazer do gênero.

O DSM oferece um certo discurso de compaixão, como fazem vários psiquiatras, sugerindo que a vida com tal transtorno é uma causa de aflição e infelicidade. O DSM tem a sua própria antipoesia nesse assunto: "em crianças pequenas, a aflição é manifestada pelo estado de infelicidade com o sexo designado". E aqui parece que a única infelicidade é criada por um desejo interno, não pelo fato de que não existe apoio social para tal criança, de que os adultos para quem elas expressam a sua

169

infelicidade as estão diagnosticando e patologizando, de que a norma de gênero enquadra a conversa na qual a expressão de infelicidade acontece. Ao mesmo tempo que o DSM entende a si mesmo diagnosticando uma aflição que, depois, se tornará possível de ser aliviada como um resultado do diagnóstico, também entende que a "pressão social" pode levar ao "isolamento extremo de tal criança". O DSM não fala sobre suicídio, mesmo que saibamos que a crueldade da pressão de colegas adolescentes em jovens transgênero pode levar ao suicídio. O DSM não fala sobre os riscos de morte, em contextos gerais, ou por assassinato, algo que aconteceu apenas alguns quilômetros da minha casa na Califórnia, em 2002, quando a transgênero Gwen Araujo chegou a uma festa de adolescentes usando um vestido. O seu corpo foi encontrado morto por espancamento e estrangulamento nas encostas do Sierra.

Aparentemente, a "aflição" que advém de viver em um mundo no qual o suicídio e a morte por violência continuam a ser problemas reais não é parte do diagnóstico de TIG. Leve em conta que o DSM observa, depois de uma breve discussão sobre a chamada, em um eufemismo, "provocação e rejeição dos colegas", que "as crianças podem se recusar a ir à escola devido à provocação ou pressão para que elas se vistam em trajes estereotípicos, segundo o sexo lhes foi designado". Aqui, a linguagem do texto parece entender que pode existir um comprometimento do funcionamento normal causado pela pressão de normas sociais. Mas, então, na próxima sentença, a linguagem domestica a aflição causada pelas normas sociais, alegando que são as preocupações da própria pessoa com desejos de gênero cruzados que com frequência "interferem nas atividades cotidianas" e acabam levando a situações de isolamento social. De

Desfazendo gênero

certa forma, o fato de a violência social contra jovens transgênero ser tratada com eufemismos como "provocação" e "pressão" soma-se à aflição causada por essa mesma violência ao ser realimentada como um problema interno, um sinal de preocupação autoimplicado, como se decorresse dos desejos eles mesmos. Na verdade, o "isolamento" observado é aqui real, ou as comunidades de apoio são eclipsadas da observação? E, quando existe isolamento, ele é, portanto, um sinal de patologia? Ou seria, para algumas pessoas, o custo de expressar certos tipos de desejo em público?

O mais preocupante, no entanto, é como o diagnóstico funciona como a sua própria pressão social, causando aflição, estabelecendo desejos como patológicos, intensificando a regulação e o controle daqueles que os expressam em contextos institucionais. De fato, é preciso perguntar se o diagnóstico de jovens transgênero não age precisamente como essa pressão promovida por seus colegas, como uma forma elevada de provocação, como um eufemismo de violência social. E se concluímos que ele realmente atua de tal maneira, defendendo normas de gênero, procurando produzir adaptação às normas existentes, então, como voltamos ao controverso problema sobre o que o diagnóstico também oferece? Se parte do que o diagnóstico oferece é uma forma de reconhecimento social, e se essa é a forma que o reconhecimento social toma, e se é apenas por meio desse tipo de reconhecimento social que terceiros, incluindo o seguro de saúde, estarão dispostos a pagar pelas mudanças médicas e tecnológicas que algumas vezes são desejadas, é realmente possível acabar com o diagnóstico de uma vez? Em certa medida, o dilema com o qual nos deparamos no final tem a ver com os termos pelos quais o reconhecimento social é constrangido. Pois mesmo se somos tentados pela posição civil libertária, na qual isso é entendido como um direito pessoal, o fato é que direitos pessoais só são protegidos e podem ser exercidos por meio de sentidos políticos e sociais. Afirmar um direito não é o mesmo que ter o poder de exercê-lo, e neste caso, o único direito reconhecível é o "direito de ser tratado por causa de um transtorno e para se valer de benefícios médicos e legais que buscam sua retificação". Se uma pessoa exerce esse direito apenas se submetendo ao discurso patologizante, ao se submeter ao discurso, também ganha um certo poder, uma certa liberdade.

É possível e necessário dizer que o diagnóstico indica o caminho para aliviar o sofrimento; e é possível – e necessário – dizer que o diagnóstico intensifica o mesmo sofrimento que busca aliviar. Sob as presentes e entrincheiradas condições sociais nas quais normas de gênero ainda são articuladas de maneiras convencionais, e em que as dissidências da norma são consideradas suspeitas, a autonomia continua sendo um paradoxo.[20] Certamente, é possível se mudar para um país onde o Estado irá pagar pela cirurgia de redesignação de sexo, solicitar um "fundo transgênero" que uma comunidade mais ampla oferece para ajudar aqueles que não podem pagar pelos altos custos, ou de fato solicitar um "financiamento" para indivíduos que cubram "cirurgias cosméticas". O movimento para que pessoas trans se tornem os terapeutas e encarregados do

---

20 Richard Green sugere, na conferência citada acima, que o paradoxo não é entre autonomia e sujeição, mas está no fato de que o transexualismo é autodiagnosticado. Ele escreve, "é difícil encontrar outra condição médica ou psiquiátrica na qual o paciente faz o diagnóstico e prescreve o tratamento".

Desfazendo gênero

diagnóstico tem ajudado e, com certeza, irá ajudar a questão. A meta é cercar as amarras até que elas sumam. Porém, se é para que as amarras desapareçam de vez, as normas que governam a maneira como entendemos a relação entre identidade de gênero e saúde mental teriam que mudar radicalmente, de modo que instituições econômicas e legais iriam reconhecer como se tornar um gênero é essencial quanto ao próprio sentido de pessoalidade, de bem-estar, e para a possibilidade de prosperar como um ser corpóreo. Não apenas se precisa que o mundo social esteja de certa forma em ordem para reivindicar o que é próprio de si, mas acontece que, aquilo que é próprio de si é desde o início sempre dependente do que não é próprio de si, das condições sociais pelas quais a autonomia é, estranhamente, despossuída e desfeita.

Nesse sentido, temos de ser desfeitos para fazer a nós mesmos: precisamos fazer parte de uma trama social de existência maior para criar quem somos. Isso é, sem dúvidas, o paradoxo da autonomia, um paradoxo que é elevado quando regulações de gênero trabalham para paralisar a agência generificada em vários níveis. Até que essas condições sociais passem por mudanças radicais, a liberdade exigirá não-liberdade, e a autonomia estará implicada na sujeição. Se o mundo social – um sinal da nossa heteronomia constitutiva – tem de mudar para a autonomia se tornar possível, então, a escolha individual se provará dependente, desde o início, de condições em que ninguém é voluntariamente autor, e nenhum indivíduo será capaz de escolher fora do contexto de um mundo social radicalmente alterado. Essa alteração vem de um crescimento de atos, coletivos e difusos, pertencendo a nenhum sujeito único e, no entanto, um efeito dessa alteração é que seja possível agir como um sujeito.

5
O parentesco ainda é heterossexual?*

O tema do casamento gay não é equivalente ao debate sobre parentesco gay. Porém, parece que os dois se confundem na opinião popular dos EUA, quando ouvimos não apenas que o casamento é e deveria permanecer uma instituição e um laço heterossexual, mas, também, que o parentesco não funciona, ou não é qualificável como parentesco, a menos que assuma uma forma reconhecível de família. Existem várias maneiras de relacionar essas visões. Uma delas é reivindicar que a sexualidade precisa ser organizada em função das relações reprodutivas, e que o casamento, o qual dá estatuto jurídico à forma de família, ou melhor, é concebido como aquele que deveria proteger a instituição pela atribuição daquele estatuto jurídico, *deveria* permanecer o fulcro que mantém essas instituições alavancando umas às outras.

Os desafios postos nessa relação são, com certeza, uma legião, e tomam diferentes formas doméstica e internacionalmente. Por um lado, existem várias maneiras sociológicas de

---

* Tradução de Luís Felipe Teixeira e Petra Bastone.

mostrar que, nos Estados Unidos, uma série de relações de parentesco existe e persiste sem se conformar com o modelo nuclear de família, e tendo como base vínculos biológicos e não biológicos, excedendo o alcance das concepções jurídicas atuais e funcionando de acordo com regras não formalizáveis. Se entendermos o parentesco como um conjunto de práticas que instituem relacionamentos de vários tipos, os quais negociam a reprodução da vida e as demandas da morte, logo as práticas de parentesco serão aquelas que emergem para endereçar formas fundamentais de dependência humana, as quais podem incluir o nascimento, a educação da criança, as relações de dependência emocional e suporte, os laços geracionais, a doença, o moribundo e a morte (para nomear alguns). O parentesco não é uma esfera completamente autônoma, proclamada como distinta da comunidade e da amizade – ou das regulações do Estado – por meio de um decreto definidor, nem está "acabado" ou "morto" apenas porque, como David Schneider argumentou significativamente, ele perdeu a capacidade de ser formalizado e rastreado nas vias convencionais nas quais etnólogos no passado o tentaram fazer.[1]

---

[1] Ver *A Critique of the Study of Kinship*, de David Schneider, para uma importante análise de como a abordagem para estudar o parentesco tem sido fatalmente minada por pressuposições inapropriadas sobre a heterossexualidade e o vínculo do casamento em descrições etnográficas. Ver também seu livro *American Kinship*. Para uma continuação dessa crítica, especialmente à medida que se relaciona com o estado pressuposto do vínculo do casamento nos sistemas de parentesco, ver a resenha crítica de John Borneman sobre estudos feministas contemporâneos sobre o parentesco em Until Death Do Us Part: Marriage/Death in Anthropological Discourse.

Desfazendo gênero

Na sociologia recente, concepções de parentesco se tornaram descoladas da suposição do casamento, de modo que, por exemplo, o estudo agora clássico de Carol Stack sobre o parentesco afro-americano em áreas urbanas, *All Our Kin*, mostra como o parentesco funciona bem por meio de uma rede de mulheres, algumas relacionadas por meio de laços biológicos e outras não.[2] O efeito duradouro da história da escravidão nas relações de parentesco afro-americanas se tornou o foco de novos estudos por parte de Nathaniel Mackey e Fred Moten, mostrando como a despossessão das relações de parentesco, promovida pela escravização, oferece um legado contínuo de "parentesco lacerado" dentro da vida afro-americana. Se, conforme sustenta Saidiya Hartman, "a escravidão é um fantasma na máquina do parentesco",[3] é porque o parentesco afro-americano se tornou, de uma vez só, um lugar de vigilância estatal intensa e de patologização, o que levou ao duplo vínculo de estar sujeito às pressões normalizadoras dentro do contexto de uma contínua deslegitimação social e política. Como resultado, não é possível separar as questões do parentesco das relações de propriedade (e concebendo pessoas como propriedade), e nem das ficções de "linhagem", assim como os interesses nacionais e raciais pelos quais essas linhagens são sustentadas.

Kath Weston forneceu descrições etnográficas de relações de parentesco não maritais lésbicas e gays, que emergem fora de laços familiares embasados na heterossexualidade, e apenas se aproximam parcialmente da forma de família em algumas instâncias.[4]

---

2 Stack, *All Our Kin: Strategies for Survival in a Black Community.*

3 Hartman, em conversa, primavera de 2001.

4 Weston, *Families We Choose: Lesbians, Gays, Kinship.*

Em 2001, o antropólogo Cai Hua ofereceu uma refutação dramática da visão lévi-straussiana de parentesco enquanto a negociação de uma linhagem patrilinear por meio dos laços de casamento em seu estudo sobre os Na da China, no qual nem maridos nem pais figuram proeminentemente nas determinações de parentesco.[5]

O casamento também foi separado das questões de parentesco, ao ponto de que propostas legislativas de casamento gay recorrentemente excluem os direitos à adoção ou a tecnologias reprodutivas como uma das prerrogativas presumidas do casamento. Estas propostas foram oferecidas na Alemanha e França; nos Estados Unidos, propostas bem-sucedidas de casamento gay nem sempre têm um impacto direto nas leis de família, em particular quando elas buscam como alvo primário estabelecer "reconhecimento simbólico" para relações diádicas por meio do Estado.[6] A petição pelos direitos do casamento procura solicitar reconhecimento estatal para uniões não heterossexuais, e, assim, configura o Estado como retendo uma prerrogativa que ele de fato deveria distribuir de uma maneira

---

5 Em uma sinopse à obra de Cai Hua, *A Society Without Fathers or Husbands: The Na of China*, Lévi-Strauss nota que o autor descobriu uma sociedade na qual o papel dos pais "é negado ou menosprezado", sugerindo, assim, que este papel pode ainda estar funcionando, mas desautorizado por aqueles que ali praticam o parentesco. Essa interpretação efetivamente diminui o desafio do texto, argumentando que o parentesco é organizado segundo linhagens não paternais.

6 A legislação recente sobre associações domésticas na Califórnia, assim como em outros estados, não oferece provisões explícitas para direitos paternais igualmente divididos pelo casal, apesar de várias propostas explicitamente procurarem separar o reconhecimento de associações domésticas dos direitos parentais conjuntos.

Desfazendo gênero

não discriminatória, independentemente da orientação sexual. Que a oferta do Estado poderia resultar na intensificação da normalização não é algo amplamente reconhecido como um problema dentro do movimento lésbico e gay convencional, tipificado pela Human Rights Campaign [Campanha de Direitos Humanos].[7] Os poderes normalizadores do Estado são feitos especialmente claros, entretanto, quando consideramos como dilemas contínuos sobre o parentesco tanto condicionam quanto limitam os debates sobre o casamento. Em alguns contextos, a alocação simbólica do casamento, ou de arranjos semelhantes ao casamento, é preferível a alterar os requerimentos para o parentesco e para direitos individuais ou plurais de gerar ou adotar crianças ou de "coparentalidade" dentro de um registro legal. Variações no parentesco que partem das formas de família embasadas em modalidades normativas, diádicas e heterossexuais, asseguradas por meio do voto de casamento, são figuradas não apenas como perigosas para as crianças, mas também para as supostas leis naturais e culturais, as quais alguns definem como o que sustenta a inteligibilidade humana.

É importante saber que o debate na França se voltou a certas visões estadunidenses, sobre a construção social e a variabilidade das relações de gênero, como pressagiando uma perigosa "americanização" das relações de parentesco (*filiation*) no território francês.[8] Como resultado, este ensaio busca oferecer uma

---

7 Ver Warner, *The Trouble with Normal: Sex, Politics, and the Ethics of Queer Life*.

8 Para uma consideração completa das relações franco-americanas que falam sobre gênero e sexualidade, ver o trabalho de Eric Fassin, o qual, em vários sentidos, formou um pano de fundo para as minhas próprias opiniões no assunto: Good Cop, Bad Cop: The American Model and Countermodel in French Liberal Rhetoric since the 1980; Good to

Judith Butler

resposta a essa crítica, delineada na terceira seção que se segue, não como um esforço para defender a "americanização", mas para sugerir que, em vez disso, os dilemas do parentesco das nações de primeiro-mundo frequentemente proveem alegorias, uns para os outros, para as suas próprias preocupações sobre os efeitos disruptivos da variabilidade do parentesco nos seus projetos nacionais particulares. Por sua vez, procuro aqui interrogar o debate francês sobre o parentesco e o casamento para mostrar como o argumento a favor da aliança legal pode trabalhar em conjunto com uma normalização estatal de relações de parentesco reconhecíveis, uma condição que estende direitos de contrato ao passo que não perturba, de nenhuma forma, as suposições de parentesco patrilineares ou o projeto de nação unificada que as sustenta.

No que se segue, considero ao menos duas dimensões desse entrave contemporâneo, no qual se busca no Estado o reconhecimento que pode conferir a casais do mesmo sexo, e se combate o controle regulatório sobre o parentesco normativo que o Estado continua exercitando. O Estado não é o mesmo Estado em cada uma dessas propostas, pois pedimos pela intervenção do Estado em um domínio (casamento) apenas para sofrer regulação excessiva em outro (parentesco). Será que a virada ao casamento torna, portanto, mais difícil argumentar a favor

---

Think: The American Reference in French Discourses of Immigration and Ethnicity; Le savant, l'expert et le politique: la famille des sociologies; Same Sex, Different Politics: Comparing and Contrasting 'Gay Marriage' Debates in France and the United States, p.215-232; The Purloined Gender: American Feminism in a French Mirror.

da viabilidade de arranjos de parentesco alternativos, ou pelo bem-estar da "criança" em qualquer número de formas sociais? Além disso, o que acontece com o projeto radical de articular e sustentar a proliferação de práticas sexuais fora do casamento e das obrigações do parentesco? A volta ao Estado sinaliza o fim de uma cultura sexual radical? Tal perspectiva se torna eclipsada, ao passo que nos tornamos cada vez mais preocupados em conseguir dar lugar ao desejo do Estado?

Casamento gay: Desejando o desejo do Estado e o eclipse da sexualidade

O casamento gay obviamente se embasa em investimentos profundos e duradouros não apenas do casal heterossexual em si, mas também da questão de quais formas de relacionamento devem ser legitimadas pelo Estado.[9] Essa crise de legitimação pode ser pensada a partir de uma série de perspectivas, mas vamos considerar, por um momento, como essa ambivalência pode se tornar uma dádiva. Ser legitimado pelo Estado é entrar nos termos de legitimação oferecidos por ele, e descobrir que o próprio sentido público e reconhecível de pessoalidade é dependente de maneira fundamental do léxico dessa legitimação. Segue-se que a delimitação da legitimação vai ocorrer apenas por meio de um certo tipo de exclusão, todavia um tipo evidentemente não dialético. A esfera de alianças íntimas legítimas é estabelecida a partir da produção e intensificação das

---

9 Em 1999, o estado da Califórnia aprovou a iniciativa Knight, que obrigava o casamento a ser um contrato exclusivamente um homem e uma mulher. Foi aprovada com 63% dos votos.

regiões de ilegitimidade. Existe, no entanto, uma oclusão mais crucial em funcionamento aqui. Compreendemos de forma equivocada o campo sexual se consideramos que o legítimo e o ilegítimo aparentam exaurir as suas possibilidades imanentes. Fora da luta entre o legítimo e o ilegítimo – que tem como seu objetivo a conversão do ilegítimo em legítimo –, existe um campo que é menos pensável, que não é figurado à luz da sua convertibilidade última em legitimidade. Esse é um campo fora da disjunção do ilegítimo e legítimo; ainda não é pensado como um domínio, uma esfera, um campo; também não é ainda legítimo ou ilegítimo, ainda não foi pensado por meio do discurso explícito da legitimidade. De fato, esse seria um campo sexual que não tem na legitimidade seu ponto de referência, seu desejo último. O debate sobre o casamento gay acontece por meio de tal lógica, pois vemos que o debate se reduz, quase que imediatamente, na questão de se o casamento deve ser estendido de modo legítimo a homossexuais. Isso significa que o campo sexual é circunscrito de tal maneira que a sexualidade já é pensada em termos do casamento, e o casamento já é pensado enquanto a obtenção da legitimidade.

No caso do casamento gay ou de alianças legais que implicam afiliação, vemos como várias práticas sexuais e relacionamentos que recaem fora da competência da lei santificante se tornam ilegíveis ou, pior, insustentáveis, e novas hierarquias emergem no discurso público. Essas hierarquias não só reforçam a distinção entre vidas queer legítimas e ilegítimas, mas também produzem distinções tácitas entre formas de ilegitimidade. O par estável que se casaria se pudesse é projetado como ilegítimo, mas elegível a uma legitimidade futura. Ao passo que os agentes sexuais que funcionam fora da competência do

Desfazendo gênero

vínculo do casamento e a sua forma alternativa reconhecida, embora ilegítima, constituem, agora, possibilidades sexuais que nunca serão elegíveis a uma tradução para a legitimidade. Essas são possibilidades que se tornam cada vez mais negligenciadas na esfera da política, em consequência da prioridade que o debate sobre o casamento assumiu. Essa é uma ilegitimidade cuja condição temporal deve ser foracluída de qualquer possível transformação futura. Ela não só *ainda não é* legítima, mas poderíamos dizer que é o irrecuperável e irreversível passado da legitimidade: *o que nunca será, o que nunca foi.*

Neste ponto, se segue uma certa crise normativa. Por um lado, é importante marcar como o campo inteligível e dizível da sexualidade é circunscrito, portanto, podemos ver como opções exteriores ao casamento estão se tornando foracluídas como impensáveis, e como os termos da capacidade de pensar são reforçados pelos debates restritos sobre quem e o que será incluído na norma. Por outro lado, sempre existe a possibilidade de saborear o estado do impensável, se é um estado, como o mais crítico, o mais radical, o mais valioso. Enquanto o sexualmente irrepresentável, tais possibilidades sexuais podem figurar o sublime dentro do campo contemporâneo da sexualidade, um lugar de pura resistência, um lugar não cooptado pela normatividade. Mas como é possível pensar a política a partir de tal lugar de irrepresentabilidade? E para que eu não seja mal compreendida aqui, deixe-me fazer uma pergunta igualmente urgente: Como é possível pensar a política sem considerar esses lugares de irrepresentabilidade?

É possível desejar outro léxico completamente distinto. Com frequência, a história do progressismo sexual volta, de tempos em tempos, a falar sobre a possibilidade de uma nova linguagem e a promessa de um novo modo de ser. E à luz dessa querela, alguém pode encontrar a si mesmo querendo abandonar toda essa história, para operar em algum lugar que não seja legítimo e nem ilegítimo. Mas aqui é o ponto em que a perspectiva crítica, aquela que opera no limite do inteligível, também corre o risco de ser considerada como apolítica. Pois a política, à medida que é constituída por meio desse discurso de inteligibilidade, exige que tomemos uma posição, a favor ou contra o casamento gay; mas a reflexão crítica, a qual é certamente parte de qualquer prática e filosofia política normativa sérias, exige que perguntemos por que e como isso se tornou a questão, a questão que define o que vai e não vai ser qualificável aqui como discurso político significativo. Por que, sob as condições atuais, a própria expectativa de "se tornar político" depende da nossa habilidade de operar dentro daquele binarismo instituído a partir do discurso e não perguntar, e esforçar-se para não saber que o campo sexual é forçosamente constrito por meio da aceitação desses termos? Essa dinâmica de força se torna ainda mais contundente porque embasa o campo contemporâneo do político, e o embasa pela exclusão forçada daquele campo sexual do político. E ainda, a operação dessa força de exclusão é colocada fora do domínio de contestação, como se não fosse parte do poder, como se não fosse um item para reflexão política. Assim, se tornar político, agir e falar de formas que são reconhecidamente como tais, é depender de uma foraclusão do próprio campo político que não é sujeitável ao escrutínio político. Sem a perspectiva crítica, a política depende fundamentalmente de um desconhecimento – e despolitização – das mesmas relações de força pelas quais o seu próprio campo de operação é instituído.

A criticalidade, portanto, não é uma posição em si, não é um local ou um lugar que pode ser encontrado dentro de um campo já delimitável, apesar de que se deve, em uma catacrese obrigatória, falar de lugares, de campos, de domínios. Uma função crítica é escrutinizar a ação de delimitação ela mesma. Ao recomendar que nos tornemos críticos, que nos arrisquemos criticamente, quando refletimos sobre como o campo sexual é constituído, não quero sugerir que poderíamos ou deveríamos ocupar outro lugar atópico, não delimitado, radicalmente livre. O questionamento de condições dadas como certas se torna possível nessa ocasião; mas não se pode chegar lá por meio de um experimento mental, uma *epoché*, um ato de vontade. Se chega lá, como se fosse, pelo sofrimento da deiscência, da quebra, do próprio chão.

Mesmo dentro do campo da sexualidade inteligível, descobre-se que os binários ancoram as suas operações em permitidas zonas intermediárias ou formações híbridas, sugerindo que as relações binárias não exaurem o campo em questão. De fato, existem regiões intermediárias, regiões híbridas de legitimidade e ilegitimidade que não têm nomes claros, e nas quais a nomeação ela mesma cai em uma crise produzida pelas variáveis, às vezes violentas fronteiras das práticas de legitimação que entram em contatos difíceis e algumas vezes conflitantes entre si. Esses não são precisamente lugares que se pode escolher frequentar, posições de sujeito que se pode optar por ocupar. Esses são não-lugares em que nos encontramos apesar de nós mesmos; de fato, esses são não-lugares nos quais o reconhecimento, incluindo o autorreconhecimento, se mostra precário, se não elusivo, apesar de seus melhores esforços para ser um sujeito em algum sentido reconhecível. Eles não são lugares de enunciação, mas viradas na topografia a partir das quais uma reivindicação questionavelmente audível emerge: a reivindicação do ainda-não-sujeito e do quase reconhecível.

Que existam tais regiões, e elas não sejam precisamente opções, sugere que o que perturba a distinção entre legitimidade e ilegitimidade são as práticas sociais, em específico as práticas sexuais, que não aparecem imediatamente como coerentes no léxico de legitimação disponível. Esses são lugares de ontologia incerta, de nominação difícil. Pode parecer que vou agora argumentar que deveríamos todos estar buscando e celebrando locais de ontologia incerta e nomeação difícil, porém, na realidade quero perseguir um ponto ligeiramente diferente, que é prestar atenção à foraclusão do possível que se dá quando, a partir da urgência de delimitar uma reivindicação política, naturalizam-se as opções que figuram como as mais legíveis dentro do campo sexual. Prestar atenção a essa foraclusão, como um ato político que nós performamos involuntariamente, de novo e de novo performamos involuntariamente, oferece a possibilidade para uma concepção distinta de política, que compareça a suas próprias foraclusões enquanto efeito do seu próprio ativismo consciente. No entanto, é preciso manter-se ambíguo em relação a esse terreno difícil, porque nem a violência da foraclusão que estabiliza o campo de ativismo e nem o caminho de paralisia crítica entrincheirado na reflexão fundamental serão suficientes. No tópico do casamento gay, torna-se cada vez mais importante conservar a tensão viva entre manter uma perspectiva crítica e fazer uma reivindicação politicamente legível.

Meu ponto aqui não é sugerir que é preciso, em relação aos debates sobre casamento gay e parentesco, permanecer crítico

Desfazendo gênero

em vez de político, como se tal distinção fosse finalmente possível ou desejável, mas apenas que uma política que incorpore um entendimento crítico é a única capaz de manter a reivindicação de ser autorreflexiva e não dogmática. Ser político não significa apenas tomar uma única e duradoura "posição". Por exemplo, dizer-se a favor ou contra o casamento gay não é sempre algo fácil, já que pode ser que se queira assegurar o direito àqueles que desejam fazer uso dele, mesmo que quem o faça não o queira para si mesmo, ou pode ser que se queira combater os discursos homofóbicos que foram dirigidos contra o casamento gay, mas não quer ser, em consequência, a favor dele. Ou pode ser que se acredite muito fortemente que o casamento é o melhor caminho a seguir por pessoas lésbicas e gays e gostaria de instaurá-lo como uma nova norma, uma norma para o futuro. Ou, ainda, pode ser que haja oposição ao casamento gay, não apenas para si mesmo mas para todas as pessoas, e que no final a tarefa é retrabalhar e revisar a organização social da amizade, contratos sexuais e comunidade para produzir formas de suporte e aliança não centradas no Estado, porque o casamento, dado seu peso histórico, se torna uma "opção" apenas quando se estende como uma norma (e assim incluindo opções), uma que também estende as relações de propriedade e tornam mais conservadoras as formas sociais para a sexualidade. Para um movimento sexual progressista, mesmo um que possa querer produzir o casamento como uma opção para as pessoas não heterossexuais, a proposição de que casamento deva se tornar a única maneira de sancionar ou legitimar a sexualidade é inaceitavelmente conservadora. Mesmo que a questão não seja sobre o casamento, mas sobre contratos legais, ampliando arranjos de parceria doméstica a contratos legais, certos problemas ainda persistem: Por que deveriam o casamento ou os contratos legais serem as bases nas quais benefícios de assistência à saúde, por exemplo, são distribuídos? Não deveriam existir maneiras de organizar os direitos de assistência à saúde de tal forma que todas as pessoas, independentemente do estado civil, tivessem acesso a eles? Se se argumenta a favor do casamento como uma forma de assegurar esses direitos, então, não se afirma, também, que direitos tão importantes quanto aqueles de assistência à saúde deveriam permanecer alocados na base do Estado civil? O que isso faz à comunidade dos não casados, os solteiros, os divorciados, os não interessados, os não monogâmicos, e como o campo sexual se torna reduzido, em sua própria legibilidade, uma vez que estendemos o casamento a uma norma?[10]

Independentemente da visão que se tem sobre o casamento gay, existe uma clara demanda sobre aqueles que trabalham nos estudos de sexualidade para que respondam a vários dos mais homofóbicos argumentos, os quais foram dirigidos contrapropostas de casamento gay. Muitos desses argumentos são não só atiçados por sentimentos homofóbicos, mas com frequência se concentram em medos em torno de relações reprodutivas, sejam naturais ou "artificiais". O que acontece com a criança, a criança, a pobre criança, a figura martirizada de um progressismo social ostensivamente egoísta ou teimoso? Na verdade, os debates sobre casamento e parentesco gays, duas questões que são frequentemente misturadas, se tornam

---

10 Ver Questions autour de la filiation, de Sylviane Agacinski, uma entrevista com Eric Lamien e Michel Feher; para uma excelente réplica, ver Quelques réflexions sur "Politiques des Sexes", de Michel Feher.

lugares de deslocamento intenso para outros medos políticos, medos em torno de tecnologia, de novas demografias, e também quanto à própria unidade e transmissibilidade da nação, e medos de que o feminismo, na insistência por creches, tenha efetivamente aberto o parentesco para fora da família, tenho o aberto a estranhos. Nos debates franceses sobre o Pacte Civil de Solidarité [Pacto Civil de solidariedade] – (PACS) que constituem uma alternativa para o casamento de quaisquer duas pessoas não relacionadas por sangue, independente da orientação sexual), a aprovação do projeto de lei, enfim, dependeu da eliminação dos direitos de casais não heterossexuais à adoção de crianças e o do acesso a tecnologias reprodutivas. A mesma eliminação foi recentemente proposta e aceita também na Alemanha.[11] Em ambos os casos, pode-se ver que a criança figura no debate como um local denso para transferência e reprodução da cultura, em que a "cultura" carrega consigo normas de pureza e dominação racial implícitas.[12] De fato, pode-se ver

---

11 Na Alemanha, o Eingetragene Lebenspartnerschaft (agosto de 2001) estipula claramente que dois indivíduos entrando em aliança são gays, e a lei os obriga a ter um relacionamento de longo prazo de apoio e responsabilidade. A lei então obriga dois indivíduos, entendidos como sendo gays, a uma aproximação da forma social do casamento. Enquanto o PACS francês simplesmente estende o direito de contrato a quaisquer dois indivíduos que desejam entrar para compartilhar ou legar propriedade, o arranjo alemão requer, em uma forma neo-hegeliana, que o contrato reflita uma forma específica de vida, reconhecidamente marital, digna de reconhecimento do Estado. Ver Deutscher Bundestag, 14. Wahlperiode, *Drücksache 14/5627*, 20 de maio de 2001.

12 Lauren Berlant, em *The Queen of America Goes to Washington City: Essays on Sex and Citizenship*, argumenta persuasivamente que "na cultura reacionária do privilégio em perigo, o valor da nação é figurado não só em nome de um efetivamente existente e trabalhador adulto, mas de

uma conversão entre os argumentos na França que se levantam contra a ameaça à "cultura" representada pela perspectiva de pessoas gays legalmente autorizadas a terem filhos – e vou suspender, para os propósitos dessa discussão, o debate sobre o que, nesta instância, significa "ter" – e aqueles argumentos preocupados com questões de imigração, sobre o que consiste a Europa. Essa última preocupação levanta a questão, implícita e explicitamente, acerca do que é verdadeiramente francês, as bases da sua cultura, que se torna, por uma lógica imperial, as bases da cultura ela mesma, as suas condições universais e invariáveis. Os debates se centram não só em questões sobre o que a cultura é e quem deveria ser admitido, mas também sobre como os sujeitos da cultura deveriam ser reproduzidos. Eles também dizem respeito ao estatuto do Estado e, em particular, seu poder de conferir ou retirar reconhecimento às formas de aliança sexual. Portanto, o argumento contra o casamento gay é sempre, implícita ou explicitamente, um argumento sobre o que o Estado deveria fazer, e o que ele deveria prover, assim como sobre quais tipos de relações íntimas deviam ser elegíveis para legitimação estatal. O que é esse desejo de impedir o Estado de oferecer reconhecimento a parceiros não heterossexuais, e o que é esse desejo de compelir o Estado a oferecer tal reconhecimento? Para ambos os lados do debate, a questão não é apenas quais relações de desejo deveriam ser legitimadas pelo Estado, mas, também, quem poderia desejar o Estado, *quem poderia desejar o desejo do Estado.*

---

um futuro estadunidense, ambos incipientes e pré-históricos: especialmente investidos com essa esperança estão os fetos e crianças estadunidenses".

Desfazendo gênero

Na verdade, as questões são ainda mais complicadas: o desejo de quem poderia vir a ser qualificável como um desejo para legitimação estatal? O desejo de quem poderia vir a ser qualificável como o desejo do Estado? Quem pode desejar o Estado? E quem pode o Estado desejar? O desejo de quem será o desejo do Estado? Por outro lado, e isso é apenas uma especulação – mas, talvez, o trabalho acadêmico deva ser entendido como um lugar social para tais especulações – parece que aquilo que se está desejando quando se deseja "reconhecimento estatal" para o casamento, e o que não se está desejando quando se deseja limitar o escopo daquele reconhecimento para outros, são quereres complexos. O Estado se torna o meio pelo qual a fantasia se torna literalizada: desejo e sexualidade são ratificados, justificados, conhecidos, publicamente instaurados, imaginados como permanentes, duráveis. E, naquele mesmo momento, desejo e sexualidade são despossuídos e deslocados, de forma que aquilo que se "é", e o que o seu relacionamento "é", não são mais assuntos privados. De fato, ironicamente, pode-se dizer que por meio do casamento, o desejo pessoal adquire certo anonimato e intercambialidade; se torna, como se fosse publicamente mediado e, nesse sentido, um tipo de sexo público legitimado. Contudo mais do que isso, o casamento compele, ao menos de acordo com uma lógica, ao reconhecimento universal: todas as pessoas devem te deixar entrar pela porta do hospital; todas as pessoas devem honrar a sua reivindicação por luto; todas as pessoas irão assumir os seus direitos naturais por uma criança; todas as pessoas irão considerar o seu relacionamento como elevado à eternidade. Dessa forma, o desejo por reconhecimento universal é um desejo de se tornar universal, de se tornar intercambiável na sua universalidade, de desocupar a solitária particularidade das relações não ratificadas, e, talvez acima de tudo, de ganhar tanto lugar quanto santificação naquela relação imaginada com o Estado. Lugar e santificação: estas são certamente fantasias poderosas que assumem formas fantasmáticas particulares quando consideramos a aposta pelo casamento gay. O Estado pode se tornar o lugar para rearticulação de desejos religiosos, para a redenção, para o pertencimento, para eternidade. E podemos muito bem perguntar o que acontece com a sexualidade quando atravessa esse circuito particular de fantasia: Ela é aliviada da sua culpa, do seu desvio social, da sua descontinuidade, da sua não sociabilidade, da sua espectralidade? E se é aliviada de tudo isso, para onde precisamente essas negatividades vão? Elas não tendem a ser projetadas naqueles que não entraram ou não entrarão nesse domínio santificado? E a projeção toma a forma de julgamento moral dos outros, de colocar em ato uma abjeção social, e, portanto, se tornar a ocasião para instituir uma nova hierarquia de arranjos sexuais legítimos e ilegítimos?

A pobre criança e o destino da nação

A proposta de instituir as uniões civis na França através do PACS enquanto uma alternativa ao casamento buscou de uma só vez contornar o casamento e assegurar os laços legais. Contudo, tal proposta se deparou com um limite, quando questões de reprodução e adoção vieram à tona. De fato, na França, o tema da reprodução está atrelado às preocupações com a reprodução de uma cultura francesa identificável. Como sugerido anteriormente, pode-se ver uma certa identificação implícita da cultura francesa com o universalismo, e isso tem as suas

Desfazendo gênero

próprias consequências para o imaginário da nação em jogo. Para entender esse debate, é importante reconhecer como, em particular, a figura da criança com pais ou mães não heterossexuais se torna um local catexizado, no qual recaem angústias sobre pureza cultural e transmissão cultural. Nos recentes conflitos em relação ao PACS, a única maneira com que a proposta poderia ser aprovada implicava negar os direitos de adoção conjunta aos indivíduos em tais relações. De fato, como Eric Fassin e outros têm argumentado, a alteração dos direitos de filiação é o que mais provoca uma reação escandalizada no contexto francês, e não o casamento em si.[13] A vida do contrato pode ser, dentro de um alcance, estendida, mas os direitos de filiação não.

Em parte do comentário cultural que acompanhou esta decisão de negar direitos de adoção a pessoas abertamente gays, ouvimos de Sylviane Agacinski, uma filósofa francesa muito conhecida, que deixar homossexuais formarem famílias vai contra a "ordem simbólica".[14] Sejam quais forem essas formas sociais, elas não são casamentos, e não são famílias; na realidade, na visão dela, essas formas não são propriamente "sociais" e sim privadas. A luta é em parte pelas palavras, pelos locais e o modo como elas se aplicam, assim como pela plasticidade e equivocidade delas. Porém, é, mais especificamente, uma luta sobre se certas práticas de nomeação mantêm no lugar as pressuposições sobre os limites do que é humanamente reconhecível. O argumento se apoia em um certo paradoxo que seria, entretanto, difícil de negar. Porque se *não* se

---

13 Fassin, Same Sex.
14 Agacinski, Questions autour de la filiation, p.23.

quer reconhecer certas relações humanas enquanto parte do humanamente reconhecível, então elas *já* foram reconhecidas, e busca-se negar o que, de uma maneira ou outra, já se entendeu. "Reconhecimento" se torna um esforço de negar o que existe e, por isso, se torna um instrumento para a recusa do reconhecimento. Nesse sentido, se torna uma maneira de apoiar uma fantasia normativa de humano sobre e contra versões dissonantes dela mesma. Defender os limites do que é reconhecível contra aquilo que o desafia é entender que as normas que governam a reconhecibilidade já foram desafiadas. Nos Estados Unidos, estamos acostumados a ouvir polêmicas conservadoras e reacionárias contra a homossexualidade como sendo não natural, mas esse não é precisamente o discurso pelo qual a polêmica francesa procede. Agacinski, por exemplo, não assume que a família toma uma forma natural. Ao contrário, o Estado é constrangido a reconhecer o casamento como heterossexual, na visão dele, não pela natureza ou lei natural, mas por algo chamado "a ordem simbólica" (que corresponde e ratifica a lei natural). É de acordo com o ditado dessa ordem que o Estado é obrigado a se recusar a reconhecer tais relações.

Irei explicar a perspectiva de Agacinski logo em seguida, não porque ela é a oponente mais expressiva às transformações no parentesco que podem ser suscitadas a partir do casamento gay, mas porque, algum tempo atrás, um colega me enviou um editorial que Agacinski tinha escrito no *Le Monde*, uma carta que de alguma maneira exigiu uma resposta.[15] No seu editorial, ela identifica uma determinada corrente de teoria queer e de gênero norte-americana como um possível futuro monstruoso da

---

15 Agacinski, Contre l'effacement des sexes.

Desfazendo gênero

França, caso ocorressem essas transformações. Então, vamos dizer, sem entrar em detalhes, que houve uma certa interpelação na primeira página do *Le Monde*, na qual o meu nome figurou como sinal da monstruosidade vindoura. E considere que estou em uma situação difícil aqui, porque as minhas próprias opiniões são usadas para alertar contra um futuro monstruoso que irá chegar se pessoas lésbicas e gays puderem formar arranjos de parentesco ratificados pelo Estado. Assim, por um lado existe a demanda por responder e refutar essas alegações; por outro lado, parece crucial não aceitar os termos nos quais a oponente enquadrou o debate, um debate que, temo eu, não é de fato um debate, mas uma polêmica altamente marcada pela disseminação do medo. O dilema não é só meu. Irei, em oposição a ela, ocupar uma posição na qual argumento pela legitimação estatal? É isso que desejo?

Por um lado, seria suficientemente fácil argumentar que ela está errada, que as formas de família em questão são sociais viáveis, e que a episteme de inteligibilidade corrente poderia ser desafiada de forma útil e rearticulada à luz dessas formas sociais.[16] Afinal de contas, a visão dela ratifica e fortalece aqueles que mantêm a ideia de que relações sexuais legítimas devem ter uma forma heterossexual e sancionada pelo Estado, e que trabalham para desmontar as alianças sexuais viáveis e

---

16 Esse argumento consiste no centro da minha objeção aos argumentos lacanianos contra a viabilidade dos casamentos do mesmo sexo e a favor da família heteronormativa em *Antigone's claim*, especialmente as páginas 68-73 [ed. bras.: *O clamor de Antígona*, p.96-103]. Para outro argumento contra Jacques-Alain Miller e outras formas de ceticismo lacaniano em relação às uniões do mesmo sexo, cf. Butler, Competing Universalities, in *Contingency, Hegemony, Universality*, p.136-81.

significantes que falham em se conformar a esse modelo. Sem dúvidas, existem consequências por esse tipo de desmonte que vão além de magoar os sentimentos de alguém ou de ofender um grupo de pessoas. Esse desmonte significa que, quando você chega no hospital para ver a sua pessoa amada, você não tem acesso a ela. Significa que, quando a sua pessoa amada entra em coma, você não pode assumir certos direitos executores. Significa que, quando a sua pessoa amada morre, você não tem permissão para receber o corpo. Significa que quando a criança que vocês cuidam é deixada apenas com você, mãe ou pai não biológico, você pode não ser apto a se defender das reivindicações de parentes biológicos na justiça e perder a custódia, até mesmo o acesso a ela. Significa que vocês podem não ser capazes de prover benefícios de assistência à saúde um ao outro. Essas são formas muito significantes de privação de direitos, as quais são todas agravadas pelos apagamentos pessoais que ocorrem na vida cotidiana e invariavelmente têm um custo nos relacionamentos. Esse senso de deslegitimação pode fazer com que seja mais difícil sustentar um vínculo, um vínculo que de qualquer jeito não é real, um vínculo que não "existe", que nunca teve a chance de existir, que nunca foi feito para existir. Se você não é real, pode ser difícil de se sustentar a si mesma com o tempo. É aqui que a ausência de legitimação estatal pode emergir dentro da psique como uma pervasiva, se não fatal, sensação de dúvida de si mesmo. E se você efetivamente perdeu a pessoa amada que nunca foi reconhecida como a sua amada, você de fato perdeu aquela pessoa? É isso uma perda, e ela pode ser enlutada publicamente? Sem dúvidas, isso é algo que se tornou um problema pervasivo na comunidade queer, dada as perdas causadas pela AIDS, as perdas de

Desfazendo gênero

vidas e amores que estão sempre na luta para serem reconhecidos enquanto tal.

Por outro lado, perseguir a legitimação estatal visando reparar essas feridas traz consigo um conjunto de novos problemas, se não novas mágoas. O fracasso em assegurar reconhecimento estatal para os seus arranjos íntimos só pode ser experenciado como uma forma de desrealização, se os termos de legitimação estatal mantêm o controle hegemônico sobre as normas de reconhecimento, em outras palavras, se o Estado monopoliza os recursos do reconhecimento. Não existem outras maneiras possíveis, inteligíveis, até mesmo reais de sentir, desassociadas da esfera do reconhecimento estatal? Não deveriam existir outras formas? Faz sentido que o movimento lésbico e gay se voltasse para o Estado, dada a história do movimento: o anseio atual pelo casamento gay é, em certos sentidos, uma resposta à AIDS e, em particular, uma resposta envergonhada, na qual a comunidade gay busca repudiar a sua assim chamada promiscuidade, na qual aparecemos como saudáveis e normais e capazes de sustentar relações monogâmicas ao longo do tempo. Isto, com certeza, me leva de volta à questão, uma questão colocada de forma perspicaz por Michael Warner, de se a legitimidade requer que subscrevamos uma prática que deslegitima aquelas vidas sexuais estruturadas fora dos vínculos do casamento e das pressuposições da monogamia.[17] É essa uma negação que a comunidade queer está disposta a fazer? E com qual consequência social? Como conferimos ao Estado o poder de reconhecimento, no momento em que insistimos que somos irreais e ilegítimos sem ele? Existem outros recursos por meio

---

17 Cf. Warner, Beyond Gay Marriage, in: *Left Legalism/Left Critique*.

Judith Butler

dos quais poderíamos nos tornar reconhecíveis ou mobilizá-los para desafiar os regimes existentes nos quais os termos da reconhecibilidade tomam lugar?

Podemos ver o terreno do dilema aqui: por um lado, viver sem normas de reconhecimento resulta em um sofrimento significante e em modos de privação de direitos que confundem as próprias distinções entre consequências psíquicas, culturais e materiais. Por outro lado, a demanda por ser reconhecido, a qual é uma demanda política bastante poderosa, pode levar a novas e detestáveis formas de hierarquia social, a uma foraclusão precipitada do campo sexual, e a novas maneiras de sustentar e estender o poder estatal, se ela não instituir um desafio crítico às próprias normas de reconhecimento fornecidas e requeridas pela legitimação estatal. De fato, ao propor reconhecimento ao Estado, efetivamente restringimos o domínio do que irá se tornar reconhecível como arranjos sexuais legítimos, fortalecendo assim esse mesmo Estado como a fonte de normas de reconhecimento e eclipsando outras possibilidades na sociedade civil e na vida cultural. Demandar e receber reconhecimento de acordo com normas que legitimam o casamento e deslegitimam formas de aliança sexual fora do casamento, ou com normas que são articuladas em uma relação crítica com o casamento, é deslocar o lugar de deslegitimação de uma parte da comunidade queer para outra ou, melhor, transformar uma deslegitimação coletiva em uma seletiva. É difícil, se não impossível, reconciliar tal prática com um movimento radicalmente democrático e sexualmente progressista. O que significaria excluir do campo de legitimação em potencial aqueles que estão fora do casamento, aqueles que vivem de maneira não monogâmica, aqueles que vivem sozinhos, aqueles que estão em qualquer que

Desfazendo gênero

sejam os arranjos que não são da forma casamento? Eu acrescentaria uma ressalva aqui: nem sempre sabemos o que queremos dizer com "Estado" quando estamos nos referindo ao tipo de "legitimação estatal" que ocorre no casamento. O Estado não é uma simples unidade e as suas partes e operações não são sempre coordenadas uma com a outra. O Estado não é reduzível à lei, e poder não é reduzível ao poder estatal. Seria errado entender o Estado operando com um único conjunto de interesses ou mensurar os seus efeitos como se fossem unilateralmente bem-sucedidos. Penso que o Estado também pode ser trabalhado e explorado. Além disso, as políticas sociais, o que envolve a implementação da lei às instâncias locais, podem com muita frequência ser o lugar em que a lei é desafiada, levada a um tribunal para ser julgada, e onde novos arranjos de parentesco têm chance de ganhar uma outra legitimidade. Com certeza, determinadas proposições permanecem altamente controversas: adoção inter-racial, adoção por homens solteiros, por casais gays masculinos, por parceiros que não são casados, por estruturas de parentesco nas quais existem mais do que dois adultos. Então, existem razões para se preocupar com a requisição de reconhecimento estatal para alianças íntimas, e assim se tornando parte de uma extensão do poder estatal dentro do *socius*. Mas, essas razões pesam mais que aquelas que teríamos para buscar reconhecimento e direitos por meio da entrada no contrato legal? Contratos funcionam de formas diferentes — e certamente de formas distintas nos contextos dos Estados Unidos e da França — para reunir autoridade estatal e sujeitar ao controle regulatório os indivíduos que entram em contratos. Porém, mesmo se argumentamos que, na França, os contratos são concebidos como direitos individuais e por isso menos amarrados ao controle estatal, a própria forma de individuação é, assim, sustentada pela legitimação estatal, mesmo se, ou precisamente quando, o Estado aparenta estar um tanto afastado do processo contratual em si mesmo.

Dessa maneira, as normas do Estado funcionam de forma bastante diferente nesses contextos nacionais discrepantes. Nos Estados Unidos, as normas de reconhecimento fornecidas pelo Estado não apenas, com frequência, falham em descrever ou regular práticas sociais existentes, mas também se tornam o lugar de articulação para uma fantasia de normatividade que projeta e delineia uma descrição ideológica de parentesco, no momento em que está passando por desafios sociais e disseminação. Portanto, parece que o apelo ao Estado é, ao mesmo tempo, um apelo a uma fantasia já institucionalizada pelo Estado e um afastamento da complexidade social existente, na esperança de se tornar, enfim, "socialmente coerente". O que isso também significa é que existe um lugar para o qual podemos nos voltar, o qual é entendido como o Estado, que irá finalmente nos tornar coerentes; um movimento que nos compromete com o poder do Estado. Jacqueline Roses argumenta persuasivamente que "se o Estado tem significado apenas 'parcialmente como algo existente', se ele se repousa na crença de indivíduos de que 'existe ou deveria existir', então começa a parecer estranhamente o que a psicanálise chamaria de fenômeno 'como se'".[18] Seus regulamentos nem sempre buscam ordenar o que existe, mas buscam figurar a vida social em certas maneiras imaginárias. A incomensurabilidade entre a estipulação estatal e a vida social existente significa que esta

---

18 Rose, *States of Fantasy*, p.8-9.

Desfazendo gênero

lacuna deve ser coberta para que o Estado continue a exercer a sua autoridade e exemplificar o tipo de coerência, a qual se espera que este conferira sobre seus sujeitos. Como Rose nos lembra: "É porque o Estado se tornou tão estranho e distante das pessoas que se destina a representar que, segundo Engels, é preciso contar, cada vez mais desesperadamente, com a sacralidade e a inviolabilidade de suas próprias leis".[19]

Portanto, trata-se de uma moeda com dois lados; contudo, não pretendo resolver esse dilema a favor de um ou de outro, mas desenvolver uma prática crítica que esteja atenta a ambos. Quero sustentar que a legitimação tem dois lados: é politicamente crucial que reivindiquemos inteligibilidade e reconhecimento; e é politicamente crucial que mantenhamos uma relação crítica e transformadora com as normas que governam o que irá e o que não irá contar como uma aliança e um parentesco inteligíveis e reconhecíveis. Este último também envolveria uma relação crítica com o desejo de legitimação como tal. Também é crucial que questionemos a suposição de que o Estado forneça essas normas, e que passemos a pensar criticamente sobre o que o Estado se tornou durante esses tempos ou, na verdade, como tornou-se um lugar de articulação de uma fantasia que busca negar ou superar o que esses tempos nos trouxeram.

Ao retornarmos ao debate francês, então, parece importante lembrar que a discussão sobre as leis é, ao mesmo tempo, sobre que tipos de arranjos sexuais e formas de parentesco podem ser admitidos a existir ou são considerados possíveis, e quais podem ser os limites do que é imaginável. Para muitos que se opuseram ao PACS, ou aqueles que, minimamente, expressaram

---

19 Ibid., 10.

visões céticas a respeito, o próprio estatuto da cultura foi questionado pela variabilidade da aliança sexual legitimada. Imigração e parentalidade gay foram consideradas como desafios aos fundamentos de uma cultura que já havia sido transformada, mas que buscava negar a sua própria transformação.[20]

Para entender isso, temos que pensar como o termo "cultura" opera, e como, no contexto francês, o termo foi invocado nestes debates para designar não as formações culturalmente variáveis da vida humana, mas as condições universais da inteligibilidade humana.

Direito natural, cultural, estatal

Embora Agacinski, a filósofa francesa, não seja uma lacaniana e, na verdade, tampouco uma psicanalista, vemos em seu comentário, que foi proeminente no debate francês, uma crença antropológica que é compartilhada por muitos seguidores lacanianos e outros psicanalistas na França e em outros lugares.[21] A crença é que a própria cultura requer que um homem e uma mulher produzam um filho, e que a criança tenha este ponto de referência duplo para sua própria iniciação na ordem simbólica, consistindo esta em um conjunto de regras que ordena e apoia nosso senso de realidade e inteligibilidade cultural.

---

20 Cf. Raissiguier, *Bodily Metaphors, Material Exclusions: The sexual and Radical Politics of Domestics Partnerships in France,* in *Violence and the Body.*

21 A posição lévi-straussiana foi ainda inflexivelmente defendida por Françoise Héritier. Para sua oposição mais veemente ao PACS, ver *Entretein,* em que ela comenta que "aucune société n'admet de parenté homosexuelle". ["nenhuma sociedade admite a parentalidade homossexual"]. Cf. também Masculin/Féminin: La pensée de la différence e L'Exercice de la parenté.

Desfazendo gênero

Agacinski escreve que a parentalidade gay é antinatural e uma ameaça à cultura no sentido de que a diferença sexual, que é, na visão dela, irrefutavelmente biológica, ganha importância na esfera cultural como a fundação da vida na procriação: "Essa fundação (da diferença sexual) é a geração; essa é a diferença entre os papéis maternos e paternos. Deve haver o masculino e o feminino para dar vida." Sobre e contra essa heterossexualidade "que traz a vida" na fundação da cultura está o espectro da parentalidade homossexual, uma prática que não só se afasta da natureza e da cultura, mas também se concentra na fabricação perigosa e artificial do ser humano, figurada como um tipo de violência ou destruição. Ela escreve: "É preciso um pouco de 'violência', quando se é homossexual, para querer um filho *[Il faut une certaine 'violence', quand on est homosexuel, pour vouloir un enfant]* [...] Penso que não existe um direito absoluto à criança, uma vez que o direito implica em uma fabricação cada vez mais artificial de crianças. Nos interesses da criança não se pode apagar sua dupla origem." A "dupla origem" é seu começo invariável com um homem e uma mulher; um homem que ocupa o lugar de pai e uma mulher que ocupa o lugar da mãe. "Essa origem mista, que é natural", escreve ela, "também é uma fundação cultural e simbólica".[22]

O argumento de que devem existir um pai e uma mãe como um ponto de referência duplo para a origem da criança repousa em um conjunto de pressuposições que ressoam com a posição de Lévi-Strauss em *As estruturas elementares do parentesco*, de 1949. Embora Agacinski não seja uma lévi-straussiana, seu enquadramento, no entanto, toma emprestado um conjunto

---

22 Agacinski, Questions autour de la filiation, p.23 [tradução da autora].

de premissas estruturalistas sobre a cultura que foram revividas e reimplantadas no contexto do presente debate. Meu ponto é menos manter as visões de Lévi-Strauss responsáveis pelos termos desta discussão do que indagar a que propósito serve a volta dessas perspectivas dentro horizonte político contemporâneo, considerando que, na antropologia, as visões de Lévi-Strauss propostas no final dos anos 1940 são geralmente consideradas superadas e não são empregadas da mesma forma pelo próprio Lévi-Strauss.[23]

Para Lévi-Strauss, o drama edipiano não deve ser interpretado como um momento ou uma fase do desenvolvimento. Ao contrário, consiste em uma proibição que está em ação no início da linguagem, que funciona em todos os momentos para facilitar a transição da natureza para a cultura na emergência de todos os sujeitos. De fato, a barreira que proíbe a união sexual com a mãe não é alcançada em um tempo, mas está, em certo sentido, *lá* como uma precondição da individuação, uma presunção e suporte da inteligibilidade cultural em si. Nenhum sujeito emerge sem essa barra ou proibição como sua condição, e nenhuma inteligibilidade cultural pode ser reivindicada sem primeiro passar por essa estrutura fundacional. Na verdade, a mãe não é permitida porque ela pertence ao pai, portanto, se essa proibição for fundamental e for entendida, o pai e a mãe existem como recursos logicamente necessários da

---

23 Lévi-Strauss deu sua própria contribuição para o debate, deixando claro que suas opiniões de mais de cinquenta anos atrás não coincidem com suas posições atuais, sugerindo que a teoria da troca não precisa estar ligada à diferença sexual, mas deve sempre ter uma expressão formal e específica. Cf. Lévi-Strauss, *The Elementary Structures of Kinship* [ed. bras.: *As estruturas elementares do parentesco*]; Postface, in: *L'Homme*.

própria proibição. Agora, a psicanálise irá explicar que o pai e a mãe não têm que existir de fato; eles podem ser posições ou figuras imaginárias, mas têm que figurar estruturalmente de alguma forma. A posição de Agacinski também é ambígua nesse ponto, mas ela vai insistir que eles devem ter existido, e que a existência deles deve ser entendida pela criança como essencial para a sua origem.

Para compreender como essa proibição se torna fundacional para uma concepção de cultura é preciso seguir o caminho pelo qual o complexo edipiano em Freud é reformulado em Lacan como uma estrutura inaugural da linguagem e do sujeito, algo que não posso fazer nesse contexto e que provavelmente já fiz muitas vezes antes.[24] O que quero enfatizar aqui é o uso do Édipo para estabelecer uma certa concepção de cultura que tem consequências bastante estreitas para ambas formações de gênero e arranjos sexuais e que figura de modo implícito a cultura como um todo, uma unidade, que tem interesse em reproduzir sua própria totalidade singular por meio da reprodução da criança. Quando Agacinski argumenta, por exemplo, que para cada criança surgir de forma não psicótica deve haver um pai e uma mãe, ela parece, a princípio, não estar se valendo de um ponto empírico de que um pai e uma mãe devem estar presentes e ser conhecidos em todas as fases da educação da criança. Significa algo mais: que deve haver pelo menos um ponto de referência psíquico para a mãe e para o pai e um esforço narrativo para resgatar o masculino e o feminino, mesmo que um ou outro nunca esteja presente e nunca seja conhecido. Mas, se isso fosse garantido sem o arranjo social da

---

24 Cf. Butler, *Competing Universalities*.

heterossexualidade, ela não teria razão para se opor à adoção por parte de pessoas lésbicas e gays. Portanto, parece que os arranjos sociais apoiam e mantêm a estrutura simbólica, assim como a estrutura simbólica legitima o arranjo social. Para Agacinsky, o coito heterossexual, independentemente do pai ou dos pais que criam o filho, é entendido como a origem da criança, e essa origem tem uma importância simbólica.

Essa importância simbólica da origem da criança na heterossexualidade é compreendida como essencial para a cultura pelo seguinte motivo: se a criança entra na cultura pelo processo de assumir uma posição simbólica, e se essas posições simbólicas são diferenciadas em virtude da edipalização,[25] então a criança presumivelmente se tornará generificada na ocasião em que ela assumir posição em relação às posições parentais que lhe são proibidas como objetos sexuais. O menino se tornará menino na medida em que reconhece que não pode ter sua mãe, que ele deverá encontrar uma mulher que a substitua; a menina se torna menina na medida em que reconhece que não pode ter sua mãe, substitui essa perda por meio da identificação com a mãe, e logo reconhece que não pode ter o pai e o substitui por um objeto masculino. De acordo com este esquema edípico bastante rígido, o gênero é alcançado pela realização do desejo heterossexual. Essa estrutura, que é posta aqui muito mais rigidamente, no esforço de reconstruir a posição de Agacinski, do que se encontraria em Freud (em *Os três ensaios sobre a teoria da sexualidade* ou *O eu e o isso*), é, então, privada de seu estatuto

---

25 *"Oedipalization"* – refere-se ao processo edípico vivido pela criança. Optamos por edipalização, conforme outras traduções já estabelecidas para o termo. (N. T.)

Desfazendo gênero

como uma fase de desenvolvimento e afirmada como o meio pelo qual o sujeito individuado é estabelecido dentro da linguagem. Fazer parte da cultura significa ter passado, através do mecanismo de diferenciação de gênero, desse tabu, e realizar tanto a heterossexualidade normativa quanto a identidade de gênero distinta de uma vez só.

Existem muitas razões para rejeitar esta versão edípica particular como precondição da linguagem e da inteligibilidade cultural. E existem muitas versões da psicanálise que rejeitariam esse esquema, permitindo várias maneiras de rearticular o Édipo, mas também limitando sua função em relação ao pré-edipiano. Além disso, algumas formas de antropologia estrutural buscaram elevar a troca de mulheres a uma precondição da cultura para identificar esse mandato por exogamia com o tabu do incesto que opera dentro do drama edipiano. Nesse interim, outras teorias da cultura passaram a tomar seu lugar e questionar essa narrativa estruturalista. Na verdade, a falha do estruturalismo em levar em conta os sistemas de parentesco que não se conformam com tais modelos foram demonstrados por antropólogos como David Schneider, Sylvia Yanagisako, Sarah Franklin, Clifford Geertz e Marilyn Strathern.[26] Essas teorias enfatizam modos de troca diferentes daqueles presumidos

---

26 Schneider, *Critique* e *American Kinship*; Yanagisako, *Gender and Kinship: Essays Toward a United Analysis*; Franklin; McKinnon (eds.), *Relative Values: Reconfiguring Kinship Studies*; Strathern, *The Gender of the Gift: Problems with women and Problems with Society in Melanesia* [ed. bras.: *O gênero da dádiva: problemas com mulheres e problemas com a sociedade na Melanesia*] e *Reproducing the Future: Anthropology, Kinship, and the New Reproductive Technologies*; Geertz, *The Interpretation of Cultures* [Ed. bras.: *A interpretação das culturas*].

pelo estruturalismo, e também colocam em questão a universalidade das reivindicações do estruturalismo. Sociólogas do parentesco, como Judith Stacey e Carol Stack, bem como a antropóloga Kath Weston, também destacaram uma variedade de relações de parentesco que funcionam de acordo com regras que nem sempre ou apenas são relacionadas com o tabu do incesto.[27]

Então, por que a explicação estruturalista da diferença sexual, concebida de acordo com a troca de mulheres, fez um "retorno" no contexto dos debates atuais na França? Por que várias intelectuais, algumas delas feministas, proclamam que a diferença sexual não é apenas fundamental para a cultura, mas para sua transmissibilidade, que a reprodução deve permanecer a prerrogativa do casamento heterossexual e que esses limites devem ser definidos em formas variáveis e reconhecíveis de arranjos parentais não heterossexuais?

Para entender o ressurgimento de um estruturalismo amplamente anacrônico neste contexto, é importante considerar que o tabu do incesto funciona em Lévi-Strauss não só para garantir a reprodução exogâmica de crianças, mas também para manter a unidade no "clã" por meio da exogamia compulsória, articulada pela heterossexualidade compulsória. A mulher de outro lugar garante que os homens daqui vão reproduzir sua própria espécie. Ela garante a reprodução da identidade cultural dessa forma. O ambíguo "clã" designa um grupo "primitivo" para Lévi-Strauss, em 1949, mas passa a funcionar ideologicamente para a unidade cultural da nação em 1999-2000, no

---

27 Cf. Stacey, *In the Name of the Family* e *Brave New Families*; Stack, *All Our Kin*; e Weston, *Families We Choose.*

Desfazendo gênero

contexto da Europa assolada pela abertura das fronteiras e por novos imigrantes. O tabu do incesto, portanto, passa a funcionar em conjunto com um projeto racialista para reproduzir a cultura, e, no contexto francês, a reproduzir a implícita identificação da cultura francesa com a universalidade. É uma "lei" que funciona a serviço do "como se", garantindo uma fantasia da nação que já está, irreversivelmente, sitiada. Nesse sentido, a invocação da lei simbólica defende contra a ameaça à pureza cultural francesa que aconteceu, e está acontecendo, nos novos padrões de imigração, do aumento de casos de miscigenação e do obscurecimento/indefinição de fronteiras nacionais. Na verdade, mesmo em Lévi-Strauss, cuja teoria anterior da formação do clã é redescrita em seu breve texto *Raça e História*, vemos que a reprodutibilidade da identidade racial está ligada à reprodução da cultura.[28] Existe alguma ligação entre a narrativa da reprodução da cultura na obra inicial de Lévi-Strauss e suas reflexões posteriores sobre identidade cultural e reprodução da raça? Existe uma conexão entre esses textos que pode nos ajudar a ler a ligação cultural que acontece agora na França, a qual se encontra entre os medos quanto à imigração e os desejos de regular o parentesco não-heterossexual? O tabu do incesto pode ser visto trabalhando em conjunto com o tabu contra a miscigenação, especialmente no contexto francês contemporâneo, na medida em que a defesa da cultura por meio da obrigatoriedade da família heterossexual é ao mesmo tempo uma extensão das novas formas de racismo europeu.

---

28 Ver a discussão de Lévi-Strauss sobre "etnocentrismo" em *Race et histoire*, p.19-26.

Judith Butler

Encontramos algo dessa ligação prefigurada em Lévi-Strauss, que explica em parte porque vemos a ressureição de sua teoria no contexto do presente debate. Quando Lévi-Strauss argumenta que o tabu do incesto é a base da cultura e exige exogamia, ou casamento fora do clã, o "clã" é lido em termos de raça ou, de maneira mais específica, em termos de uma pressuposição racial da cultura que mantém sua pureza regulando sua transmissibilidade? O casamento deve ocorrer fora do clã. Deve haver exogamia. Mas também deve existir um limite para a exogamia; ou seja, o casamento deve ser fora do clã, mas não fora de uma certa autocompreensão racial ou comunhão racial. Portanto, o tabu do incesto exige exogamia, mas o tabu contra a miscigenação limita a exogamia que o tabu do incesto exige. Encurralado, então, entre uma heterossexualidade compulsória e uma miscigenação proibida, algo chamado como cultura, saturado com a angústia e a identidade da branquitude europeia dominante, reproduz-se a si mesmo dentro e como a sua própria universalidade.

Existem, é claro, muitas outras maneiras de contestar o modelo lévi-straussiano que surgiu nos últimos anos, e seu estranho ressurgimento no debate político recente, sem dúvida, impressionará os antropólogos como o aparecimento espectral de um anacronismo. Existem argumentos de que outros tipos de arranjos de parentesco são possíveis em uma cultura. Há também outras maneiras de explicar as práticas de ordenação que o parentesco às vezes exemplifica. Esses debates, no entanto, permanecem internos a um estudo do parentesco que pressupõe o lugar principal deste dentro da cultura, e pressupõe majoritariamente que a cultura é uma totalidade unitária e distinta. Pierre Clastres apresentou esse ponto de maneira

Desfazendo gênero

polêmica muitos anos atrás no contexto francês, argumentando que não é possível tratar as regras do parentesco como fornecendo as regras de inteligibilidade para qualquer sociedade, e que cultura não é uma noção autônoma, mas deve ser considerada fundamentalmente imersa em relações de poder que não são redutíveis a regras.[29] Mas se começarmos a entender que as culturas não são entidades ou unidades autônomas, que as trocas entre elas, seus modos de se delimitar a si próprias na distinção constituem sua ontologia provisória e são, como resultado, repletos de poder, então somos obrigados a repensar o problema da troca com um todo: não mais como um dom da mulher, que assume e produz a autoidentidade do clã patrilinear, mas como um conjunto de práticas de autodefinição potencialmente imprevisíveis e contestadas, que não são redutíveis à heterossexualidade primária e fundadora da cultura. Na verdade, se alguém fosse elaborar quanto a esse ponto, a tarefa seria retomar a sugestão de David Schneider de que o parentesco é uma espécie de *fazer*, que não reflete uma estrutura anterior, mas que só pode ser entendida como uma prática posta em ato. Isso nos ajudaria, acredito, a nos afastar da situação em que uma estrutura hipostasiada de relações se esconde por trás de qualquer arranjo social real e nos permite considerar como os modos de fazer padronizados e performativos trazem categorias de parentesco em operação e se tornam o meio pelo qual eles passam por transformação e deslocamento.

---

29 Ver Pierre Clastres, *Society Against the State: Essays in Political Anthropology and Archeology* [ed. bras.: *A sociedade contra o Estado*]; e *Archeology of Violence* [ed. bras.: *Arqueologia da Violência*]. Para uma consideração das abordagens antropológicas sobre o parentesco após Lévi-Strauss, cf. Carsten; Hugh-Jones (eds.), *About the house: Lévi-Strauss and beyond*.

A heterossexualidade hipostasiada, interpretada por alguns como simbólica em vez de social, de modo a operar como uma estrutura que funda o próprio campo do parentesco – e informa os arranjos sociais, não importa como apareçam, não importa o que façam – tem sido a base da alegação de que o parentesco é sempre tido como heterossexual. De acordo com esse preceito, aqueles que adentram condições de parentesco como não-heterossexuais só farão sentido se assumirem a posição de mãe ou pai. A variabilidade social de parentesco tem pouca ou nenhuma eficácia em reescrever a lei simbólica fundadora e universal. O postulado de uma heterossexualidade fundadora também deve ser lido como parte da operação de poder – e eu acrescentaria fantasia – de modo que seja possível começarmos a perguntar como a invocação de tal fundação trabalha na construção de uma certa fantasia de Estado e nação. As relações de troca que constituem a cultura como uma série de transações ou traduções não são apenas, ou primariamente, sexuais, mas consideram a sexualidade como sua questão, por assim dizer, quando a questão da transmissão e reprodução cultural estão em jogo. Não quero dizer que a reprodução cultural aconteça única, exclusiva ou fundamentalmente na criança. Quero apenas sugerir que a figura da criança é um lugar erotizado na reprodução da cultura, que levanta de modo implícito a questão de saber se haverá uma transmissão garantida da cultura pela procriação heterossexual – não apenas se a heterossexualidade servirá ao propósito de transmitir a cultura fielmente, mas se a cultura será definida, em parte, como a prerrogativa da heterossexualidade em si.

Na verdade, trazer todo esse aparato teórico à tona não serve só para questionar as normas fundadoras da heterossexualidade, como também para nos perguntar se podemos

Desfazendo gênero

absolutamente falar de "cultura" como um tipo de campo ou terreno autossuficiente. Embora faça isso, manifestando ou sintomatizando uma luta para trabalhar por meio dessa posição em um ato de pensamento público, estou ciente de que estou usando um termo que não significa mais aquilo que uma vez pode ter significado. É um substituto para uma posição anterior, algo que preciso usar de modo a deixar claros essa posição e os seus limites, mas também algo que eu suspendo no uso. A relação entre a heterossexualidade e a unidade e, implicitamente, a pureza da cultura, não é funcional. Embora possamos ser tentados a dizer que a heterossexualidade assegura a reprodução da cultura e que a patrilinearidade assegura a reprodução da cultura na forma de um todo reproduzível em sua identidade ao longo do tempo, é igualmente verdade que vangloriar o conceito de cultura como uma totalidade autossustentável e autorreplicante apoia a naturalização da heterossexualidade, e que a íntegra da abordagem estruturalista da diferença sexual torna emblemático esse movimento de garantir a heterossexualidade por meio da temática da cultura. Contudo, existe uma maneira de escapar desse círculo por meio do qual a heterossexualidade institui a cultura monolítica e a cultura monolítica reinstitui e renaturaliza a heterossexualidade?

Esforços dentro da antropologia não situam mais o parentesco como base da cultura, mas o concebem como um fenômeno cultural complexamente interligado com outros fenômenos culturais, sociais, políticos e econômicos. Os antropólogos Franklin e McKinnon escrevem, por exemplo, que o parentesco se tornou ligado às "formações políticas de identidades nacionais e transnacionais, os movimentos econômicos de trabalho e capital, às cosmologias da religião, às hierarquias de raça, gênero e taxonomias de espécie e às epistemologias da ciência, medicina e tecnologia". Como resultado, eles argumentam, o próprio estudo etnográfico do parentesco tem mudado de tal forma que agora "inclui tópicos como culturas diaspóricas, as dinâmicas da economia política global, ou mudanças ocorrendo nos contextos da biotecnologia e biomedicina".[30] De fato, no debate francês, Eric Fassin afirma que é preciso entender a invocação da "ordem simbólica" que liga o casamento à filiação de forma necessária e fundacional como uma resposta compensatória à ruptura histórica do casamento como instituição hegemônica, cujo termo em francês é *démariage*.[31] Nesse sentido, a oposição ao PACS é um esforço para fazer o Estado sustentar uma certa fantasia do casamento e da nação cuja hegemonia já é, irreversivelmente, desafiada na prática social.

De forma semelhante, Franklin e McKinnon entendem que o parentesco é um lugar onde certos deslocamentos já estão em ação, em que angústias quanto à biotecnologia e migrações transnacionais são canalizadas e repudiadas. Isso parece claramente funcionar na visão de Agacinski de pelo menos duas maneiras: o medo que ela expressa da "americanização" da sexualidade e as relações de gênero na França atesta o desejo de manter essas relações organizadas de uma forma especificamente francesa, e o apelo à universalidade simbólica é um nítido tropo do esforço francês para identificar seu próprio projeto nacionalista com um projeto universalista. De forma

---

30 Franklin; McKinnon, *New Directions in Kinship Study: A Core Concept Revisited*. Cf. também Franklin; McKinnon, *Relative Values: Reconfiguring Kinship Studies*.

31 Fassin, *Same sex*.

Desfazendo gênero

similar, seu medo de que lésbicas e gays comecem a fabricar seres humanos, exagerando na biotecnologia da reprodução, sugere que essas práticas "antinaturais" irão resultar em uma engenharia social do humano por atacado, vinculando, mais uma vez, a homossexualidade com o potencial ressurgimento do fascismo. Podemos muito bem nos perguntar que forças tecnológicas em ação na economia global, ou mesmo, quais consequências do projeto do genoma humano levantam esse tipo de angústia na vida cultural contemporânea. Mas parece um deslocamento, senão uma alucinação, para identificar a fonte desta ameaça social, se esta for uma ameaça, como lésbicas que escavam esperma do gelo seco em um dia frio de inverno em Iowa quando uma delas está ovulando.

Franklin e McKinnon escrevem que o parentesco "não mais conceitualizado como fundado em uma ideia única e fixa de relação 'natural', mas é visto como sendo autoconscientemente montado a partir de uma multiplicidade de possíveis pedaços e fragmentos".[32] Parece crucial, então, entender a operação de montagem que eles descrevem à luz da tese de que o parentesco é em si mesmo um tipo de fazer, uma prática que encena esse conjunto de significações à medida que acontecem. Mas com essa definição em vigor, pode o parentesco ser definitivamente separado de outras práticas comunais e filiativas? O parentesco perde a sua especificidade como um objeto, uma vez que se torna caracterizado vagamente como "modos de relacionamento duradouro". Com certeza, nem todas as relações de parentesco perduram, mas quaisquer relações que se qualifiquem para o parentesco entram em uma norma ou em uma

---

32 Franklin; McKinnon, *New Directions in Kinship Study*, p.14.

convenção que tem alguma durabilidade, e essa norma obtém sua durabilidade sendo reintegrada repetidas vezes. Assim, uma norma não precisa ser estática para durar; na verdade, *não pode* ser estática se for para durar. Essas são relações propensas à naturalização e que são interrompidas repetidas vezes pela impossibilidade de estabelecer a relação entre natureza e cultura; além disso, em Franklin e McKinnon, o parentesco é uma forma de significar a origem da cultura. Diria desta forma: a história do parentesco, como temos desde Lévi-Strauss, é uma alegoria da origem da cultura e um sintoma do próprio processo de naturalização, que se dá, de maneira brilhante e insidiosa, em nome da própria cultura. Assim, pode-se acrescentar que debates sobre a distinção de natureza e cultura, que são claramente intensificados quando as distinções entre animais, humanos, máquina, híbrido e ciborgue não são mais estabelecidas, passam a ser considerados o lugar do parentesco, porque mesmo uma teoria de parentesco que é radicalmente culturalista enquadra a si mesma contra uma "natureza" desacreditada e, assim, permanece em uma relação constitutiva e de definição para aquilo que afirma transcender.

Pode-se ver quão rápido o parentesco perde sua especificidade em termos de economia global, por exemplo, quando se considera as políticas de adoção e doadores para inseminação. Como novas "famílias", nas quais as relações de filiação não são baseadas na biologia são, às vezes, condicionadas por inovações em biotecnologia ou relações internacionais de *commodities* e o comércio de crianças. E agora há a questão do controle sobre os recursos genéticos, concebidos como um novo conjunto de relações de propriedade a ser negociado por legislação e decisões judiciais. Mas há também evidentes consequências

Desfazendo gênero

salutares da quebra da ordem simbólica, uma vez que os laços de parentesco que unem as pessoas umas às outras podem muito bem ser nada mais nada menos do que a intensificação dos laços comunitários, podem ou não serem baseados em relações sexuais duradouras e exclusivas, e podem muito bem consistir em ex-amantes, não amantes, amigos, amigas e membros da comunidade. Nesse sentido, então, as relações de parentesco atingem fronteiras que colocam em questão a diferença entre parentesco e comunidade, ou que clamam por uma concepção distinta de amizade. Essas constituem um "colapso" do parentesco tradicional que não apenas desloca o lugar central das relações biológicas e sexuais de sua definição, mas confere à sexualidade um domínio separado daquele do parentesco, que permite que o laço durável seja pensado fora do enquadramento conjugal e, assim, abre o parentesco a um conjunto de laços comunitários irredutíveis à família.

Narrativa psicanalítica, discurso normativo e crítica

Infelizmente, o importante campo de pesquisa que pode ser chamado de estudos pós-parentesco em antropologia não foi acompanhado por trabalhos em psicanálise igualmente inovadores, e esta última, às vezes, ainda depende de um presumível parentesco heterossexual para teorizar a formação sexual do sujeito, embora exista importantes contribuições nessa área, como por exemplo, a obra de Ken Corbett.[33] Há vários

---

33 Corbett, *Nontraditional Family Romance: Normative logic, Family Reverie, and the Primal Scene.*

estudiosos em antropologia que não apenas abriram o significado e as formas possíveis de parentesco, mas também questionaram se este é sempre o momento definidor da cultura. Na verdade, se questionarmos o postulado pelo qual a edipalização, concebida em termos rígidos, torna-se a condição para a cultura em si, como podemos então retornar à psicanálise, uma vez que essa desvinculação aconteceu? Se Édipo não é a condição *sine qua non* da cultura, isso não significa que não haja lugar para o Édipo. Significa simplesmente que o complexo que leva esse nome pode ter uma variedade de formas culturais, e que não será mais capaz de funcionar como uma condição normativa da própria cultura. O Édipo pode ou não funcionar universalmente, mas, mesmo aqueles que afirmam que sim, teriam que descobrir de que forma ele aparece, e não seriam capazes de sustentar que ele sempre figura da mesma maneira. Já que este ser universal – e confesso ser agnóstica neste ponto – de forma alguma confirma a tese de que seja uma condição para a cultura. Tal tese pretende afirmar que o Édipo sempre funciona da mesma maneira, nomeadamente, como uma condição da própria cultura. Mas se Édipo for interpretado amplamente como um nome para a triangularidade do desejo, então as questões em destaque se tornam: Que formas essa triangularidade assume? Deve presumir a heterossexualidade? E o que acontece quando começamos a entender o Édipo fora da troca de mulheres e da presunção da troca heterossexual?

A psicanálise não precisa estar associada exclusivamente ao momento reacionário em que a cultura é entendida como baseada em uma heterossexualidade irrefutável. Na verdade, existem tantas perguntas que a psicanálise pode investigar, a fim de ajudar a compreender a vida psíquica daqueles que vivem fora do parentesco normativo ou em alguma mistura do normativo com o "não-". Qual a fantasia do amor homossexual que a criança inconscientemente assume em famílias gays? Como as crianças que são deslocadas de suas famílias originais ou nascidas por meio de implantação ou inseminação de doadores entendem suas origens? Quais narrativas culturais estão à sua disposição, e quais interpretações elas dão a essas condições? Deve a história que a criança conta de sua origem, uma história que sem dúvida será sujeita a muitas recontagens, estar conforme uma história única sobre o modo como o ser humano passa a existir? Ou vamos encontrar o humano emergindo por meio de estruturas narrativas que não são redutíveis a uma história, a história da própria Cultura em letras maiúsculas? Quanto devemos revisar nossa concepção da necessidade de compreender a narrativa de si na qual uma criança pode ter de incluir uma consideração de como essas narrativas são revisadas e interrompidas no tempo? E como começaremos a entender quais formas de diferenciação de gênero assumem um lugar para a criança quando a heterossexualidade não é o pressuposto da edipalização?

De fato, esta é a ocasião não apenas para a psicanálise repensar suas próprias noções de cultura, aceitas sem crítica, mas para que novos arranjos de parentesco e sexuais possam compelir a repensar a própria cultura. Quando as relações de vínculo não são mais atribuídas à procriação heterossexual, a própria homologia entre natureza e cultura que filósofos como Agacinski apoiam tende a ser prejudicada. De fato, eles não permanecem estáticos em seu próprio trabalho, pois se é a ordem simbólica que autoriza origens heterossexuais, e o simbólico é entendido como legitimador para as relações sociais, por que ela se preocuparia com relações sociais supostamente ilegítimas? Ela assume que este último tem o poder de minar o simbólico, sugerindo que o simbólico não precede o social e, enfim, não é independente dele.

Parece claro que, quando praticantes da psicanálise tornam públicas alegações sobre o estatuto psicótico ou perigoso das famílias gays, estão manejando o discurso público de maneiras que precisam ser fortemente combatidas. Os lacanianos não têm o monopólio dessas alegações. Em uma entrevista a Jacqueline Rose, a conhecida profissional kleiniana Hanna Segal reitera sua visão de que "a homossexualidade é um ataque ao casal parental" e "uma interrupção do desenvolvimento". Ela expressa ultraje por uma situação em que duas lésbicas criam um menino. Ela acrescenta que considera "a estrutura homossexual adulta como patológica".[34] Quando questionada em uma apresentação pública em outubro de 1988, se aprovou o fato de duas lésbicas criarem um menino, ela respondeu categoricamente "Não". Responder diretamente a Segal, como muitas pessoas têm feito, com uma insistência na normalidade das famílias lésbicas e gays, inclui aceitar que o debate deve centrar-se na distinção entre normal e patológico. Mas se buscarmos

---

34 Segal, *Hanna Segal entrevistada por Jacqueline Rose*, p.12. Segal observa: "Um analista que se dê ao respeito conhece a doença por dentro. Ele não sente que 'você é um pervertido diferente de mim' – mas: '"Eu sei um pouco de como você veio até este ponto, eu estive lá, parcialmente ainda estou lá.' Se ele acredita em Deus, ele deveria dizer: 'mas pela graça de Deus, eu vou.'" E então, um pouco mais adiante: "Você poderia argumentar corretamente que as relações heterossexuais podem ser tão ou mais perversas ou narcisistas. Mas isso não está embutido nelas. A heterossexualidade pode ser mais ou menos narcisista, pode ser muito conturbada ou não. Na homossexualidade, isso está embutido.".

a entrada nos corredores da normalidade ou, de fato, buscarmos inverter o discurso para aplaudir nossa "patologia" (ou seja, como a única posição "sã" dentro da cultura homofóbica), não teremos atingido o enquadramento definidor em questão. E, uma vez que entramos nesse enquadramento, seremos em certa medida definidos pelos seus termos, o que significa que somos *como* definidas por esses termos quando buscamos nos estabelecer dentro dos limites da normalidade, como quando assumimos a impermeabilidade de suas fronteiras e nos posicionamos como seu exterior permanente. Afinal, até Agacinski sabe como fazer uso da alegação de que lésbicas e gays são "inerentemente" subversivos quando ela alega que essas pessoas *não* deveriam ter o direito de se casar porque a homossexualidade é, por definição, "externa às instituições e modelos fixos".[35]

Podemos pensar que essa ambiguidade nos levará apenas à paralisia política, contudo considere as consequências mais sérias que se seguem de tomar uma posição única em tais debates. Se nos envolvermos com os termos que esses debates fornecem, então ratificamos esse quadro no momento em que tomamos nossa posição. Isso sinaliza uma certa paralisia diante do exercício de poder para alterar os termos pelos quais tais tópicos são pensáveis. Na verdade, uma transformação social mais radical está em jogo quando nos recusamos, por exemplo, a permitir que o parentesco se torne redutível a "família" ou quando nos recusamos a permitir que o campo da sexualidade seja aferido a partir da forma do casamento. Tão certo quanto os direitos à adoção e, de fato, à tecnologia reprodutiva deveriam ser garantidos para indivíduos e alianças fora do

---

35 Agacinski, Questions autour de la filiation, p.24.

quadro do casamento, esses direitos constituiriam uma drástica redução da política sexual progressista para permitir que o casamento e a família, ou mesmo o parentesco, marquem os parâmetros exclusivos dentro dos quais a vida sexual é pensada. Que o campo sexual se tornou foracluído por meio de tais debates sobre se poderíamos casar, conceber ou criar filhos deixa claro que qualquer resposta que seja, tanto "sim" quanto "não", trabalha para circunscrever a realidade de formas precipitadas. Se decidirmos que estas são as questões decisivas, e soubermos de que lado estamos, então teremos aceitado um campo epistemológico estruturado por uma perda fundamental, que não podemos mais nomear nem a título de luto. A vida da sexualidade, do parentesco e da comunidade que se torna impensável dentro dos termos dessas normas constitui o horizonte perdido das políticas sexuais radicais, e encontramos nosso caminho "politicamente" no despertar do não enlutável.

6
Ansiando por reconhecimento[*]

O trabalho mais recente de Jessica Benjamin busca estabelecer a possibilidade do reconhecimento intersubjetivo e, por meio disso, fixar uma norma filosófica para um discurso terapêutico. Seu trabalho sempre foi manifestamente definido por sua fundamentação na teoria crítica e na prática clínica. Considerando que a Escola de Frankfurt manteve um forte interesse teórico pela psicanálise e que produziu o importante trabalho de Alexander e Margarete Mitscherlich, *The Inability to Mourn*, entre outros textos, desde então, tem sido raro encontrar um teórico crítico treinado naquela seara dos que ativamente praticam a psicanálise e cujas contribuições teóricas combinem a reflexão crítica e o discernimento clínico da maneira que Benjamin o faz. Um aspecto central de sua herança filosófica é a noção de reconhecimento, conceito chave desenvolvido na *Fenomenologia do espírito* de Hegel[1] e que assumiu novos significados

---

[*] Tradução de Gabriel Lisboa Ponciano.
[1] Hegel, *The Phenomenology of Spirit*, p.111-19 [ed. bras.: *Fenomenologia do Espírito*, p.93-9].

no trabalho de Jürgen Habermas e Axel Honneth.[2] De certa forma, o trabalho de Benjamin se baseia na pressuposição de que o reconhecimento é possível, e de que é a condição pela qual o sujeito humano alcança autocompreensão e aceitação.

Em quase todos os textos de Benjamin, há várias passagens que dão certo sentido do que é o reconhecimento. Não é a simples presentificação de um sujeito por um outro que facilita o reconhecimento do sujeito que se autopresentifica por intermédio do Outro. É, antes, um processo que é executado quando o sujeito e o Outro compreendem a si mesmos como refletidos um no outro, se essa reflexão não resultar em um colapso do um no Outro (por meio de uma identificação incorporadora, por exemplo) ou em uma projeção que aniquila a alteridade do Outro. Na apropriação de Benjamin da noção hegeliana de reconhecimento, este é um ideal normativo, uma aspiração que guia a prática clínica. O reconhecimento implica que vemos o Outro como separado, mas como estruturado psiquicamente de maneiras que são compartilhadas. O que é mais importante para Benjamin, seguindo, de certa maneira, Habermas, é a noção de que a comunicação se torna tanto o meio quanto o exemplo do reconhecimento. O reconhecimento não é nem um ato que alguém performatiza e nem é literalizado como o evento em que cada um "vê" o outro e é "visto". Ele acontece principalmente, mas não de forma exclusiva, por meio da comunicação verbal, na qual os sujeitos são transformados em virtude da prática comunicativa na qual estão engajados. Pode-se ver

---

2 Honneth, *The Struggle for Recognition* [ed. bras.: *Luta por Reconhecimento*]; Habermas, *The Theory of Communicative Action* [ed. bras.: *Teoria da ação comunicativa*].

Desfazendo gênero

como esse modelo oferece uma norma tanto para a teoria social quanto para a prática terapêutica. É digno de crédito que Benjamin tenha elaborado uma teoria que alcance ambos os domínios de maneira tão produtiva quanto a dela o faz.

Uma das contribuições mais importantes da teoria de Benjamin é insistir que a intersubjetividade não é o mesmo que relações de objetos e que a "intersubjetividade" adiciona às relações de objeto a noção de um Outro externo, que excede a construção psíquica do objeto em termos complementares. Isso significa que qualquer que seja a relação psíquica e fantasmática com o objeto, ela deve ser entendida nos termos de uma dinâmica mais ampla de reconhecimento. A relação com o objeto não é a mesma que a relação com o Outro, mas a relação com o Outro fornece um enquadramento para que compreendamos a relação com o objeto. O sujeito não apenas forma certas relações psíquicas com os objetos, mas é formado por e através dessas relações psíquicas. Além disso, essas várias formas estão estruturadas de maneira implícita por uma luta por reconhecimento na qual o Outro se torna e não se torna dissociável do objeto pelo qual ele é psiquicamente representado. Essa luta é caracterizada por um desejo de entrar em uma prática comunicativa com o Outro, na qual o reconhecimento ocorre não como um evento ou como um conjunto de eventos, mas como um processo em andamento, um processo que também apresenta o risco psíquico da destruição. Enquanto Hegel se refere à "negação" como o risco que o reconhecimento sempre corre, Benjamin conserva esse termo para descrever um aspecto diferenciado da relacionalidade: o Outro não sou eu, e, a partir dessa distinção, decorrem certas consequências psíquicas. Há maneiras problemáticas de lidar com o fato da negação, que são, é claro, explicadas em parte pelo conceito freudiano de agressão e pela concepção kleiniana de destruição. Para Benjamin, os humanos formam relações psíquicas com Outros sobre a base de uma negação necessária, mas essas relações não precisam ser sempre destrutivas. Considerando que a resposta psíquica que busca dominar e dissipar a negação é destrutiva, essa destruição é precisamente o que deve ser trabalhado por meio do processo de reconhecimento. Já que a vida psíquica humana é caracterizada tanto pelo desejo de onipotência quanto pelo de contato, ela vacila entre "relacionar-se com o objeto e reconhecer o [O]utro de fora".[3]

Em certo sentido, Benjamin nos diz que essa vacilação ou tensão é, fundamental ou inevitavelmente, aquilo que constitui a vida psíquica humana. E, no entanto, parece que também estamos operando sob uma norma que postula a transformação das relações-objeto em modos de reconhecimento, por meio da qual nossas relações com objetos são subsumidas, por assim dizer, na nossa relação com o Outro. Na medida em que somos bem-sucedidos efetuando esta transformação, parece que trazemos à tona a tensão no contexto de uma noção mais fluida da prática comunicativa mencionada anteriormente. Benjamin insiste na "inerente problemática e conflitante composição da psique"[4] e não volta atrás. Mas o que se torna difícil de compreender é o significado que reconhecimento pode e deve assumir, dado o caráter conflitante da psique. O reconhecimento

---

3 Benjamin, posfácio a Recognition and Destruction: An Outline of Intersubjectivity.

4 Benjamin, *Shadow of the Other: Intersubjectivity and Gender in Psychoanalysis*, p.2-3.

Desfazendo gênero

é, ao mesmo tempo, a norma pela qual invariavelmente nos empenhamos, a norma que deve governar a prática terapêutica e a forma ideal que a comunicação toma quando se torna um processo transformativo. Reconhecimento, entretanto, também é o nome dado ao processo que está em constante risco de destruição e que, caberia acrescentarmos, não poderia ser reconhecimento sem um determinante e constitutivo risco de destruição. Embora Benjamin manifestamente deixe claro que há risco de o reconhecimento sucumbir à destruição, me parece que ela está presa a um ideal de reconhecimento para o qual a destruição é uma ocorrência ocasional e lamentável, que pode ser revertida e superada na situação terapêutica, e que acaba não constituindo, essencialmente, o reconhecimento.

Da maneira que compreendo o projeto de Benjamin, considerando que a tensão entre a onipotência e o contato, como ela sustenta, é necessária na vida psíquica, há maneiras de viver e lidar com a tensão que não envolvem "romper", mas que mantêm a tensão viva e produtiva. Na perspectiva dela, precisamos estar preparados para superar os modos de ruptura que implicam em recusa, em que depreciamos o objeto para nos fortalecer, ou em que projetamos no objeto nossa própria agressão a fim de evitar as consequências psicologicamente inviíveis que decorrem do reconhecimento dessa agressão como nossa. A agressão forma uma quebra no processo de reconhecimento, e devemos esperar tais "colapsos", para usar os termos dela, mas a tarefa será trabalhar contra eles e empenhar-se pelo triunfo do reconhecimento contra a agressão. Mesmo nesta esperançosa formulação, contudo, temos a sensação de que o reconhecimento é algo diferente da agressão ou, ao menos, que o reconhecimento pode se dar sem agressão. O que isso significa é que haverá momentos em que a relação com o Outro recai na relação com o objeto, mas que a relação com o Outro pode e deve ser restaurada. Além disso, significa que o falso reconhecimento é ocasional, mas não um aspecto constitutivo ou intransponível da realidade psíquica, como Lacan sustentou, e que o reconhecimento, concebido como livre de falso reconhecimento, não apenas deve, mas também pode triunfar.

No que se segue, espero explicar o que tomo como algumas das consequências dessa perspectiva e de suas partes constituintes. Se for o caso que a destrutividade pode se tornar reconhecimento, disso decorre que o reconhecimento pode deixar para trás a destrutividade. Isso é verdade? E mais, a relação é presumida como reconhecimento diádico, dada a qualificação de que agora o processo de reconhecimento constitui "o terceiro", com base na recusa de outras formas de triangulação? E há alguma maneira de pensar a triangulação separada da edipalização? O modelo diádico de reconhecimento, além disso, ajuda a entender as convergências particulares do desejo heterossexual, bissexual e gay, que invariavelmente remete ao desejo fora da díade na qual ele aparentemente ocorre? Queremos permanecer com a complementaridade de gênero enquanto buscamos entender, por exemplo, a interação particular entre gênero e desejo em transgêneros? Por fim, retornarei a Hegel para ver como ele nos oferece uma outra versão do si mesmo, que não aquela enfatizada por Benjamin, para tentar entender se certa divisão no sujeito pode se tornar a ocasião e o ímpeto para outra versão do reconhecimento.

Desfazendo gênero

Da complementaridade à triangularidade pós-edípica

Gradualmente, o trabalho de Benjamin se moveu de uma ênfase na complementaridade, que assume uma relação diádica, para uma que acomoda uma relação triádica. Qual é o terceiro termo em relação ao qual a díade é constituída? Como se pode esperar pelas contribuições anteriores da autora, a tríade não será redutível à edipalização. Não será o caso de a díade ser tácita e definitivamente estruturada em relação a um terceiro, o objeto do amor parental, tido como tabu. O terceiro emerge, entretanto, de maneira diferente para Benjamin, na verdade, de uma maneira que se concentra não apenas na proibição e em suas consequências, mas em "ambos os parceiros [em um] padrão de excitação". Esse padrão é o terceiro, e é "cocriado": "fora do controle mental de cada um dos parceiros, encontramos um espaço de mediação, a música do terceiro na qual ambos estão harmonizados".[5] Na verdade, para Benjamin, o terceiro constitui um ideal de transcendência, um ponto de referência para o desejo recíproco que excede sua representação. O terceiro não é o Outro concreto que solicita o desejo, mas o Outro do Outro que engaja, motiva, e excede uma relação com desejo ao mesmo tempo que a constitui essencialmente.

Benjamin é cuidadosa em *The Shadow of the Other* ao distinguir sua posição daquela da Drucilla Cornell ou de qualquer outra posição inspirada por uma noção levinasiana em que o Outro é transcendente ou inefável.[6] Porém, em seu escrito mais recente,

---

5 Benjamin, "How Was It For You?" How Intersubjective is Sex?, p.28.
6 Benjamin, *Shadow of the Other*, p.93.

ela admite esse Outro como externo ao objeto psíquico, se aproximando da posição levinasiana e, então, talvez, pondo em ato as expansivas possibilidades da crítica que se identifica com as possibilidades anteriormente repudiadas.

Essa maneira de abordar a relação triádica é muito feliz, e confesso que não estou certa de que ela é definitivamente crível ou mesmo desejável. Ela é incontestavelmente impressionante, no entanto, como um ato de fé em relacionamentos e, em especial, no relacionamento terapêutico. Mas, como um ato de fé, é difícil "argumentar" com ele. Portanto, o que pretendo fazer no que se segue não é bem me opor a esse modelo de felicidade, mas oferecer algumas réplicas a partir das fileiras da ambivalência, lugar no qual algumas de nós ainda habitam. E mais, acredito que algumas reflexões menos jubilosas acerca da triangulação e da relação triádica (para distinguir uma coisa da outra) podem ser possíveis e não nos levarão de volta à prisão do Édipo com suas implicações heterossexistas para o gênero. Por fim, gostaria de sugerir que uma estrutura triádica na reflexão sobre o desejo tem implicações na reflexão sobre o gênero para além da complementaridade, reduzindo o risco do viés heterossexista implicado pela doutrina da complementaridade.

Não sou uma grande fã do falo, e já expus minha perspectiva sobre esse tema antes,[7] portanto não pretendo retornar à noção de falo como o terceiro termo em toda e qualquer relação de desejo. Tampouco aceito aquela perspectiva que poderia postular o falo como o mais primário e originário momento do

---

7 Butler, The Lesbian Phallus, in *Bodies that Matter,* p.57–92 [ed. bras.: O falo lésbico e o imaginário morfológico, in *Corpos que importam,* p.106-63].

desejo, de tal forma que todo desejo ou se estende por meio da identificação ou pela reflexão mimética do significante paternal. Compreendo que os lacanianos progressistas são rápidos em distinguir o falo do pênis e em alegar que o "paternal" é apenas uma metáfora. O que eles não explicam é a forma pela qual a própria distinção, que, eles dizem, faz com que "falo" e "paternal" sejam seguros para o uso, continue a restituir e a depender de tais correspondências pênis/falo e paternal/maternal, as quais tais distinções dizem estar superadas. Acredito no poder da ressignificação subversiva até certo ponto e aplaudo os esforços de disseminar o falo e de cultivar, por exemplo, *dyke dads* e similares. Mas seria um erro, creio, privilegiar tanto o pênis quanto a paternidade como os termos a serem mais ampla e radicalmente ressignificados. Por que esses termos e não alguns outros? O "outro" desses termos é, claro, a questão a ser interrogada aqui, e Benjamin tem nos ajudado a imaginar, por uma via teórica, a paisagem psíquica na qual o falo não controla o circuito dos efeitos psíquicos. Mas estamos equipados para repensar o problema da triangulação agora que compreendemos os riscos da redução fálica?

Voltar-se ao pré-edipiano tem sido, é claro, repensar o desejo em relação ao maternal, mas essa volta nos engaja, involuntariamente, na ressurreição da díade: não o falo, mas o maternal, já que as duas opções disponíveis são "papai" e "mamãe". Mas há outros tipos de descrições que poderiam complicar o que acontece no nível do desejo, melhor dizendo, no nível do gênero e do parentesco? Benjamin manifestamente põe estas questões das feministas lacanianas na primazia do falo é, em grande parte, uma crítica tanto à sua heterossexualidade presumida quanto à lógica mutuamente exclusiva por meio da qual o gênero é pensado. O uso que Benjamin faz da noção de "sobre-inclusividade" implica que pode, e deve, se dar uma recuperação pós-edipiana de identificações *sobre-inclusivas* características da fase pré-edipiana, na qual as identificações com um gênero não implicam em repúdio ao outro.[8] Benjamin é cuidadosa nesse contexto a fim de permitir diversas identificações coexistentes e mesmo para promover como um ideal para a prática terapêutica a noção de que podemos viver identificações aparentemente inconsistentes em um estado de tensão criativa. Ela também mostra como o enquadramento edipiano não consegue dar conta do aparente paradoxo que é um homem feminino amar uma mulher, ou um homem masculino amar um homem. Na medida em que a identificação de gênero é sempre considerada como algo que se dá à custa do desejo, pode-se dizer que gêneros coerentes correspondem, sem falhas, a orientações heterossexuais.

Tenho uma grande simpatia por esses movimentos, especialmente pela forma com que eles estão sustentados no segundo capítulo de *Shadow of the Other*, "Constructions of Uncertain Content". Embora eu continue a ter algumas questões sobre a doutrina da "sobre-inclusividade", mesmo gostando das suas consequências, acredito que o trabalho de Benjamin está caminhando em direção a uma psicanálise não-heterossexista nesse livro.[9] Também acredito, por outro lado, que (a) a triangulação pode ser repensada de forma mais produtiva para além da edipalização ou, na verdade, como parte de um deslocamento

---

8 Benjamin, *Like Subjects, Love Objects: Essays on Recognition and Sexual Difference*, p.54.

9 Benjamin, *Shadow of the Other*, p.45-49.

Desfazendo gênero

pós-edípico do edípico; (b) certas suposições sobre a primazia do dimorfismo de gênero limitam o radicalismo da crítica da Benjamin; e (c) que o modelo de *sobre-inclusividade* não pode exatamente se tornar a condição para o reconhecimento da diferença que Benjamin sustenta, porque resiste à noção de um si mesmo que é *ek-staticamente*[10] envolvido no Outro, descentrado por meio de suas identificações que não excluem e nem incluem o Outro em questão.

Vamos primeiro considerar as possibilidades da triangulação pós-edípica. Sugiro que tomemos como ponto de partida a formulação lacaniana que sugere que o desejo nunca é meramente diádico em sua estrutura. Gostaria de verificar não apenas se essa formulação pode ser lida à parte de qualquer referência ao falo, como também se é possível que ela leve a direções que excederiam o alcance da esfera lacaniana. Quando Jean Hyppolite introduz a noção de "desejo de desejo" em seu comentário sobre a *Fenomenologia do espírito* de Hegel, ele visa sugerir não apenas que o desejo busca sua própria renovação (uma reivindicação espinosista), mas também que ele busca ser o objeto do desejo para o Outro.[11] Quando Lacan reformula a formulação de Hyppolite, ele introduz o genitivo para produzir uma ambiguidade: "desejo é o desejo *do* Outro" (ênfase minha).[12] O que o desejo deseja? Ele claramente continua a desejar a si mesmo; na verdade, não está claro se o desejo

---

10 Ofereço a versão etimológica de êxtase como ek-stático para ressaltar, como Heidegger o fez, como sentido original do termo implica um permanecer que está fora de si mesmo.

11 Hyppolite, *Genesis and Structure of Hegel's "Phenomenology of Spirit"*, p.66 [ed. bras.: *Gênese e estrutura da Fenomenologia do espírito de Hegel*].

12 Lacan, *Écrits: A Selection*, p.58 [ed. bras.: *Escritos*].

que deseja é diferente do desejo que é desejado. Eles estão, no mínimo, homonimamente conectados, mas o que isso significa é que o desejo se reduplica; ele busca sua própria renovação, contudo, para alcançar sua própria renovação, o desejo precisa se reduplicar e, além disso, se tornar algo outro do que antes fora. Ele não permanece como um simples desejo, mas se torna outro para si, assumindo uma forma que é externa a si. Além disso, o que o desejo quer é o Outro, no qual o Outro é entendido como seu objeto generalizado. O que o desejo também quer é o desejo do Outro, em que o Outro é concebido como um sujeito do desejo. Essa última formulação envolve a gramática do genitivo, e sugere que o desejo do Outro se torna o modelo para o desejo do sujeito.[13] Não é que eu queira que o Outro me queira, mas que eu queira na medida em que assumi o desejo do Outro e que modelei meu desejo a partir do desejo do Outro. Essa, é claro, é apenas uma perspectiva daquilo que, provavelmente, é um caleidoscópio de perspectivas. Na verdade, há outras leituras desta formulação, incluindo a edipiana: desejo o que o Outro deseja (um terceiro objeto), mas esse objeto pertence ao Outro, e não a mim; essa falta, instituída pela proibição, é o fundamento do meu desejo. Outra leitura edipiana é a seguinte: quero que o Outro me queira em lugar do objeto sancionado de seu desejo; quero não mais ser o objeto proibido do desejo. O inverso da última formulação é: quero ser livre para desejar aquele que é proibido para mim e, então, afastar o Outro do Outro e, nesse sentido, *ter* o desejo do Outro.

---

13 Para uma crítica e uma radicalização da formulação lacaniana sobre o tema da formação mimética do desejo, ver Borsch-Jacobsen, *The Freudian Subject*.

Desfazendo gênero

A maneira pela qual Lacan formula essa posição é, claro, derivada em parte da teoria da troca de mulheres de Lévi-Strauss. Os membros homens do clã trocam mulheres para estabelecer uma relação simbólica com outros membros homens do clã. As mulheres são "cobiçadas" precisamente porque são cobiçadas pelo Outro. O valor delas é, desse modo, constituído como um valor de troca, que não é redutível à compreensão que Marx tem do termo. A teórica queer Eve Sedgwick vai mais longe em *Between Men* e questiona, de fato, quem está desejando quem em tal cena. O objetivo dela é mostrar que aquilo que, em um primeiro momento, parece ser uma relação de um homem que deseja uma mulher, se torna implicitamente um vínculo homossocial entre dois homens. Em seu argumento, não se trata de alegar, em consonância com os afiliados do "falo", que o vínculo homossocial se dá às expensas do heterossexual, mas que o homossocial (distinto do homossexual) é articulado precisamente por meio do heterossexual. Este argumento tem vastas consequências tanto para a reflexão sobre a heterossexualidade quanto para a reflexão sobre a homossexualidade, assim como para a reflexão sobre a natureza simbólica do vínculo homossocial (e, portanto, por implicação, para todo o simbólico lacaniano). A questão não é que o falo é tido por um e não por um outro, mas que é circulado por um circuito ao mesmo tempo heterossexual e homossexual, dessa maneira confundindo as posições identificadoras de cada "ator" na cena. O homem que busca enviar a mulher para outro homem, envia algum aspecto de si mesmo, e o homem que recebe, também recebe o outro. A mulher circula, mas seria ela de fato cobiçada, ou ela meramente exemplifica um valor por se tornar a representante do desejo de ambos os homens – o lugar onde esses desejos se encontram, e onde eles falham em se encontrar, um lugar onde o encontro potencialmente homossexual é substituído, suspenso e contido?

Levanto este problema porque me parece que não é possível ler as profundas e, talvez, inescapáveis maneiras por meio das quais a heterossexualidade e a homossexualidade são definidas uma por meio da outra. Por exemplo, em que medida o ciúme heterossexual é geralmente agravado por uma inabilidade de admitir o desejo pelo mesmo sexo?[14] O amante da mulher de um homem quer outro homem, e mesmo o "tem", o que é experienciado pelo primeiro homem às suas próprias custas. Qual é o preço que o primeiro homem tem que pagar? Quando, nessa cena, ele deseja o desejo do Outro, é o desejo da sua amante (vamos imaginar que sim)? Ou é também a prerrogativa da sua amante de tomar outro *homem* como seu amante (vamos imaginar que também é isso)? Quando ele se enfurece com ela por sua infidelidade, ele se enfurece porque ela se recusa a fazer o sacrifício que ele já fez? E apesar de tal leitura poder sugerir que ele se identifica com ela na cena, não está claro como ele se identifica, ou se é, afinal, uma identificação "feminina". Ele pode querer a posição imaginada dela na cena, mas o que ele imagina ser essa posição? Não se pode presumir que ele tome a posição dela como feminina, mesmo que ele a imagine em uma resposta receptiva ao outro homem. Se essa for a receptividade

---

14 Sobre o ciúme e o deslocamento do desejo homossexual, cf. Freud, Certain Neurotic Mechanisms in Jealousy, Paranoia and Homosexuality, in: *The Standard Edition of the Complete Works of Sigmund Freud – Vol. 18. (1920-1923)* [ed. bras.: Sobre alguns mecanismos neuróticos no ciúme, na paranoia e na homossexualidade, in: *Psicologia das Massas e Análise do Eu e outros textos (1920-1923)*].

que ele encontra realocada ali, no âmago da sua própria fantasia provocada pelos ciúmes, talvez, então, seja mais apropriado alegar que ele a imagina em uma posição de homossexualidade masculina passiva. É, afinal, realmente possível distinguir nesse caso entre uma paixão heterossexual e uma homossexual? Afinal de contas, ele a perdeu, e isso o enfurece, e ela pode agir de acordo com o objetivo que ele não pode ou não irá agir de acordo, e isso o enfurece.

A insistência de Benjamin de que não temos como compreender o desejo e a identificação em uma relação de mútua exclusão claramente abre espaço para tais paixões simultâneas. Mas ela nos dá um caminho para descrever como a heterossexualidade se torna lugar para a paixão homossexual ou como a homossexualidade se torna o condutor para a paixão heterossexual? Parece que a estrutura diádica, quando é imposta sobre o gênero, vem a assumir a complementaridade de gênero que falha em ver os rigores que operam para manter a relação "diádica" tranquilamente apenas entre dois. Alegar, como Benjamin o faz, que o terceiro entra como o próprio processo intersubjetivo, como o "sobrevivente" da destruição como uma "negação" mais vivível e criativa, já é fazer a cena por definição mais feliz do que ela pode ser. É claro que Benjamin nos deixa saber que a incorporação e a destruição são riscos que toda e qualquer relação corre, mas esses são riscos que precisam ser trabalhados para que se alcance a possibilidade de um reconhecimento em que os "dois" si mesmos da relação sejam transformados em virtude de sua relação dinâmica com um outro.

Mas o que eles fazem com outro terceiro? Observe que a redescrição que a teórica queer faz da "troca de mulheres" não retorna à insistência das feministas lacanianas na primazia do falo. Não é que se queira o desejo do Outro, porque esse desejo irá mimeticamente refletir a própria posição como tendo o falo. Nem que se queira o que outros homens querem a fim de se identificar mais inteiramente como um homem. Na verdade, conforme se inicia a triangulação em que a heterossexualidade é transformada em homossocialidade, as identificações proliferam, precisamente, com a complexidade que as posições lacanianas usuais mobilizam para descartar ou descrever como patologia. Onde o desejo e a identificação são postos como possibilidades mutuamente exclusivas contra o inescapável pano de fundo de uma diferença sexual (presumida enquanto heterossexual), os atores na cena que descrevi podem ser entendidos apenas como tentando ocupar posições em vão, em guerra com uma ordem simbólica já arranjada previamente para que sejam derrotados. Assim, o homem está tentando "recusar" a diferença sexual imaginando a si mesmo no lugar da sua amante com outro homem, e então o rebaixamento moralizante do desejo à patologia se dá mais uma vez com o drama pré-orquestrado da diferença sexual. Acredito que tanto eu quanto Benjamin concordamos com a insustentabilidade de tal abordagem.

Mas em que, de fato, diferimos? Em primeiro lugar, como sugeri anteriormente, o relacionamento não pode ser entendido à parte de sua referência ao terceiro, e o terceiro não pode ser facilmente descrito como o "processo" do relacionamento. Não pretendo sugerir que o terceiro é "excluído" da díade ou que a díade precisa excluir o terceiro para que a díade se realize. Nem que o terceiro esteja, ao mesmo tempo dentro do relacionamento, como uma paixão constitutiva, e "fora" como o parcialmente irrealizado e proibido objeto do desejo.

Desfazendo gênero

Vamos complicar mais uma vez a cena a repensando a partir do ponto de vista da mulher. Vamos imaginar que ela é bissexual e que buscou ter um relacionamento com o "homem número 1", deixando de lado por um tempo seus desejos por mulheres, que tendem a ser desejos de estar em uma posição passiva. Mas em vez de encontrar uma mulher como o "terceiro", ela encontra um homem (homem número 2), e assume uma posição ativa com ele. Vamos dizer, hipoteticamente, que o homem número 1 preferiria morrer a estar em uma posição passiva com sua namorada, já que isso seria algo "queer" demais para ele. Então, ele descobre que ela está sendo ativa com outro homem, possivelmente o penetrando pelo ânus, e fica furioso por várias razões. Mas o que ela está procurando? Se ela é bissexual, ela é uma bissexual que está "pegando" alguns homens agora. Mas talvez ela também esteja encenando uma situação na qual uma crise de ciúmes ponha a relação em risco. Talvez ela tenha feito isso para terminar com a relação e poder ser livre para buscar "nenhuma das alternativas anteriores". Seria possível ver a intensificação de sua atividade heterossexual nesse momento como uma maneira de (a) buscar o ciúmes de seu primeiro amante e provocar nele uma possessividade maior; (b) ser ativa com seu segundo amante e recompensar o desejo que ela não pode realizar com o primeiro; e (c) pôr os dois homens um contra o outro para abrir caminho para a possibilidade de um relacionamento lésbico no qual ela não será, de maneira alguma, ativa; e (d) intensificar a sua heterossexualidade para afastar os perigos psíquicos que ela associa com ser uma lésbica passiva? Note que pode ser que um desejo não esteja a serviço de outro, de maneira que poderíamos dizer qual desejo é real e autêntico, e qual é simplesmente uma camuflagem ou um desvio. Na verdade, pode ser que essa pessoa em particular não possa encontrar um desejo "real" que substitua a sequência que ela experiencia, e que o que é real é a sequência mesma. Mas pode ser que o caso com o homem número 2 se torne, indiretamente, o lugar da convergência dessas paixões, a constelação momentânea, e que, para entendê-la, deve-se aceitar algo de suas reivindicações simultâneas e dissonantes sobre a verdade. Certamente, a hipótese em que um homem e uma mulher envolvidos em uma relação heterossexual que rompem seu relacionamento de forma mútua e amigável para que possam ir atrás de seus desejos homossexuais não é incomum em centros urbanos. Não alego saber o que se passa nesses casos, nem o que acontece quando um homem gay e uma lésbica que são amigos começam a dormir juntos. Mas parece justo assumir que certo cruzamento das paixões homossexuais e heterossexuais se dá, já que esses não são dois fios distintos de uma trança, mas meios simultâneos um para o outro.

Acredito que isso aparece mais de modo mais intenso em discussões sobre transgênero. Torna-se difícil dizer quando a sexualidade de uma pessoa transgênero é homossexual ou heterossexual. O termo "queer" se tornou corrente justamente para se referir a tais momentos de indecidibilidade produtiva, mas ainda não vimos uma tentativa psicanalítica de levar em consideração essas formações culturais nas quais certas noções vacilantes de orientação sexual são constitutivas. Isso se torna ainda mais claro no que diz respeito a transexuais que estão em transição, em que a identidade está em processo de ser alcançada, mas ainda não se chegou lá. Ou, mais enfaticamente, para aqueles transexuais que entendem a transição como um processo permanente. Se não pudermos nos referir inequivocamente ao

Desfazendo gênero

gênero em tais casos, temos o ponto de referência para fazer reivindicações sobre a sexualidade? No caso da pessoa transgênero, quando a transexualidade não entra em jogo, há várias formas de cruzamento que não podem ser entendidas como conquistas estáveis, nas quais o gênero cruzado constitui, em parte, a condição da erotização mesma. No filme *Meninos não choram*,[15] parece que transgênero é tanto sobre identificar-se como um menino e querer uma menina, quanto um cruzamento entre ser uma menina e tornar-se um menino heterossexual. Brandon Teena se identifica como um garoto heterossexual, mas também vemos vários momentos de desidentificação, em que a fantasia colapsa e um absorvente interno precisa ser alocado, usado e depois descartado sem deixar rastros. Sua identificação, então, recomeça, precisa ser reorquestrada de maneira cotidiana como uma fantasia verossímil, uma que se force a ser crível. A menina amante parece não saber, mas esse é o não-saber do fetichismo, uma base incerta de erotização. Continua pouco claro se a namorada não sabe, mesmo quando ela alega não saber, assim como se ela sabe, mesmo quando alega saber. Na verdade, um dos momentos mais emocionantes do filme é quando a namorada, sabendo, retoma a fantasia. E um dos momentos mais frágeis ocorre quando a namorada, sabendo, parece não ser mais capaz de entrar na fantasia completamente. A recusa não apenas torna a fantasia possível, mas a torna mais forte, e, de vez em quando, a fortalece ao ponto de ser capaz de sobreviver à aceitação.

Da mesma maneira, não seria possível dizer que o corpo de Brandon permanece fora de cena, e que essa oclusão faz

---

15 *Boys Don't Cry*. Direção de Kimberley Peirce, Twentieth Century Fox, 1999.

a fantasia possível, já que ele entra em cena apenas por meio dos termos que a fantasia instala. Não se trata de uma simples "negação" da anatomia, mas do desdobramento erótico do corpo, sua cobertura, sua extensão protética para fins de uma fantasia erótica recíproca. Há lábios e mãos e olhos, a força do corpo de Brandon sobre e na Lana, sua namorada, braços, peso e pressão. Então dificilmente se trata de uma simples figura de "descorporificação", tampouco "triste". Quando ele/a deseja o desejo da sua namorada, o que ele/a quer? Brandon ocupa o lugar do sujeito do desejo, mas ele/a não se vira de barriga para cima com a luz acesa e pede para que sua namorada chupe seu dildo. Talvez isso fosse muito "queer", ou, ainda, talvez isso pudesse matar as condições que fazem a fantasia possível para ambos. Ele/a usa o dildo no escuro para que assim a fantasia possa emergir com sua força total, para que a condição da recusa esteja cumprida. Ele/a ocupa esse lugar, decerto, e é vítima de perseguição e de estupro pelos garotos do filme justamente porque ele/a o ocupou muito bem. Brandon é uma lésbica ou um garoto? Certamente essa questão mesma define o dilema de Brandon de alguma maneira, mesmo que Brandon consistentemente responda ao dilema fazendo a si mesmo como um menino. Não adianta dizer que já que Brandon precisa se fazer como um menino, isso é um sinal de que Brandon é uma lésbica. Já que meninos certamente se fazem como meninos, e nenhuma anatomia entra no gênero sem ser "feita" de alguma maneira.

Seria mais fácil se perguntássemos se uma lésbica que apenas faz amor usando seu dildo para penetrar sua namorada, cuja sexualidade é tão totalmente roteirizada por uma aparente heterossexualidade que nenhuma outra relação é possível, é um garoto ou um "garoto"? Se ela disser que só pode fazer amor como um "garoto", então ela é, poderíamos dizer, transgênero na cama, se não na rua. A encruzilhada de Brandon envolve um constante desafio posto às normas públicas da cultura, e, por isso, ocupa um lugar mais público no *continuum* do transgênero. Não se trata simplesmente de ser capaz de fazer sexo de uma tal maneira, mas também de aparecer como um gênero masculino. Então, nesse sentido, Brandon não é uma lésbica, mesmo que o filme, cedendo à pressão, queira retorná-lo a esse lugar depois do estupro, implicando que o retorno ao (ou a conquista do?) lesbianismo é, de alguma maneira, facilitada pelo estupro, fazendo Brandon retornar, como os estupradores buscaram fazer, à "verdade" da identidade feminina que "vem a termo" com a anatomia. Esse "vir a termo" significa somente que a anatomia é instrumentalizada de acordo com normas culturais aceitas, produzindo uma "mulher" como efeito de tal instrumentalização e normalização do gênero, mesmo que ela permita o desejo de ser queer. Seria possível conjecturar que Brandon só queria ser um garoto em público para ganhar o direito legítimo de ter relações sexuais, como ele faz, mas tal explicação assume que o gênero é meramente instrumental à sexualidade. Mas o gênero tem seus próprios prazeres para o Brandon, e serve a seus próprios propósitos. Esses prazeres de identificação excedem aqueles do desejo, e, em certo sentido, Brandon não é apenas ou facilmente uma lésbica.

Reconhecimento e os limites da complementaridade

A complementaridade de gênero pode nos ajudar aqui? Benjamin escreve que "a crítica da complementaridade de gênero resulta em um paradoxo necessário: ao mesmo tempo perturba as categorias opostas de feminilidade e masculinidade e reconhece que essas posições organizam de maneira inescapável a experiência".[16] E logo depois dessa afirmação, questiona, "se não começamos com a oposição entre homem e mulher, com a posição negativa da mulher nesse binário, parece que, antes de tudo, dissolvemos a própria base do nosso questionar das categorias de gênero". Mas o que são essas questões, elas estão realmente postas de maneira correta? Estivemos certas em presumir o binário homem e mulher quando tantas vidas generificadas não podem assumi-lo? Estivemos certas em ver a relação como um binário quando a referência ao terciário é o que permite que vejamos a intenção homossexual que transpassa a relacionalidade heterossexual? Em vez disso, deveríamos ter levantado essas questões sobre gênero? A que preço psíquico o gênero normativo se torna estabelecido? Como essa presumida complementaridade pressupõe um autorreferencial heterossexual que não é, por definição, cruzado por intenções homossexuais? Se essas questões não podiam ser postas no passado, elas agora não formam parte do desafio teórico para uma psicanálise preocupada com as políticas de gênero e sexualidade, ao mesmo tempo feminista e queer?

É importante levantar essas questões de tal maneira se o que almejamos é oferecer reconhecimento, se acreditamos que reconhecimento é um processo recíproco que move si mesmos para além das suas disposições incorporadoras e destrutivas e em direção a um entendimento de outro si mesmo cuja diferença para conosco é um imperativo ético indicar. Como espero que

---

16 Benjamin, *The Shadow of the Other*, p.37.

Desfazendo gênero

esteja claro, não tenho um problema com a norma de reconhecimento como ela funciona no trabalho de Benjamin, e acredito, na verdade, que é uma norma apropriada para a psicanálise. Porém, me pergunto se uma esperança insustentável adentrou nas suas descrições do que é possível fazer sob a rubrica do reconhecimento. Além disso, como indico na passagem anterior, questiono especificamente se a *sobre-inclusividade*, como ela descreve, pode se tornar o reconhecimento de um Outro separado, nem repudiado nem incorporado.

Voltemo-nos primeiro para a questão de se a negação pode ser claramente separada da destruição, como Benjamin sugere. E, então, reconsideremos a noção hegeliana de reconhecimento, dando ênfase à sua estrutura *ek-stática* e nos perguntando se ela é compatível com o modelo de *sobre-inclusividade*. Como modelos tão diferentes se saem no que diz respeito à questão ética de se eles facilitam o reconhecimento, e de que forma? Por fim, quais são as implicações dessas diferentes noções de reconhecimento para pensar sobre o si mesmo em relação à identidade.

Benjamim claramente declara que essa tem sido sua posição desde a publicação de *The Bonds of Love*, em que "a negação é um momento igualmente vital no momento do reconhecimento. Nem nenhum apelo à aceitação do outro dispensa o colapso inevitável do reconhecimento em dominação".[17] Isso representa a sua posição publicada em 1998. E, desde então, ela se distanciou desse "colapso inevitável". Sua antiga posição parecia reivindicar que o reconhecimento pressupõe a negatividade, já seu atual posicionamento parece implicar que a negatividade é um evento ocasional e contingente que sucede o reconhecimento,

---

17 Benjamin, *The Bonds of Love*, p.83-84.

mas que em nenhum sentido o define. Ela escreve, por exemplo, que "devemos esperar colapsos no reconhecimento", mas que a "destruição" pode ser superada: "a destruição continua até que a sobrevivência se torne possível em um nível mais autêntico". O reconhecimento é o nome dado a esse nível mais autêntico, definido como a transcendência do próprio destrutivo. É subsequentemente descrito como um "processo 'dialógico'", em que a externalidade é reconhecida. O analista em uma tal situação não é uma idealização, porque isso ainda é uma falha em liberar o analista da internalidade. É o Outro, quando ele ou ela irrompe da imagem ideal ou persecutória que caracteriza a emergência "autêntica" de um encontro dialógico e a criação daquilo que Benjamin se refere como "espaço intersubjetivo".

Minha questão é perguntar se o espaço intersubjetivo, em seu modo "autêntico", é realmente sempre livre de destruição? Se ele for completamente livre de destruição, também está além da psique de uma maneira que o torna inútil à psicanálise? Se o "terceiro" é redefinido como a música ou harmonia do encontro dialógico, o que acontece com os outros "terceiros"? A criança que interrompe o encontro, o antigo amante à porta ou ao telefone, o passado que não pode ser revertido, o futuro que não pode ser contido, o próprio inconsciente enquanto lida com a emergência de circunstâncias imprevistas? Com certeza todas essas coisas são negatividades, ou mesmo fontes de "destruição" que não podem ser completamente superadas, sublimadas, resolvidas na harmoniosa música do diálogo. O que a discórdia faz que abafa a música? O que ela recusa para poder se dar? E se a música for Mahler? Se aceitarmos que o problema em um relacionamento não é apenas uma função da complementaridade, de projetar no outro o que pertence ao si mesmo, de incorporar o outro que deveria ser devidamente considerado como separado, será difícil sustentar o modelo de reconhecimento que permanece na estrutura definitivamente diádico. Mas se aceitarmos que o desejo pelo Outro pode ser desejo pelo desejo do Outro, e aceitarmos também a miríade de formulações ambíguas dessa posição, então me parece que o reconhecimento do Outro exige assumir que a díade raramente, ou nunca, é o que parece. Se as relações são primariamente diádicas, então permaneço no centro do desejo do Outro, e o narcisismo é, por definição, satisfeito. Mas se o desejo trabalha por meio de substituições que não são sempre fáceis de traçar, então quem sou para o Outro continuará, por definição, sob risco de deslocamento. Pode-se encontrar o Outro a quem se ama independentemente de todos os Outros que se alojaram no lugar daquele Outro? Pode-se, por assim dizer, libertar o Outro de toda a história de condensação psíquica e deslocamento, ou, melhor dizendo, da precipitação de relações-objeto abandonadas que formam o ego? Ou é parte do que significa "reconhecer" o Outro reconhecer que ele ou ela vem, necessariamente, com uma história que não tem a nós mesmos como seu centro? Isso não é parte da humildade necessária em todo reconhecimento, e parte do reconhecimento que está envolvido no amor?

Acredito que Benjamin poderia dizer que, quando se reconhece que não se está no centro da história do Outro, está se reconhecendo a diferença. E, se não se responde a esse reconhecimento com agressão, com destruição onipotente, então se está em uma posição de reconhecer a diferença como tal e de entender essa característica distintiva do Outro como uma relação de "negação" (não-eu) que não se resolve pela destruição. A negação é a destruição que sobreviveu. Porém, se essa for a resposta de Benjamin, me parece que ela implica um maior reconhecimento do colapso necessário do diádico em algo que não pode ser contido ou suprimido por essa estrutura limitada. A díade é uma conquista, e não uma pressuposição. Parte da dificuldade de fazê-la funcionar é justamente causada pelo fato de que ela é alcançada em um horizonte psíquico que é fundamentalmente indiferente a ela. Se a negação é a destruição que sobreviveu, em que consiste esse "sobreviver? Decerto a formulação implica que a "destruição" está, de alguma maneira, superada, ou mesmo que ela está superada de maneira definitiva. Mas isso é realmente possível – para humanos? E acreditaríamos em quem alegasse ter superado definitivamente a destrutividade pela harmoniosa díade? Eu desconfiaria.

Não precisamos aceitar uma teoria das pulsões que alegue que a agressão está aí para sempre, constitutiva do que somos, para que aceitemos que a destrutividade põe a si mesma continuamente como um risco. O risco é um aspecto perene e insolúvel da vida psíquica humana. Como resultado, qualquer norma terapêutica que busca superar a destrutividade parece basear a si mesma em uma premissa impossível. Ora, pode ser que o imperativo ético que Benjamin deseja que derive de sua distinção entre destruição e negação seja que a última precise continuamente sobreviver como negação, que essa é uma tarefa incessante. Mas o dinamismo temporal que ela evoca não é esse da luta que se repete, um trabalho da destrutividade que precisa ser continuamente reencenado, uma relação em que formas de colapso são esperadas e inevitáveis; mas, sim, o de um diálogo que se sustenta a tensão como um "fim em si", um movimento teleológico, em outras palavras, no qual a superação da destruição é o objetivo final.

Desfazendo gênero

Ao introduzir a noção de reconhecimento na seção sobre dominação e escravidão na *Fenomenologia do espírito*, Hegel narra o primeiro encontro com o Outro em termos de autoperda. "Para a consciência-de-si... ela veio para *fora de si*. [...] ela se perdeu a si mesma, pois se acha numa *outra* essência".[18] Pode-se dizer que Hegel está meramente descrevendo um estado patológico no qual a fantasia da absorção pelo Outro constitui uma experiência inicial ou primitiva. Contudo, ele está dizendo algo a mais. Está sugerindo que toda e qualquer consciência, todo e qualquer si mesmo, se encontrará apenas através de um reflexo de si no outro. Para ser o que se é, a consciência precisa passar pela autoperda e, quando ela passar por isso, ela nunca irá "retornar" ao que era. Ser refletida em ou como outra terá uma dupla significância para a consciência, entretanto, já que a consciência irá, por meio da reflexão, recuperar a si mesma de certa maneira. Mas ela irá, por virtude de um estado de reflexão externo, recuperar a si mesma como externa a si e, então, continuará a perder-se. Portanto, o relacionamento com o Outro será invariavelmente ambivalente. O preço do autoconhecimento é a perda de si, e o Outro implica a possibilidade tanto de assegurar quanto de comprometer o autoconhecimento. O que se torna claro, no entanto, é que o si mesmo nunca retorna a um si livre do Outro, que sua "relacionalidade" se torna constitutiva de quem o si mesmo é.

Sobre esse último ponto Benjamin e eu concordamos. Discordamos, acredito, em como compreendemos essa relacionalidade. A meu ver, Hegel nos deu uma noção *ek-stática* do si

---

18 Hegel, *The Phenomenology of Spirit*, p.111, §179 [ed. bras.: *Fenomenologia do espírito*, p.143]

mesmo que é necessariamente externa a si, não é autoidêntica, é diferenciada desde o início. É o si mesmo aqui que considera seu reflexo lá, mas que está igualmente aqui, refletido e refletindo. Sua ontologia é precisamente para ser dividida e estendida de maneiras irrecuperáveis. Na verdade, qualquer que seja o si mesmo que emerja no curso da *Fenomenologia do espírito*, ele está sempre em uma remoção temporal da sua última aparência; é transformado por meio do seu encontro com a alteridade, não para que retorne a si mesmo, mas para se tornar um si mesmo que nunca foi. A diferença o lança em direção a um futuro irreversível. Ser um si mesmo é, nesses termos, estar a certa distância de quem se é, não gozar da prerrogativa da autoidentidade (que Hegel chama de certeza de si mesmo), mas estar sempre lançado para fora de si, ser Outro de si. Acredito que essa concepção do si mesmo enfatiza um Hegel diferente daquele encontrado no trabalho de Benjamin. É certamente um para quem a metáfora da "inclusão", como em "si mesmo inclusivo" não funcionaria muito bem. Tentarei explicar o porquê.

No capítulo intitulado "The Shadow of the Other Subject", Benjamin oferece uma discussão, possivelmente a mais importante discussão publicada que existe, que se sustenta sobre o volume *Feminist Contentions*,[19] do qual sou coautora com outras quatro filósofas feministas. Ela se preocupa que eu tenha subscrito uma noção de si mesmo que requeira exclusão,[20] e que eu tenha esquecido um termo complementar para "inclusão". Benjamin sugere que, se eu contesto certas maneiras em que

---

19 Benhabib; Butler; Cornell; Fraser. *Feminist Contentions: A Philosophical Exchange*. [ed. bras.: *Debates feministas: Um intercâmbio filosófico*] (N. T.)

20 Benjamin, *The Shadow of the Other* p.102.

Desfazendo gênero

o sujeito é formado pela exclusão, faria sentido que eu aceitasse um ideal normativo em que a exclusão pudesse ser superada: "somente a inclusão, a aceitação daquilo que é recusado, em suma, o *possuir*, poderia permitir que a alteridade tivesse um lugar fora do si mesmo no reino da externalidade, poderia garantir o reconhecimento separado do si mesmo".[21] Um problema metafórico emerge, é claro, na medida em que "inclusão" nomeia o processo pelo qual o "externo" é reconhecido. Contudo, isso é mais do que uma dificuldade metafórica, ou, então, a dificuldade metafórica realça os contornos de uma questão teórica ainda mais problemática? Benjamin oferece a "inclusão" como o oposto complementar da forma negativa da exclusão ou da abjeção que discuti em *Corpos que importam*, mas ela também reserva o termo "externo" para o aspecto do Outro que aparece sob condições de diálogo autêntico. Então, exclusão, no sentido de expulsão ou abjeção ou recusa, permanece na órbita de uma forma complementar de rompimento, na visão dela, forma essa que eclipsa totalmente o Outro com uma projeção recusada. O Outro emerge como "externo", então, somente quando ele já não é mais "excluído". Mas o Outro é "possuído" em tal momento, ou há certa despossessão que se dá e que permite o Outro parecer que foi quem começou com isso? Esse seria o ponto de Laplanche, e com certeza também seria o de Lévinas e de Drucilla Cornell.[22] É precisamente o movimento para além da lógica do possuir e do recusar que tira o Outro do circuito narcísico do sujeito. Na verdade, para Laplanche, a

---

21 Ibid., p.103.

22 Cf. Cornell, *The Philosophy of the Limit.*; Lévinas, *Otherwise Than Being* [Ed. port.: *De outro modo que ser ou para lá da essência*].

alteridade emerge, pode-se dizer, para além de qualquer questão de possuir.[23]

Eu sugeriria que a noção *ek-stática* do si mesmo em Hegel encontra ressonância, de certo modo, com essa noção do si mesmo que invariavelmente perde a si no Outro que assegura a existência do si mesmo. O "si mesmo" aqui não é o mesmo que sujeito, que é um conceito de autodeterminação autônoma. O si mesmo em Hegel é marcado por uma fascinação primordial pelo Outro, de tal maneira que o si mesmo é posto em risco. O momento da "Dominação e da Escravidão" em que as duas consciências reconhecem uma a outra, portanto, na "luta de vida e morte", o momento em que cada uma vê o poder compartilhado que tem para aniquilar o Outro e, assim, destruir a condição de sua própria autorreflexão. Portanto, trata-se de um momento de vulnerabilidade fundamental aquele em que o reconhecimento se torna possível, e que precisa se tornar consciência-de-si. O que o reconhecimento faz em tal momento é, certamente, manter a destruição em xeque. Porém o que isso também significa é que o si mesmo não é seu próprio, ele é entregue ao Outro antes mesmo de qualquer relação, mas de tal maneira que o Outro tampouco o possui. E o conteúdo ético da relação com o Outro pode ser encontrado nesse fundamental e recíproco estado de estar "entregue". Em Hegel, seria apenas parcialmente verdade dizer que o si mesmo vem a "incluir" o Outro. (Benjamin distinguiria aqui "inclusão" e "incorporação" e, na verdade, os colocaria como opostos.) Já que o si mesmo é sempre outro de si, ele não é um "recipiente" ou unidade que poderia "incluir" Outros em seu escopo. Ao

---

23 Ver Laplanche, *Essays on Otherness*.

Desfazendo gênero

contrário, o si mesmo está sempre se descobrindo como o Outro, se tornando Outro de si, e essa é outra maneira de marcar o oposto da "incorporação". Ele não leva o Outro dentro de si; ele se descobre transportado para fora de si em uma relação irreversível da alteridade. Em certo sentido, o si mesmo "é" essa relação para a alteridade.

Mesmo que Benjamin às vezes se refira a concepções "pós-modernas" do si mesmo que presumem seu caráter de "cindido" e de "descentrado", não chegamos a saber o que precisamente significam esses termos. Não é aceitável dizer que primeiro há um si mesmo e que depois ele se engaja em uma cisão, já que o si mesmo como estou delineando aqui está para além de si desde o começo, e é definido por esse *ek-stase* ontológico, essa relação fundamental com o Outro na qual ele se encontra instalado de maneira ambígua fora dele mesmo. Esse modelo é, eu poderia sugerir, uma forma de disputar qualquer alegação que diga respeito a autossuficiência do sujeito ou, ainda, ao caráter incorporador de toda identificação. E, nesse sentido, não se está tão distante da posição de Benjamin. Isso pode não ser "cisão" em sentido psicanalítico estrito, mas pode ser uma divisão ontológica em que a noção de cisão psicanalítica se apoia e elabora. Se assumirmos que o si mesmo existe e então se cinde, assumimos que o estatuto ontológico do si mesmo é autossuficiente antes se sofrer a cisão (um mito de Aristófanes, poderíamos dizer, ressuscitado com a metapsicologia da psicologia do ego). Mas isso não significa entender a primazia ontológica da relacionalidade e suas consequências para o pensamento do si mesmo em sua necessária (e eticamente consequente) *desunidade*.

Uma vez que pensemos o si mesmo dessa maneira, pode-se começar a ver como as formas verbais se aproximam de expressar essa relacionalidade fundamental. Mesmo o senso comum poderia nos perguntar: não há um si mesmo que se identifica? Um si mesmo que se enluta? Não sabemos todos que um tal si mesmo existe? Parece que aqui as necessidades convencionais e pre-críticas superam as demandas de reflexão crítica. Faz sentido falar de um si mesmo, mas estamos certos de que ele está intacto antes do ato de cisão? E o que significa insistir em um sujeito que "performatiza" essa cisão? Não há nada do que um sujeito esteja cindido no princípio que ocasiona a formação do próprio sujeito? Não há produção do inconsciente que aconteça concomitantemente com a formação do sujeito, compreendida como uma atividade autodeterminante? E se houver um si mesmo que já está distante e que se cinde, como compreendemos o sentido dessa cisão para esse si mesmo? Sim, é possível e necessário dizer que o sujeito se cinde, mas não se segue dessa formulação que o sujeito seja uno ou autônomo. Porque se o sujeito está cindindo e se dividindo, será necessário saber qual tipo de cisão foi inaugural, e qual tipo é sofrido como um evento psíquico contingente, e como esses diferentes níveis de cisão se relacionam um com o outro, se é que se relacionam.

Há uma perspectiva de relacionalidade derivada de Hegel que afirma que o si mesmo busca e oferece reconhecimento a um outro, mas há uma perspectiva que afirma que próprio processo de reconhecimento revela que o si mesmo está sempre-já posicionado fora de si. Isso não é particularmente uma perspectiva "pós-moderna", já que é derivada do idealismo alemão e de tradições medievais extáticas mais antigas. Essa perspectiva simplesmente aceita que "nós" que somos relacionais não nos separamos dessas relações e que não podemos nos pensar fora

Desfazendo gênero

dos efeitos descentralizadores que essa relacionalidade acarreta. Além disso, quando consideramos que relação pela qual somos definidos não é diádica, mas que sempre se refere a um legado histórico e a um horizonte futuro que não é contido pelo Outro, mas que constitui algo como o Outro do outro, então parece que se segue que quem "somos" fundamentalmente é um sujeito em uma cadeia temporal de desejo que apenas ocasional e provisoriamente assume a forma de díade. Quero reiterar que deslocar o modelo binário para pensar sobre a relacionalidade também nos ajudará a levar em consideração os ecos da triangulação no desejo hétero, homo ou bissexual, e a complicar nossa compreensão da relação entre sexualidade e gênero.

Devemos agradecer a Jessica Benjamin por iniciar o mais importante diálogo sobre gênero e sexualidade que temos nos interstícios da filosofia e da psicanálise. Agora é possível começarmos novamente a pensar no que pode significar reconhecer um ao outro quando isso é uma questão que envolve muito mais do que apenas dois.

7
Querelas do tabu do incesto*

Gostaria de abordar dois problemas que não só causaram algum descontentamento para a psicanálise, como também emergem tão internos a esta quanto a sua própria esfera de descontentamento: incesto e parentesco normativo. Eles são relacionados, mais proeminentemente, pelo tabu do incesto, o que o tabu foraclui de um lado, e o que, de outro lado, inaugura e legitima. Gostaria de fazer duas observações distintas sobre o incesto e o parentesco: uma tem a ver com os debates contemporâneos sobre incesto e como pode ser conceituado; e a outra, a respeito da relação entre a proibição do incesto e a instituição dos arranjos normativos de parentesco que assumem uma forma presumivelmente heterossexual. O que espero sugerir é que a psicanálise pode muito bem ser rejuvenescida como teoria e prática ao retornar as questões do incesto e do parentesco, bem como a sua inter-relação. De um lado, a teoria psicanalítica assumiu que o drama edípico em que o amor incestuoso do filho pela mãe é fantasiado e temido é seguido

---

* Tradução de Petra Bastone.

por uma interdição que força o filho a amar outra mulher que não seja sua mãe. A paixão incestuosa da filha é menos explorada em sua totalidade no corpus freudiano, porém a renúncia dessa do seu desejo pelo pai culmina em uma identificação com a mãe e um retorno para a criança como um fetiche ou um substituto do pênis. No contexto da linguística estruturalista, esse tabu do incesto primário torna-se a maneira como cada posição sexual é ocupada, como o masculino e feminino são diferenciados e a heterossexualidade é assegurada. Mesmo que a psicanálise tenha traçado este caminho pela normalização do gênero e da sexualidade, ela também tem insistido, desde o início, que o "desenvolvimento" descrito não é, de forma alguma, seguro. Com isso, a psicanálise nos dá, e talvez encene, algo deste drama da normalização sexual, assim como seus desvios inevitáveis.

Na história do desenvolvimento, o incesto é em geral descrito como uma fantasia passível de punição. E uma das principais questões que emergem dentro do contexto da discussão social contemporânea do incesto é se ele é real ou se é fantasiado, e como é possível determinar epistemologicamente a diferença entre os dois. Para alguns, a resposta para a querela epistemológica está em compreender se há a possibilidade dessas memórias serem falsas, e qual tipo de consideração deve ser dado aos relatos em primeira pessoa de experiências que são muitas vezes atribuídas à primeira infância. Para outros, a questão sobre a "realidade" do incesto se liga a questões mais amplas na historiografia da memória, se "eventos" históricos podem ser confirmados fora do campo interpretativo em que eles aparecem, e se, consequentemente, algo como a inegabilidade dos eventos traumáticos, com frequência tipificado pela

Desfazendo gênero

destruição dos judeus europeus, pode ser afirmado com segurança contra o historiador revisionista.

Essas questões são complicadas, ainda mais agora com o surgimento dos estudos do trauma (Caruth, Felman, Laub) cujo argumento que prevalece é que o trauma, por definição, não é capturável por meio de representação, ou, na verdade, recordação; já que é, poderíamos dizer, precisamente isso que torna toda memória falsa, e que é conhecido por meio da lacuna a qual interrompe todos os esforços de reconstrução narrativa.

Em relação ao incesto, a questão gira, portanto, em torno das relações entre memória, evento e desejo: é um evento que *precede* uma memória? É uma memória que postula retroativamente um evento? É um desejo que toma a forma de uma memória? As pessoas que desejam ressaltar a prevalência do incesto como uma prática familiar abusiva tendem a insistir que é um evento, e que, como memória, é memória de um evento. E, às vezes, isso assume a forma de uma premissa dogmática: para ser traumático e real, o incesto deve ser entendido como um acontecimento. Essa visão é confundida, no entanto, justamente pela posição dos estudos sobre o trauma mencionada anteriormente, cujo sinal do trauma e sua prova é precisamente sua resistência à estrutura narrativa do evento.

Aqueles que se preocupam com alegações falsas e acreditam que estamos em meio a uma onda pública de tais alegações, podem se posicionar contra ou por uma perspectiva psicanalítica. Podem, por exemplo, insistir que o incesto é uma memória induzida pela terapia ou, menos frequentemente, um desejo transmutado em falsa memória. Uma abordagem psicanalítica pergunta se o incesto é apenas um desejo, ou, de maneira derivada, um desejo transmutado em memória. Essa visão sugere que o relato narrativo do incesto se correlaciona com um evento psíquico, mas não histórico, e que as duas ordens de eventos são claramente dissociáveis. Uma terceira posição, no entanto, é possível dentro da psicanálise; que insiste que o trauma afeta a narratividade; isto é, na medida em que o incesto assume uma forma traumática, não é recuperável como um evento; como trauma, não pode assumir a forma de uma lembrança ou evento narrável. Assim, a alegação de veracidade histórica não é assegurada por meio do estabelecimento da estrutura de evento do incesto. Pelo contrário, quando e onde o incesto não é figurado como um evento, é o ponto em que a sua própria infigurabilidade atesta seu caráter traumático. Isso seria, com certeza, um "testemunho" difícil de se provar em um tribunal de justiça que trabalha sob padrões que determinam o estatuto empírico de um evento. O trauma, ao contrário, também afeta o empirismo.

O trauma incestuoso, é, então, diversamente representado como uma bruta imposição no corpo da criança, como a incitação exploradora do desejo da criança, como o radicalmente irrepresentável na experiência da criança ou na memória do adulto cuja infância está em questão. Além disso, na medida em que a psicanálise atribui a fantasia incestuosa e sua proibição ao processo pelo qual a diferenciação de gênero acontece (bem como a ordenação sexual de gênero), permanece difícil distinguir entre o incesto como uma fantasia traumática fundamental para a diferenciação sexual no psíquico e o incesto como um trauma que deveria ser, sem dúvidas, marcado como uma prática abusiva e sem qualquer sentido essencial para o desenvolvimento psíquico e sexual.

As oportunidades para debates divisionistas são abundantes aqui. Para uma visão psicanalítica (que não é,

Desfazendo gênero

enfaticamente, um conjunto unificado e harmonioso de perspectivas), as questões urgentes parecem ser estas: de que modo explicamos a persistência mais ou menos geral do tabu do incesto e suas consequências traumáticas como parte do processo de diferenciação que pavimenta o caminho para a sexualidade adulta, sem rebaixar as alegações feitas sobre a prática incestuosa que claramente é traumática de formas desnecessárias e inaceitáveis? O esforço de reduzir todas as alegações sobre a realidade do incesto aos sintomas de uma fantasia repudiada não é mais aceitável do que o esforço de presumir a veracidade de todas as alegações de incesto. A tarefa será descobrir como as paixões incestuosas que fazem parte da sexualidade infantil emergente são exploradas precisamente por meio da prática do incesto que ultrapassa os limites proibitivos que devem ser mantidos firmes no lugar. Além disso, para entender o trauma dessa prática, será importante não descartar o registro psíquico da dor, nem ler a ausência de evidências empíricas ou história narrável como um sinal de que este trauma existe puramente no nível da fantasia. Se a teoria do trauma está certa em afirmar que o este muitas vezes leva à impossibilidade de representação, então, não há como determinar as questões do estatuto psíquico e social do incesto traumático por meio do recurso direto à sua representação. Será preciso se tornar um leitor da elipse, da lacuna, da ausência, e isso significa que a psicanálise terá que reaprender a habilidade de ler narrativas quebradas.

Há dois breves pontos que gostaria de recapitular em relação a este conjunto epistemológico das querelas que surgiram. O primeiro é apenas para nos lembrar que a distinção entre evento e desejo não é tão claro como às vezes se considera. Não é necessário imaginar o incesto entre figura parental-criança[1] como uma imposição unilateral da figura parental à criança, uma vez que qualquer imposição que aconteça também será registrada na esfera da fantasia. Na verdade, para entender a violação que o incesto pode ser – e também para distinguir entre as ocasiões de incesto que são violações e aquelas que não são – é desnecessário figurar o corpo da criança exclusivamente como uma superfície imposta pelo lado de fora. O medo, é claro, é o de se descobrir que o desejo da criança foi explorado ou incitado pelo incesto, isso de alguma forma reduz a nossa compreensão do incesto entre figuras parentais-filhos como uma violação. A reificação do corpo da criança como superfície passiva constituiria assim, na esfera teórica, mais uma privação da criança: a privação da vida psíquica. Pode-se dizer que perpetra uma privação de outra ordem. Afinal, quando tentamos pensar em que tipo de exploração o incesto pode ser, muitas vezes é precisamente o que é explorado na cena do incesto é amor da criança. Ao nos recusarmos a considerar o que acontece com o amor e o desejo da criança na relação incestuosa traumática com um adulto, falhamos em descrever a profundidade e a consequência psíquica desse trauma.

Pode ser tentador concluir que o evento é sempre registrado na psique, e, como resultado, não estritamente falando, separável da encenação psíquica do evento: o que é narrado, se pode ser narrado, é com precisão uma mistura dos dois. Mas esta solução não aborda o não narrável, para o qual não há história, nem relato, nem representação linguística. Para o trauma,

---

1 *Parent-child*. A tradução optou por figura parental a fim de não generificar a figura do adulto. (N. T.)

Desfazendo gênero

que não é nem evento nem memória, sua relação com o desejo não é legível de imediato. Para confessar a seriedade da violação, que é eticamente imperativa, não é necessário obrigar o sujeito a provar a veracidade histórica do "evento". Pois pode ser que o próprio sinal de trauma seja a perda de acesso aos termos que estabelecem veracidade histórica, isto é, no local em que o que é histórico e o que é verdade se tornam incognoscível ou impensável.

Sempre é possível, numa perspectiva clínica, alegar que não importa se o trauma aconteceu ou não, já que o ponto é interrogar o significado psíquico de um relato sem julgar a questão de sua realidade. Contudo, podemos realmente dissociar a questão do significado psíquico daquele "evento" se uma certa imprecisão sobre o fato de o evento ter ocorrido é parte fundamental de seu efeito traumático? Pode ser que o impensável seja precisamente uma fantasia que é repudiada, ou pode ser que o impensável seja o ato que a figura parental realizou (ou estava disposto a realizar) ou pode ser que o impensável seja justamente sua convergência em um evento.

O que constitui o limite do pensável, do narrável, do inteligível? O que constitui o *limite do que pode ser pensado como verdadeiro*? Essas são, acredito, questões que a psicanálise sempre interrogou precisamente porque se baseia em uma forma de escuta analítica e uma forma de "leitura" que pressupõe que o que é constituído como o reino do pensável se baseia na exclusão (repressão ou foraclusão) do que permanece difícil ou impossível de pensar.

Isso, é claro, não quer dizer que nada seja pensado, que nenhuma história foi contada, e nenhuma representação feita, mas apenas para dizer que tudo o que a história e a representação revelam para dar conta desse evento, que não é um evento, estará sujeito a esta mesma catacrese que eu performo quando falo sobre isso indevidamente como um evento; deverá ser lido pelo que indica, mas não se pode dizer, ou pelo indizível no que foi dito. O que permanece sendo crucial é uma forma de leitura que não tenta encontrar a verdade do que aconteceu, mas, em vez disso, pergunta, o que tem feito esse não acontecimento para a questão da verdade? Por parte do efeito dessa violação, quando for uma, é precisamente fazer que o conhecimento da verdade se dê em uma perspectiva infinitamente remota; esta é a sua violência epistêmica. Insistir, então, em verificar a verdade é precisamente perder o efeito da violação em questão, é colocar a cognoscibilidade da verdade em crise duradoura.

Então, continuo adicionando esta qualificação: "quando o incesto é uma violação", sugerindo que penso poder haver ocasiões em que não é. Por que eu falaria assim? Bem, acho provável que existam formas de incesto que não são necessariamente traumáticas ou que ganham seu caráter traumático em virtude da consciência da vergonha social a qual produzem. Mas o que mais me preocupa é que o termo "incesto" é superinclusivo; que o afastamento da normalidade sexual o qual este implica se confunde muito facilmente com outros tipos de afastamentos. O incesto é considerado vergonhoso, razão pela qual é tão difícil de articular, mas até que ponto se torna estigmatizado como uma irregularidade sexual aterrorizante, repulsiva, impensável nas formas que são outros desvios da heterossexualidade normativa exogâmica? As proibições que trabalham para proibir a troca sexual não normativa também trabalham para instituir e patrulhar as normas de parentesco presumivelmente heterossexual. Não deixa de ser interessante que, embora o incesto seja considerado um desvio da norma, alguns teóricos, entre os quais Linda Alcoff, argumentam que é uma prática que em geral apoia o patriarcalismo da família. Mas dentro da psicanálise, e com a psicanálise estruturalista em particular, posições como mãe e pai são efeitos diferenciais do tabu do incesto. Apesar de a existência de um tabu do incesto presumir que uma estrutura familiar já está lá, por que de que outra forma se entenderia a proibição de relações sexuais com membros da própria família sem uma concepção anterior de família? Dentro do estruturalismo, no entanto, as posições simbólicas de Mãe e Pai só são garantidas por meio da proibição, de modo que a proibição produz ambas as posições de Mãe e Pai em termos de um conjunto de relações sexuais endogâmicas proibidas. Alguns analistas lacanianos tratam essas posições como se fossem atemporais e necessárias, marcadores de posições psíquicas que toda criança tem ou alcança pela da entrada na linguagem.

Embora esta seja uma questão difícil que eu persigo em outro lugar,[2] é importante notar que o estatuto simbólico desta posição não é considerado equivalente à sua posição social, e que, a variabilidade social da estrutura parental e familiar não se reflete no binarismo duradouro de Mãe/Pai instalado no nível simbólico. Insistir que o parentesco é inaugurado por meios linguísticos e simbólicos que enfaticamente não são sociais, é, acredito, perder o ponto que o parentesco é uma prática social contingente. Na minha visão, não há posição simbólica de Mãe/Pai que não seja precisamente a idealização e fixação

---

2 Judith Butler, Leis não escritas, transmissões aberrantes. In: *O clamor de Antígona: parentesco entre a vida e a morte*. (N. T)

das normas culturais contingentes. Tratar estas normas variáveis como pressupostos da cultura e da saúde psíquica é, assim, separar de maneira absoluta a psicanálise da diferença sexual de seu contexto sociológico. É também restringir as noções disponíveis de normatividade para aqueles que já estão codificados em uma lei universal de cultura.

Assim, a lei que garantiria o tabu do incesto como fundação da estrutura familiar simbólica afirma a universalidade do tabu do incesto bem como suas consequências simbólicas necessárias. Uma das consequências simbólicas da lei assim formulada é justamente a desrealização das formas de parentalidade lésbicas e gays, famílias com mães solteiras, arranjos familiares mesclados em que pode haver mais de uma mãe ou pai, em que a posição simbólica é, ela mesma, dispersa e rearticulada em novas formações sociais.

Sustentar a eficácia simbólica e duradoura desta lei, então, me parece, se torna difícil, senão impossível, conceber que a prática incestuosa acontece. Também se torna difícil, senão impossível, conceber o lugar psíquico da figura parental ou das figuras parentais de maneiras que desafiem a normatividade heterossexual. Se é um desafio para a universalidade da heterossexualidade exôgamica interna (através do incesto) ou para as organizações sociais rivais da sexualidade (lésbicas, gays, bissexuais, bem como os não monogâmicos), torna-se difícil reconhecer cada um desses desvios da norma no esquema que reivindica que a eficácia do tabu do incesto determina o campo da inteligibilidade sexual. Em certo sentido, o incesto é repudiado pela lei sobre o incesto, e as formas de sexualidade que emergem como dissidentes da norma tornam-se ininteligíveis (às vezes, por exemplo, são tidas até mesmo como indutoras da psicose,

Desfazendo gênero

por exemplo quando analistas argumentam, pelo viés estruturalista, que figuras parentais do mesmo sexo arriscam produzir riscos de psicose nas crianças criadas nessas condições).

Um argumento que os psicanalistas às vezes usam é que, embora o tabu do incesto deva facilitar a exogamia heterossexual, isso nunca funciona muito bem, e que a variedade de perversão e fetichismo que povoa a sexualidade humana regular testemunha o fracasso da lei simbólica para ordenar nossas vidas sexuais. Por este argumento, devemos ser persuadidos de que ninguém realmente ocupa essa norma, e que a psicanálise torna todas as pessoas pervertidas e fetichistas. O problema dessa resposta é que o formato da norma, apesar de inabitável, permanece inalterado, e embora essa formulação quisesse que todos fossemos igualmente divergentes, não rompe a estrutura conceitual que postula uma norma singular e imutável e seus afastamentos desviantes. Em outras palavras, não há como a parentalidade gay ou bissexual ser reconhecida como uma formação cultural perfeitamente inteligível e, assim, escapa do seu lugar como desvio. Da mesma maneira, não há como distinguir, como deve haver, entre os desvios da norma, como a sexualidade lésbica e a prática incestuosa.

Na medida em que existem formas de amor que são proibidas ou, ao menos, desrealizadas pelas normas estabelecidas pelo tabu do incesto, ambos, homossexualidade e incesto, são qualificadas como formas desrealizadas. Nesse primeiro caso, essa desrealização leva à falta de reconhecimento de um amor legítimo; já nesse último, conduz a uma falta de reconhecimento pelo que poderia ter sido um conjunto traumático de encontros, embora seja importante notar que nem todas as formas de incesto são necessariamente traumáticas (irmão/irmã, incesto na literatura do século XVIII, por exemplo, às vezes aparece como idílico). Porém, se o objetivo é legitimar ou deslegitimar uma forma de sexualidade não normativa, parece crucial que tenhamos um enquadramento teórico que não foraclui de maneira prévia descrições vitais. Se dissermos que, por definição, certas formas de sexualidade não são inteligíveis ou não poderiam ter existido, corremos o risco de duplicar em uma linguagem bem teórica, usamos os tipos de rejeições que é tarefa da psicanálise trazer à luz.

Para aqueles que, dentro da psicanálise estruturalista tomam a análise de Lévi-Strauss como fundacional, o tabu do incesto produz o parentesco heterossexual normativo e foraclui do domínio do amor e das formas de desejo de amor que se cruzam e confundem esse conjunto de relações de parentesco. No caso do incesto, a criança cujo amor é explorado pode não ser mais capaz de recuperar ou de confessar esse amor como amor. Estas formas de sofrimento são ao mesmo tempo distúrbios de confissão. E não ser capaz de confessar o próprio amor, por mais doloroso que possa ser, produz a sua própria melancolia, a alternativa reprimida e ambivalente do luto. O que, então, nos outros modos de parentesco, que forma as condições de inteligibilidade cultural para a posição estruturalista, é revogado por um amor que quebra fronteiras do que será e devem ser as relações sociais habitáveis e que, no entanto, continua a viver? Há outro tipo de catacrese ou fala imprópria que entra em ação. Se o tabu do incesto é também o que se supõe para instalar o sujeito na normatividade heterossexual, e se, como alguns argumentam, esta instalação é condição de possibilidade para uma vida simbólica ou culturalmente inteligível, então, o amor homossexual surge como o ininteligível dentro do inteligível:

amor que não tem lugar em nome do amor, uma posição dentro do parentesco que não é uma posição.

Quando o tabu do incesto funciona, neste sentido, para foracluir um amor que não é incestuoso, o que é produzido é um domínio sombrio de amor, um amor que persiste apesar da foraclusão em um modo suspenso ontologicamente. O que surge é uma melancolia que acompanha o viver e o amar fora do habitável e fora do campo do amor.

Pode então, ser necessário repensar a proibição do incesto como o que às vezes protege contra a violação, e às vezes torna-se o próprio instrumento de uma violação. O que contrapõe o tabu do incesto ofende não apenas porque muitas vezes envolve a exploração daqueles cuja capacidade de consentimento é questionável, mas porque expõe a aberração do parentesco normativo, uma aberração que pode também, de forma importante, ser trabalhada contra as restrições de parentesco para forçar uma revisão e expansão desses mesmos termos. Se a psicanálise, em sua teoria e prática, mantém as normas heterossexuais de parentesco como base de sua teorização, se aceita essas normas como coextensivas com a inteligibilidade cultural, então, também se torna o instrumento pelo qual essa melancolia é produzida no nível cultural. Ou se insiste que o incesto é um tabu e, portanto, não poderia existir, qual falência de responsabilidade analítica para com o sofrimento psíquico é assim realizada? Ambos são certamente descontentamentos com os quais não precisamos viver.

8
Confissões corpóreas[*]

Minha proposta neste ensaio é considerar a relação entre linguagem, o corpo e a psicanálise, focando em um ato específico, o da confissão.[1] Não é um ato simples, como vocês provavelmente sabem, mas, no meu entendimento, ele guarda uma relação central com o cenário clínico. Na cultura popular, o consultório é com frequência figurado como um lugar em que vamos para nos confessar. No primeiro volume de *História da sexualidade* de Michel Foucault, a psicanálise é descrita como descendente histórica do confessionário, ideia que, dentre as pessoas que o seguem, constitui uma espécie de visão comum da psicanálise.[2]

---

[*] Tradução de Ana Luiza Gussen e Victor Galdino.

[1] Este texto foi apresentado no encontro da Divisão 39 da Associação Americana de Psicologia (APA), em São Francisco, na primavera de 1999.

[2] Uma abordagem diferente sobre a relação entre corpo e linguagem na psicanálise pode ser encontrada em Felman, *The Scandal of the Speaking Body*. Para mais reflexões sobre essa questão, cf. meu prefácio para o livro.

A organização do poder político moderno mantém e põe novamente em circulação alguns elementos das instituições cristãs, então, algo como o que Foucault nomeia "poder pastoral" sobrevive em instituições da modernidade tardia. Com isso, ele quer sugerir que certa classe emerge para cuidar e guiar as almas de outras pessoas, tendo como tarefa o cultivo ético delas, o conhecer e direcionar a consciência alheia. O que está implícito na noção cristã do pastor, de acordo com Foucault, é que quem guia possui um conhecimento seguro da pessoa guiada, e a aplicação desse saber à pessoa constitui o meio pelo qual ela é administrada e controlada. O poder pastoral é, portanto, a forma de poder pela qual se dá a administração da alma. A afirmação de que realmente se conhece a alma do outro e que se está na posição de dirigir essa alma em direção à boa consciência e à salvação é uma afirmação poderosa, e apenas alguns indivíduos bem treinados seriam capazes de fazê--la. Ao aceitar o conhecimento que é oferecido sobre elas, as pessoas que terão suas almas administradas dessa maneira acabam aceitando que o pastor tem o discurso de autoridade para dizer a verdade sobre quem elas são, e passam a falar de si por esse mesmo discurso.

Para o Foucault do primeiro volume de *História da sexualidade*, a confissão é o meio pelo qual esses discursos oficiais nos controlam. Dizemos o que pensamos ou fizemos, e essa informação se torna material para que nos interpretem. Ela nos expõe, podemos dizer, ao discurso oficial daquele que exerce o poder pastoral. Na confissão, mostramos que não há repressão verdadeira, já que trazemos à superfície os conteúdos ocultos. O postulado de que o "sexo é reprimido", na verdade, está a serviço de um plano que nos faria revelar o sexo. A compulsão

Desfazendo gênero

imposta de revelar depende e explora a tese conjecturada de que o sexo é reprimido. Na visão de Foucault, a única razão para dizermos que o sexo é reprimido é que, assim, podemos forçá-lo à visibilidade. Essa ideia pavimenta o caminho para nossa confissão, e a confissão é o que mais nos dá prazer.[3]

Por quê? Por que seria o caso que arranjamos tudo de tal maneira que podemos, com dificuldade e coragem, falar nosso desejo diante de outro ser humano, para então aguardar as palavras que ele dirá em resposta? Foucault imagina a pessoa responsável pela análise como alguém que julga de maneira imparcial, uma "especialista" que julga e procura exercer controle, que solicita a confissão para sujeitar a pessoa em análise a um juízo normalizante. Eventualmente, Foucault se retrata dessa explicação do poder pastoral e, em seu trabalho posterior, retornando à história do confessionário na antiguidade tardia, ele acaba descobrindo que est não era administrado exclusivamente para fins de regulação e controle. No texto "About the Beginning of the Hermeneutics of the Self" (1980),[4] ele oferece uma "autocrítica"[5] de sua posição anterior, reconsiderando o papel da confissão nos escritos de Sêneca. Foucault afirma ter encontrado ali uma explicação da confissão que não é sobre a revelação de "desejos profundos", mas um esforço, por meio do discurso, de "transformar o conhecimento puro e a consciência

---

3 Cf. Foucault, The Subject and Power, p.208-28 [ed. bras.: O sujeito e o poder, p.229-249].

4 Para uma explicação mais completa das visões anteriores de Foucault sobre confissão e repressão, cf. o primeiro capítulo de *History of Sexuality*, Vol.1 [ed. bras.: *História da sexualidade*, Vol. 1].

5 Foucault, *About the Beginning of the Hermeneutics of the Self: Lecture at Dartmouth College*, p.161.

simples em um modo real de vida".[6] Nessa instância, de acordo com Foucault, "verdade... não é definida pela correspondência com a realidade, mas como força inerente a princípios e algo que deve ser desenvolvido em um discurso".[7] Aqui, a confissão opera sem a hipótese repressiva, elaborada por Foucault no primeiro volume de *História da sexualidade*. Não há desejos silenciados por regras que reprimem, mas apenas uma operação pela qual o eu constitui a si no discurso, com auxílio da presença e da fala do outro. Ele escreve: "o eu não é algo a ser descoberto ou decifrado como uma parte um tanto obscura de nós. Ao contrário, o eu deve ser constituído pela força da verdade. Essa força reside na qualidade retórica do discurso do mestre, e essa qualidade depende, em parte, da exposição do discípulo, que deve explicar o quão avançado está no seu modo de vida elaborado a partir dos princípios verdadeiros que ele conhece".[8]

Ao considerar João Cassiano, um dos Pais da Igreja, Foucault pensa como a confissão foi construída como "verbalização permanente".[9] O objetivo dessa verbalização é converter a fidelidade que o ser humano tem a si mesmo na fidelidade a algo além do humano: Deus. Nesse sentido, Foucault escreve, "a verbalização é autossacrificial".[10] Para Cassiano, de acordo com Foucault, o sacrifício envolvido na confissão é a desistência do desejo e do corpo. Escreve ele: "temos de entender esse sacrifício não apenas como uma transformação radical no modo de vida, mas também como consequência da seguinte fórmula:

---

6 Ibid., p.167.
7 Ibid.
8 Ibid., p.168.
9 Ibid., p.178.
10 Ibid., p.179.

Desfazendo gênero

você se tornará a manifestação da verdade apenas quando desaparecer ou destruir a si enquanto corpo e existência reais".[11] Essa versão da confissão envolve um repúdio integral do sujeito da vontade, sujeito que, ainda assim, seria performado na verbalização e, consequentemente, entendido como a forma da verbalização que suspende a própria vontade.

Nessa versão do ato de confessar, portanto, parece que a afirmação anterior de Foucault, de que o poder pastoral é definido pela busca do controle e da dominação, mostra-se equivocada em alguns sentidos. Podemos ler o autossacrifício como se fosse compelido pelo poder, como estratégia de contenção de si, mas isso significa interpretar de forma equivocada seu desejo e o que ele alcança. O objetivo não é desentocar os desejos e expor publicamente sua verdade, mas constituir uma verdade de si pelo próprio ato de verbalização. No primeiro caso, tudo depende de uma hipótese repressiva; no segundo, a ênfase está na força performativa do enunciado falado. O papel de quem recebe a confissão é um tanto diferente na segunda explicação: "o papel de intérprete é assumido pelo trabalho de uma verbalização contínua dos movimentos mais imperceptíveis do pensamento", já que a pessoa que interpreta vai cuidar desses "movimentos imperceptíveis", não para identificar uma verdade preexistente, mas para facilitar o desapego do eu com relação a si. Nesse sentido, o objetivo do sacrifício, ou melhor, da reconstituição do eu sob a luz divina, implica a "abertura do eu como campo da interpretação indefinida".[12]

---

11 Ibid.
12 Ibid., p.180.

Se a explicação anterior de Foucault sobre o poder pastoral se mostrou parcial ou equivocada, e se a psicanálise continua a ser identificada como herdeira desse poder, como devemos entender sua sobrevivência na psicanálise? O papel de quem recebe a confissão no interior do poder pastoral não é mais entendido, primariamente, como governado pelo desejo de aumentar o próprio poder, mas como facilitação de uma transição ou conversão pelo processo de verbalização, processo que abre o eu para a interpretação e, com efeito, para um tipo diferente de autoconstrução como desdobramento do sacrifício.

Porém, se Foucault estiver errado sobre a psicanálise buscar, como herdeira do poder pastoral, fazer uso da confissão para aumentar seu controle e poder, então qual seria a razão para alguém ouvir tão intensamente desejos que o outro tem tanta dificuldade de expor? Se não é um simples sadismo que motiva quem testemunha as confissões alheias, como dar conta do propósito desse tipo de escuta? E, se o objetivo não é descobrir a "verdade do que aconteceu" e tratar a linguagem da pessoa analisanda como correspondente a um conjunto de eventos internos ou externos, então o que a linguagem está fazendo nessa troca?

Claro, a psicanálise não tem apenas o desejo como objeto de escuta. E parece justo dizer que a maioria de terapeutas e analistas não se pronuncia sobre o que é dito no contexto de seus consultórios. De fato, pode ser que encontrar significados e encontrar verdades sejam duas coisas bem diferentes, e que um modo de chegar aos significados seja a suspensão dos tipos de juízo que possam bloquear a comunicação. A confissão me parece um momento importante a ser considerado porque não apenas constitui, no interior do cenário psicanalítico, uma comunicação do que foi desejado ou feito, como também, ela

Desfazendo gênero

mesma, constitui outro ato, um ato que, no interior do campo do cenário analítico, confere certa realidade ao feito, se é um feito que está em questão, e também implica a pessoa que analisa como ouvinte na cena do desejo.[13] Se for um desejo aquilo que a pessoa analisanda quer falar a quem analisa, é um outro desejo que acaba se estabelecendo na fala. Pois, no tempo em que a fala é feita, a pessoa em análise deseja o saber da outra parte e espera ou teme alguma reação ao dito. Dessa maneira, a confissão não é o simples ato de pôr um desejo já existente ou um feito já encerrado diante de quem analisa, pois o ato altera o desejo e o feito de modo que nenhum dos dois permanece o que era antes de sua exposição.

Bem, vamos tornar a confissão talvez ainda mais dramática. Em seu trabalho anterior, Foucault imaginou a cena analítica como um lugar em que todo mundo tinha a oportunidade de falar sobre seus desejos ilícitos, que havia ali uma autorização para falar de sexo. Mas ele também levanta uma questão psicanalítica, talvez a despeito de si mesmo, ao afirmar que o mais prazeroso é o próprio falar sobre sexo: a verbalização se torna a cena para a sexualidade. Minha questão segue desse ponto: será que o prazer no falar sobre sexo é um prazer relativo ao sexo ou ao falar? E, se forem duas formas distintas de prazer, há alguma chance de que tenham relação entre si? Qual o conteúdo da confissão? É algo feito, um desejo, uma angústia, um culpa duradoura para a qual a forma confessionária serve como bálsamo? Quando a confissão inicia, ela normalmente foca em algo feito, mas pode ser que o feito oculte a fonte do desejo de confissão. Vamos começar, então, com o pressuposto inicial de

---

13 Foucault, *Religion and Culture*.

quem recebe a confissão, de que há um feito que aguarda sua revelação na fala. Ao imaginar o conteúdo da confissão como tal, um feito do desejo, um ato sexual, a pessoa em análise fala, mas esse falar se torna o novo veículo; pois o ato se torna, de fato, um novo ato ou uma nova vida para o velho ato. Agora, não apenas o feito foi realizado, mas se falou dele também, e há algo nesse falar, um falar que é *diante* de um outro e, obliquamente, *para* um outro, falar que supõe e solicita reconhecimento e constitui o primeiro ato como público, conhecido, como tendo realmente acontecido. Assim, o falar da confissão no cenário psicanalítico se torna um ato corpóreo distinto daquele que é confessado, mas o que permanece entre os dois atos em termos de continuidade? O corpo no divã é o mesmo que realizou o feito, mas este é transmitido verbalmente no divã; o corpo age novamente, mas, desta vez, pelo ato corpóreo do próprio falar. Será que o falar do feito o coloca em jogo entre a pessoa analisanda e a analista? E o corpo? Ele é o referente do ato; são dele as atividades relatadas, transmitidas, comunicadas. Mas, na confissão, o corpo age mais uma vez, mostrando sua capacidade de fazer o que é feito, e anuncia, além do que é de fato dito, que ele está ali, ativa e sexualmente. Sua fala se torna a vida presente do corpo, e, apesar de o feito ser tornado mais real em virtude de ser falado, no momento da enunciação, ele também se torna estranhamente passado, completo, acabado. Talvez seja por isso que as confissões quase sempre venham depois do fato, que sejam adiadas até o momento em que a pessoa falante esteja pronta para o sacrifício do objeto que, muitas vezes, está implicado no falar.

E, claro, ter uma confissão a fazer é também ter uma fala que tem sido retida por um tempo. Ter uma confissão a fazer significa que ela ainda não foi feita, que está ali, quase em palavras, mas que o falar permanece sob controle, e que a pessoa que fala se retirou da relação de alguma maneira. Mas também significa que essas palavras ainda não foram performadas para quem analisa, que ainda não foram oferecidas como material. As palavras, os feitos que transmitem, ainda não foram tornados vulneráveis à perspectiva do outro, que pode sujeitar palavras e feitos à reinterpretação, de modo que o significado original, altamente catexizado e investido nos feitos, ainda não foi transformado em evento que venha a ter seu significado constituído de forma intersubjetiva. O segredo corrói o pressuposto intersubjetivo da cena analítica, mas ele também se torna um novo evento, que se tornará material para análise apenas sob a condição de que a confissão force o segredo à vista. E pode ser que, no momento que a confissão é feita, o atraso no fazer se torne nova causa para culpa e remorso.

Deixem-me oferecer outra forma de ver as coisas, fazendo uso daquele momento na peça *Antígona* de Sófocles em que Antígona confessa, diante de Creonte, que violou sua lei e enterrou seu irmão Polinices.[14] Seu crime não é exatamente sexual, embora sua relação com Polinices seja intensa, e isso se não for sobredeterminada por um sentido incestuoso. Ela se sente culpada por desobedecer ao decreto proferido por Creonte, aquele que condena à morte quem enterrar seu irmão. Mas, será que ela também se sente culpada por outras razões, razões encobertas por seu enorme e público crime? E, quando ela faz suas confissões, será que adiciona algo à sua culpa que

---

14 Para um tratamento bem interessante do que "faz" a confissão, cf. Brooks, *Troubling Confessions: Speaking Guilt in Law and Literature.*

a torna culpada por algo além do que ela teria feito? Será que sua confissão, de fato, exacerba sua culpa?

Antígona nos é introduzida, vocês devem lembrar, pelo ato que desafia a soberania de Creonte, contestando o poder de seu decreto, proferido como imperativo, proibindo de maneira explícita qualquer pessoa de enterrar o corpo.[15] Antígona zomba da autoridade de Creonte; ela o contesta verbalmente, recusando-se a negar a performance do crime: "Não nego nada do que eu mesma fiz",[16] "Sim, eu confesso" ou "Eu afirmo que fiz" – é assim que responde à pergunta que lhe é feita por outra autoridade, concedendo, dessa forma, a autoridade que esse outro tem sobre ela. "Não negarei o meu feito" – "Não nego", não serei forçada à negação, recuso-me a ser forçada assim pela linguagem do outro, e o meu feito é o que não negarei – um feito que se torna propriedade sua, que faz sentido apenas no contexto da cena em que a confissão forçada é recusada.[17] Em outras palavras, afirmar "eu não vou negar meu feito" é recusar a performance da negação, porém não é exatamente reivindicar o ato. Dizer "sim, eu *afirmo* que fiz" é reivindicá-lo, mas, além disso, é fazer uma outra coisa na própria reivindicação, o ato

---

15 Todas as citações de *Antígone* de Sófocles vêm da série da Loeb Library. Partes da discussão a seguir são recapitulações de um argumento que desenvolvi em *O clamor de Antígona*.

16 Sophocles, *Antigone*, p.43 [ed. bras.: *Antígone de Sófocles*, verso 440].

17 Em *O clamor de Antígona*, Butler nota que, na tradução feita "menos literalmente" por David Grene, Antígona diz "Sim, eu confesso: não negarei o meu feito" (*"Yes, I confess: I will not deny my deed"*). Os comentários que ela faz na sequência, assim como os feitos neste texto, misturam diferentes traduções da tragédia de Sófocles. Cf. *O clamor de Antígona*, p.26. (N. T.)

Desfazendo gênero

de publicizar o feito, uma nova operação criminosa que intensifica a anterior e toma seu lugar.

De fato, o feito de Antígona é ambíguo desde o início, e não apenas o ato desafiador de enterrar o irmão, mas também o ato verbal pelo qual responde à pergunta de Creonte; assim, seu ato é na linguagem. Em certo sentido, publicizar nossos atos na linguagem é completá-los; esse é o momento que implica Antígona no excesso masculino chamado "hýbris". É interessante que, nesse ponto em que entendemos que ela se opõe ferozmente a Creonte, encontramos, ao menos, dois problemas inquietantes. O primeiro é que ela começa a se parecer com ele. As duas pessoas estão tentando exibir seus feitos em público e ganhar reconhecimento público por eles. Em segundo lugar, ela fala para ele e diante dele, de modo que Creonte se torna a audiência desejada de sua confissão, aquele para quem ela é feita e que deve recebê-la. Assim, Antígona demanda sua presença mesmo quando se opõe de maneira amarga a ele. Será que ela é como ele? Será que, por meio de sua confissão, ela se enlaça mais firmemente com ele?

O primeiro feito já era ruim o suficiente. Ela violou a lei e enterrou seu irmão. Ela fez isso em nome de uma lei mais alta, um fundamento diferente para a justificação, mas não é capaz de deixar claro que lei exatamente é essa. No entanto, quando começa a confessar e, assim, agir na linguagem, suas motivações parecem mudar. A fala deveria ressaltar sua própria soberania, mas algo outro é revelado. Ainda que use a linguagem para afirmar seu feito, para afirmar uma autonomia "viril" e desafiadora, ela só pode performar o ato corporificando as normas do poder ao qual se opõe. De fato, o que dá o poder desses atos verbais é a operação normativa do poder que eles corporificam sem se tornarem inteiramente como ela.

Assim, Antígona vem a agir de maneiras consideradas viris, não apenas porque age desafiando a lei, mas porque assume a voz da lei ao cometer o ato ilegal. Ela não só realiza o feito, na recusa em obedecer ao decreto, mas também o faz novamente quando se recusa a negar a sua autoria, apropriando-se, assim, da retórica da agência do próprio Creonte. Sua agência emerge precisamente pela recusa em honrar o comando dele e, ainda assim, a linguagem dessa recusa assimila os próprios termos da soberania – afinal, ele é o modelo da soberania – por ela recusados. Creonte espera que sua palavra governe os feitos dela, e Antígona responde pela fala, contradizendo seu ato de fala soberano com uma afirmação de sua própria soberania. O afirmar se torna um ato que reitera o ato afirmado, estendendo o ato de insubordinação ao performar sua admissão na linguagem. Mas essa admissão, paradoxalmente, requer um sacrifício de autonomia no momento mesmo em que é performada: ela se afirma pela apropriação da voz do outro, o outro contra o qual se opõe; assim, sua autonomia é conquistada pela apropriação da voz autoritária de quem ela resiste, uma apropriação que carrega, em seu interior e simultaneamente, traços de uma recusa e de uma assimilação dessa mesma autoridade.

No desafio público de Antígona ao Estado, vemos algo diferente sobre suas motivações. No momento em que desafia Creonte, ela se torna como o irmão que enterrou. Ela repete o ato desafiador de Polinices, oferecendo, dessa maneira, uma repetição que, ao afirmar sua lealdade ao irmão, a situa como alguém que pode substituí-lo e, portanto, toma seu lugar e talvez mesmo o territorialize em um movimento violento de substituição que o subjuga, talvez, em nome de sua fidelidade a ele. Antígona assume a masculinidade ao subjugá-la, mas isso só pode

Desfazendo gênero

acontecer por meio de sua idealização. Em certo momento, seu ato parece estabelecer sua rivalidade e superioridade com relação a Polinices. Pergunta ela: "Mas quem alcançaria glória [kléos] maior que a minha, ao sepultar meu irmão Polinices?".[18]

Assim, se pensávamos que era seu amor duradouro pelo irmão que a havia levado ao ato realizado, suas próprias palavras colocam em questão o propósito manifesto de seu feito. Pode-se dizer que este começa com o enterro, mas intensifica-se com a confissão. E é com a confissão, aparentemente sem culpa, que Antígona assume seu poder e, ao mesmo tempo, garante sua morte. Ela parece desafiar a lei, mas também está se entregando à sua sentença de morte. Por que ela seguiria esse curso de ação que é certo que levará à morte? Por que ela solicita, por meio do feito e da palavra, a mais alta das punições?

Em seu ensaio "Os criminosos por sentimento de culpa", Freud nos informa sobre pacientes que cometiam ações ilícitas porque eram proibidas, e "porque sua execução se ligava a um aliviamento psíquico para o malfeitor".[19] Pacientes pareciam encontrar alívio no ato porque, agora, "ao menos a consciência de culpa achava alguma guarida". Freud defende que "a consciência de culpa estava presente antes do delito, que não se originou deste, pelo contrário, foi o delito que procedeu da consciência de culpa". Então, ele segue adiante, notando que esse "obscuro sentimento de culpa", culpa que desconhece sua razão de ser, "vem do complexo de Édipo, é uma reação aos dois

---

18 Sem referência no texto original, verso 500. (N. T.)
19 Freud, Criminals from a Sense of Guilt, in: *The Standard Edition of the Complete Works of Sigmund Freud – Vol. 14* (1914-1916), p.332. [ed. bras.: Os criminosos por sentimento de culpa, in: *Introdução ao narcisismo: ensaios de metapsicologia e outros textos* (1914-1916), p.284]

grandes intentos criminosos, matar o pai e ter relações sexuais com a mãe". E ele procede conjecturando que "a humanidade adquiriu sua consciência, que agora surge como inata força psíquica, através do complexo de Édipo".[20] Em um momento raro, Freud se refere a Nietzsche, que classificava quem cometia delitos por sentimento de culpa como "pálidos criminosos", e essa é certamente uma conexão a ser investigada em outra ocasião.

O que parece ser de nosso interesse aqui, no entanto, é que Freud supõe que os dois grandes intentos criminosos – matar o pai, transar com a mãe – são derivados do Édipo; mas Antígona, que também deriva dele, talvez esteja operando a partir de outro tipo de intento criminoso, produzindo uma culpa obscura para a qual a morte aparece como punição adequada. Antígona, como sabemos, encontra-se em um impasse quando grita que performou o crime por seu "irmão mais precioso", pois seu irmão não é apenas Polinices, mas Etéocles também assassinado, e Édipo, filho da mãe dela, mãe que também é esposa dele, Jocasta.[21] Ela ama seu irmão e também o enterra. Mas, quem é seu irmão? Será Polinices, enquanto irmão, sobredeterminado pelo irmão que já se encontra morto, que teve um enterro apropriado negado, o próprio Édipo? Amar seu irmão quer dizer, de fato, que ela quer "se deitar com ele", e por isso Antígona

---

20 Ibid. [ed. bras.: Ibid., p.285]

21 Antígona é usualmente apresentada como nascida da relação incestuosa entre Jocasta e Édipo, assim como seus irmãos Etéocles e Polinices e sua irmã Ismênia. Nessas versões, Antígona é filha e irmã de Édipo ao mesmo tempo. Em outras versões, Euriganeia – mencionada, em alguns casos, como irmã de Jocasta – teria sido mãe de Antígona e dos outros filhos, tendo casado com Édipo após a morte de sua mãe/amante. (N. T.)

Desfazendo gênero

busca a morte, que também chama de "tálamo", para ficar para sempre com ele.[22] Ela é filha do incesto, mas como isso transpassa seu desejo? E como esse intento criminoso, digamos assim, ocluído precisamente pelo crime que ela de fato cometeu? Será que há outro crime, espectro de crime, premonição, crime não cometido, atestado por uma culpa obscura? E será que a culpa não se faz conhecer ao mesmo tempo que continua a se ocultar, enquanto Antígona comete o feito criminoso de enterrar Polinices e, posteriormente, ecoa esse feito ao produzir uma confissão que lança sobre ela a sentença da morte que sabia estar em seu futuro? A culpa que a leva a ser punível com a morte, é dela mesma ou de seu pai? E será que há uma maneira de, enfim, distinguir entre as duas culpas já que ambas as personagens são amaldiçoadas de modos que parecem semelhantes? E a punição é uma maneira de expiar o pecado, ou ela produz a possibilidade de um cenário fantasmático em que, por fim, ela se liberta do tabu cultural, ficando livre para se deitar com os irmãos na eternidade?

Embora tenha começado este capítulo focando na confissão como ato que desloca o desejo relatado, especialmente quando

---

22 Sem referência no original, verso 891. Em sua invocação de Perséfone, Antígona se refere ao lugar da morte como "*nympheîon*", palavra traduzida como "tálamo", "leito nupcial" ou "câmara nupcial". Essa associação é repetida, ao longo da tragédia, em falas de diferentes personagens, como no caso do mensageiro em 1205. Outros exemplos: no verso 810, Antígona pede a Hades que lhe conduza ao Aquceronte, onde deve se tornar "noiva"; já no 73, ela fala sobre sua morte e sobre a possibilidade de deitar com o irmão, e o verbo "*keîmai*", usado para "deitar" e "morrer", fala de uma relação afetiva, amorosa ("*phíle*"), que Antígona antecipa de maneira ambígua, de modo que o verbo ali pode ser entendido como sexualmente carregado. (N. T.)

ocorre na cena da análise, queria terminá-lo comentando que a confissão não apenas "transforma o sujeito" a partir do delito em questão, mas opera também na oclusão e racionalização de um sentimento de culpa que não pode ser derivado de nenhum feito senão o da própria pessoa. A confissão de Antígona deixa claro o que ela fez, mas não revela seu desejo de forma transparente. E sua confissão é o meio pelo qual ela se submete à punição que Creonte definiu para ela, assim acelerando seu movimento em direção à morte. Ainda que possa ser lida como provocação sem culpa, ela parece, na verdade, um ato suicida impulsionado por um sentimento obscuro de culpa. Assim, a confissão produz um conjunto de consequências que, retrospectivamente, iluminam um desejo de receber punição, um alívio definitivo para a culpa. Então, o quão importante é, para a pessoa que analisa, saber que a confissão pode pressupor ou convocar Creonte?

Foucault estava certamente equivocado ao pensar que a confissão é apenas e sempre a ocasião para quem analisa assumir o controle e a autoridade sobre a verdade da alma. Porém, talvez Foucault estivesse articulando algo sobre o medo da análise, em que o analista é projetado como pastor e juiz, e a atividade da pessoa sendo analisada é vista como a confissão que leva à punição inevitável e recorrente. Claro, é a própria fantasia da análise que deve ser trazida para a cena analítica, interpretada em busca de seus investimentos, em especial os defensivos. Quem analisa não é Creonte, mas é provável que ainda seja verdade que a expectativa da punição de Creonte estruture o desejo de confessar, ao menos o desejo imaginado por Foucault. O próprio falar do crime é, portanto, outro ato, um novo feito, que não desafia e nem submete à lei punitiva, mas que ainda não sabe como sujeitar essa fantasia da lei às reflexões. Pois, para quem a expressão de si aparece como confissão, pode haver, como houve com Antígona, uma expectativa de que a punição da culpa seja tornada literal e externalizada. A culpa funciona como uma forma de punição psíquica que existe previamente ao feito e à sua confissão, tornando-se mais nítida com a ameaça projetada do julgamento por parte de quem analisa. O que parece claro, entretanto, é que, na medida em que a fala é estruturada como confissão, ela põe a questão sobre o corpo vir ou não a ser condenado. A confissão nascida dessa culpa obscura será aquele tipo de discurso que teme e convoca sua própria denúncia. Mais uma razão para que quem analisa, ao perceber-se como quem recebe uma confissão, tome essa fala como pedido de ajuda para desfazer a maldição cujas consequências fatais parecem, tantas vezes, tão certas.

Pós-escrito sobre atos de fala e transferência

O discurso analítico tende a ser retórico. Com isso, quero dizer que aquilo que é dito em análise não é sempre considerado apenas pelo que pretende dizer, mas pelo que o dizer diz, pelo que o próprio modo da fala diz, pelo que a própria escolha de palavras faz. Com certeza, trata-se de um negócio complicado, pois a pessoa em análise quer que suas intenções sejam honradas em algum nível e, apesar disso, elas não são, ainda que de maneira respeitosa, quando quem analisa chama atenção para o modo do ato de fala, a consequência desse ato, a escolha de seu momento, seu teor. Ao se concentrar nos aspectos retóricos da fala, a pessoa que analisa encontra significados que excedem e, às vezes, frustram a intenção, e disso eu infiro que a resposta a essa fala corre o risco de fazer algo que não pretendia fazer, de exercer efeitos que excedem e, ocasionalmente, frustram as intenções de quem analisa.

No contexto da transferência, um ato de fala pode, assim, ser ouvido como tentativa de comunicar uma intenção, mas também de mostrar ou pôr em ato outro conjunto de significados que podem ou não se relacionar com o conteúdo dito. É claro que há diferenças de opinião sobre como lidar com o "conteúdo", ou o conteúdo superficial do enunciado. Porém, uma coisa parece clara, o fato de o conteúdo, o significado intencional não poder ser inteiramente superado ou transcendido; pois o modo como se profere esse conteúdo, ou aquilo que o proferir faz, provavelmente será um comentário sobre o conteúdo, sobre a intenção que o carrega consigo. Assim, nesse sentido, é a constelação composta pelo significado pretendido, pelo modo de transmissão e pelo efeito não intencional que deve ser considerada como tipo particular de unidade, mesmo quando cada um desses aspectos do ato de fala diverge em relações diferentes.

Um aspecto que se torna especialmente importante nesse contexto é o fato de que o falar é um ato corpóreo. É uma vocalização; requer uma laringe, pulmões, lábios e boca. O que é dito não apenas passa pelo corpo, mas constitui certa apresentação do corpo. Não estou falando da aparência da boca, embora imagine que, em algumas sessões terapêuticas, isso possa ser relevante, especialmente quando paciente encara terapeuta. Mas o falar é uma presentificação sonora do corpo, sua simples afirmação, declaração estilizada de sua presença. Estou dizendo o que pretendo dizer: mas há um corpo aqui, e não é possível falar sem esse corpo – um fato potencialmente

Desfazendo gênero

humilhante e produtivo da vida. É claro, há sempre como usar a fala que opera a oclusão do corpo como sua condição, agindo como se os significados transmitidos emanassem de uma mente descorporificada, endereçados a outra mente descorporificada. No entanto, podemos dizer, isso ainda é um modo de fazer corpo, um corpo descorporificado.

No caso da confissão sexual, quem fala em geral está dizendo alguma coisa sobre o que o corpo fez, ou sobre o que ele sofreu. O falar se torna implicado no ato que ele transmite, pois, evidentemente, o falar é outra maneira do corpo fazer algo. Podemos dizer que o falar é outro feito corpóreo. E o corpo que fala seu feito é o mesmo que o fez, o que significa que, no falar, há uma presentificação desse corpo, um dar corpo à culpa que talvez ocorra no próprio falar. Quem fala pode estar transmitindo um conjunto de eventos passados, mas está fazendo algo a mais: ao falar, presentifica o corpo responsável pelo feito, fazendo ao mesmo tempo outra coisa, presentificando o corpo em sua ação. E há uma pergunta retórica implícita feita em tal instância, uma pergunta sobre a fala ser ou não recebida, e já que a fala é uma ação do corpo, soma-se outra pergunta: se o corpo será igualmente recebido.

Portanto, a transferência é claramente uma questão de como a linguagem é trocada e, por ser falada, é sempre uma questão de como corpos orquestram uma troca, mesmo quando sentados ou deitados. Palavras faladas, estranhamente, são oferendas corpóreas: experimentais ou enérgicas, sedutoras ou retidas, ou tudo ao mesmo tempo. O divã não retira o corpo do jogo, mas reforça certa passividade dele, uma exposição e uma receptividade, que significa que, não importa o ato que o corpo seja capaz de sustentar nessa posição, ele terá de ocorrer por meio da própria fala.

Se transferência é uma forma de amor ou, minimamente, de pôr em ato certa relação com o amor, então podemos dizer, também, que é um amor que se dá na linguagem. Isso não significa que a linguagem substitui o corpo, algo que não é bem verdade. A palavra falada é um ato corpóreo ao mesmo tempo que forma certa sinédoque do corpo. Na vocalização, laringe e boca se tornam a parte do corpo que encena o drama do todo; o que o corpo dá e recebe não é o toque, mas os contornos psíquicos de uma troca corpórea, um contorno que engaja o corpo por ele representado. Sem esse momento de exposição, em que mostramos algo mais do que pretendemos, não há transferência. E, claro, essa exibição não pode ser performada intencionalmente, já que está sempre a certa distância crítica da própria intenção. Podemos ver isso como a confissão no centro da prática analítica: o fato de que sempre mostramos algo mais ou diferente do que pretendemos, de que entregamos essa parte desconhecida de nós a um outro, para que nos retorne algo de maneiras que não podemos antecipar. Se esse momento de confissão é a própria psicanálise, então não é o momento em que nos tornamos necessariamente vulneráveis ao controle do outro, como sugeriu Foucault em seu trabalho anterior. Como ele percebeu em sua explicação sobre Cassiano, a verbalização implica certa despossessão, um rompimento com a fidelidade ao eu, mas que, nem por isso, constitui um sacrifício de toda e qualquer fidelidade. O momento "relacional" vem a estruturar o falar, de modo que se fala para, na presença de, e, às vezes, a despeito de um outro. Além disso, o eu, em sua prioridade, não é descoberto nesse momento, mas está sendo elaborado, por meio do falar, de uma maneira nova, no curso de uma conversa. Nessas cenas de fala, interlocutores

Desfazendo gênero

descobrem que o que falam, em certa medida, encontra-se além de seu controle, mas nem por isso essa fala está inteiramente descontrolada. Se o falar é uma forma do fazer, e parte do que está sendo feito é o eu, então a conversa é um modo de fazer em conjunto e de se tornar algo outro; alguma coisa será efetuada no curso dessa troca, mas ninguém saberá o que ou quem está sendo feito até que seja feito.

9
O fim da diferença sexual?*

Não estou certa de que o milênio seja uma maneira significativa de marcar o tempo ou, de fato, marcar o tempo do feminismo. Mas é sempre importante fazer um balanço acerca do lugar do feminismo, ainda que esse esforço reflexivo esteja necessariamente comprometido. Ninguém está numa perspectiva a partir da qual possa sustentar uma visão global do feminismo. Ninguém está no interior de uma definição do feminismo que permaneça incontestável. Acredito ser justo afirmar que feministas, onde quer que estejam, procuram por uma igualdade mais substancial para as mulheres, e que procuram por um acordo mais justo nas instituições sociais e políticas. Porém, na medida em que adentramos qualquer espaço para pensar a respeito do que queremos dizer e de como podemos agir, somos rapidamente confrontadas pela dificuldade dos termos que precisamos usar. As diferenças surgem em torno do significado de igualdade, se esta igualdade implica que homens

---

* Tradução de Beatriz Zampieri e Nathan Teixeira.

e mulheres devem ser tratados de modo intercambiável. O movimento de paridade na França argumentou que, dadas as desvantagens sociais que as mulheres sofrem nas atuais circunstâncias políticas, essa não é uma noção apropriada de igualdade. Certamente argumentaremos sobre a justiça, e por quais meios a justiça deve ser alcançada. Isso seria o mesmo que um "tratamento justo"? Seria diferente da concepção de igualdade? Que relação tem com a liberdade? Quais liberdades são desejadas, como essas liberdades são valoradas, e o que fazemos das importantes divergências entre as mulheres sobre o tema da definição de liberdade sexual? Essa definição pode receber uma formulação internacional significativa?

Ao acrescentar, a essas zonas de contestação, os contínuos questionamentos acerca do que é a mulher, de que modo diremos "nós"? Quem o diz e em nome de quem? O feminismo parece encontrar-se numa confusão, incapaz de estabilizar os termos que propiciam uma pauta política significativa. As críticas ao feminismo como desatenção às questões de raça e das condições de desigualdade globais que caracterizam sua articulação euro-americana seguem pondo em dúvida o amplo poder de coligação do movimento. Nos Estados Unidos, o uso abusivo da doutrina de assédio sexual, promovido pela direita conservadora nas investidas de perseguição ao sexo em locais de trabalho, representa um grave problema de relações públicas para feministas de esquerda. E, de fato, a relação entre o feminismo *e* a esquerda é outro tema espinhoso, já que agora existem formas de feminismo empreendedor com ênfase na atualização do potencial empresarial das mulheres, sequestrando modelos de autoexpressão de um período anterior e progressista do movimento.

Desfazendo gênero

Acredito que essas questões não resolvidas, embora possam nos levar ao desespero, estão entre os problemas mais interessantes e produtivos do começo do século. O programa feminista não consiste em algo a partir do qual possamos assumir um conjunto comum de premissas para, em seguida, derivar delas uma construção lógica. Esse é um movimento que, em vez disso, avança precisamente ao trazer atenção crítica à sustentação de suas premissas, num esforço de elucidar o sentido do próprio movimento e partir para a negociação das interpretações conflituosas, a irreprimível cacofonia democrática de sua identidade. Como um projeto democrático, o feminismo precisou abdicar da presunção de que em princípio podemos todos concordar sobre as mesmas coisas ou, de modo equivalente, aderir à noção de que nossos valores mais estimados estão sob contestação e que permanecerão sendo zonas políticas contestadas. Isso talvez soe como se eu estivesse afirmando que o feminismo não se constrói sobre nada, que o movimento será perdido na reflexão de si mesmo, que nunca avançará num engajamento ativo com o mundo, para além desse movimento autorreflexivo. Mas, pelo contrário, é precisamente no curso de práticas políticas engajadas que emergem essas formas políticas de dissenso. E eu argumentaria, com ênfase, que resistir ao desejo de resolver esse dissenso em uma unidade é, justamente, o que mantém o movimento vivo.

A teoria feminista nunca é totalmente distinta do feminismo como movimento social. A teoria feminista não teria qualquer conteúdo onde não houvesse movimento, e o movimento, em suas várias direções e formas, sempre esteve envolvido no ato teórico. A teoria é uma atividade que não se restringe à academia. Acontece a toda vez que uma possibilidade é imaginada, quando se realiza uma autorreflexão coletiva, quando emerge uma disputa de valores, de prioridades e de linguagem. Creio que exista um valor importante na superação do medo da crítica imanente e na manutenção do valor democrático de produzir um movimento capaz de conter, sem domesticar, interpretações conflitantes de questões fundamentais. Como quem chegou depois da segunda onda, aproximo-me do feminismo com a suposição de que não há premissas incontestáveis que encontrem acordo no contexto global. Portanto, por razões práticas e políticas, nenhum valor pode ser derivado do silenciamento de disputas. As questões são: como tê-las da melhor maneira possível, como apresentá-las de modo mais produtivo e como agir de formas que compreendam a complexidade irreversível de quem somos?

Neste artigo proponho considerar um conjunto de termos que entraram em conflito uns com os outros: diferença sexual, gênero e sexualidade. Meu título talvez sugira que estou anunciando o fim da "diferença sexual" em sua suposta facticidade ou como introdução teórica útil às questões feministas. Esse título tem a pretensão de citar uma questão cética, frequentemente levantada por teóricos que trabalham com gênero ou sexualidade, como desafio que eu gostaria de, ao mesmo tempo, entender e propor uma resposta. Meu propósito não é vencer um debate, mas tentar entender por que os termos são considerados tão importantes para quem os utiliza, e como podemos reconciliar esse conjunto de necessidades na medida que entram em conflito entre si. Estou aqui interessada nas razões teóricas oferecidas pelo uso de um enquadramento em detrimentos de outros, como as possibilidades institucionais com que os termos alternadamente proporcionam aberturas e foraclusões em contextos variados.

Desfazendo gênero

Não trago a pergunta acerca do fim da diferença sexual com o intuito de fazer um apelo a este fim. Também não me proponho a enumerar as razões pelas quais penso que esse enquadramento, ou essa "realidade", dependendo de como se queira chamar, não vale a pena ser perseguida. Acredito que, para muitas pessoas, a realidade estruturante da relação sexual não consiste em uma realidade que se possa desejar opor, argumentar contra, ou mesmo reivindicar de qualquer maneira razoável. Trata-se mais de algo como um pano de fundo necessário à possibilidade do pensamento, da linguagem, de ser um corpo no mundo. E quem procura fazer esse questionamento está discutindo com a própria estrutura que torna seu argumento possível. Há, algumas vezes, uma resposta debochada e desdenhosa ao problema: você pensa que pode acabar com a diferença sexual, mas seu próprio desejo de acabar com ela é só mais uma evidência de sua força e eficácia duradouras. Os defensores da diferença sexual fazem referência desdenhosa ao famoso "protesto" feminino elaborado pela psicanálise, de modo que o protesto é derrotado antes de sua articulação. Desafiar a noção de feminilidade é o ato de consumação do feminino, um protesto que pode ser lido como evidência daquilo que se pretende contestar. A diferença sexual – será que deve ser pensada como um enquadramento para o qual estamos, de partida, derrotados? O que quer que se diga contra a diferença sexual, é uma prova oblíqua de que ela estrutura o que dizemos. Há um sentido primário, assombrando as diferenciações primárias ou o destino estruturante por meio do qual toda significação procede?

Irigaray explicita que a diferença sexual não é um fato, um alicerce de qualquer tipo, nem o "real" recalcitrante do jargão lacaniano. A diferença sexual é, pelo contrário, uma questão, uma questão para o nosso tempo. Como uma questão, permanece instável e irresoluta, aquilo que ainda não foi ou jamais foi formulado nos termos de uma afirmação. Sua presença não toma a forma dos fatos e das estruturas, mas persiste como o que nos faz pensar, que resta como não totalmente explicado ou explicável. Se é a questão do nosso tempo, como ela insiste em *The Ethics of Sexual Difference*,[1] então não é uma questão entre outras, mas, antes, um momento particularmente denso de irresolução no interior da linguagem, momento que marca a linguagem como própria a nós no horizonte contemporâneo. Como Drucilla Cornell, Irigaray tem em mente uma ética que deriva *a partir* da diferença sexual, mas que consiste numa questão posta pelos termos da diferença sexual nela mesma: como cruzar essa alteridade? Como cruzar sem atravessá-la, sem domesticar seus termos? Como permanecer em sintonia com o que resta permanentemente irresoluto na questão?

Irigaray, assim, não argumentaria a favor ou contra a diferença sexual. Em vez disso, ela oferece uma maneira de pensar a respeito da questão da diferença posta pela diferença sexual, ou a questão do que é a diferença sexual, uma questão cuja irresolução se forma por meio de certa trajetória histórica para nós, que nos encontramos fazendo essa pergunta, para quem tal questão é posta. Os argumentos a favor e contra consistiriam em múltiplas indicações da persistência da questão, uma persistência cujo estatuto não é eterno, e sim, afirma, daquilo que pertence a *esses tempos*. Essa é uma questão que Irigaray apresenta como moderna, a questão que marca, para ela, a modernidade. Portanto, a questão da diferença sexual é uma questão

---

1 Irigaray, *An Ethics of Sexual Difference*.

Desfazendo gênero

que inaugura certa problemática temporal, uma questão cuja resposta não está prevista, uma questão que abre um tempo de irresolução e marca esse tempo como nosso.

Acredito que para muitas de nós este seja um tempo triste para o feminismo, talvez mesmo um tempo de derrota. Uma amiga perguntou o que eu ensinaria num curso de teoria feminista agora, e me vi sugerindo que a teoria feminista não tem outro trabalho a ser feito além de responder aos espaços em que o feminismo se encontra desafiado. E por responder a esses desafios não falo de um apoio defensivo de termos e compromissos, um lembrete para nós mesmas daquilo que já sabemos, mas alguma coisa bastante diferente, algo como uma subordinação à demanda de rearticulação, uma demanda que emerge da crise. Não faz nenhum sentido, diria, defender prontamente paradigmas teóricos e terminologias favoritas, revestir o feminismo com base na diferença sexual, ou defender essa noção contra as reivindicações de gênero, de sexualidade, de raça e as reivindicações gerais dos estudos culturais. Começo com Irigaray, porque penso que sua provocação a respeito da diferença sexual contém algo mais que fundacional. A diferença sexual não é dada, não é uma premissa, nem a base para construir um feminismo; não se trata daquilo que já encontramos e viemos a conhecer; pelo contrário, é uma questão que suscita uma investigação feminista, algo que não pode ser exatamente declarado, que perturba a gramática declarativa e que, de forma mais ou menos permanente, continua sendo passível à interrogação.

Quando Irigaray faz referência à questão da diferença sexual como uma questão para o nosso tempo parece referir-se à modernidade. Confesso não saber muito bem o que é a modernidade, mas sei que muitos intelectuais se inquietam com esse termo, defendendo ou condenando-o. Aqueles considerados em divergência com a modernidade, ou pós-modernos, são caracterizados da seguinte forma: uma pessoa que "questiona ou desacredita de termos como razão, sujeito, autenticidade, universalidade, visão progressiva da história". O que sempre me surpreende nesses tipos de generalizações é que "questionar" equivale dizer "desacreditar" (em vez de, por exemplo, "revitalizar") e o estatuto da questão em si nunca participa muito da cena intelectual. Se esses termos são questionados, isso significa que não podem mais ser usados? Quer dizer que, agora, o superego da teoria pós-moderna proibiu o uso de tal termo ou que esses termos foram anunciados como exauridos e cancelados? Ou será que, simplesmente, os termos não cumprem mais a mesma função que uma vez cumpriram?

Há alguns anos, tive a oportunidade de comentar o livro de Leo Bersani, *Homos*. Notei que ele não tinha mais certeza se as lésbicas eram mulheres e me vi garantindo-lhe que não se havia questionado a proibição do uso dessa palavra. Certamente não tenho reservas a respeito do uso de tais termos, e refletirei a seguir sobre o modo como é possível continuar, *ao mesmo tempo*, interrogando e usando termos universais. Se, por exemplo, a noção de sujeito não é mais dada ou presumida, isso não significa que essa noção não tenha sentido, que não deva mais ser proferida. Pelo contrário, isso apenas quer dizer que o termo não é simplesmente um bloco de construção com que nos amparamos, uma premissa irrefutável da argumentação política. O termo, em vez disso, tornou-se um objeto de atenção teórica, algo pelo qual somos impelidos a prestar contas. Suponho que isso me situe na divisa entre modernos/pós-modernos em que tais termos permanecem em jogo, mas não mais de modo fundacional.

Desfazendo gênero

Outros têm argumentado que todos os termos-chave da modernidade são pressupostos pela exclusão da mulher, das pessoas racializadas, moldados a partir de linhas de classe e com fortes interesses coloniais. Mas seria também importante afirmar, seguindo Paul Gilroy em *O Atlântico negro*,[2] que a luta contra essas exclusões frequentemente acaba por reapropriar os próprios termos da modernidade, apropriando-se deles precisamente para dar início a uma entrada na modernidade, assim como para transformar os parâmetros da modernidade. A liberdade passa adquirir um significado que nunca teve; a justiça passa a abranger exatamente aquilo que não pôde ser contido em sua definição anterior.[3]

Do mesmo modo com que os termos de uma modernidade excludente têm sido apropriados em usos progressistas, os termos progressistas podem ser cooptados para fins retrógrados. Os termos de que fazemos uso no decorrer dos movimentos políticos que foram apropriados pela direita ou para finalidades misóginas, por essa razão, não estão estrategicamente fora de nosso alcance. Esses termos nunca se encontram final ou plenamente amarrados a um único uso. A tarefa de reapropriação consiste em ilustrar a vulnerabilidade desses termos, que com frequência são comprometidos, numa possibilidade progressista inesperada; tais termos não pertencem a ninguém em particular; assumem uma vida e um propósito que excedem os usos a que foram conscientemente designados. Esses termos não devem ser vistos como meros artefatos

---

2 Gilroy, *The Black Atlantic: Modernity and Double-Consciousness* [ed. bras.: *O Atlântico negro: Modernidade e dupla consciência*].

3 Para uma discussão completa da obra de Gilroy a respeito do assunto, ver o capítulo "Pode o 'Outro' da filosofia falar?" neste volume.

contaminados, demasiadamente vinculados à história da opressão, mas também não devem ser encarados como tendo um significado puro que possa ser destilado de seus variados usos em contextos políticos. A tarefa, ao que parece, consiste em compelir os termos da modernidade de modo que abracem aqueles tradicionalmente excluídos, de modo que tal acolhimento não funcione para domesticar ou neutralizar o termo recentemente proferido; tais termos devem permanecer problemáticos para a noção vigente de política, devem expor os limites de sua reivindicação à universalidade e exigir uma reconsideração radical de seus parâmetros. Para que um termo faça parte de uma política convencionalmente excluída, ele deve emergir como ameaça à coerência da política; a política, por sua vez, deve sobreviver a essa ameaça sem aniquilar o termo. O termo, então, abriria uma temporalidade diferente para a política, estabelecendo nela um futuro desconhecido, provocando angústia naqueles que procuram patrulhar suas fronteiras convencionais. Se pode haver uma modernidade sem fundacionismo, esta será uma modernidade em que os termos-chave de seu funcionamento não são assegurados de antemão, uma modernidade que toma uma forma futura de política que não pode ser totalmente antecipada, uma política da esperança e da angústia.

Pode ser que seja enorme o desejo de foracluir um futuro aberto, o qual nos ameaça com a perda, a perda de um sentimento de certeza acerca de como as coisas são (e como devem ser). É importante, no entanto, que não se subestime a força do desejo de foracluir o futuro e o potencial político da angústia.[4] Por esse motivo, fazer certas perguntas é considerado perigoso.

---

4 Agradeço a Homi Bhabha por essa contribuição.

Desfazendo gênero

Imaginem a situação de ler um livro e pensar; não posso levantar as questões que são feitas aqui porque isso põe em dúvida minhas convicções políticas, e pôr em dúvida minhas convicções políticas poderia me conduzir à dissolução dessas convicções. Em um momento como esse, o medo de pensar ou, de fato, o medo do questionamento passa a ser moralizado como defesa da política. E a política se torna uma política que requer determinado anti-intelectualismo. Não se dispor a repensar a própria política com base em certas questões consiste em optar por uma posição dogmática que custa tanto à vida quanto ao pensamento.

Questionar um termo – como feminismo – é perguntar-se acerca dos modos com que o termo atua, que investimentos sustenta, quais objetivos alcança, a que alterações se submete. A vida mutável desse termo não impede seu uso. Se um termo se torna questionável, isso quer dizer que não se pode mais empregá-lo, ou que apenas podemos usar termos que *já sabemos como dominar*? Por que motivo se considera que fazer uma pergunta sobre um termo é o mesmo que proibir seu uso? Que tipo de garantia se exerce pela correção fundacional, e que tipo de terror isso previne? Será que no modo fundacional os termos – como sujeito e universalidade – são pressupostos, de forma que o sentido em que eles "devem" ser assumidos é *moral* e, como algumas interdições morais, toma a forma de um imperativo que funciona como defesa contra aquilo que mais nos aterroriza? Não estaríamos paralisados por um tipo de compulsão moral que nos impede de interrogar os termos, correndo o risco de viver por meio de termos que questionamos?[5]

---

5 Parte dessa discussão aparece no capítulo "Implicit Censorship and Discursive Agency", de *Excitable Speech* [ed. bras.: Censura implícita e agência discursiva, in: *Discurso de ódio*, p.209-67].

De maneira a demonstrar como a paixão por fundações e métodos às vezes atrapalha uma análise da cultura política contemporânea, proponho que consideremos a forma com que os esforços para assegurar uma luta política são, muitas vezes, lidos precisamente em oposição ao percurso de determinados significantes políticos básicos dentro da cultura pública atual. O mais confuso para mim dizia respeito ao estatuto do termo "gênero" com relação ao feminismo, por um lado, e aos estudos de lésbicas e gays, por outro. De modo talvez ingênuo, fiquei surpresa quando entendi, pelos estudos de meus amigos queer, que a metodologia proposta nesse campo de investigação postula que, enquanto se diz que o feminismo toma o *gênero* como objeto de análise, os estudos de lésbicas e gays tomam *sexo e sexualidade* como seu objeto "próprio". O gênero, dizem, não deve ser confundido com a sexualidade, e isso parece certo de alguma forma. Mas imaginem, então, meu espanto quando o Vaticano anunciou que o gênero, por não ser nada mais que um código para a homossexualidade,[6] deveria ser abolido da Plataforma do Estatuto da Mulher da Organização das Nações Unidas (ONU) elaborada pelas organizações não governamentais (ONGs). Acrescente-se às minhas preocupações o desprezo de algumas de minhas colegas mais próximas na teoria feminista pela noção de gênero. Elas afirmam que diferença sexual é o termo mais adequado para o gênero, que "diferença sexual" indica uma diferença fundamental, enquanto gênero, um efeito meramente construído ou variável.

A IV Conferência Mundial da Mulher da ONU em Pequim, de 1995, apresentou mais um desafio aos empenhos

---

6 La Chiesa si prepara alle guerre dei 5 sessi.

Desfazendo gênero

acadêmicos. Qual é, em particular, o estatuto das reivindicações universais no campo internacional dos direitos humanos? Embora muitas feministas tenham concluído que o universal é sempre um encobrimento de determinado imperialismo epistemológico, insensível à variedade cultural e à diferença, parece ser incontestável o poder retórico da reivindicação pela universalidade de direitos de autonomia sexual e de direitos relacionados à orientação sexual.

Considere-se, em primeiro lugar, o uso surpreendente do gênero no contexto da ONU. O Vaticano não apenas acusou o termo gênero como um código para a homossexualidade, como também insistiu que a linguagem da plataforma retornasse à noção de sexo, em um aparente esforço de assegurar a ligação entre feminilidade e maternidade como uma necessidade ordenada de forma natural e divina. No final de abril de 1995, durante as preparações para as conferências das ONGs em Pequim – chamadas *prepcom* (comitê preparatório) – muitos Estados-membros, orientados pela Igreja Católica, tentaram eliminar a palavra "gênero" da Plataforma de Ação, substituindo-a pela palavra "sexo". Isso foi considerado por pessoas do comitê preparatório como uma "tentativa ofensiva e aviltante de anular os ganhos conquistados pelas mulheres, intimidando-nos e impedindo progressos posteriores".[7] Elas escreveram em seguida: "não seremos forçadas a voltar ao conceito de 'biologia é destino' que procuram definir, confinar e reduzir mulheres e meninas às suas características sexuais. Não permitiremos que isso aconteça – não em nossas casas, locais de trabalho, comunidades, países e muito menos nas Nações Unidas, onde

---

7 IPS: Honduras Feminists and Church.

mulheres ao redor do mundo esperam por direitos humanos, justiça e liderança". De acordo com as observações do relatório:

> O significado do termo "gênero" evoluiu por meio da diferenciação do termo "sexo" como expressão da realidade dos papéis e condições sociais de homens e mulheres, socialmente construídos e sujeitos a mudanças. No presente contexto, "gênero" reconhece os múltiplos papéis que as mulheres cumprem no decorrer dos ciclos de vida, a diversidade de nossas necessidades, preocupações, habilidades, experiências de vida e aspirações [...] o conceito de gênero se incorpora aos discursos sociais, políticos e legais. Encontra-se integrado aos programas e documentos de planejamento conceitual e linguístico da ONU. A inserção das perspectivas de gênero em todos os aspectos das atividades das Nações Unidas consiste em um compromisso maior aprovado em conferências anteriores que deve ser reafirmada e reforçada na IV Conferência Mundial.[8]

Esse debate levou Russel Baker a perguntar-se, no *New York Times*, se o termo gênero não suplantaria de tal forma a noção de sexo que, em breve, estaríamos confessando nossas vidas eróticas dizendo estar fazendo "gênero" com alguém.

Na medida em que, no encontro da ONU, a associação de gênero a um código de homossexualidade foi intensificada, os domínios locais da teoria queer e feminista tomavam uma direção bastante diferente, pelo menos ao que parecia. A analogia oferecida por teóricos do pensamento queer, para a qual o feminismo se ocuparia do gênero e os estudos de lésbicas e

---

8 *Report of the Informal Contact Group on Gender*, 7 jul. 1995.

Desfazendo gênero

gays da sexualidade, parecia muito distante do debate mencionado. Mas é surpreendente constatar que em um caso o gênero parece representar a homossexualidade e, no outro, parece ser seu oposto.

Meu ponto não é apenas dizer que o debate acadêmico parece estar, de maneira deplorável, fora de sintonia com o uso político contemporâneo de tais termos, mas de constatar que o esforço para tomar distância do gênero marca dois movimentos políticos que são, em muitos aspectos, opostos entre si. No debate internacional, o Vaticano acusa o termo "gênero" de ou (1) ser um código para a homossexualidade, como também (2) oferecer uma forma de compreensão da homossexualidade como um gênero entre outros, ameaçando ter lugar entre o masculino, o feminino, o bissexual e o transexual ou, mais provavelmente, ameaçando tomar o lugar do masculino e do feminino de uma só vez. O medo do Vaticano – e eles citam Anne Fausto-Sterling nesse aspecto[9] – é que a homossexualidade implique numa proliferação de gêneros. (*La Repubblica* afirma que, nos Estados Unidos, o número de gêneros saltou para cinco: masculino, feminino, lésbico, homossexual e transexual). Essa visão da homossexualidade como proliferadora de gêneros parece se basear nas noções de que as pessoas homossexuais, em algum sentido, se separaram de seu sexo, que tornando-se homossexuais teriam deixado de ser homens ou mulheres, e que o gênero como conhecemos é radicalmente incompatível com a homossexualidade; de fato, é tão incompatível que a homossexualidade deve tornar-se seu próprio

---

9 Cf. Fausto-Sterling, The Five Sexes: Why Male and Female are Not Enough, p.20-25.

gênero, deslocando a oposição binária entre masculino e feminino em seu conjunto.

Curiosamente, o Vaticano parece compartilhar determinado pressuposto com quem viria a distinguir a metodologia dos estudos queer daquela do feminismo: enquanto o Vaticano teme que a sexualidade ameace deslocar o sexo da finalidade reprodutiva inerente à heterossexualidade, aqueles que aceitam a divisão metodológica entre teoria queer e feminismo mantêm a promessa de que a sexualidade possa exceder e deslocar o gênero. A homossexualidade, em particular, deixa o gênero para trás. Os dois não são apenas separáveis, mas também persistem em uma mútua tensão excludente, em que as sexualidades queer aspiram a uma vida utópica para além do gênero, como Biddy Martin tão bem sugeriu.[10] O Vaticano procura desfazer o gênero com o esforço de reabilitar o sexo, mas a orientação metodológica da teoria queer procura desfazer o gênero com o esforço de trazer a sexualidade ao primeiro plano. O Vaticano teme a separação entre sexualidade e sexo, porque isso introduz uma noção de prática sexual não restrita a fins reprodutivos supostamente naturais. E parece, nesse sentido, que quando o Vaticano teme o gênero, teme a separação entre sexualidade e sexo, teme a teoria queer. A metodologia queer, no entanto, insiste na sexualidade, e mesmo na *The Lesbian and Gay Studies Reader*, a "sexualidade e o sexo". Essa compreensão exclui também o gênero, mas apenas porque gênero supõe feminismo e sua presumível heterossexualidade.[11]

---

10 Martin, Extraordinary Homosexuals and the Fear of Being Ordinary, p.100-125.

11 Abelove, Barale, e Halperin, *The Lesbian and Gay Studies Reader*.

Desfazendo gênero

Os debates, em ambos os contextos, eram sobre a terminologia, se poderia ser permitido o termo "gênero" na linguagem da plataforma dos encontros das ONGs, ou se o termo "orientação sexual" faria parte da linguagem final das resoluções nas conferências da ONU. (A resposta para a primeira questão é sim; para a segunda, não, embora a linguagem acerca da autonomia sexual tenha sido considerada aceitável). Termos como gênero, orientação sexual e até mesmo universalidade foram contestados na esfera pública justamente a partir da questão dos possíveis significados que viriam a receber, e um encontro especial da ONU foi convocado em julho de 1995 para chegar a um entendimento sobre o que denotaria "gênero".

Minha opinião é que nenhuma definição simples de gênero será suficiente, e que a capacidade de acompanhar o percurso do termo em meio à cultura pública é mais importante do que alcançar uma definição rigorosa e aplicável deste. O termo "gênero" passou a ser um espaço de disputa para vários interesses. Considere-se o exemplo doméstico dos Estados Unidos, onde o gênero é frequentemente percebido como um modo de desarticular a dimensão política do feminismo, em que gênero passa a ser uma mera marcação discursiva do masculino e do feminino, entendido como construções que podem ser estudadas fora do quadro feminista ou simples autoproduções, efeitos culturais manufaturados de qualquer tipo. Considere-se, também, a introdução dos programas de estudos de gênero como formas de legitimar o domínio acadêmico, recusando o envolvimento em polêmicas contra o feminismo, assim como ocorreu com a introdução dos programas e centros de estudos de gênero na Europa Oriental, nos quais a superação do "feminismo" se liga à superação da ideologia do Estado marxista, em que os objetivos feministas foram entendidos como sendo alcançáveis apenas sob a condição de realização dos objetivos comunistas.

Como se a luta interna à arena do gênero não fosse o bastante, o desafio de determinada perspectiva teórica anglo-americana no interior da academia lança dúvidas sobre a validade da construção excessivamente sociológica do termo. Assim, o gênero é, de maneira precisa, oposto em nome da diferença sexual, porque endossa uma concepção socialmente construtivista da masculinidade e da feminilidade, deslocando ou desvalorizando o estatuto simbólico da diferença sexual e a especificidade política do feminino. Penso, aqui, nas críticas que foram levantadas contra o termo por Naomi Schor, Rosi Braidotti, Elizabeth Grosz e outras teóricas.

Enquanto isso, a diferença sexual se encontra, sem dúvida, desfavorecida nos paradigmas vigentes da teoria queer. De fato, mesmo quando a teoria queer procura definir o caráter anacrônico do feminismo, este é descrito como um projeto inequivocamente comprometido com o gênero. No interior dos estudos raciais encontram-se, creio, pouquíssimas referências ao termo diferença sexual.[12]

---

12 Enquanto, na chave feminista, os conceitos de "mulher" e mesmo "mulherista" são frequentemente centrais, a ênfase do trabalho de Kimberle Crenshaw e Mari Matsuda recai sobre o ponto de vista epistemológico daqueles que são estruturalmente subordinados e marginalizados por meio da racialização. A ênfase no caráter social dessa subordinação é quase absoluta, com exceção de alguns esforços psicanalíticos de delinear o funcionamento psíquico da racialização, em que tornar-se "racializado" figura uma interpelação de efeitos psíquicos ressoantes. A importância dessa última questão se encontra, creio, naquilo que veio a ser um verdadeiro retorno a Fanon no interior dos estudos raciais contemporâneos. Aí, porém, a ênfase não é

Desfazendo gênero

Mas o que é essa diferença sexual? Não é uma simples facticidade, ou tampouco um mero efeito da facticidade. Se é psíquica, também é social, no sentido de que ainda não foi elaborada. Muitos estudos recentes procuram entender de que maneira a estrutura psíquica tem implicações nas dinâmicas do poder social. Como devemos compreender essa conjuntura ou essa disjunção, e o que isso tem a ver com a teorização da diferença sexual?

Quero sugerir que os debates a respeito da prioridade teórica da diferença sexual sobre o gênero, do gênero à sexualidade, são todos entrecortados por outro tipo de problema posto pela diferença sexual, a saber: a permanente dificuldade de determinar onde começa e onde termina o biológico, o psíquico, o discursivo e o social.[13] Se o Vaticano procura substituir a linguagem do gênero pela linguagem do sexo, isso acontece porque existe aí o desejo de fazer com que a diferença sexual retorne à biologia, ou seja, reestabelecer uma noção biologicamente restritiva de reprodução como destino social das mulheres. Ainda assim, quando Rosi Braidotti, por exemplo,

---

social em sentido restrito, mas num imaginário socialmente articulado, na produção especular de expectativas raciais e no estranhamento visual do significado racial. A diferença sexual se insere no trabalho de Rey Chow, por exemplo, para sublinhar as consequências misóginas da resistência de Fanon ao racismo. Mais recentemente, numa análise fanoniana acerca do sujeito branco masculino, Homi Bhabha sugeriu que a separação deve ser entendida nos termos de uma paranoia homofóbica, para a qual a relação ameaçadora e externalizada com a alteridade exclui, de uma só vez, tanto a homossexualidade quanto a diferença sexual.

13 Essa sugestão foi feita por Debra Keates, no verbete "sexual difference" de *Psychoanalysis and Feminism: A Critical Dictionary*.

insiste que retornemos à diferença sexual, é bastante diferente do apelo feito pelo Vaticano sobre esse retorno; se, para ela, a diferença sexual é irredutível à biologia, à cultura ou à construção social, como podemos entender o registro ontológico dessa concepção? Talvez, precisamente, o caráter ontológico registrado pela diferença sexual seja sempre difícil de determinar. A diferença sexual não é totalmente dada ou construída, mas, em parte, composta por ambos. Esse sentido de "parcialidade" resiste a qualquer noção clara de "divisão"; a diferença sexual, então, opera como um quiasma, mas os termos sobrepostos e embaçados são, talvez, menos significativamente do masculino e do feminino, e mais a problemática da construção nela mesma; o que é construído é, por necessidade, anterior à construção, mesmo quando não parece haver nenhum acesso a esse momento prévio, exceto pela construção.

A diferença sexual, como entendo, é o lugar onde uma questão acerca da relação entre o biológico e o cultural é formulada e reformulada, onde ela deve e pode ser posta, mas onde não se pode, estritamente falando, obter uma resposta. Entendida como um conceito fronteiriço, a diferença sexual tem dimensões físicas, somáticas e sociais que nunca são completamente colapsadas, mas, em última análise, não são, por esse mesmo motivo, distintas. A diferença sexual estaria ali, como uma fronteira vacilante, exigindo uma rearticulação daqueles termos sem qualquer sentido de finalidade? Seria, portanto, não uma coisa, um fato ou um pressuposto, e sim uma exigência de rearticulação que nunca exatamente desaparece – mas que também nunca aparece?

De que forma essa maneira de pensar a diferença sexual afeta nossa compreensão de gênero? Será que o que entendemos por gênero é aquela parte da diferença sexual que *aparece* como o

Desfazendo gênero

social (o gênero, assim, como extremo da sociabilidade na diferença sexual), o que é negociável, construído – precisamente aquilo que o Vaticano procura restituir ao "sexo" – no lugar do natural, onde o natural é, em si, figurado como fixo e inegociável? O projeto do Vaticano é tão irrealizável quanto o projeto de produzir um gênero *ex nihilo*, seja a partir dos recursos culturais ou de alguma vontade fabulosa? Será que o esforço queer consiste em uma sobreposição ao gênero, relegando-o ao passado superado como objeto próprio de uma investigação alheia – feminista, por exemplo – que não é a sua? Não será esse um esforço para manter a diferença sexual como aquilo que é radicalmente separável da sexualidade? A regulação do gênero sempre fez parte do funcionamento da normatividade heterossexual, e insistir em uma separação radical de gênero e sexualidade é perder a oportunidade de analisar essa operação particular do poder homofóbico.[14]

---

14 Expus, em outro lugar, minhas dificuldades teóricas acerca dessa maneira de entender a relação disjuntiva entre gênero e sexualidade. Tentarei, contudo, recapitular brevemente os termos de tal argumento. Enquanto "sexo e sexualidade" têm sido propostos como os objetos próprios aos estudos gays e lésbicos, enquanto foi estabelecida a analogia do "gênero" como objeto próprio ao feminismo, parece-me que grande parte das pesquisas feministas não se adequam a essa descrição. O feminismo insiste, majoritariamente, no fato de que as relações sexuais e de gênero estão ligadas de maneiras relevantes, ainda que não no sentido de um vínculo causal. Uma caracterização do feminismo concentrada de modo exclusivo no gênero também representa de forma falsa a história recente do movimento em vários aspectos significativos. A história da política sexual do feminismo radical é apagada de uma caracterização própria do movimento:

1. A variedade de posições antirracistas desenvolvidas no interior de enquadramentos feministas para os quais o gênero não é mais central

Em áreas bastante distintas, o esforço de associar o gênero aos nefastos objetivos feministas continua por outras vias. Por meio de uma perturbadora cooptação do discurso anti-imperialista, o Vaticano chegou ao ponto de sugerir que o gênero era uma importação das distorções decadentes do feminismo ocidental, imposta aos "países do Terceiro Mundo", termo muitas vezes usado como indistinto de "países em desenvolvimento". Embora seja evidente que o gênero se tornou um ponto de convergência para algumas organizações feministas na conferência da ONU de 1995, foi motivo de tensão quando surgiu a questão de um grupo de mulheres hondurenhas que se opuseram à nomeação de uma delegação cristã ultraconservadora para representar o governa de Honduras na conferência de setembro. Sob a liderança de Oscar Rodriguez, presidente do Conselho

---

do que a raça, ou para os quais gênero não é mais central do que qualquer outro posicionamento colonial ou de classe – todos os movimentos feministas socialistas, pós-coloniais e de terceiro mundo – não mais consistem em parte do foco central ou próprio ao feminismo.

2. A narrativa de MacKinnon a respeito do gênero e da sexualidade é considerada paradigmática para o feminismo. Ela entende o gênero por categorias de "homem" e "mulher" que refletem e institucionalizam posições de subordinação e dominação inerentes a um regime social de sexualidade sempre assumido como heterossexual; exclui-se da definição de feminismo a forte oposição feminista à teoria de MacKinnon.

3. O gênero reduz-se ao sexo (e, algumas vezes, à designação sexual), é tornado fixo ou "dado", de modo que se desloca a contestação histórica da distinção sexo/gênero.

4. Nega-se a operação normativa do gênero na regulação da sexualidade.

5. Não se considera mais a contestação sexual das normas de gênero como "objeto" analítico de nenhum quadro, pois os próprios campos de análise inerentes àquilo que a reivindicação metodológica dos estudos gays e lésbicos procura defender são atravessados e confundidos.

Desfazendo gênero

Episcopal Latino-Americano, a tentativa de opor-se ao tipo de feminismo rotulado como "ocidental" foi combatida por movimentos de base no país, incluindo o *Centro de Derechos de Mujeres* [Centro de Direitos das Mulheres] (CDM) hondurenho.[15] Assim, o aparato estatal, em conjunto com a Igreja, apropria-se de uma linguagem imperialista anticultural a fim de destituir o poder das mulheres em seu próprio país. Além de afirmar que Pequim representaria um feminismo de "cultura da morte", que via a "maternidade como escravidão", essa forma de feminismo, ainda sem nome, também alegava que as questões da conferência de Pequim representavam um falso feminismo. (Também o Vaticano, em sua carta de desculpas pelo próprio patriarcalismo, procurou fazer uma distinção entre um feminismo que permaneceria comprometido com a essência da dignidade das mulheres e um que destruiria a maternidade e a diferença sexual). Tanto Rodriguez quanto o Vaticano miravam igualmente nos "gêneros não naturais", homossexuais e transexuais. O CDM respondeu assinalando que não tinha interesse em destruir a maternidade e sim lutar para que as mães fossem livres de abusos, e que o foco da conferência de Pequim não era os "gêneros não naturais", mas "os efeitos dos planos de ajuste estrutural na condição econômica das mulheres e na violência contra as mulheres".

As diferenças significativas entre, por um lado, as feministas que fazem uso da categoria de gênero e, por outro lado, aqueles que permanecem no enquadramento da diferença sexual, são apagadas dessa insustentável formulação intelectual acerca do que é o feminismo. Como seria possível compreender a história do feminismo negro, a difusão da interseccionalidade nesse projeto, se fosse aceita a concepção de gênero inerente a um feminismo branco como categoria isolada de análise histórica?

15 InterPress Third World News Agency, disponível em <www.ips.org>.

De forma significativa, o grupo cristão que representou Honduras também era declaradamente antiaborto, traçando linhas claras entre os assim chamados gêneros não naturais, a destruição da maternidade e a promoção do direito ao aborto.

Na linguagem da plataforma, foi, enfim, permitida a presença do gênero, mas as lésbicas tiveram que ficar "entre parênteses". De fato, vi algumas representantes das delegações em San Francisco se preparando para as reuniões usando camisas com o termo "lésbicas" entre parênteses. Os parênteses, é evidente, deviam assinalar que essa é uma linguagem em disputa, que não há nenhum acordo sobre o uso apropriado do termo. Embora suponham uma atenuação do poder da palavra, pondo em questão sua admissibilidade, os parênteses dispõem do termo como uma expressão diacriticamente composta, atingindo uma espécie de hipervisibilidade em virtude de sua questionabilidade.

O termo "lésbica" passou da forma entre parênteses para ser totalmente banido da linguagem. Porém, o sucesso dessa estratégia parecia apenas alimentar a suspeita de que o termo reaparecia em outros espaços linguísticos: por meio da palavra gênero, do discurso da maternidade, das referências à autonomia sexual e mesmo na expressão "outro *status*" – entendido como a base sobre a qual os direitos poderiam ser violados; "outro *status*" – um *status* que não poderia ser diretamente nomeado, mas designava as lésbicas por meio do caráter oblíquo da expressão: o *status* que é "outro", aquele que não é dizível aqui, que foi tornado indizível aqui, o *status* que não é um *status*.[16]

---

16 "Outro *status*" – "*other status*". Nesse contexto, a ambiguidade do termo "*status*" denota, por um lado, o estatuto social dado no interior dos

Desfazendo gênero

Dentro do quadro discursivo desse encontro internacional, parece crucial questionar o que provoca a conexão entre a inclusão dos direitos das lésbicas com a produção do gênero não natural e a destruição da maternidade, assim como a introdução de uma cultura da morte (supostamente antivida, uma tradução familiar à direita de pró-escolha). É claro que aqueles que se opusessem aos direitos das lésbicas nessa base (e havia quem se opusesse a elas em outras bases), ou assumiriam que as lésbicas não são mães ou, se elas o são, participam da destruição da maternidade. Que assim seja.

Porém, acredito que o que há de mais importante nesse cenário consiste numa série de questões em jogo de maneira simultânea, e que não são com facilidade separáveis entre si. A suposição de que o gênero seja um código para a homossexualidade, que a introdução da lésbica seja a introdução de um novo gênero, um gênero não natural que resultará na destruição da maternidade, e que se liga às lutas feministas por direitos reprodutivos, é irredutível e, ao mesmo tempo, homofóbico e misógino. Além disso, o argumento promovido pela aliança entre Igreja e Estado, que foi também ecoado pela delegação dos Estados Unidos, é que os direitos sexuais consistem em uma imposição ocidental usada forçadamente para desmascarar e conter as reivindicações dos movimentos de base das mulheres latino-americanas com o fim de representar as mulheres na conferência. Vemos, portanto, um aumento do poder

---

discursos de gênero e sexualidade e, por outro, a condição legal das pessoas que foram incluídas ou excluídas da Plataforma Internacional de Direitos Humanos. "*Status*", nesse sentido, como condição de uma dupla exclusão em ambos os discursos, foi mantido no termo original usado pela autora. (N. T.)

ideológico do par Igreja-Estado sobre o movimento de mulheres precisamente por meio da apropriação do discurso anti-imperialista de tais movimentos.

Em relação e contra a aliança entre Estado e Igreja, a qual procurou reabilitar e defender purezas étnicas tradicionais em um esforço de impedir as reivindicações de autonomia sexual, emergiu uma aliança a partir dos encontros entre as feministas que buscavam uma linguagem de apoio aos direitos reprodutivos, direitos de serem livres do abuso dentro do casamento, e dos direitos das lésbicas.

Significativamente, a organização de ambas as conferências acerca da questão da orientação sexual não se abrigou, como o Vaticano presumiu que faria, atrás do termo "gênero"; "orientação sexual", por toda sua estranheza enquanto um termo legal e médico, e "lésbica" tornaram-se a linguagem que a International Gay and Lesbian Human Rights Commission [Comissão Internacional de Direitos Humanos de Gays e Lésbicas] procurou incluir entre as bases nas quais as violações dos direitos humanos contra as mulheres podem ocorrer.

O que parece notável, no entanto, é que a conferência da ONU tenha encontrado um consenso na linguagem. A linguagem é retoricamente importante na medida em que representa o consenso internacional predominante neste assunto, podendo ser usada tanto por agências governamentais quanto não governamentais em vários países para o avanço de medidas consistentes com a redação do parágrafo 96 da Plataforma de Ação da Conferência:

> Os direitos humanos das mulheres incluem os seus direitos a ter controle sobre as questões relativas à sua sexualidade,

Desfazendo gênero

inclusive sua saúde sexual e reprodutiva, e a decidir livremente a respeito dessas questões, livres de coerção, discriminação e violência. A igualdade entre mulheres e homens no tocante às relações sexuais e à reprodução, inclusive o pleno respeito à integridade da pessoa humana, exige o respeito mútuo, o consentimento e a responsabilidade comum pelo comportamento sexual e suas consequências.[17]

Por fim, parece importante questionar, em seguida, o estatuto da própria linguagem da ONU, uma linguagem que supostamente é forjada a partir do consenso internacional, sem unanimidade, que supostamente representa o consenso sobre quais são as reivindicações aceitas de modo universal, os direitos presumidos enquanto universais. O fato de que aquilo que é permitido dentro do termo "universal" seja compreendido como dependente de um "consenso" parece minar um pouco da força da própria universalidade, ou talvez não. O processo presume que o que será ou não será incluído dentro da linguagem do direito universal não é estabelecido de uma vez por todas, que sua forma futura não pode ser completamente antecipada neste momento. As deliberações da ONU tornam-se o lugar para o ritual público que articula e rearticula este consenso sobre quais serão os limites da universalidade.

O significado de "o universal" prova-se culturalmente variável e as articulações específicas de "o universal" operam contra sua reivindicação de um estatuto transcultural. Não se trata de

---

17 Íntegra da *Declaração e Plataforma de Ação da IV Conferência Mundial Sobre a Mulher* de Pequim/1995 disponível em: <https://www.onumulheres.org.br/wp-content/uploads/2013/03/declaracao_beijing.pdf>. (N. T.)

dizer que não deve haver nenhuma referência ao universal ou que ele tenha se tornado, para nós, uma impossibilidade. Circunscrever o universal entre parênteses apenas significa que existem condições culturais para sua articulação que nem sempre são as mesmas, e que os termos ganham significado para nós precisamente pelas condições culturais da sua articulação que, decididamente, não chegam a ser universais. Este é um paradoxo que qualquer determinação em adotar uma atitude universal irá encontrar. Pode ser que, em determinada cultura, um conjunto de direitos se considere universalmente contemplado, e que em outra estes mesmos direitos marquem o limite da universalização, ou seja, "se garantirmos esses direitos a estas pessoas, estaremos suprimindo as fundações do universal tal como conhecemos". Isto tornou-se especialmente claro para mim no campo dos direitos humanos de gays e lésbicas, no qual "o universal" é um termo disputado, e vários governos e vários grupos hegemônicos de direitos humanos expressam dúvidas sobre se humanos gays e lésbicas devem ser propriamente incluídos no "humano", e se seus direitos presumidos se encaixam dentro das convenções existentes que governam o escopo dos direitos considerados universais.

Não é surpresa para mim que o Vaticano se refira à possível inclusão dos direitos das lésbicas como algo "anti-humano". Talvez isso seja verdade. Admitir as lésbicas no reino do universal poderia desfazer o humano, pelo menos nas suas formas atuais, mas isto também pode ser imaginar o humano para além dos limites convencionais.

Aqui a noção de universalidade não é um fundamento sobre o qual iremos construir, assim como não é a pressuposição que nos permitirá avançar; é um termo que se tornou escandaloso,

Desfazendo gênero

ameaçando incluir no ser humano o próprio "outro" contra o qual o ser humano foi definido. Neste sentido, em um uso mais radical, a "universalidade" opera contra e destrói os fundamentos que se tornaram convencionalmente aceitos como fundamentos. A "universalidade" torna-se antifundacionista. Reivindicar um conjunto de direitos como universais, mesmo quando convenções universais governando o escopo da universalidade impedem precisamente esta reivindicação, é tanto destruir um conceito de universal quanto admitir aquilo que veio sendo seu "exterior constitutivo" e, ao fazer isto, performa-se o reverso de qualquer ato de assimilação a uma norma *existente*. Eu insistira que esta reivindicação corre o risco produtivo de provocar e demandar uma rearticulação radical da própria universalidade, circunscrevendo o universal entre parênteses, por assim dizer, pondo-o em um importante sentido de desconhecimento acerca do que ele é e do que ele deve incluir em um futuro não plena e previamente determinado.

Ser excluído do universal, e ainda assim fazer uma reivindicação a partir de seus termos, é pronunciar uma contradição performativa de um certo tipo. Isto pode parecer tolo e contraproducente, como se tal reivindicação pudesse ser encontrada apenas por meio de uma derrisão; ou a aposta poderia funcionar de outra maneira, revisando e elaborando padrões históricos de universalidade próprios ao movimento futuro da democracia em si. Reivindicar que o universal ainda não foi articulado é insistir que o "ainda não" é específico à própria compreensão do universal: que aquilo que permanece "irrealizado" pelo universal o constitui essencialmente. O universal começa a ser articulado precisamente pelos desafios contra sua formulação *existente*, e este desafio emerge a partir daqueles que não estão cobertos por ele, que não têm habilitação para ocupar o lugar do "quem", porém que, apesar disso, demandam que o universal enquanto tal deve ser inclusivo para eles. O excluído, neste sentido, constitui o limite contingente da universalização. Desta vez, os parênteses caem da "lésbica" apenas para serem consignados a "outro *status*", o estatuto daquilo que permanece outro em relação à linguagem na medida em que a falamos. É essa a alteridade por meio da qual o dizível é instituído, que assombra suas fronteiras, e que ameaça entrar no dizível por substituições que nem sempre podem ser detectadas. Apesar de o gênero não ter sido o meio pelo qual a homossexualidade entrou na linguagem oficial da ONU, a liberdade sexual se tornou este termo, uma rubrica a qual proporcionou que lésbicas e mulheres heterossexuais estivessem juntas por algum momento, um momento tal que conferiu valor à autonomia e recusou retornar a qualquer noção de destinação biológica. O fato de que a liberdade sexual do sujeito feminino tenha desafiado o humanismo como garantia da universalidade sugere que podemos considerar as formas sociais, tais como a família patriarcal heterossexual, que ainda garantem nossas concepções "formais" de universalidade. O humano, parece, precisa tornar-se estranho a si mesmo, até monstruoso, para reencontrar o humano em um outro plano. Esse humano não será "um", na verdade, não terá uma forma última, mas será aquele que está constantemente negociando a diferença sexual em um modo que não tem consequências naturais ou necessárias para a organização social da sexualidade. Ao insistir que essa será uma questão persistente e aberta, quero sugerir que não tomemos nenhuma decisão sobre o que a diferença sexual é, mas que deixemos esta questão em aberto, causando problemas, sem resolução, oportuna.

Desfazendo gênero

Resposta a *Metamorphoses* de Rosi Braidotti

Metamorphoses é o terceiro grande livro de Braidotti sobre teoria feminista, na sequência de *Patterns of Dissonance* e *Nomadic Subjects*.[18] Ele é o primeiro de dois volumes, o segundo deles está a caminho pela Polity Press.[19] Antes de entrarmos nos detalhes do livro, consideremos o que esta obra busca realizar. Ela ensaia uma aproximação entre uma perspectiva deleuziana acerca do vir a ser e do corpo a uma perspectiva feminista sobre a diferença sexual e o vir a ser da mulher; a obra empreende um trabalho sustentado na crítica filosófica e cultural de filmes e, em particular, nos modos nos quais corpos, máquinas e animais tornam-se misturados sobre condições sociais específicas de produção e consumo. Trata-se, igualmente, não apenas de uma defesa embasada de Irigaray, mas de um esforço pedagógico para que leitores de Irigaray a leiam de outra forma. O texto faz ainda uso, apesar de alguns protestos deleuzianos contra a perspectiva psicanalítica, de uma consideração psicanalítica do sujeito que enfatiza a não coincidência do sujeito em relação à sua própria constituição psíquica, a persistência do desejo inconsciente, e a estruturação cultural e social dos intuitos inconscientes. O texto também evidencia uma fé no uso contínuo da psicanálise como uma cura para certas ordens de sofrimentos psíquicos. Caso pensemos, antes de ler este texto, que

---

18 Braidotti, *Patterns of Dissonance: A study of Women and Contemporary Philosophy*; *Nomadic Subjects: Embodiment and Sexual Difference in Contemporary Feminist Theory*; *Metamorphoses: Towards a Materialist Theory of Becoming*. Cambridge: Polity Press, 2002. (N. T.)

19 Trata-se do livro de Braidotti *Transpositions: on Nomadic Ethics*. Cambridge: Polity Press, 2006. (N. T.)

trazer Deleuze e Lacan em conjunto poderia ser difícil, ou que sujeitar ambos os autores a uma leitura feminista que insiste na primazia da diferença sexual poderia ser taxativo, ou que seria difícil congregar toda essa elevada teoria a uma análise culturalmente experiente de diversos filmes populares, nós estaríamos com certeza corretos. Porém, o texto encontra um certo sincretismo de visões, e esta realização sincrética é mobilizada a serviço de uma teoria da afirmação, uma que não só busca contestar a lógica da negatividade associada a Hegel, mas que implica a possibilidade de um ativismo que não se apoia sobre uma ontologia liberal do sujeito.

Igualmente, o texto oferece uma crítica complexa e conhecedora da tecnologia, recusando a fazer recurso a um passado pré-tecnológico. Braidotti acredita, na verdade, que uma abordagem filosófica sobre a origem da vida na diferença sexual possui implicações éticas concretas para as intervenções tecnológicas na vida corpórea e reprodutiva. Abraçando o colapso entre as distinções que o humanismo sustentou entre o animal, o humano, e a máquina, Braidotti nos previne contra pensarmos que poderíamos produzir e transformar o corpo em *todas e quaisquer* direções. Ainda que a transformação seja a tarefa indicada de seu texto, e poderíamos dizer que ela é o acontecimento deste texto, seria errado pensar que a nomadologia, tal como Braidotti a concebe, ou que o trabalho de metamorfose, como literalmente mudando a forma, é uma tarefa infinita, que pode ter lugar sem quaisquer limites. Existem modos de transformação que operam com e através do corpo, porém existem outros, em sua visão, que buscam superar a vida corpórea ou exceder os parâmetros da diferença corpórea. A estes últimos Braidotti se opõe a partir de fundamentos éticos e políticos. Eles se

Desfazendo gênero

adequariam aos fins do falocentrismo, por exemplo, construir a "transformação" como a superação da diferença sexual, usá-la como ocasião para reinstalar formas masculinistas de dominação e autonomia e, assim, obliterar a diferença sexual e o domínio simbólico específico – o futuro simbólico específico – do feminino. De modo similar, ela se opõe a qualquer rendição a um refazer tecnológico do corpo que compactue com uma somatofobia, um esforço para escapar completamente da vida corpórea. (A diferença e o corpo permanecem, para Braidotti, não apenas as condições da transformação, mas os próprios veículos e instrumentos da transformação, aqueles sem os quais a transformação no sentido normativo não poderia ocorrer).

A visão de Braidotti acerca da transformação não somente estabelece uma relação com certa herança filosófica, como também constitui uma das mais significativas dimensões da sua própria contribuição filosófica. Imediatamente uma teoria do ativismo, ou uma teoria ativista, sua consideração sobre a corporificação opera filosófica e politicamente em simultaneidade, construindo a transformação em ambos os modos de uma só vez. Enquanto alguns críticos do pós-estruturalismo sustentaram que não pode haver "agência" sem um sujeito localizado e unitário, Braidotti mostrou que a atividade, a afirmação e a própria capacidade de transformar as condições são derivadas de um sujeito multiplamente constituído e movente em várias direções. A linha de Espinosa através de Deleuze que Braidotti segue, a qual inclui uma certa leitura da psicanálise e que ainda poderia compartilhar algumas afinidades com Nietzsche, argumenta que a vontade de vida, que a afirmação da vida acontece através do jogo da multiplicidade. A interação dinâmica dos efeitos múltiplos traz à tona a própria transformação. Para aqueles que argumentam que um agente multiplamente constituído é difuso ou disperso, deveria ser dito que, para Braidotti, a multiplicidade é uma maneira de entender o jogo das forças que operam umas sobre as outras e que dão origem a novas possibilidades de vida. Multiplicidade não é a morte da agência, mas sua própria condição. Nós interpretamos mal de onde vem a ação se falhamos em entender como forças múltiplas interagem e produzem o próprio dinamismo da vida.

A transformação é produzida pelo jogo das forças, algumas das quais são, de maneira relevante, inconscientes, operando através de meios corpóreos, de tal modo que, quando a criatividade acontece e algo novo é inaugurado, este é o resultado de uma atividade que precede o sujeito cognoscente, mas sem ser, por esse motivo, completamente externa ao sujeito. Algo que me precede me constitui como eu sou, e este paradoxo fornece articulação para a concepção do sujeito irredutível à consciência. Nós não estamos nos referindo a um sujeito dominante – um indivíduo liberal que conhece e decide em um curso de ação – como se apenas o sujeito inaugurasse a ação e não fosse aquilo sobre o qual se atua de várias maneiras. O fato de que o sujeito seja produzido na diferença sexual parece significar, para Braidotti, que ele é um corpo sobre o qual agem outros corpos, produzindo a possibilidade de uma certa transformação. Trata-se de uma indução à vida, uma sedução pela vida, em que a própria vida não pode ser entendida separada da transformação dinâmica para a qual buscamos oferecer um relato.

Essa visão filosófica possui uma relevância global e cultural particular para aqueles que buscam saber com o que a transformação poderia parecer no contexto de uma rede global dinâmica. Enquanto alguns diriam, em uma veia marxista

Desfazendo gênero

por exemplo, que o mundo social é a soma dos efeitos totalizantes e totalizados, Braidotti iria, me parece, opor-se a essa estase e buscaria conhecer como essas várias redes, tecnológicas e econômicas, e possibilidades de transformação são condicionadas e produzidas. Porém, aqui temos que compreender novamente que esta transformação só pode ter lugar se concebermos os processos corpóreos como sua condição e lugar de acontecimento. Para Braidotti, os processos corporais precisam ser especificados nos termos da diferença sexual. E a diferença sexual é o nome para um futuro simbólico que chega para valorizar a não-una[20] como a condição da própria vida.

De certa forma, e sem que eu o soubesse, produzi alguns dos textos aos quais a posição de Braidotti se opõe. Como Braidotti, acabei por representar uma versão do feminismo pós-estruturalista que tem comprometimentos que se sobrepõem com os dela, mas um que tende a trabalhar com diferentes textos e diferentes problemáticas. O pós-estruturalismo não é um monólito; não é um evento unitário ou um conjunto de textos, mas uma ampla variedade de obras que emergem em consequência de Ferdinand Saussure, do Hegel francês, do existencialismo, da fenomenologia, e de várias formas de formalismo linguístico. Minha percepção é que seria correto dizer, como faz Braidotti, que às vezes permaneço dentro da teologia da falta, que às vezes eu foco no trabalho do negativo no seu sentido hegeliano, e que

---

20 Rosi Braidotti, em *Metamorphoses*, chama de "não-una" [not-one] a sexualidade da mulher apresentada por Irigaray, segundo a qual haveria uma espécie de ambiguidade fundamental, como um prazer não unitário e autoerótico, dado a estrutura constituinte da vulva como "dois lábios" que continuamente se tocam. Para maiores esclarecimentos cf. Irigaray, *This Sex Which is Not One* [ed. bras.: *Este sexo que não é só um sexo*]. (N. T.)

isto me envolve em considerações sobre a melancolia, o luto, a consciência, a culpa, o terror e coisas afins. Tendo a pensar que isto é simplesmente o que acontece quando uma garota judia com uma herança psicológica do Holocausto senta-se para ler filosofia muito jovem, em especial quando ela se volta para a filosofia a partir de circunstâncias violentas. Também pode ser que eu esteja com frequência envolvida com questões sobre a sobrevivência, na medida em que não estou certa nem se meu próprio gênero ou minha própria sexualidade – não importa o que ambos os termos finalmente signifiquem – iriam me permitir ser imune às várias formas de violência social. Sobrevivência não é a mesma coisa que afirmação, porém não há afirmação sem sobrevivência (a menos que leiamos certos atos de suicídio como afirmativos). Sobrevivência, entretanto, não é o suficiente, mesmo que nada mais possa acontecer a um sujeito sem sobrevivência.[21] Quando Braidotti considera dor, sofrimento e limitação, ela é levada a encontrar o caminho através e para além deles, a engajar certo ativismo que supera a passividade sem assumir a forma de um controle soberano. Essa é uma expressão artística refinada que é esboçada através de uma certa insistência em encontrar possibilidades, tanto para afirmação quanto para a transformação no que pode ser difícil, ao menos potencialmente perigoso: novas tecnologias para o corpo, redes de comunicação global, e padrões de imigração transnacional e de deslocamento.

---

21 O texto de Primo Levi, *Moments of Reprieve* [ed. bras.: *71 contos de Primo Levi*] repetidamente estabelece a diferença entre sobrevivência e afirmação.

Desfazendo gênero

Suponho que as questões que eu seria compelida a colocar sobre emigração forçada incluiriam o que se segue: Por quais formas de perda passam aqueles que são obrigados a emigrar? Que tipo de dissonância é experimentada por aqueles que não possuem mais uma casa em um país, e que ainda não obtiveram uma casa em um país novo, mas vivem em uma zona suspensa de cidadania? Quais formas assumem as dores e sofrimentos de uma colonização continuada? O que é ser deslocado na própria casa, o que certamente é o caso dos palestinos sob ocupação até o momento presente?

Minha aposta é que Braidotti não dispensaria essas cenas de sofrimento *como* sofrimento, mas que, metodologicamente, buscaria identificar esses lugares de fratura e mobilidade como condições para novas possibilidades. Neste sentido, seu modo crítico de ler procura identificar lugares possíveis para a transformação, buscando abrir aquilo que de outro modo pareceria uma armadilha ou o fim da linha, e encontrando aí uma nova condição social para a afirmação. A existência de um estado de fratura, ou um estado de deslocamento, pode, sem dúvida, ser um lugar de sofrimento, mas pode, igualmente, ser um lugar para novas possibilidades de agência. Podemos lamentar a perda da proximidade e da privacidade como condições para a comunicação humana, mas também podemos considerar as possibilidades de transformação por meio das redes globais e as possibilidades de alianças globais.

Não há neste texto, me parece, um programa para a transformação que seja uma agenda detalhada sobre o que deve ser transformado e como. Na verdade, a obra da transformação é exemplificada pelo texto, na sua prática de leitura, na sua insistente busca pelo que é móvel e gerador. Braidotti se contrapõe, por um lado, às previsões pessimistas da esquerda que pensa que os processos sociais já fizeram todo seu trabalho sujo, e que nós vivemos como os efeitos inertes da sua eficácia primária. Por outro lado, ela se contrapõe às formas de agência – geralmente modeladas como uma soberania falocêntrica – que ou negam o corpo ou recusam a diferença sexual e, deste modo, nos seus termos, falham em compreender o quanto a própria vida requer o jogo da multiplicidade.

Existem, claramente, algumas questões pendentes entre a posição de Braidotti e a minha. Tentarei formulá-las em forma de perguntas com a esperança de que este texto, assim como outros, seja tomado como uma parte de uma contínua conversa crítica.

Diferença sexual

Braidotti argumenta que a diferença sexual é frequentemente rejeitada pelos teóricos na medida em que a própria feminilidade é associada a uma compreensão pejorativa de seu significado. Ela não gosta deste uso pejorativo do termo, contudo pensa que o próprio termo pode ser disponibilizado em um futuro diferente. Isto pode muito bem ser verdade. Mas é justo dizer que aqueles que se opõem a este enquadramento necessariamente humilham ou rebaixam a feminilidade, ou acreditam que a feminilidade só pode ter um significado rebaixado? É justo dizer que aqueles que não subscrevem a este enquadramento são então contra o feminino, ou até mesmo misóginos? Parece-me que o futuro simbólico será um no qual a feminilidade tem múltiplas possibilidades, em que ela é, tal como a própria Braidotti reivindica, liberada da demanda de ser uma coisa, ou de ser cúmplice com uma determinada norma, uma norma desenvolvida para isso por meios falocêntricos. Porém, o enquadramento para pensarmos sobre a divisão sexual deve ser binário? Por que o enquadramento para a diferença sexual não poderia, ele mesmo, se mover para além da binaridade em direção à multiplicidade?

Desejo *butch*

Como um código para a observação acima, consideremos o seguinte: Pode haver mulheres que amam mulheres, que amam até mesmo o que poderíamos chamar de "feminilidade", mas que não conseguem encontrar um modo de compreender seu próprio amor através da categoria das mulheres ou como uma troca de feminilidade.[22] O desejo *butch* pode, de certa forma, como se diz, ser experimentado como parte do "desejo das mulheres", mas ele também pode ser experimentado, quer dizer, nomeado e interpretado, como um tipo de masculinidade, que não se encontra nos homens. Existem várias formas de abordar essa questão do desejo e do gênero. Podemos culpar imediatamente a comunidade *butch*, e dizer que elas/nós somos apenas antifemininas ou que repudiamos uma feminilidade primária, mas então nós ficaríamos com o dilema de que, na maioria das vezes (mas não sempre), as *butch* são profundamente, se não fatalmente, atraídas pelo feminino e, neste sentido, amam o feminino.

Podemos dizer, estendendo o quadro de referência de Braidotti, que este juízo negativo do desejo *butch* é um exemplo do que acontece quando o feminino é definido tão estreitamente

---

22 Cf. Halberstam, *Female Masculinity*.

como um instrumento do falocentrismo, ou seja, que a gama completa da feminilidade possível não é englobada dentro destes termos, e que o desejo *butch* deveria propriamente ser descrito como uma outra troca do desejo feminino. Esta última visão busca uma consideração mais aberta da feminilidade, que siga de modo oposto às sementes da versão falocêntrica. Esta visão incrementa a primeira, a qual simplesmente atribui ao sujeito desejante em questão uma disposição psicológica para a autoaversão ou para a misoginia. Porém, se há masculinidade em operação no desejo *butch*, ou seja, se este é o nome através do qual este desejo chega a fazer sentido, então porque fugirmos do fato de que pode haver maneiras nas quais a masculinidade emerge nas mulheres, e pontos em que o feminino e o masculino não pertencem a corpos sexualmente diferentes? Por que não seria o caso de que estejamos no limite da diferença sexual para a qual a linguagem da diferença sexual pode não ser o bastante, e de que isto se segue, de certo modo, de uma compreensão do corpo como constituído por, e constituindo, múltiplas forças? Na medida em que essa construção particular do desejo excede o quadro binário, ou confunde seus termos, por que então ela não poderia ser uma instância para as múltiplas forças que Braidotti aceita em outras ocasiões?

Deleuze

Apesar de Braidotti referir-se ao meu livro de 1987, *Subjects of Desire*,[23] para sustentar a reivindicação de que eu rejeito

---

23 *Subjects of Desire* é a primeira obra publicada de Judith Butler, oriunda da sua dissertação escrita em 1984 sobre a questão do desejo na

Desfazendo gênero

Deleuze, ela precisa saber que todos os anos recebo diversos ensaios e comentários de pessoas que insistem que eu sou uma deleuziana. Penso que isso seria uma ideia terrível para ela, mas pediria que considerasse que o *conatus* espinosano permanece no centro da minha própria obra. Assim como ela, sou a favor de uma filosofia desinstitucionalizada (uma filosofia "minoritária"), e eu estou igualmente procurando pelo novo, por possibilidades que emergem a partir da dialética falida e que excedem a própria dialética. Confesso, contudo, que não sou uma materialista muito boa. Cada vez que tento escrever sobre o corpo, a escrita acaba sendo sobre a linguagem. Isso não se dá porque eu pense que o corpo seja redutível à linguagem; ele não é. A linguagem emerge do corpo, constituindo uma emissão de modelos. O corpo é aquilo pelo qual a linguagem falha, e o corpo carrega seus próprios sinais, seus próprios significantes, em modos que permanecem largamente inconscientes. Apesar de Deleuze opor-se à psicanálise, Braidotti não o faz. A psicanálise parece centrada no problema da falta para Deleuze, porém eu tendo a dar centralidade ao problema da negatividade. Uma razão pela qual me opus a Deleuze consiste no fato de que não encontro nenhum registro do negativo em sua obra, e tive receio de que ele estivesse propondo uma defesa maníaca contra a negatividade. Braidotti religa Deleuze à psicanálise de uma maneira nova e assim o torna legível em um modo novo.

Fenomenologia do espírito de Hegel e sua recepção e apropriação pela filosofia francesa contemporânea, especificamente em Alexandre Kojève, Jean Hyppolite, Sartre, Lacan, Deleuze e Foucault. Cf Butler, *Subjects of desire: Hegelian Reflections in Twentieth-Century France.* Nova York: Columbia University Press, 1999. (N. T.)

Contudo, como ela reconcilia o Deleuze que rejeita o inconsciente com a psicanálise que insiste, com razão, nisto?

Fala, corpos e performatividade

Em minha visão, a performatividade não é somente sobre atos de fala. É também sobre atos corpóreos. A relação entre os dois é complicada, e eu a chamei de "quiasma"[24] em *Corpos que importam*. Sempre há uma dimensão da vida corpórea que não pode ser plenamente representada, mesmo que ela opere como a condição e a condição ativante da linguagem.

Em geral, sigo a visão de Shoshana Felman em *The Scandal of the Speaking Body* no qual ela reivindica, seguindo Lacan, que

---

24 O termo "quiasma" é empregado pelo filósofo francês Maurice Merleau-Ponty em seu texto póstumo *O visível e o invisível*, visando caracterizar a estrutura relacional pré-pessoal entre corpo e a "carne do mundo". Segundo ele, a condição de emergência do sujeito seria um vínculo sensível de entrelaçamento carnal, a carne como um tecido do e no qual todas as coisas são feitas, inclusive o corpo próprio, e que tem como característica fundamental o comprometimento e reversibilidade dos termos ligados. O quiasma, portanto, marcaria esta implicação fundamental de polos que são opostos na própria ligação, sem se separarem e sem submergirem um no outro. O uso que Judith Butler faz dessa noção de Merleau-Ponty para pensar a estrutura de relacionalidade entre linguagem e materialidade em Corpos que importam, também pode ser vista em seu texto posterior Os sentidos do sujeito, nos capítulos "Merleau-Ponty e o toque de Malebranche" e "A diferença sexual como uma questão ética: Alteridades da carne em Irigaray e Merleau-Ponty". Para maiores esclarecimentos desta noção em Merleau-Ponty ver: Merleau-Ponty, *O visível e o invisível* [São Paulo: Editora Perspectiva, 2003]. Cf. também: Butler, *Os sentidos do sujeito* [Coordenação de tradução Carla Rodrigues. Belo Horizonte: Editora Autêntica, 2021]. (N. T.)

Desfazendo gênero

o corpo dá origem à linguagem, e que a linguagem carrega as intenções corpóreas e performa atos corpóreos que nem sempre são compreendidos por aqueles que usam a linguagem para realizar certas intenções conscientes. Eu compreendo isso como sendo a importância da transferência não somente para uma situação terapêutica, mas para a teorização sobre a linguagem que ela acarreta. Nós dizemos algo e significamos algo através do que dizemos, porém nós também fazemos algo com nossa fala, e aquilo que fazemos, como nós agimos sobre o outro com nossa linguagem, não é a mesma coisa que o significado que nós conscientemente transmitimos. É nesse sentido que as significações do corpo excedem as intenções do sujeito.

Heterossexualidade

Seria um erro dizer que eu sou contra. Apenas penso que a heterossexualidade não pertence exclusivamente aos heterossexuais. Além disso, práticas heterossexuais não são a mesma coisa que normas heterossexuais; a normatividade heterossexual me preocupa e torna-se a ocasião da minha crítica. Sem dúvida, praticantes heterossexuais possuem todos os tipos de críticas e perspectivas satíricas sobre a normatividade heterossexual. Nas ocasiões em que busquei elucidar a melancolia heterossexual, quer dizer, uma recusa ao vínculo homossexual que emerge interiormente à heterossexualidade como a consolidação das normas de gênero ("Eu sou uma mulher, então não quero uma"), estava tentando mostrar como a proibição a certas formas de amor vem a ser instalada como uma verdade ontológica sobre o sujeito: O "sou" de "Eu sou um homem" codifica a proibição "Eu não posso amar um homem", de tal modo que a reivindicação ontológica carrega a força da própria proibição. Isso apenas acontece, entretanto, sob condições de melancolia, e não significa que toda a heterossexualidade seja estruturada dessa maneira, ou que não poderia haver plena "indiferença" à questão da homossexualidade por parte de alguns heterossexuais, em vez de um repúdio inconsciente (tomo este ponto de Eve Kosofsky Sedgwick). Assim como não quero sugerir que eu esteja sustentando um modelo de desenvolvimento no qual há, antes de tudo, o amor homossexual, e então que o amor se torne reprimido, de modo que a heterossexualidade emergiria como uma consequência. Acho interessante, no entanto, que essa consideração parece seguir-se dos postulados do próprio Freud.

Apoio totalmente a visão de Braidotti, por exemplo, de que a criança está sempre apaixonada pela mãe cujo desejo é direcionado a outro lugar, e que esta triangulação faz sentido enquanto condição do sujeito desejante. Caso seja esta sua versão da edipalização, então, nenhuma de nós recusa a edipalização, apesar de ela não ler a edipalização através da falta, e eu incorporar a proibição à minha consideração sobre a heterossexualidade compulsória. É apenas em acordo com o modelo que estabelece a disposição heterossexual na criança como um dado, que faz sentido questionar, como Freud questionou em *Três ensaios sobre a teoria da sexualidade*,[25] como a heterossexualidade é realizada. Em outras palavras, é apenas no interior da tese de

---

25 Freud, The Three Essays on The Theory on Sexuality in: *The Standard Edition of The Complete Works of Sigmund Freud*. [ed. bras.: *Três ensaios sobre a teoria da sexualidade, Análise fragmentária de uma histeria (o "caso Dora") e outros textos*].

Desfazendo gênero

uma sexualidade primária que a questão sobre uma homossexualidade primeira emerge, na medida em que haverá alguma consideração dada sobre como a heterossexualidade vem a ser estabelecida. Meu engajamento crítico com esses esquemas de desenvolvimento tem sido mostrar como a teoria das disposições heterossexuais pressupõe o que poderia desfazê-la, ou seja, uma história erótica pré-heterossexual a partir da qual ela emerge. Caso exista uma triangularidade que nós chamamos de edipalização, ela só emerge tendo como base um conjunto de proibições ou constrangimentos. Apesar de eu aceitar que esta triangularidade seja, sem dúvida, uma condição do desejo, também tive um problema em aceitá-la. Esse problema é, com certeza, um sinal de sua eficácia, na medida em que é o que introduz dificuldade no desejo, psicanaliticamente considerando. O que mais me interessa, contudo, é desarticular a edipalização da tese de uma heterossexualidade primária ou universal.

Mímesis

Braidotti relata seu prazer ao encontrar no Instituto de Arte Contemporânea em Londres uma obra de arte que contém a frase, "uma mímesis irônica não é uma crítica". Eu me pergunto se esta afirmação é verdadeira. O tipo de mímesis crítica que Luce Irigaray performa em *The Speculum of the Other Woman* estaria incluída sob esta visão? Braidotti iria querer dispensar a parte de Irigaray que entra na linguagem da filosofia como sua sombra, para infiltrar seus termos, para manifestar o feminino ocluso, e para promover uma escrita disruptiva que coloca a autoridade autofundada da filosofia masculinista em questão? Porque este tipo de mímesis não seria crítico? Acredito

Judith Butler

que cometemos um erro se pensarmos que este tipo de mímesis resulta apenas em uma moralidade escrava, aceitando e fortificando os termos da autoridade. Irigaray faz algo a mais com estes termos. Ela os transforma; ela deriva um lugar para as mulheres onde não havia lugar; ela expõe as exclusões por meio das quais certos discursos prosseguem; e mostra que estes lugares de ausência podem ser mobilizados. A voz que emerge "ecoa" o discurso dominante, mas este eco por sua vez estabelece que há uma voz, que alguns poderes articulatórios não foram obliterados, e que ela está refletindo as palavras através da quais sua própria obliteração veio a ter lugar. Algo está persistindo e sobrevivendo, e as palavras daquele que domina soam diferentes quando faladas por aquele que, na fala, na declamação, está neutralizando os efeitos obliterantes de sua reivindicação.

Divisão anglo-europeia

Braidotti argumenta que a teoria feminista na Europa foi submetida à hegemonia do feminismo dos Estados Unidos, e presumo que ela esteja igualmente se referindo a teoria das mulheres brancas. Para ela, é importante defender um feminismo europeu visando engajar-se em questões chave, incluindo a imigração, novos racismos europeus, a ética da tecnologia reprodutiva e a política do meio ambiente, para nomear algumas. É notavelmente difícil para as feministas dos Estados Unidos e para teóricos em geral realizar uma consideração do seu privilégio de primeiro mundo em maneiras que não se resolvam em uma culpa autoengrandecedora ou em esforços histriônicos de autoapagamento. A teoria emerge da localização, e a própria localização está em crise na Europa, na medida

Desfazendo gênero

em que os limites da Europa são precisamente o que está sendo contestado em discussões sobre o que pertence à União Europeia e o que não pertence, sobre regras a respeito da imigração (especialmente na Bélgica, França e Holanda), sobre os efeitos culturais das comunidades islâmicas, das populações de árabes e do norte da África. Eu sou americana, mas sou instruída em filosofia europeia. Há apenas algumas décadas atrás, eu era parte de uma família que compreendia a si mesma como de judeus europeus, e cresci com os mais velhos falando diversas línguas que não compreendia e em inglês com sotaques carregados. Quando fui para a Alemanha para estudar Idealismo Alemão, minha avó pensava que eu estava "retornando" ao lugar que pertencia, e que isso era uma coisa boa e apropriada. Seus irmãos estudaram em Praga, e ela soube que havia uma herança intelectual judaico-alemã. Ainda passo muitos domingos lendo Benjamin e Scholem, e pode ser que essa herança (que pode ser traçada até Derrida) seja mais importante para mim do que a sociologia e a antropologia norte-americanas.[26] Escuto Braidotti falar em inglês, sabendo que o italiano foi sua primeira língua (mesmo considerando que ela viveu na Austrália por muitos anos), e percebo que seu inglês é mais rápido que o meu. Ao refletir sobre isso, apostaria que ela possui mais amigos na comunidade feminista norte-americana do que eu.

Meu alemão não é tão ruim e passo mais tempo discutindo com habermasianos do que as pessoas acreditariam. Existe uma

---

26 *"American"*. No original, Butler não faz distinção entre americanos e norte-americanos. Seguimos o padrão editorial de não tomar os dois termos como sinônimos e, na maioria dos casos, adotamos estadunidense para nos referirmos ao que é próprio dos Estados Unidos. (N. T.)

Judith Butler

troca transatlântica operando entre nós duas: fizemos cruzamentos. Braidotti ajudou a nos mostrar o que é este processo, e como as múltiplas localizações que habitamos produzem novos lugares de transformação. Podemos, então, retornar à distinção bipolar entre europeu e estadunidense com facilidade? As guerras contra o Afeganistão e o Iraque claramente produziram um anseio pela esquerda europeia entre diversos progressistas estadunidenses, mesmo considerando que esse anseio, em sua forma ingênua, tende a esquecer a ressurgência da soberania nacional e do racismo pervasivo institucional contra novos imigrantes que atolam na Europa nesse momento. Sem dúvida, contudo, precisamos da distinção entre europeu e estadunidense para marcar o funcionamento hegemônico da cena estadunidense dentro do feminismo. Mas talvez seja mais importante neste momento considerar os feminismos que foram deixados de fora desse recorte, aqueles que emergem a partir de localidades subalternas, dos países "em desenvolvimento", do hemisfério sul, da Ásia, assim como de novas comunidades de imigrantes dentro dos Estados Unidos e da Europa.

Na medida em que o feminismo norte-americano assinala uma preocupação com o gênero, então poderia parecer que "estadunidense" está alinhado com o sociológico, com a teoria da construção social, e que a doutrina da diferença corre o risco de perder seu destaque. Porém, talvez a tarefa mais importante seja pensar através dos debates sobre o corpo, na medida em que pode ser ou pode não ser verdade que a construção cultural apague tanto a diferença sexual quanto os processos corpóreos. Caso o "impulso" seja a convergência da biologia e da cultura, pareceria, assim, que o "impulso" apresenta a possibilidade de uma troca produtiva entre aqueles que falam em

Desfazendo gênero

nome do corpo e aqueles que falam em nome da cultura. E, se a diferença não é um código para a normatividade heterossexual, logo, certamente ela precisa ser articulada de tal modo que a diferença seja compreendida como aquilo que perturba a coerência de qualquer postulação de identidade. Caso a nova política de gênero argumente contra a idealização do dismorfismo, então, ela argumentaria contra a primazia da própria diferença sexual? E se tecnologias do corpo (cirúrgica, hormonal, atlética) geram novas formas de gênero, seria precisamente visando habitar mais plenamente um corpo ou isso constituiria um apagamento perigoso? Parece crucial manter essas questões abertas de tal modo que nós possamos trabalhar teórica e politicamente em alianças mais vastas. As linhas que traçamos são convites a atravessá-las, e essa travessia, como qualquer sujeito nômade sabe, constitui quem nós somos.

10
A questão da transformação social[*]

O feminismo consiste na transformação das relações de gênero. Provavelmente todas as pessoas poderiam concordar com isso, mesmo que "gênero" não seja a palavra preferida para algumas delas. E a questão sobre as relações entre o feminismo e as transformações sociais ainda abre um terreno difícil para nós. Isso deveria ser óbvio, poderíamos pensar, porém algo o torna obscuro. Aquelas de nós às quais esta questão é colocada são convidadas a esclarecer aquilo que já assumimos, mas que não deveria ser tomado como certo. Podemos imaginar a transformação social de modo diferente. Podemos ter uma ideia sobre como o mundo seria, ou como deveria ser, transformado pelo feminismo. Podemos ter ideias muito diferentes sobre o que é a transformação social, ou sobre o que a qualifica como um exercício transformativo. Porém, devemos também ter alguma ideia sobre como a teoria se relaciona ao processo de transformação, se a teoria é em si mesma um trabalho transformativo que tem a transformação como um de seus efeitos.

---

[*] Tradução de Nathan Teixeira.

No que se segue, irei argumentar que a teoria é em si mesma transformativa, então, irei estabelecer isso antecipadamente. Porém, também é preciso compreender que não penso que a teoria seja suficiente para uma transformação social e política. Algo para além da teoria deve se realizar, tal como intervenções nos níveis sociais e políticos que envolvem ações, trabalho continuado, e prática institucionalizada, a qual não é exatamente igual ao exercício da teoria. Eu adicionaria, no entanto, que em todas essas práticas, a teoria é pressuposta. Somos todos, no próprio ato de transformação social, filósofos leigos, pressupondo uma visão de mundo sobre o que é correto, o que é justo, o que é abominável, sobre o que a ação humana é e pode ser, sobre o que constitui as condições necessárias e suficientes da vida.

Existem muitas questões que formam os diferentes focos da pesquisa feminista, e eu não gostaria de identificar nenhuma delas como o foco essencial ou definidor. Gostaria de dizer, entretanto, que a questão da vida está de alguma maneira no centro de maior parte da teoria feminista e, em particular, da filosofia feminista. A questão sobre a vida pode ser colocada de várias formas: O que é uma vida boa?[1] Como a vida boa veio

---

1 O questionamento sobre as condições de possibilidade de se levar uma "vida boa" diante da precarização da vida e da distribuição desigual da vulnerabilidade na contemporaneidade é retomado pela autora em uma conferência proferida em Frankfurt em 11 de setembro de 2012, por ocasião da cerimônia de entrega do Prêmio Adorno, publicada originalmente em Radical Philosophy, n. 176, nov./dez., 2012, p.9-18. Para a versão traduzida deste texto ver: "Pode-se levar uma vida boa em uma vida ruim?", trad. Aléxia Bretas. *Cadernos de Ética e Filosofia Política*, v. 2, n.33, 2018, p.213-29. (N. T.)

a ser concebida de tal maneira que a vida das mulheres não foi incluída em sua conceitualização? O que seria a vida boa para as mulheres? Porém, talvez haja, anterior a estas questões, todas as quais são importantes, uma outra: a questão da própria sobrevivência. Quando consideramos o que o pensamento feminista poderia ser no que concerne à sobrevivência, um conjunto diferente de questões emerge: de quem é a vida considerada como uma vida? Qual prerrogativa possui para viver? Como decidimos quando a vida começa e quando termina, e como pensamos a vida contra a vida? Sobre quais condições a vida deveria vir a existir, e através de quais meios? Quem cuida da vida na medida em que ela emerge? Quem cuida da vida da criança? Quem cuida da vida na medida em que ela desvanece? Quem cuida da vida da mãe, e qual é seu valor afinal? E em que medida o gênero, um gênero coerente, garante a vida como vivível? Qual ameaça de morte é dirigida àqueles que não vivem o gênero de acordo com as normas aceitas?

O fato de que o feminismo sempre pensou sobre questões da vida e da morte significa que o feminismo sempre foi, até certo ponto e de alguma forma, filosófico. E na medida em que ele se pergunta sobre como organizamos a vida, como lhe atribuímos valor, como a protegemos contra a violência, como compelimos o mundo, e suas instituições, a abrigar novos valores, suas buscas filosóficas estão, em certo sentido, em acordo com o objetivo da transformação social.

Seria mais fácil se eu pudesse expor o que penso sobre qual deveria ser a relação ideal entre os gêneros, o que o gênero, como uma norma e uma experiência, deveria ser, em que consistiria sua igualdade e justiça. Seria mais fácil. Você poderia saber as normas que guiam meu pensamento, e poderia julgar se consegui ou não alcançar os objetivos que propus para mim mesma. Mas as coisas não são tão fáceis para mim. Minha dificuldade irá emergir não por conta de teimosia ou de uma vontade de ser obscura. A dificuldade emerge simplesmente a partir da verdade dupla de que, apesar de precisarmos de normas para viver, e para viver bem, e para saber em qual direção transformar nosso mundo social, somos igualmente constrangidos/as pelas normas de modos que, por vezes, cometem violência contra nós e às quais, por razões de justiça social, devemos nos opor. Há talvez uma confusão aqui, já que muitos vão dizer que a oposição à violência deve se realizar em nome da norma, uma norma de não-violência, uma norma do respeito, uma norma que governa ou compele o respeito pela própria vida. Contudo, consideremos que a normatividade possui esse duplo significado. Por um lado, ela refere-se aos objetivos e aspirações que nos guiam, aos preceitos pelos quais somos compelidos a agir ou falar uns com os outros, às pressuposições comumente aceitas por meio das quais nos orientamos, e que fornece direções às nossas ações. Por outro, a normatividade se refere ao processo de normalização, ao modo em que certas normas, ideias e ideais mantêm o controle sobre a vida corporificada, fornece critérios coercitivos para "homens" e "mulheres" normais. Quando desafiamos estas normas, não é claro se ainda estamos vivendo, ou deveríamos estar, se nossas vidas são válidas, ou se o podem ser, se nossos gêneros são reais, ou mesmo se podem ser considerados enquanto tais.

Um bom pensador iluminista iria simplesmente balançar sua cabeça e dizer que se fazemos objeção à normalização, é em nome de uma norma diferente que se faz uma objeção. No entanto, esta crítica também deveria considerar qual a

Desfazendo gênero

relação entre normalização e normatividade. É preciso considerar a possibilidade de que quando falamos sobre o que nos liga como humanos, e sobre quais formas de discurso ou pensamento buscamos, em um esforço de encontrar uma ligação comum, de que estejamos, inevitavelmente, buscando recurso nas relações socialmente instituídas, que vieram sendo formadas ao longo do tempo, e que nos fornecem um sentido de "comum" apenas pela exclusão daquelas vidas que não cabem na norma. Neste sentido, vemos a "norma" como aquilo que nos liga, mas igualmente enxergamos que a "norma" cria unidade por meio de uma estratégia de exclusão. Seria necessário pensar neste problema, essa duplicidade da norma. Porém, neste ensaio, eu gostaria de iniciar questionando, primeiramente, os tipos de normas que governam o gênero, e perguntar, em particular, como elas constrangem e habilitam a vida, como elas designam antecipadamente qual será e qual não será uma existência vivível.

Gostaria de seguir com essa primeira tarefa por meio de uma revisão de *Problemas de gênero*, o texto no qual, desde o início, ofereci minha teoria do gênero. Gostaria de considerar essa teoria explicitamente nos termos da questão da violência, e na possível transformação da cena de violência de gênero em um futuro de sobrevivência social. Em segundo lugar, gostaria de considerar essa natureza dupla das normas, mostrando como não podemos viver sem elas, e como não devemos assumir que a sua forma é dada ou fixa. Na verdade, mesmo que não possamos viver sem elas, será visto que também não podemos aceitá-las tal como são. Gostaria de perseguir esse paradoxo em direção ao final das minhas observações no intuito de elucidar o que acredito ser as apostas políticas da teoria feminista.

347

Judith Butler

Problemas de gênero e a questão da sobrevivência

Escrevi este texto quando era muitos anos mais nova do que sou agora, e não dispunha de uma posição segura na academia. Eu o escrevi para alguns de meus amigos, e imaginava que talvez umas cem ou duzentas pessoas poderiam lê-lo. Naquele momento tinha dois objetivos: o primeiro, expor o que me parecia ser um heterossexismo impregnante na teoria feminista; o segundo consistia em tentar imaginar um mundo no qual aqueles que vivem a certa distância das normas de gênero, que vivem na confusão das normas de gênero, pudessem ainda compreender a si próprios não apenas como vivendo vidas vivíveis, mas também merecendo certo tipo de reconhecimento. Deixe-me, porém, ser mais honesta que isto. Eu esperava que algo dos problemas de gênero fosse compreendido e reconhecido como tendo dignidade, segundo algum ideal humanista, mas, do mesmo modo, esperava que ele causasse um distúrbio – fundamentalmente – na maneira como a teoria social e feminista pensam o gênero, e que achassem isso excitante, esperava compreender algo sobre como o desejo perturba o gênero, o desejo que o gênero solicita, o desejo que transmite.

Então, deixe-me considerar esses dois pontos novamente, na medida em que ambos mudaram em minha concepção, e como resultado, eles me compelem a repensar a questão da mudança.

Em primeira instância: a teoria feminista. O que compreendia como sendo o seu heterossexismo, e como o compreendo agora? Naquele momento, concebia a teoria da diferença sexual como uma teoria da heterossexualidade. Assim como compreendia que o feminismo francês, com exceção de Monique Wittig, entende a inteligibilidade cultural não apenas para

Desfazendo gênero

assumir a diferença fundamental entre masculino e feminino, mas para reproduzi-la. A teoria foi derivada de Lévi-Strauss, de Lacan, de Saussure, e houve mais quebras com aqueles mestres do que se poderia rastrear. Afinal de contas, foi Julia Kristeva quem disse que Lacan não deu espaço à semiótica e insistiu em oferecer esse domínio não apenas enquanto suplemento ao simbólico, mas tal qual um modo de desfazê-lo. E foi Cixous, por exemplo, quem viu a escrita feminina como uma maneira de fazer o signo viajar de modos que Lévi-Strauss não poderia imaginar ao final de *As estruturas elementares do parentesco*. Foi ainda Irigaray quem imaginou que os bens se encontravam, e até mesmo implicitamente teorizou um certo tipo de amor homoerótico entre mulheres quando aqueles lábios estavam enredados a tal ponto que não se podia dizer a diferença entre um e outro (e não ser capaz de dizer a diferença não era equivalente a "ser o mesmo").[2] O "ponto alto" daquele período era ver que estas feministas francesas entraram em uma região considerada fundamental para a linguagem e para a cultura a fim de asseverar que a linguagem vem a existir por meio da diferença sexual. O sujeito falante, consequentemente, emergia em relação à dualidade dos sexos, e esta cultura, tal como esboçada por Lévi-Strauss, era definida pela troca de mulheres, e esta diferença entre homens e mulheres era instituída no nível da troca elementar, uma troca que forma a própria possibilidade de comunicação.

---

2 O ponto central, para Irigaray, seria que esse autoerotismo seria interrompido em sua duplicidade fundamental pelo ato da penetração do pênis, a violência responsável por sua subordinação à "economia fálica dominante" da sexualidade. [Ver a nota 19 do capítulo anterior] (N. T.)

Judith Butler

Para compreender a euforia em relação a essa teoria por parte daquelas que estavam trabalhando com ela, e para aquelas que ainda estão, deve-se entender a mudança radical que aconteceu quando os estudos feministas deixaram de ser a análise das "imagens" das mulheres nesta ou naquela disciplina ou esfera da vida, para ser uma análise da diferença sexual desde a fundação da comunicabilidade cultural e humana. Subitamente, erámos fundamentais. Subitamente, nenhuma ciência humana poderia continuar sem nós.

E não fomos apenas fundamentais, estávamos mudando essa fundação. Havia uma nova escrita, uma nova forma de comunicabilidade, um desafio aos tipos de comunicabilidade que foram completamente constrangidos pelo simbólico patriarcal. Existiam também novos caminhos para as mulheres como gratificações por terem estado mais próximas, novos modos, modos poéticos, de aliança e produção cultural. Tínhamos, por assim dizer, os contornos da teoria patriarcal diante de nós, e estávamos ainda intervindo nela para produzir novas formas de intimidade, aliança, e comunicabilidade que estivessem fora de seus termos, mas que estivessem também contestando sua inevitabilidade, sua reivindicação totalizante.

Isso pode soar como algo muito bom, no entanto, produziu alguns problemas para muitas feministas. Em primeiro lugar, parecia que o modelo de cultura, tanto em seu modo patriarcal quanto feminista, assumia a constância da diferença sexual, e havia aquelas/es de nós para os quais o problema de gênero era a contestação da própria diferença sexual. Houve muitos que se perguntaram se, por acaso, eram mulheres, e algumas pessoas perguntaram isso com a intenção de serem incluídas nesta categoria, e algumas pessoas perguntaram buscando encontrar,

Desfazendo gênero

caso houvesse, alternativas de ser nesta categoria. Em *"Am I That Name?"*,[3] Denise Riley escreveu que não gostaria de ser reduzida por uma categoria, porém Cherríe Moraga e outras estavam igualmente começando a teorizar sobre as categorias de *butch* e *femme*,[4] as quais colocaram em discussão se os tipos de masculinidade em jogo para *butch* eram sempre determinados por uma diferença sexual previamente operativa, ou se estavam colocando em questão a diferença sexual.[5]

As *femmes* colocaram uma questão importante: estaria essa feminilidade definida em relação ao masculino já operante na cultura, como parte de uma estrutura normativa que não poderia ser modificada, ou esta seria o desafio a essa estrutura normativa, um desafio do interior de seus termos mais estimados? O que ocorre quando termos como *butch* e *femme* emergem não tal qual simples cópias da masculinidade heterossexual e da feminilidade heterossexual, mas como expropriações que expõem a condição não necessária em relação a seus significados assumidos? De fato, o ponto amplamente citado de *Problemas de gênero* foi o seguinte: que categorias como *butch* e *femme* não eram cópias de uma heterossexualidade mais originária, mas que elas mostravam como aquelas assim chamadas originais, de homens e mulheres dentro do quadro heterossexual, eram do mesmo modo construídas, performativamente

---

3 Ver Riley, Am I That Name?. (N. T.)

4 *Butch* e *femme* são termos que fazem referência às lésbicas, *butch* sendo aquelas que apresentam características tradicionalmente compreendidas como "masculinas" e *femme* aquelas que apresentam as características compreendidas como "femininas". Ver glossário ao final desta edição. (N. T.)

5 Cf. Houllibaugh, What We're Rolling Around in Bed With.

estabelecidas. Assim, a cópia ostensiva não é explicada por uma referência à origem, mas a origem é compreendida como performativa tal como a cópia. Por meio da performatividade, normas de gênero dominantes e não dominantes são equalizadas. Contudo, algumas dessas realizações performativas reivindicam o lugar de natureza ou reivindicam o lugar da necessidade simbólica, e elas fazem isso apenas ocluindo os modos pelos quais elas são performativamente estabelecidas.

Irei retornar à teoria da performatividade, porém agora, deixe-me explicar como minha consideração acerca dessa cisão particular entre uma teoria feminista altamente estruturalista e o problema de gênero pós-estruturalista veio a ser reformulada por mim.

Em primeira instância, na minha explicação dessa transição da diferença sexual para o problema de gênero, ou na verdade, da diferença sexual para a teoria queer (o que não é a mesma coisa, na medida em que "problema de gênero" é um momento da teoria queer), havia em operação um deslizamento da diferença sexual como categoria que condiciona a emergência na linguagem e cultura, e do gênero como conceito sociológico, figurado como norma. A diferença sexual não é a mesma coisa que as categorias de mulheres e homens. Mulheres e homens existem, poderíamos dizer, como normas sociais, e são, segundo a perspectiva da diferença sexual, modos nos quais a diferença sexual assumiu um conteúdo. Muitos lacanianos, por exemplo, argumentaram comigo que a diferença sexual tem um caráter apenas formal, que nada se desenvolve acerca dos papéis sociais ou dos significados que o gênero poderia ter a partir do próprio conceito de diferença sexual. Na verdade, alguns deles esvaziaram a diferença sexual de qualquer significado

Desfazendo gênero

semântico possível, combinando-a com a possibilidade estrutural da semântica, porém sem ter nenhum conteúdo semântico próprio ou necessário. De fato, eles até argumentam que a possibilidade de crítica emerge quando se vem a compreender como a diferença sexual veio a ser não somente concretizada em certas instâncias culturais e sociais, mas como ela foi reduzida a essas instâncias, na medida em que isto constitui um erro fundamental, uma maneira de foracluir a abertura fundamental para a própria distinção.

Então essa é uma maneira de me responder, e ela parte dos lacanianos formalistas: Joan Copjec e Charles Shepherdson, mas também de Slavoj Žižek. Porém, existe um argumento feminista mais forte que implícita ou explicitamente confronta a trajetória que estabeleci. É possível que ele seja articulado de modo mais bem sucedido, mais persuasivo, por Rosi Braidotti, cuja obra recente considero em parte do capítulo "O fim da diferença sexual?", neste livro.[6] Penso que o argumento se apresente mais ou menos assim: devemos manter o enquadramento da diferença sexual porque ele traz à tona a contínua realidade cultural e política da dominação patriarcal, pois nos lembra que não importa quais permutações de gênero aconteçam, elas nunca desafiam completamente o enquadramento a partir do qual elas acontecem, pois este enquadramento persiste em um nível simbólico, sobre o qual é mais difícil intervir. Críticas como Carol Anne Tyler argumentaram, por exemplo, que entrar nas normas transgressoras de gênero sempre será para uma mulher diferente do que será para um homem, e que

---

6 Cf. também minha entrevista com Rosi Braidotti, *Feminism By Any Other Name*.

Problemas de gênero não distinguiu bem o suficiente a própria diferença dessas posições internas à sociedade.

Outros sugeriram que o problema teria relação com a psicanálise, e com o lugar e o significado da edipalização. A criança entra no desejo por meio da triangulação, e haja ou não um par heterossexual que esteja funcionando como os pais, a criança irá ainda assim localizar um ponto de partida paternal e maternal. Essa díade heterossexual terá significação simbólica para a criança e se tornará a estrutura pela qual será dada forma ao desejo.

Em certo sentido, existem importantes alternativas a ser pensadas em conjunto aqui. Não estou sugerindo que elas podem ou devem ser reconciliadas. Pode ser que estejam em uma tensão necessária entre si, e que essa tensão necessária estruture agora o campo da teoria feminista e da teoria queer, produzindo sua inevitável tensão e necessitando do diálogo contencioso entre elas. É importante distinguir entre as teóricas da diferença sexual aquelas que argumentam a partir de fundamentos biológicos que a distinção entre os sexos é necessária (Barbara Duden, e as feministas alemãs tendem a fazer isso),[7] e aquelas que argumentam que a diferença sexual é o nexo fundamental pelo qual a linguagem e a cultura emergem (as estruturalistas e pós-estruturalistas sem-problemas-de-gênero [*non-gender-troubled*] fazem isso). Porém, há ainda outra distinção. Existem aquelas/es que acham o paradigma estruturalista útil apenas pelo fato de que ele mapeia a contínua diferenciação de poder entre homens e mulheres na linguagem e na sociedade e nos fornece uma maneira de entender o quão profundamente

---

7 Cf. Duden, *The Woman Beneath the Skin: A doctor's Patients in Eighteenth--Century Germany.*

Desfazendo gênero

essa diferenciação funciona ao estabelecer a ordem simbólica na qual vivemos. Entre os últimos, penso, existe uma diferença entre as pessoas que consideram essa ordem simbólica inevitável, e assim ratificam a estrutura patriarcal como uma estrutura inevitável da cultura, e as pessoas que pensam que esta diferença sexual é inevitável e fundamental, mas que a sua forma como patriarcal é contestável. Rosi Bradott pertence aos últimos. Pode-se ver por que tive conversas tão úteis com ela.

O problema surge quando tentamos compreender se a diferença sexual é necessariamente heterossexual. E ela é? Mais uma vez, isso depende de qual versão é aceita. Caso você argumente que a edipalização pressupõe uma parentalidade heterossexual ou um simbólico heterossexual que excede qualquer disposição de paternidade – caso haja alguma em operação – então, a questão está praticamente fechada. Caso você pense que a edipalização produz o desejo heterossexual, e que essa diferença sexual é uma função da edipalização, parece que a questão está de novo fechada. E existem ainda aquelas, como Juliet Mitchell, que estão atualmente envolvidas com esse ponto, mesmo que ela seja a única que, em *Psicanálise e feminismo*, declare a ordem patriarcal simbólica como não sendo um conjunto de normas modificáveis, mas uma "lei primordial".[8]

Aceito a indicação de que os conceitos sociológicos de gênero, compreendidos como mulheres e homens, não podem ser reduzidos à diferença sexual. Porém, ainda me preocupo, ativamente, com a compreensão da diferença sexual como operando tal qual uma ordem simbólica. O que significa para tal

---

8 Mitchell, *Psychoanalysis and Feminism* [ed. bras.: *Psicanálise e feminismo*].

ordem ser simbólica em vez de social?[9] E o que acontece com a tarefa da teoria feminista de pensar a transformação social caso aceitemos que a diferença sexual é orquestrada e constrangida em um nível simbólico? No caso de ser simbólica, seria modificável? Faço aos lacanianos essa pergunta, e geralmente eles me dizem que as mudanças no simbólico levam um longo, longo tempo. Questiono quanto tempo terei de esperar. Ou então eles me mostram algumas passagens do chamado *Discurso de Roma*,[10] e me questiono se essas passagens são aquelas às quais deveríamos nos agarrar na esperança de que as coisas possam mudar em algum momento. Além disso, sou obrigada a perguntar se é realmente verdade que a diferença sexual no nível simbólico não apresenta um conteúdo semântico? Poderia ela alguma vez o fazer? E se, de fato, nada foi feito além de termos abstraído do significado social da diferença sexual e a exaltado como uma estrutura simbólica e, por isso, pré-social? Há alguma maneira de termos certeza de que a diferença sexual esteja além da contestação social?

Poder-se-ia perguntar, após tudo isto, porque eu gostaria de contestar a diferença sexual em geral, porém a suposição permanente da minha teoria do gênero inicial era que o gênero é completamente produzido por meio de práticas identificatórias e performativas, e que o gênero não é tão claro e unívoco

---

9 Considero esse ponto de modo mais extenso em *Antigone's Claim* [ed. bras.: *O clamor de Antígona*].

10 A autora se refere ao texto apresentado por Lacan em um congresso de psicanálise realizado em Roma, em 26 e 27 de setembro de 1953, intitulado "Função e campo da fala e da linguagem em psicanálise", comumente conhecido como "Discurso de Roma", em *Écrits: A selection*. Nova York: Norton, 1977 [Ed. bras.: *Escritos*]. (N. T.)

Desfazendo gênero

tal como somos às vezes levadas a acreditar. Meu esforço era combater formas de essencialismo que reivindicavam que o gênero era uma verdade que de alguma forma estaria lá, interior ao corpo, como um núcleo ou uma essência interna, tratado como um dado. A teoria da diferença sexual não faz nenhuma das afirmações que o essencialismo natural faz. Ao menos uma versão da diferença sexual argumentou que era a "diferença" em cada identidade que inviabilizava a possibilidade de uma categoria unificada da identidade. Havia, nesta perspectiva, ao menos dois tipos diferentes de desafios que *Problemas de gênero* precisava enfrentar, e vejo agora que era necessário separar essas questões e espero que eu tenha começado a fazer isso em meu trabalho subsequente. Mesmo assim, ainda me preocupo com os enquadramentos com os quais nos comprometemos em função de que descrevem bem a dominação patriarcal e que podem perfeitamente nos comprometer mais uma vez a ver essa própria dominação como inevitável ou primária, mais primária do que de fato outras operações de poder diferencial. Seria o simbólico elegível para a intervenção social? A diferença sexual realmente permanece outra em relação a sua forma instituída, sendo a dominante a própria heterossexualidade?

O que foi isso que imaginei? E como a questão da transformação social e da política mudaram nesse ínterim?

Problemas de gênero finaliza com uma discussão sobre drag e o capítulo final é efetivamente intitulado "Da paródia à política". Alguns críticos examinaram este capítulo visando resolver a transição: como passamos da paródia à política? Existem aqueles que pensam que o texto menosprezou a política e reduziu a política à paródia; alguns argumentam que drag torna-se um modelo para a resistência ou para a intervenção política ou para a participação de modo geral. Assim, reconsideremos essa conclusão controversa, um texto que provavelmente escrevi de forma muito rápida, um texto cujo futuro não antecipava naquele momento.

Por que drag? Bem, existem razões biográficas, e talvez você saiba muito bem que o único modo de me descrever, nos Estados Unidos, durante os meus anos de juventude era como uma sapatão de bar [*bar dyke*] que gastava seus dias lendo Hegel e suas noites em um bar gay, o qual, ocasionalmente, se tornou um bar drag. E eu tinha alguns parentes que estavam, por assim dizer, nessa vida, e havia alguma identificação importante com aqueles "meninos". Então, eu estava lá, vivenciando um momento cultural em meio à luta social e política. No entanto, também experimentei naquele momento uma certa teorização implícita de gênero: rapidamente me ocorreu que alguns daqueles assim chamados homens podiam fazer a sua feminilidade muito melhor do eu jamais poderia, jamais quis, ou jamais iria. Assim, fui confrontada por aquilo que só pode ser chamado de transferência de atributo. A feminilidade, a qual eu compreendia que nunca havia pertencido a mim de alguma maneira, estava claramente pertencendo a outro lugar, e eu estava feliz em ser sua espectadora; sempre fui mais feliz como espectadora do que jamais fui ou poderia ser caso fosse a corporificação dessa feminilidade. (Isso não significa, aliás, que eu fosse então descorporificada, tal como alguns críticos mesquinhos disseram ou insinuaram). Na verdade, independentemente de seguirmos o enquadramento da diferença sexual ou o dos problemas de gênero, eu esperaria que todos permanecêssemos comprometidos com o ideal de que ninguém deve ser compelido à força a ocupar uma norma de gênero que é sustentada,

Desfazendo gênero

experimentalmente, como uma violação invível. Poder-se-ia discutir em um viés teórico se as categorias sociais, impostas de um outro lugar, são sempre "violações" na medida em que são, por princípio e necessidade, não escolhidas. Porém, isso não significa que perdemos a capacidade de distinguir entre as violações permitidas e as não permitidas. Quando normas de gênero operam como violações, funcionam como uma interpelação que se recusa apenas na medida em que se aceita arcar com as consequências: perder o emprego, a casa, perspectivas para o desejo ou para a vida. Existe também um conjunto de leis, códigos criminais e psiquiátricos para os quais, ainda, a detenção e o encarceramento são consequências possíveis. Em diversos países, a disforia de gênero ainda pode ser usada para se negar um emprego ou para se retirar um filho. As consequências podem ser severas. Não adianta chamar isso de um mero jogo ou diversão, mesmo que estes constituam momentos significativos. Não quero dizer que o gênero não seja às vezes jogo, prazer, diversão e fantasia; com certeza é. Apenas quis dizer que continuamos a viver em um mundo no qual arrisca-se a sofrer séria perda de direitos e violência física por conta do prazer que se busca, da fantasia que se corporifica, por conta do gênero que se performa.

Deixe-me seguir, então, oferecendo algumas proposições para consideração:

(A) O que opera no nível da fantasia cultural não é, em último caso, dissociável dos modos nos quais a vida material é organizada.

(B) Quando uma *performance* de gênero é considerada real e a outra falsa, ou quando uma apresentação de gênero é considerada autêntica e outra falsa, então podemos

concluir que uma certa ontologia do gênero está con-
dicionando estes juízos, uma ontologia (uma consideração sobre o que o gênero *é*) que também é colocada
em crise pela performance de gênero de tal modo que
esses juízos são minados ou se tornam impossíveis de
serem feitos.

(C) O ponto a ser enfatizado aqui não é que drag seja uma
subversão às normas de gênero, mas sim que vivemos,
mais ou menos implicitamente, com noções recebidas
de realidade, considerações implícitas de ontologia, as
quais determinam quais tipos de corpos e sexualidades
serão consideradas reais e verdadeiras, e quais não irão.

(D) Este efeito diferencial das pressuposições ontológicas na vida corporificada dos indivíduos possui efeitos
consequentes. E o que a drag pode apontar é que (I)
esse conjunto de pressuposições ontológicas está em
operação, e (2) que é aberta à rearticulação.

A questão sobre quem e o que é considerado real e verdadeiro é, aparentemente, uma questão de saber. Porém, também
é, como Foucault deixa claro, uma questão de poder. Ter ou carregar a "verdade" e a "realidade" é uma prerrogativa de imenso
poder em meio ao mundo social, de tal maneira que o poder
se dissimula como ontologia. Segundo Foucault, uma das primeiras tarefas da crítica consiste em discernir a relação "entre
mecanismos de coerção e elementos do saber".[11] Aqui, somos
confrontados com os limites do que é conhecível, limites que
exercem uma certa força, mas que não são sustentados em

---

11 Foucault, "What is a critique?".

Desfazendo gênero

alguma necessidade, limites que interrogamos apenas no risco em relação à ontologia segura e disponível: "nada pode figurar como um elemento do saber se, por um lado, não estiver em conformidade a um conjunto de regras e de constrangimentos característicos, por exemplo, de um certo tipo de discurso científico em uma época determinada, e se, por outro lado, ele não possui os efeitos de coerção ou sequer de incitação próprios ao que é validado como científico ou simplesmente como racional ou simplesmente como comumente aceito".[12]

O saber e o poder não são separados ao final, mas trabalham juntos para estabelecer um conjunto de critérios sutis ou explícitos para pensar o mundo: "Não se trata, portanto, de descrever o que é o saber ou o que é o poder, e como um reprimiria o outro ou como o outro abusaria do primeiro, mas se trata, sobretudo, de descrever um nexo de saber-poder de modo que nos permita apreender o que constitui a aceitabilidade de um sistema".[13]

Caso consideremos essa relação de saber e poder em relação ao gênero, somos compelidos a perguntar como a organização do gênero vem a funcionar como uma pressuposição sobre a estruturação do mundo. Não existe abordagem meramente epistemológica para o gênero, um modo simples de perguntar quais são os modos de conhecimento das mulheres, ou o que poderia significar conhecer as mulheres. Pelo contrário, os modos nos quais é dito que as mulheres "conhecem" ou "são conhecidas" já são orquestrados pelo poder precisamente no momento no qual a categorização "aceitável" é instituída.

---

12 Ibid., p.52.
13 Ibid., p.52-53.

Na visão de Foucault, a crítica possui assim uma dupla tarefa: mostrar como o saber e o poder trabalham para constituir mais ou menos sistematicamente o modo de ordenamento do mundo com suas próprias "condições de aceitabilidade de um sistema", e "seguir suas linhas de ruptura que indicam sua emergência".[14] Dessa forma, não é suficiente isolar e identificar o nexo peculiar do poder e do saber que dá origem ao campo das coisas inteligíveis. Na verdade, é necessário rastrear o caminho no qual esse campo encontra seus pontos de ruptura, os momentos de descontinuidade, e os lugares em que ele falha em constituir a inteligibilidade que promete. O que isto significa é que se deve procurar pelas condições por meio das quais o campo do objeto é constituído assim como os limites destas condições, o momento no qual elas apontam para sua contingência e sua possibilidade de transformação. Nos termos de Foucault, "esquematicamente, trata-se de mobilidade perpétua, fragilidade essencial ou na verdade interpenetração entre aquilo que renova o mesmo processo e aquilo que o transforma".[15]

O significado disto para o gênero, então, consiste em que o importante é não apenas compreender como os termos do gênero são instituídos, naturalizados, e estabelecidos tal qual pressupostos, mas também traçar os momentos em que o sistema binário de gênero é disputado e desafiado, em que a coerência das categorias é colocada em questão, e a própria vida social do gênero acaba por ser maleável e transformável.

O recurso à performance drag foi, em parte, um modo de pensar não só como o gênero é performado, mas como ele é

---

14 Ibid., p.54.
15 Ibid., p.58.

Desfazendo gênero

ressignificado por meio de termos coletivos. *Performers* drag, por exemplo, tendem a viver em comunidades, e existem fortes rituais de vínculos, tais como aqueles que vemos no filme *Paris is burning*,[16] que nos chama a atenção para a ressignificação de vínculos sociais em que as minorias de gênero dentro de comunidades de pessoas racializadas podem forjar e forjam. Assim, estamos falando de uma vida cultural da fantasia que não apenas organiza as condições materiais da vida, mas, além disso, produz vínculos sustentáveis de comunidade, em que o reconhecimento se torna possível, e que funciona igualmente para afastar a violência, o racismo, a homofobia, e a transfobia. Essa ameaça de violência nos diz algo sobre o que é fundamental para a cultura na qual eles vivem, uma cultura que não é radicalmente distinta daquela na qual muitas de nós vivem, mesmo que não seja exatamente a mesma na qual qualquer uma de nós provavelmente vive. Porém, existe uma razão para entendê-lo, se o fazemos; este filme viaja, por conta de sua beleza, sua tragédia, seu *páthos*, e sua bravura. De certa forma, sua fruição ultrapassa as fronteiras culturais, pois o que também ultrapassa essas fronteiras, e nem sempre do mesmo modo, é a ameaça de violência, a ameaça da pobreza, e a luta pela sobrevivência – tudo isso sendo mais difícil para as pessoas racializadas. É importante notar que a luta para sobreviver não é realmente separável da vida cultural da fantasia. É parte desta. A fantasia é o que nos permite imaginar a nós mesmos e aos outros de outra forma. A fantasia é o que estabelece o possível excedendo o real; ela aponta, aponta para outro lugar, e quando é corporificada, traz o outro lugar para perto.

---

16 *Paris is burning*, 1990. Direção: Jennie Livingston.

Isto me traz de volta à questão da política. Como é que drag ou, na verdade, muito mais do que drag, o próprio transgênero entra no campo da política? Ele o faz, eu sugeriria, não somente ao nos fazer questionar o que é real, e o que deve ser, mas nos mostrando como noções contemporâneas de realidade podem ser questionadas e novos modos de realidade instituídos. A fantasia não é simplesmente um exercício cognitivo, um filme interno que projetamos dentro do teatro interior da mente. A fantasia estrutura a relacionalidade e vem a participar da estilização da própria corporificação. Os corpos não são habitados como dados espaciais. Eles estão, em sua espacialidade, vindo a ser também no tempo: agindo, alterando a forma, alterando a significação – dependendo das suas interações – e a rede de relações visuais, discursivas e táteis que se tornam parte de sua historicidade, seu passado, presente e futuro constitutivos.

Como consequência de estar no modo do vir a ser, e sempre vivendo com a possibilidade constitutiva de se tornar diferente, o corpo é aquilo que pode ocupar a norma de maneiras diversas, que excede a norma, refaz a norma, e expõe as realidades nas quais fomos confinadas como estando abertas à transformação. Essas realidades corpóreas são ativamente habitadas, e esta "atividade" não é completamente constrangida pela norma. Às vezes as próprias condições para se conformar à norma são as mesmas condições para resistir a ela. Quando a norma parece ao mesmo tempo garantir e ameaçar a sobrevivência social (é aquilo que se precisa para viver; aquilo que, se é vivido, irá ameaçar com seu apagamento), então conformar e resistir vem a ser uma relação paradoxal e complexa com a norma, uma forma de sofrimento e um lugar potencial para a politização. A questão sobre como corporificar a norma está, então, com frequência ligada à questão da sobrevivência, à questão de se a própria vida será possível. Penso que não deveríamos subestimar o que o pensamento do possível faz por aqueles que experimentam a sobrevivência como uma questão candente.

Este é um modo pelo qual este ponto é e continua a ser político. Há, contudo, algo a mais, na medida em que o que o exemplo drag procurou fazer foi nos levar a questionar os meios pelos quais a realidade é feita e considerar o modo no qual ser chamado de real ou ser chamado de irreal pode ser não somente um meio de controle social, mas uma forma de violência desumanizante. Na verdade, gostaria de colocar isto desse modo: ser chamado de irreal, e ter essa interpelação, por assim dizer, institucionalizada como uma forma de tratamento diferencial, é se tornar o outro contra o qual o humano é feito. Trata-se do inumano, do além do humano, do menos do que humano, a fronteira que protege o humano em sua realidade ostensiva. Ser chamada de cópia, chamada de irreal é, assim, um modo pelo qual é possível ser oprimido. Porém, consideremos que é mais fundamental do que isso. Pois ser oprimida significa que você já existe como um sujeito de certo tipo, você está lá como o outro visível e oprimido para o sujeito soberano como um sujeito possível ou potencial. No entanto, ser irreal é novamente algo a mais. Já que para ser oprimida é preciso, primeiro, tornar-se inteligível. Perceber que se é fundamentalmente ininteligível (na verdade, que as leis da cultura e da linguagem consideram a pessoa como sendo uma impossibilidade) é perceber que não se obtêve ainda acesso ao humano. É perceber a si mesmo falando apenas e sempre como se fosse humano, mas com o sentido de que não se é. É perceber que a sua linguagem é oca, e que nenhum reconhecimento se aproxima na medida em que as normas pelas quais o reconhecimento ocorre não estão a seu favor.

Na medida em que o gênero é performativo, logo disso se segue que a realidade do gênero é ela própria produzida como um efeito da performatividade. Apesar de existirem normas que governam o que será e o que não será real, e o que será e não será inteligível, elas são colocadas em questão e reiteradas no momento no qual a performatividade começa sua prática citacional. Com certeza, citam-se normas que já existem, porém essas normas podem ser significativamente desterritorializadas através da citação. Elas podem também ser expostas como não naturais e não necessárias quando emergem em um contexto e por meio de uma forma de corporeidade que desafia a expectativa normativa. O que isto significa é que pela prática da performatividade de gênero, não apenas vemos como as normas que governam a realidade são citadas, como apreendemos um dos mecanismos pelos quais a realidade é reproduzida *e* alterada no curso dessa reprodução. O ponto central sobre drag não é simplesmente produzir um espetáculo prazeroso e subversivo, mas alegorizar as maneiras espetaculares e consequentes por meio das quais a realidade é tanto reproduzida quanto contestada.

A desrealização da violência de gênero possui implicações no que concerne a compreendermos como e porque certas apresentações de gênero são criminalizadas e patologizadas, como sujeitos que mudam de gênero correm o risco da internação e do encarceramento, porque a violência contra sujeitos transgêneros não é reconhecida como violência, e porque ela às vezes é infligida pelos próprios Estados que deveriam oferecer a estes sujeitos proteção da violência.

Desfazendo gênero

Então, caso novas formas de gênero sejam possíveis, como isso afeta os modos em que vivemos e as necessidades concretas da comunidade humana? Como vamos distinguir entre as formas de possibilidade de gênero que são válidas e aquelas que não são? Estas são questões que, por motivos compreensíveis, foram contrapostas aos meus argumentos. Eu responderia que não se trata meramente de produzir um novo futuro para gêneros que ainda não existem. Os gêneros que tenho em mente têm existido há um longo tempo, contudo não foram admitidos nos termos que governam a realidade. Trata-se de desenvolver, dentro da lei, dentro da Psiquiatria, dentro da Teoria Social e Literária, um novo léxico de legitimação para a complexidade de gênero, na qual sempre temos vivido. Pelo fato de as normas que governam a realidade não terem admitido essas formas como sendo reais, nós vamos, por necessidade, chamá-las de novas. No entanto, quando e se assim o fizermos, espero que possamos gargalhar conscientes disso. A concepção de política em jogo aqui é centralmente relacionada à questão da sobrevivência, sobre como criar um mundo no qual as pessoas que compreendem seu gênero e seu desejo como sendo não normativos possam viver e florescer não só sem a ameaça de violência a partir do exterior, mas também sem o sentimento pervasivo de sua própria irrealidade, o qual pode levar ao suicídio ou a uma vida suicida. Por fim, eu perguntaria que lugar tem o pensamento do possível dentro da teorização política. Pode-se objetar e dizer, "ah, mas você está apenas tentando fazer a complexidade de gênero possível". Porém isto não nos diz quais formas são boas ou más; isto não oferece a medida, o padrão, a norma. Há, entretanto, uma aspiração normativa aqui, e isto tem relação com a habilidade de viver e respirar e mover e, sem dúvida, pertenceria a algum lugar no qual é reivindicada uma filosofia da liberdade. O pensamento acerca de uma vida possível só é uma indulgência para aqueles que já sabem que eles mesmos são possíveis. Para aqueles que ainda estão buscando tornarem-se possíveis, a possibilidade é uma necessidade.

Das normas para a política

No ensaio "Regulações de Gênero", argumento que o sentido do que é uma norma e do que, enfim, é "normativo" depende do tipo de teoria social a partir da qual estes termos emergem. Por um lado, normas parecem indicar a função regulatória ou normalizadora do poder, porém a partir de outra perspectiva, as normas são precisamente aquilo que vincula os indivíduos, formando a base de suas reivindicações éticas e políticas. Quando, na análise acima, me opus à violência realizada por normas restritivas, parecia que eu estava apelando para uma norma de não violência. Parece seguir-se que as normas podem operar tanto como restrições inaceitáveis quanto como parte de qualquer análise crítica que busque mostrar o que é inaceitável nessa operação restritiva. Este segundo sentido das normas é associado ao trabalho de Jürgen Habermas, o qual identifica as normas como a base para a possibilidade da comunidade ou, na verdade, para qualquer compreensão do que os humanos podem sustentar em comum. Caso não possamos aceitar que exista esta possibilidade de comunalidade no sentido em que ele sustenta, estaríamos ainda impedidos de realizar reivindicações políticas fortes, por exemplo, contra a violência de gênero?

Desfazendo gênero

Se consideramos o argumento de Habermas em *Facticidade e validade*, fica claro que ele conta com as normas para fornecer um entendimento comum para os atores sociais e falantes:

> [...] os participantes se entendem uns com os outros sobre algo no mundo, na medida em que aspiram validade para seus proferimentos [...] na práxis cotidiana a linguagem certamente não é usada de maneira exclusiva ou principalmente em sua função expositiva; estão em jogo aqui todas as funções da linguagem e referências ao mundo, de modo que o espectro de pretensões de validade se expande para além das pretensões de verdade.[17]

Em seguida, ele elucida que "com a explicação do significado de expressões linguísticas e da validade de proposições enunciativas, baseamo-nos em idealizações que estão vinculadas com o médium da linguagem".[18] Ele esclarece que, sem essas idealizações no coração da linguagem, não teríamos os recursos por meio dos quais nos orientamos em formas díspares de reivindicações feitas por um certo número de atores sociais. Na verdade, a pressuposição de um conjunto comum de idealizações é o que fornece ordem à nossa ação e o que a ordena antecipadamente, assim como é o que levamos em conta na medida em que buscamos ordenar a nós mesmos em relação ao outro e a um futuro comum.

Com o conceito de ação comunicativa, que estabelece o entendimento linguístico como médium da coordenação da ação,

---

17 Habermas, *Between Facts and Norms*, p.16 [ed. bras.: *Facticidade e validade*, p.49-50].

18 Ibid., p.17 [ed. bras.: ibid., p.50]

também as imputações contrafactuais dos atores, que orientam suas ações às pretensões de validade, conservam *relevância imediata para a construção e conservação das ordens sociais; pois estas existem no modo do reconhecimento de pretensões de validade normativas.* (Ênfase minha)[19]

Aqui podemos ver que as normas, as quais orientam a ação em direção a um bem comum e pertencem a uma esfera "ideal", não são precisamente sociais no sentido de Ewald. Elas não pertencem a ordens sociais variáveis, e não são, no sentido de Foucault, um conjunto de "ideais regulatórios" e, então, não são parte da vida ideal do poder social. Ao contrário, funcionam como parte de um processo de raciocínio que condiciona toda e qualquer ordem social, e o que fornece a esta ordem sua coerência. Sabemos, eu imagino, que Habermas não aceitaria a característica "ordenada" de qualquer ordem social como necessariamente boa. Algumas ordens claramente devem ser perturbadas, e por boas razões. Na verdade, a ordem de inteligibilidade de gênero pode muito bem se qualificar como tal tipo de ordem. Porém, temos uma maneira pela qual distinguir aqui entre a função da norma como socialmente integrativa e o valor da "integração" sobre condições sociais opressivas? Em outras palavras, não há uma função inerentemente conservadora da norma quando se diz que ela preserva a ordem? E se a própria ordem for excludente e violenta? Podemos responder, com Habermas, e dizer que a violência é contrária às idealizações normativas que encontram-se funcionando, de maneira implícita, na linguagem cotidiana. Porém, se a norma é socialmente integrativa, então como a norma irá de fato trabalhar

---

19 Ibid. [ed. bras.: ibid., p.51].

Desfazendo gênero

para quebrar uma ordem social cuja "ordem" é fornecida e mantida por meios violentos? A norma é parte desta ordem social, ou ela é "social" apenas em um sentido hipotético, parte de uma "ordem" que não é instanciada no mundo social tal como ele é vivido e negociado?

Caso o ponto habermasiano seja que não podemos ter esperança de viver em consenso ou em uma orientação comum sem assumir tais normas, o "comum" não seria instituído nessa instância precisamente pela produção do que é não comum, por daquilo que está fora do comum, ou que o perturba internamente, que põe um desafio a sua integridade? Qual é o valor do "comum"? Precisamos saber que, apesar de nossas diferenças, estamos todos orientados em direção à mesma concepção de deliberação e justificação racional? Ou devemos saber precisamente que o "comum" não está mais lá para nós, se é que alguma vez esteve, e que a abordagem ampla e autolimitante da diferença é não só a tarefa da tradução cultural nestes dias de multiculturalismo, mas ainda o caminho mais importante para a não-violência?[20]

---

20 A autora retoma o tema da não-violência em seu livro mais recente, *A força da não violência: um vínculo ético-político* (2021). Butler parte de um ponto em comum com Walter Benjamin, reconhecendo a impossibilidade de fazer a crítica da "violência" sem, antes, questionar como e a partir de quais condições de possibilidade uma interpretação da "violência" passa a ser instituída. A não-violência não aparece como mero oposto ou contraposição à violência, mas constituí uma perspectiva crítica em relação a essa história de interpretações instituída; oferecendo uma espécie de *contrarrealismo*, que se recusa a tomar como base o mundo atual, que reflete a violência como algo inextirpável. A não-violência pressupõe a capacidade de imaginar um mundo organizado por uma ideia de igualdade radical, uma prática capaz de perturbar e

Judith Butler

O ponto não é aplicar normas sociais a instâncias sociais vividas ou ordená-las e defini-las (como Foucault criticou), assim como não se trata de encontrar mecanismos justificatórios para o fundamento de normas sociais que sejam extrassociais (mesmo na medida em que operam sobre o nome de "sociais"). Há momentos em que ambas as atividades acontecem e devem acontecer. Nivelamos julgamentos contra criminosos por atos ilegais e, assim, os sujeitamos a um procedimento de normalização; consideramos nossos fundamentos para a ação em contextos coletivos e tentamos encontrar modos de deliberação e reflexão sobre os quais podemos concordar. Porém, nada disso esgota tudo o que fazemos com as normas. Pelo recurso às normas, a esfera do que é humanamente inteligível é circunscrita, e esta circunscrição apresenta consequências para qualquer ética e qualquer concepção da transformação social. Poderíamos dizer, "devemos conhecer os fundamentos do humano para agir de tal modo que preservemos e promovamos a vida humana tal como a conhecemos". Mas e se as próprias categorias do humano excluíram aqueles que deveriam estar operando dentro de seus termos, que não aceitam os modos de raciocinar e justificar "reivindicações válidas" que foram oferecidas pelas formas ocidentais de racionalismo? Alguma vez conhecemos o "humano"? O que poderia ser preciso para chegarmos a esse conhecimento? Deveríamos ser cautelosos em conhecer isso tão depressa? Deveríamos ser cautelosos sobre qualquer conhecimento final ou

---

desestabilizar as fantasias que sustentam e possibilitam a versão atual de mundo e violência neoliberal. Por decisão de tradução, optamos por não-violência com hífen a fim de performatizar, com o traço gráfico, o vínculo entre a negação e a violência. (N. T.)

Desfazendo gênero

definitivo? Caso tomemos o campo do humano como garantido, então, falhamos em pensar de forma crítica – e ética – acerca dos modos consequentes em que o humano está sendo produzido, reproduzido, desproduzido. Esta última investigação não exaure o campo da ética, porém não consigo imaginar uma ética "responsável" ou uma teoria da transformação social que opere sem ela.

Deixe-me sugerir aqui, como uma maneira de oferecer uma discussão para concluir este ensaio, que a necessidade de mantermos nossa noção de "humano" aberta a uma articulação futura é essencial ao projeto de um discurso e de uma política internacionais críticos dos direitos humanos. Vemos isto neste momento e mais uma vez quando a própria noção de "humano" é pressuposta; ela é definida de maneira antecipada, e em termos que são distintivamente ocidentais, muitas vezes estadunidenses, e assim paroquiais. O paradoxo emerge na medida em que o "humano" operante nos direitos humanos é previamente conhecido, definido, e ainda é supostamente o fundamento para um conjunto de direitos e obrigações que são internacionais. Como nos movemos do local para o internacional é uma grande questão para a política internacional, mas ela toma uma forma específica para o feminismo internacional. E eu sugeriria por meio de pontos de encontro culturais. Isso significa que concepções locais do que é "humano" ou, na verdade, do que são as condições básicas e as necessidades da vida humana, devem ser submetidas a reinterpretações, na medida em que existem circunstâncias históricas e culturais nas quais o "humano" é definido diferentemente ou ressignificado, e suas necessidades básicas e, portanto, suas prerrogativas básicas são do mesmo modo definidas diferentemente.

Judith Butler

A ressignificação como política

A "ressignificação" constitui uma prática política, ou ela constitui uma parte da transformação política? Pode-se muito bem dizer que políticos da direita e da esquerda se valem dessas estratégias. Certamente podemos ver como o "multiculturalismo" tem variantes de direita e de esquerda, como "globalização" tem suas variantes de direita e de esquerda. Nos Estados Unidos, a palavra "compassivo" foi vinculada a "conservador" e isto atingiu muitos de nós como uma abominação da "ressignificação". Pode-se pontuar, com plena justificação, que o Nacional Socialismo foi uma ressignificação de "socialismo". E isto estaria correto. Então, parece claro que a ressignificação apenas não é uma política, não é suficiente para a política, não é o bastante. Pode-se argumentar que os nazistas se apropriaram do poder ao colocar a linguagem e as preocupações da democracia contra ela mesma, ou que os revolucionários haitianos se apropriaram do poder usando os termos da democracia contra aqueles que iriam negá-la. E, portanto, a apropriação pode ser usada pela direita e pela esquerda, e não existem necessariamente consequências éticas salutares para a "apropriação". Existe uma apropriação queer do "queer" e, nos Estados Unidos, uma apropriação do discurso racista feita pelo rap, e a apropriação de esquerda do "na grande governança" e assim por diante. Logo, a apropriação por si mesma conduz a uma variedade de consequências, algumas das quais podemos abraçar, e algumas outras que devemos abominar. Mas, e se ela operasse a serviço de uma política democrática radical, como poderia operar?

A ressignificação opera como uma política? Gostaria de sugerir aqui que conforme estendemos o reino da universa-

Desfazendo gênero

lidade, conhecemos mais o que a justiça implica, proporcionando maiores possibilidades de vida – e a própria "vida" é um termo disputado, o qual possui seus seguidores reacionários e progressistas – devemos assumir que nossas convenções previamente estabelecidas acerca do que é humano, do que é universal, de qual deve ser o significado e a substância da política internacional, não são suficientes. Para os propósitos de uma transformação democrática radical, devemos saber que nossas categorias fundamentais podem e devem ser expandidas para virem a ser mais inclusivas e mais responsáveis para toda a gama de populações culturais. Isto não significa que um engenheiro social traça a distância como melhor incluir todas as pessoas na categoria dele ou dela. Significa que a própria categoria deve ser submetida a uma reformulação a partir de inúmeras direções, que deve emergir novamente como um resultado da passagem por traduções culturais. O que me move politicamente, e aquilo para o qual quero abrir espaço, é o momento em que um sujeito – uma pessoa, um coletivo – assevera um direito ou uma prerrogativa para uma vida vivível quando não existe tal autorização prévia, quando nenhuma convenção claramente habilitante está em vigor.

Pode-se hesitar e dizer, mas existem fascistas que invocam direitos para os quais não existem prerrogativas prévias. Não pode ser algo bom invocar direitos ou prerrogativas para aquilo que se considera como uma "vida vivível" se esta própria vida é baseada no racismo ou na misoginia ou na violência ou na exclusão. E eu concordaria, com certeza, com esse argumento. Por exemplo, antes da derrubada do apartheid, alguns negros sul-africanos chegaram às cabines de votação, prontos para votar. Naquele momento não havia nenhuma prerrogativa para seus votos. Eles apenas chegaram. Eles invocaram performativamente o direito de votar mesmo quando não havia nenhuma autorização prévia, quando nenhuma convenção habilitante vigorava. Por outro lado, poderíamos dizer que Hitler também invocou direitos para um determinado tipo de vida para o qual não havia nenhum precedente constitucional ou legal, local ou internacional. Porém, existe uma diferença entre estas duas invocações, e isto é crucial para o meu argumento.

Em ambos os casos, os sujeitos em questão invocam direitos para os quais não foram habilitados por leis existentes, pensando que em ambos os casos "leis existentes" tinham versões internacionais e locais que não eram de todo compatíveis umas com as outras. Aqueles que se opunham ao apartheid não estavam restringidos a uma convenção existente (apesar de que estavam, claramente, invocando e citando uma convenção internacional contra uma convenção local neste caso). A emergência do fascismo na Alemanha, assim como a emergência subsequente de um governo constitucional na Alemanha pós-guerra, também não estava limitada a uma convenção existente. Então ambos os fenômenos políticos envolviam inovação. No entanto, isto não responde à pergunta: qual ação é certa a perseguir, qual inovação tem valor, e qual não tem? As normas às quais consultaríamos para responder a esta questão não podem elas mesmas serem derivadas da ressignificação. Elas devem ser derivadas de uma teoria e de uma prática democrática radical; assim, a ressignificação deve ser contextualizada desta maneira. Deve-se tomar decisões substantivas sobre o que será um futuro menos violento, o que será uma população mais inclusiva, o que irá ajudar a cumprir, em termos substantivos, as reivindicações de universalidade e justiça que buscamos compreender em sua especificidade cultural e seu significado social. Quando começamos a decidir cursos de ação certos e errados neste contexto, é crucial perguntar: quais formas de comunidade foram criadas, e por meio de quais violências e exclusões elas foram criadas? Hitler almejava ampliar a violência da exclusão; o movimento antiapartheid almejava conter a violência do racismo e da exclusão. Esta é a base a partir da qual eu condenaria uma e aprovaria a outra. Quais recursos devemos ter para que possamos trazer para a comunidade humana aqueles humanos que não foram considerados parte do que é reconhecidamente humano? Esta é a tarefa de uma teoria e prática democrática radical que busca estender as normas que sustentam uma vida viável para comunidades que são de antemão desfavorecidas.

Assim, parece que concluí com um chamado à extensão das normas que sustentam uma vida viável; logo deixe-me considerar a relação entre as normas e a vida, na medida em que isso foi crucial para minha investigação até agora. A questão da vida é política, embora talvez não exclusivamente política. A questão do "direito à vida" afetou os debates sobre a legalização do aborto. As feministas que eram a favor desses direitos foram chamadas de "antivida", e elas responderam perguntando, "que vida?" e quando a "vida" começa? Me parece que se você fosse fazer um recorte internacional das feministas acerca da questão do que é a vida ou, talvez mais simplesmente, quando a vida começa, você obteria diversas visões diferentes. E é por isso que, considerando em um nível internacional, nem todos os movimentos de mulheres estão unidos em torno desta questão. Existe a questão sobre quando a "vida" começa, e então a questão sobre quando a vida "humana" começa, quando o "humano" começa; quem sabe, quem é equipado ou habilitado para saber, qual conhecimento detém o controle aqui, qual conhecimento funciona como poder aqui? As feministas argumentaram que a vida da mãe deveria ser igualmente importante. Assim, é uma questão sobre uma vida contra a outra. As feministas argumentaram que toda criança deveria ser querida, deveria ter a possibilidade de uma vida vivível, e que existem condições para a vida, as quais devem ser primeiramente atendidas. A mãe deve estar bem; deve haver uma boa possibilidade de alimentar a criança; deve existir alguma possibilidade de futuro, um futuro viável e duradouro, na medida em que uma vida humana sem futuro perde sua humanidade e permanece na possibilidade de também perder sua vida.

Vemos o termo "vida" funcionar dentro do feminismo, assim como entre o feminismo e seus oponentes, como um lugar de contestação, um termo incerto, cujos significados vêm sendo proliferados e debatidos de diferentes modos no contexto de diferentes Estados-nação com diferentes concepções religiosas e filosóficas do problema. Na verdade, alguns de meus adversários podem perfeitamente argumentar que caso seja tomado como um valor prioritário a "extensão das normas que suportam uma vida vivível", disto pode-se seguir, dependendo de suas definições, que a "criança não-nascida" deveria ser valorizada acima de tudo. Esta não é minha visão e não é minha conclusão.

Meu argumento contra esta conclusão relaciona-se ao próprio uso de "vida", como se conhecêssemos o que significa, o que ela demanda. Quando perguntamos o que torna uma vida vivível, estamos perguntando sobre certas condições normativas que devem ser cumpridas para que a vida venha a ser vida.

Desfazendo gênero

Dessa maneira, existem ao menos dois sentidos para vida, um que se refere a uma forma biológica mínima de vida, e um outro, o qual intervém desde o início, que estabelece condições mínimas para uma vida vivível no que diz respeito à vida humana.[21] E isto não implica que podemos negligenciar o mero viver em favor da "vida vivível", mas que devemos perguntar, tal como questionamos a violência de gênero, o que os humanos requerem para manter e reproduzir as condições de sua própria vivibilidade. E o que é nossa política na medida em que estamos em todos os modos possíveis, tanto conceitualizando a possibilidade de uma vida vivível quanto providenciando seu suporte institucional? Sempre haverá desacordo acerca do que isto significa, e aqueles que reivindicarem que uma única direção política é necessária por conta deste comprometimento estarão errados. Mas isto se dá apenas pelo fato de que viver é viver politicamente uma vida, em relação ao poder, em relação aos outros, no ato de assumir responsabilidade por um futuro coletivo. Porém, assumir responsabilidade por um futuro não é conhecer de modo completo sua direção prévia, na medida em que o futuro, em especial o futuro com e para os outros, requer uma certa abertura e desconhecimento. Isto igualmente implica que um certo agonismo e contestação irão e deverão estar em jogo. Eles precisam estar em jogo para a política vir a ser democrática.

A democracia não fala em uníssono; seus tons são dissonantes, e isso é inevitável. Não é um processo previsível; deve ser sustentado, como uma paixão deve ser sustentada. Pode ser ainda que a própria vida seja impedida quando o modo correto

---

21 Ver Giorgio Agamben sobre a "vida nua" em *Homo Sacer.*

é decidido previamente, ou quando impomos o que é certo para todas as pessoas, sem encontrar um modo de entrar em comunidade e descobrir o "certo" em meio à tradução cultural. Pode ser que o "certo" e o "bom" consista em permanecer aberto às tensões que assolam as categorias mais fundamentais que requeremos, abertos a conhecer o desconhecido no coração daquilo que conhecemos, e àquilo que necessitamos, e a reconhecer o sinal da vida — e suas perspectivas.

Para além do sujeito com Anzaldúa e Spivak

Nos Estados Unidos, existiam e existem diferentes modos de questionar o estatuto fundacional da categoria de sujeito. Questionar o fundacionismo desta categoria não é o mesmo que eliminar a categoria por completo. Além disso, não se trata de negar sua utilidade, ou até mesmo sua necessidade. Questionar o sujeito é colocar em risco aquilo que conhecemos, mas fazer isso não por conta da emoção do risco, mas porque já fomos colocados em questão enquanto sujeitos. Como mulheres, já fomos severamente postas em dúvida: nossas palavras carregam algum sentido? Somos capazes de consentimento? Nosso raciocínio funciona tal como o dos homens? Somos parte da comunidade universal da espécie humana?

Gloria Anzaldúa, em sua obra *Borderlands/La Frontera*,[22] escreve tanto em espanhol quanto em inglês e ainda com dialetos indianos nativos e compele seu leitor a ler todas estas linguagens enquanto tentam ler seu livro. Ela claramente atravessa as fronteiras entre escrita acadêmica e não-acadêmica,

---

22 Anzaldúa, *Borderlands/La Frontera: The new Mestiza*. (N. T.)

Desfazendo gênero

enfatizando o valor de viver na fronteira, vivendo como a fronteira em relação a uma variedade de diferentes projetos culturais. Ela afirma que, para termos uma transformação social, deve-se ir além de um sujeito "unitário". Ela é a favor da transformação social, lutou por isso toda a sua vida, ensinou na universidade, e lutou nos movimentos sociais. Nós diríamos que ela pertence ao grupo chamado de "feministas acadêmicas"? Bem, seria ridículo excluí-la deste grupo.[23] Sua obra é lida na academia. Ela às vezes leciona na Universidade da Califórnia. Luta junto a diferentes movimentos, em especial pelas mulheres latino-americanas, que sofrem nos Estados Unidos pela falta de serviço de saúde, exploração no mercado de trabalho, e frequentemente também enfrentam questões da imigração. Quando Anzaldúa diz, por exemplo, que não é nenhum sujeito unitário, que não aceita oposições binárias da modernidade, está dizendo que é definida por sua própria capacidade de cruzar as fronteiras, como uma chicana. Em outras palavras, ela é uma mulher que foi levada a cruzar a fronteira do México para os Estados Unidos e para quem esta fronteira constitui o imaginário geopolítico em meio ao qual (através do qual) escreve sua ficção. Ela luta com uma mistura complexa de tradições culturais e formações que a constituem pelo que ela é: chicana, mexicana, lésbica, americana, acadêmica, pobre, escritora, ativista. Todos esses feixes se reúnem de maneira unificada, ou ela os vive de maneira incomensurável e simultânea como o próprio significado de sua identidade, uma identidade

---

23 Para uma excelente discussão sobre o discurso crítico de Anzaldúa, ver Alarcon, Anzaldúa's Frontera: Inscribing Gynetics.

culturalmente encenada e produzida pelas próprias circunstâncias históricas complexas de sua vida?

Anzaldúa nos convida a conceber que a fonte de nossa capacidade para transformação social deve ser encontrada precisamente em nossa capacidade de mediar entre mundos, de nos engajar em traduções culturais e em sustentar, pela experiência da linguagem e da comunidade, o conjunto diverso de conexões culturais que constituem quem somos. Pode-se dizer que, para ela, o sujeito é "múltiplo" em vez de unitário, e assim chegaríamos ao ponto de certa forma. No entanto, penso que seu ponto seja mais radical. Ela está nos convidando a permanecer na margem daquilo que conhecemos, a colocar nossas certezas epistemológicas em questão, e por esse risco e abertura, nos convidando a uma nova maneira de conhecer e de viver no mundo para expandir nossa capacidade de imaginar o humano. Anzaldúa está nos convidando a sermos capazes de trabalhar em coligações por meio de diferenças que irão realizar um movimento ainda mais inclusivo. O que ela está argumentando, então, é que somente através do existir no modo da tradução, da constante tradução, que podemos ter a possibilidade de produzir um entendimento multicultural das mulheres ou, na verdade, da sociedade. O sujeito unitário é aquele que já conhece previamente o que ele é, que entra na conversação do mesmo modo que ele existe, que falha em colocar suas próprias certezas epistemológicas em risco no encontro com o outro, e assim permanece no lugar, guarda seu lugar, e se torna um emblema para a propriedade e o território, *recusando a autotransformação, ironicamente, em nome do sujeito.*

Gayatri Chakravorty Spivak tem uma visão similar, embora ela dissesse, como tem dito, que enquanto Anzaldúa mantém

Desfazendo gênero

a noção de um sujeito múltiplo, ela tem uma noção de um sujeito fraturado. Na verdade, sua visão é a de que não podemos avaliar a opressão que as mulheres racializadas experimentaram em meio ao enquadramento global político e econômico do imperialismo do primeiro mundo sem que realizemos que "mulheres", enquanto uma categoria unitária, não poderia contê-las, não poderia descrevê-las, que esta categoria precisa passar por uma crise e expor suas fraturas ao discurso público. Ela questiona, diversas vezes ao longo de sua obra, o que significa não apenas ouvir as vozes dos desfavorecidos, mas também "representar" essas vozes em uma obra. Por um lado, é possível tratar os desfavorecidos como se eles não tivessem voz e colocar a si mesmo como a voz dos desfavorecidos. Penso que podemos ver isto, de modo bastante problemático, quando a feminista estadunidense Catharine MacKinnon anunciou, há muitos anos, no Fórum dos Direitos Humanos de Viena, que ela "representava as mulheres da Bósnia". Talvez ela pensasse que as mulheres da Bósnia fossem sem voz, mas ela certamente aprendeu o contrário quando elas tornaram explícita sua clara oposição a seu esforço de se apropriar e colonizar sua posição.

Dada a história dos missionários, da expansão colonial que ocorreu em nome da "cultura" e da "modernidade" e do "progresso" e do "esclarecimento", do "fardo do homem branco", as feministas devem igualmente se questionar se a "representação" dos pobres, dos indigentes e dos radicalmente desfavorecidos dentro da academia, é um esforço paternalista e colonizador, ou se de fato se busca reconhecer as condições de tradução que a tornam possível, reconhecer o poder e o privilégio do intelectual, reconhecer as articulações na história e na cultura que tornam um encontro entre a pobreza, por exemplo, e a escrita acadêmica possível.

Spivak traduziu Mahasweta Devi, uma escritora de ficção que também é uma ativista, cuja obra, graças a Spivak, apareceu na academia, pelo menos nas universidades de falantes do inglês. Devi escreve como uma mulher tribal, para e sobre mulheres tribais, mas o "tribal" é precisamente o que vem a ser complexo de se identificar ao longo de sua escrita. Sua voz chega ao primeiro mundo pela tradução, uma tradução oferecida por Spivak, na qual eu, como leitora, sou convidada a responder. Spivak insiste que essa escrita, a escrita tribal sul-a-siática de Devi, não pode ser apenas chamada de "tribal" pelo fato de que há também nesta escrita, e por meio do tribal, uma visão de internacionalidade em jogo. Nas histórias de Devi, as mulheres sofrem em parte, porque a terra é explorada e roubada, porque os meios tradicionais de trabalho são sistematicamente apagados ou explorados por desenvolvimentistas. Neste sentido, esta é uma história local. Contudo, estes desenvolvimentistas estão também ligados a uma cadeia mais ampla no capital global. Como Spivak afirma, "uma forte conexão, na verdade uma cumplicidade, entre a burguesia do Terceiro Mundo e os imigrantes no Primeiro não pode ser ignorada".[24]

Caso leiamos Devi atentamente, vemos que ela está fazendo conexões, vivendo conexões, entre o tribal e o global, e que ela mesma é, como uma autora, um médium de travessia entre ambos. Não devemos pensar, entretanto, que essa travessia é suave, na medida em que ela ocorre por meio de uma ruptura na própria representação. Devi vem a mim através de

---

24 Ver Devi. *Imaginary Maps: Three Stories.*

Spivak, o que não significa que Spivak seja a autora dela, mas apenas que a autoria é ela mesma desfeita; o que emerge desta tradução, contudo, é uma visão política que sustenta que as possibilidades de uma sobrevivência global a longo prazo, que uma política ambiental radical a longo prazo e a não violência como uma prática política *não* dependem de uma "razão" descorporificada que segue sob o nome de universalidade, mas da elaboração do sentido do sagrado. Spivak, então, escreve, "uma mudança mental em larga escala dificilmente é possível apenas com fundamento na razão. Para se mobilizar pela não violência, por exemplo, confia-se, mesmo que remotamente, na construção de uma convicção da sacralidade da vida humana".[25] Spivak também concede a Devi o nome de "filósofa" e oferece o seguinte conselho para um pensamento e um ativismo radicais: "Não tenho dúvida de que devemos *aprender* a aprender das filósofas ecológicas originais do mundo, através da singularidade ética lenta, atenta, modificadora de mentalidade (de ambos os lados), e que merece o nome de 'amor' – para suplementar esforços coletivos necessários para mudar leis, modos de produção, sistemas de educação, e serviço de saúde. Isto é para mim a lição de Mahasweta [Devi], ativista/jornalista e escritora."[26]

Para Spivak, a mulher subalterna ativista foi excluída dos parâmetros do sujeito ocidental e da trajetória histórica da modernidade. Isto significa que, em geral, a mulher tribal é uma espectadora do avanço histórico. De modo similar, caso consideremos as tradições dos escritos afro-caribenhos, podemos

---

25 Ibid., p.199.
26 Ibid., p.201.

igualmente perguntar se estes escritos estão dentro das tradições da modernidade, ou se eles estão, sempre, e de diferentes modos, comentando sobre o que é viver "fora da história". Logo, deve estar claro que eu penso que é necessária uma relação crítica com a modernidade.

Testemunhamos a violência que é feita em nome do ocidente e dos valores ocidentais, como o ceticismo público nos Estados Unidos e na Europa foi alimentado por questões como: o Islã teve a sua modernidade? O Islã já alcançou sua modernidade? A partir de qual ponto de vista essas questões se tornam possíveis, e em qual enquadramento elas são sensatas? Quem coloca estas questões poderia conhecer as condições de seu próprio questionar? Sem as traduções árabes dos textos gregos clássicos, alguns destes textos estariam perdidos para sempre. Sem as livrarias nas cidades islâmicas pelo mundo, a história dos valores ocidentais não teria sido transmitida. É significativo que a função preservativa da tradução cultural seja precisamente o que é perdido aqui quando questionamos se os árabes teriam alguma relação com a modernidade.

Quando levantamos esta questão, claramente, não conhecemos nossa própria modernidade, as condições de sua própria emergência e preservação. Ou, antes, estamos mostrando que aquilo que chamamos de "modernidade" é uma forma de esquecimento e de apagamento cultural. Mais importante, vemos a violência feita em nome da preservação de valores ocidentais, e temos que questionar se essa violência não é um dos valores que buscamos defender, ou seja, uma outra marca de "ocidentalismo" que tememos que possa ser perdido caso concordemos em viver em um mundo mais culturalmente complexo e híbrido? É claro que o ocidente não autoriza toda violência,

Desfazendo gênero

mas ele, ao sofrer ou antecipar uma injúria, ordena a violência para preservar suas fronteiras, reais e imaginárias.[27]

Para aqueles de nós que vivem nos Estados Unidos, existe certa dúvida se haverá um discurso público significativo exterior ao jornalismo de esquerda e da mídia alternativa, por exemplo, em relação à questão de como um coletivo lida com sua vulnerabilidade à violência. As mulheres conhecem bem esta questão, a conheceram quase todo o tempo, e nada relacionado ao advento do capitalismo fez nossa exposição à violência se tornar menor. Há a possibilidade de se fazer parecer impermeável, de repudiar a própria vulnerabilidade. Há a possibilidade de se tornar violenta. Mas talvez exista outra maneira de viver de um modo que não seja temendo a morte, se tornando socialmente morta pelo medo de ser eliminada, ou se tornando violenta e matando os outros, ou os sujeitando a viver uma vida de morte social estabelecida por conta do medo da morte literal. Talvez esta outra maneira de viver requeira um mundo no qual meios coletivos são encontrados para proteger a vulnerabilidade corporal sem exatamente erradicá-la. Certamente, algumas normas serão úteis na construção de tal mundo, mas elas serão normas que ninguém deterá, normas que terão que operar não pela normalização ou pela assimilação racial ou ética, mas tornando-se lugares coletivos de um trabalho político contínuo.

---

27 Para uma discussão mais completa destes tópicos, cf. Butler, *Precarious Life: Powers of Violence and Mourning* [ed. bras.: *Vida precária: os poderes do luto e da violência*].

11
Pode o "Outro" da filosofia falar?*

Escrevo este ensaio como alguém que um dia foi treinada na história da filosofia, ainda que escreva, hoje, com mais frequência em contextos interdisciplinares em que esse treinamento, tal como foi, apareça apenas de forma refratária. Por isso, e certamente por outras razões que darei a vocês, este não é um "artigo de filosofia" ou, de fato, um artigo sobre a filosofia, ainda que talvez seja "sobre" filosofia, mas numa perspectiva que pode ou não ser reconhecível como filosófica. Por isso, espero ser perdoada. O que tenho a oferecer não é exatamente um argumento, nem é exatamente rigoroso, e me parece difícil dizer se isso está ou não em conformidade com os padrões de perspicácia que hoje reinam na instituição da filosofia. Isso pode muito bem ter certa importância, até mesmo uma importância filosófica, que não foi minha intenção original. Não vivo, trabalho ou escrevo na instituição da filosofia e não o tenho feito há muitos anos, quase tantos anos quanto os que

---

* Tradução de Beatriz Zampieri.

se passaram desde a última vez em que me fiz a pergunta: o que um/a filósofo/a faria daquilo que tenho a oferecer?

Entendo que essa questão é do tipo que põe em apuros aqueles que trabalham dentro dessa instituição, especialmente doutorandos e professores temporários.[1] Pode ser que notemos que essa é uma preocupação perfeitamente razoável, em especial quando se tenta conseguir uma vaga num departamento de filosofia e se tem a necessidade de estabelecer que seu trabalho é, de fato, propriamente filosófico. Filósofos da profissão precisam, de fato, fazer tais julgamentos, e aqueles de nós que estão fora dos departamentos de filosofia ouvem esses juízos de tempos em tempos. O julgamento, em geral, toma uma dessas formas: "não consigo entender isso" ou "não vejo o argumento aqui", "muito interessante... mas certamente 'não' é filosofia". Isso é dito por uma autoridade que julga o que contará ou não como conhecimento legítimo. Isso é dito por alguém que parece saber, que age com total garantia de conhecimento. Encontrar-se em tal situação e ser apto a saber, com clareza, o que conta e o que não conta é, sem dúvida, impressionante. De fato, algumas pessoas poderiam até mesmo dizer

---

1 "Doutorandos" e "professores temporários" – *"doctoral candidates"* e *"junior faculty"*. A correspondência entre os quadros institucionais acadêmicos dos Estados Unidos e do Brasil não é imediata. Optamos, nesse sentido, pela tradução de *"junior faculty"* por "professores temporários", para transmitir a noção das funções em que o profissional, embora esteja inserido e seja qualificado pelo sistema educacional, não tem estabilidade contratual e/ou financeira – uma possível associação aqui seria, nesse sentido, de professores concursados ou não concursados que ocupam vagas por contratos provisórios em universidades públicas e privadas. (N. T.)

Desfazendo gênero

que tomar tais decisões e acatá-las é uma das responsabilidades dos/as filósofos/as.

Muito bem, mas gostaria de sugerir que um certo constrangimento foi introduzido nessa instituição, esta que Pierre Bourdieu chamou "a instituição ritualizada da filosofia". Este constrangimento consiste no fato de que o termo "filosofia" deixou de estar sob o controle daqueles que iriam definir e proteger seus parâmetros institucionais. Certamente, aqueles que cumprem seus deveres com a American Philosophical Association [Associação Americana de Filosofia] e entram nessa estrutura em diversos níveis de poder têm sido golpeados, surpreendidos, e talvez até escandalizados pelo uso da palavra "filosofia" designando tipos de pesquisas que, em nenhum sentido reconhecível, espelham as práticas acadêmicas que performam e que entendem como seu dever e privilégio definir e proteger. A filosofia, escandalosamente, se duplicou. Em termos hegelianos, encontrou a si fora de si mesma, perdeu-se no "Outro", e pondera se e como poderia ser recuperada do reflexo escandaloso dela mesma que encontra pairando sob o próprio nome. A filosofia, em seu sentido próprio, se é que existe um sentido próprio, pondera se jamais retornará a si mesma dessa escandalosa aparição como o Outro. Pondera, se não publicamente, de certo nos corredores e bares dos Hotéis Hilton em todo encontro anual,[2] se não está sitiada, expropriada,

---

2 Assim como nos encontros bianuais da Associação Nacional de Pós-Graduação em Filosofia (Anpof). Desde 2010, com a fundação do GT Desconstrução, linguagem e alteridade, outros grupos de trabalho foram sendo criados com o intuito de ampliar as fronteiras do que consideramos poder ser nomeado por Filosofia. Em 2016, foi a vez do

Judith Butler

arruinada pelo uso impróprio de seu nome, assombrada pela duplicação espectral dela mesma.

Não pretendo me introduzir como o duplo espectral, mas pode ser que este próprio ensaio, que é sobre a filosofia, mas não dela, pareça resultar, de alguma maneira, em algo fantasmagórico. Permitam-me reassegurar que a perspectiva a partir da qual escrevo sempre esteve, de início, distanciada da instituição da filosofia. Permitam-me começar, então, no espírito de Edmund Husserl, que afirmou que a filosofia era, afinal, um perpétuo recomeço, e referir-me aos meus próprios começos, humildes e controversos como sem dúvida foram. Quando tinha doze anos, fui entrevistada por um doutorando em educação que me perguntou o que queria ser quando crescesse. Disse a ele que queria ser uma filósofa ou uma palhaça, e entendia então, eu penso, que isso dependeria de achar se vale ou não filosofar sobre o mundo, e qual poderia ser o preço da seriedade. Não tinha certeza se queria ser filósofa, e confesso que nunca exatamente superei essa dúvida. Agora pode parecer que ter dúvida a respeito do valor da carreira filosófica seja um sinal certeiro de que *não* se deve ser filósofa. De fato, se você estivesse diante de um/a estudante que contempla esse sombrio mercado de trabalho e diz igualmente que ele ou ela não tem certeza do valor da carreira filosófica – ou, dito de outro modo, de ser um/a filósofo/a –, então você, sem dúvidas, como parte de um corpo docente, logo direcionaria esta pessoa para outro nicho de mercado. Se não se tem absoluta certeza do valor de

---

GT Filosofia e Gênero; em 2020, houve a formalização do GT História das Mulheres da Filosofia e, em 2022, a criação do GT Filosofia Africana. (N. T.)

Desfazendo gênero

ser um/a filósofo/a, então certamente se deve seguir para outro lugar. A não ser, é claro, que constatemos algum *valor* em não ter certeza sobre o valor de se tornar filósofo/a, um que não seja sempre mercadológico, mas que, contudo, emerge, poderíamos dizer, como contraponto aos atuais valores de mercado da filosofia. Será que não saber com certeza o que deve ou não ser conhecido por filosofia tem, em si, algum valor filosófico? E poderíamos nomear e discutir esse valor sem que ele se torne um novo critério pelo qual o filosófico seja rigorosamente demarcado por aquilo que não é filosófico?

A seguir, procuro mostrar como fui introduzida à filosofia de maneira francamente desinstitucionalizada, e como essa distância da vida institucionalizada se tornou, de alguns modos, uma vocação para mim e, de fato, para muitos/as dos/as estudantes contemporâneos/as que trabalham sobre os tópicos filosóficos das humanidades. Quero defender que existe um valor distintivo nessa situação. Grande parte do trabalho filosófico que acontece fora da filosofia está livre para considerar os aspectos retóricos e literários de textos filosóficos e perguntar, especificamente, qual valor filosófico em particular é levado ou posto em ato por essas características retóricas e linguísticas. Os aspectos retóricos de um texto filosófico incluem seu gênero, que pode ser variado, o modo com que constrói seus argumentos, e como seu modo de apresentação informa o argumento em si, algumas vezes atuando este argumento de maneira implícita, algumas vezes atuando em um argumento que é precisamente o contrário do que o texto filosófico declara de forma explícita. Uma parte substancial do trabalho da tradição filosófica continental hoje é feita fora dos departamentos de filosofia, e algumas vezes isso se faz por meio de interpretações literárias de formas especialmente ricas e provocativas. De modo paradoxal, a filosofia ganhou uma nova vida nos estudos culturais contemporâneos e nos estudos político-culturais, em que as noções filosóficas informam textos sociais e literários que não são, falando genericamente, filosóficos, mas que apesar disso estabelecem o campo de estudos culturais como vital ao pensamento filosófico nas humanidades. Espero demonstrar isso narrando meu próprio envolvimento com a filosofia e minha passagem por Hegel. Ao fim de minhas considerações, discutirei o lugar de Hegel na pesquisa acadêmica contemporânea sobre a questão da luta por reconhecimento no interior do projeto da modernidade.

Minha primeira introdução à filosofia foi radicalmente desinstitucionalizada, autodidata e prematura. Esta cena talvez seja mais bem resumida pela imagem de uma jovem adolescente se escondendo das dolorosas dinâmicas familiares no porão de casa, onde os livros de faculdade de sua mãe estavam guardados, onde se encontrava a *Ética* de Espinosa (a tradução de 1934, da Elwes). Minhas emoções estavam, certamente, em conflito, e voltei-me a Espinosa para descobrir se saber o que eram essas emoções e a que propósito serviam me ajudaria a aprender como vivê-las de algum modo mais manejável. O que encontrei na segunda e na terceira parte desse texto era efetivamente rico. A extrapolação dos estados emocionais da persistência primária do *conatus* nos seres humanos me impressionou como a exposição mais profunda, pura e esclarecedora das paixões humanas. Algo se esforça em perseverar no seu ser. Acredito que isso marcou, para mim, uma forma de vitalismo que persiste até no desespero.

Desfazendo gênero

Em Espinosa, descobri a noção de que um ser consciente e persistente responde a reflexos de si mesmo de modos emocionais conforme esse reflexo significa um enfraquecimento ou um fortalecimento de sua própria possibilidade de futura persistência na vida. Esse ser deseja não apenas persistir em seu próprio ser, mas viver em um mundo de representações que reflitam a possibilidade dessa persistência e, finalmente, viver em um mundo no qual se refletem tanto os valores das outras vidas, como também de sua própria. No capítulo intitulado "A servidão humana ou a força dos afetos", Espinosa escreve, "Ninguém pode desejar ser feliz, agir e viver bem sem, ao mesmo tempo, desejar ser, agir e viver, isto é, existir em ato". E então, novamente, escreve, "[...] o desejo de viver feliz ou viver e agir bem [...] é a própria essência do homem, isto é, o esforço pelo qual cada um se esforça para conservar o seu ser".[3]

Não sabia, nessa época, que tal ensinamento de Espinosa se provaria essencial ao meu trabalho posterior a respeito da afirmação hegeliana de que o desejo é, sempre, o desejo de reconhecimento, e que o reconhecimento é condição a uma vida contínua e viável. A insistência de Espinosa a respeito do fato de que o desejo da vida pode ser encontrado de modo nascente nas emoções do desespero levaram à afirmação hegeliana mais dramática de que "a demora do negativo" pode produzir uma conversão do negativo ao ser, que algo afirmativo pode de fato vir das experiências de devastação individuais e coletivas até mesmo em suas irreversibilidades indisputáveis.

---

3 Spinoza, *On the Improvement of Understanding, The Ethics, Correspondence*, p.206, Parte IV, Prop.XXI [ed. bras.: *Ética*, p.291]

Cheguei a Espinosa ao mesmo tempo que encontrei a primeira publicação em inglês da obra *Ou-ou* de Kierkegaard,[4] contornando Hegel até entrar na universidade.[5] Em Kierkegaard, tentei ler uma voz escrita que não dizia exatamente o que indicava; de fato, essa voz continuava dizendo que aquilo que teria a dizer não era comunicável na linguagem. Assim, um de meus primeiros confrontos com um texto filosófico levantou a questão da leitura, chamando atenção à sua estrutura retórica por meio do texto. Como pseudônimo, o autor era implacável, não dizendo jamais quem estava falando, sem me deixar escapar à dificuldade da interpretação. Essa façanha estilística extraordinária foi complementada pelo fato de *Ou-ou* ser composto por dois livros, cada um deles escrito sob uma perspectiva que guerreia com a outra, de modo que, quem quer que fosse aquele autor, ele não era, certamente, um. Pelo contrário, os dois volumes desse livro estabeleciam uma cena psíquica cindida que parecia, por definição, eludir a exposição por meio do discurso direto. Não há como começar a entender essa obra sem compreender as dimensões retóricas e genéricas da escrita de Kierkegaard. Não se tratava de considerar, primeiramente, a forma literária e a situação retórica do texto para, então, retirar dele sua verdade filosófica. Pelo contrário, não havia nenhum modo de extrair o ponto filosófico, um ponto que teria a ver com a insuperabilidade do silêncio quando se trata das questões de fé, sem que se fosse conduzido

---

4 Kierkegaard, *Either-Or* [ed. port.: *Ou-ou*]

5 Cf. O desejo de viver: a Ética de Espinosa sob pressão; O desespero especulativo de Kierkegaard. In Butler, *Os sentidos do sujeito* [Coordenação de tradução Carla Rodrigues. Belo Horizonte: Editora Autêntica, 2021]. (N. T.)

Desfazendo gênero

à linguagem do momento de sua própria fundamentação, em que a linguagem demonstra seus próprios limites, em que essa "demonstração" não é o mesmo que uma mera declaração de seus limites. Para Kierkegaard, a declaração direta dos limites da linguagem não se apresenta como uma crença; nada menos que desfazer o que o modo declarativo fará.

Kierkegaard e Espinosa foram filosofia para mim, como também foram, de modo interessante, os livros de minha mãe, trazidos e, talvez, lidos para algum curso escolar de Vassar no começo da década de 1950. O terceiro livro que encontrei foi *O mundo como vontade e como representação* de Schopenhauer,[6] que pertencia a meu pai. Ao que parece, esse livro viajou com ele para a Coreia, quando ele trabalhava no setor de odontologia do exército durante o período estranho e suspenso da guerra. O livro aparentemente lhe foi dado por uma amante anterior a minha mãe, e seu nome está escrito na primeira página. Não faço ideia de como ela chegou a este livro e por que motivo o deu ao meu pai, se ela o teria lido ou o que isso talvez significasse para ele. Mas suponho que a amante de meu pai fez algum curso, ou algum amigo dela fez, que a instituição da filosofia tornou esse livro disponível, e o encontrei em meio ao meu sofrimento adolescente, numa época que me permitiu pensar a respeito do mundo como tendo uma estrutura e sentido maior que a minha, que deu lugar ao problema do desejo e da vontade por meio de uma luz filosófica, concedendo certa clareza passional ao pensamento.

---

6 Schopenhauer, *The World as Will and Representation* [ed. bras.: *O mundo como vontade e como representação*].

Judith Butler

Então esses livros vieram a mim, seria possível dizer, como subprodutos da instituição da filosofia, mas de uma forma desinstitucionalizada. Decidiu-se que esses livros deveriam ser traduzidos e disseminados, e foram encomendados para os cursos que meus pais ou seus amores frequentaram, que foram guardados e emergiram novamente como parte daquele horizonte visual que decorou o porão enfumaçado de minha casa nos subúrbios. Sentei-me naquele porão, sombrio e desanimado, trancando a porta para que ninguém mais pudesse entrar, tendo ouvido música o suficiente. E de alguma forma levantei o olhar sobre a fumaça de meu cigarro nesse cômodo escuro e sufocado e vi um título que me despertou o desejo de ler, de ler filosofia.

O segundo caminho pelo qual a filosofia chegou a mim foi na sinagoga, e se o primeiro caminho veio da agonia adolescente, o segundo chegou pelos dilemas éticos judeus. Eu deveria ter parado as aulas na sinagoga antes do ensino médio, mas de alguma maneira decidi continuar. As aulas se concentravam em dilemas morais e questões de responsabilidade humana, na tensão entre decisões individuais e responsabilidades coletivas, em Deus, se Deus existia, e que utilidade "Ele" talvez finalmente tivesse, em especial à luz dos campos de concentração. Fui considerada uma espécie de problema disciplinar e recebi, como um tipo de castigo, a tarefa de fazer um acompanhamento com o rabino que focava uma série de escritos filosóficos judeus. Descobri diversos exemplos de escrita que me lembravam aquela de Kierkegaard, na qual certo silêncio informava a escrita que se oferecia, em que a escrita não podia entregar ou transmitir o que deveria comunicar, mas na qual a marca do próprio fundamento iluminava uma realidade que a linguagem não podia representar diretamente. Assim, a filosofia não era apenas um problema retórico, mas estava amarrada de maneira mais direta às questões do sofrimento individual e coletivo e quais transformações eram possíveis.

Comecei minha carreira filosófica institucionalizada no contexto de uma educação judaica, que considerava os dilemas éticos postos pela exterminação em massa de judeus durante a Segunda Guerra, incluindo pessoas de minha própria família, para definir o cenário do pensamento do domínio ético como tal. Foi, então, com dificuldade que, chegando à universidade, aceitei ler Nietzsche e, em geral, desdenhava dele durante parte dos anos de minha graduação em Yale. Um amigo me levou às aulas de Paul de Man sobre *Além do bem e do mal* e me encontrei, ao mesmo tempo, compelida e repelida. De fato, quando saí de sua aula pela primeira vez, me senti completa e literalmente sem chão. Inclinei-me contra uma grade para recuperar algum senso de equilíbrio. Afirmei, alarmada, que ele não acreditava no conceito, que de Man estava destruindo o próprio pressuposto da filosofia, desdobrando conceitos em metáforas, despojando a filosofia de seus poderes de consolação. Não retornei a essa aula em particular, apesar de frequentar outras ocasionalmente. Nessa época, decidi de maneira arrogante que aqueles que iam a esses seminários não eram filósofos de verdade, porque atuavam com o mesmo gesto sobre o qual penso hoje. Resolvi que eles não conheciam a matéria, que não formulavam as perguntas sérias, e voltei-me à ala mais conservadora que se encontrava a cerca de trinta metros dali, no Hall de Connecticut, agindo naquele momento como se a distância que dividia a literatura comparada da filosofia fosse muito maior do que poderia ser. Recusei e rejeitei de Man, mas me

sentei algumas vezes no fundo da sua sala de aula. Os descons-
trucionistas dessa época ainda me olham perguntando: por que
eu não estava em suas aulas? Não estava ali, mas também não
estava tão distante, e algumas vezes estava ali sem parecer estar.
E algumas vezes saía mais cedo.

Passar do ensino médio na escola de Bennington a Yale não
foi fácil e, de alguma maneira, nunca estive à vontade na profissão da filosofia. Como uma pessoa jovem, cheguei à filosofia como um modo de pôr a questão de como viver, e levei
a sério a noção de que ler textos filosóficos e pensar filosofi-
camente poderia me dar a orientação necessária a respeito da
vida. Fiquei escandalizada quando li pela primeira vez a observação de Kierkegaard de que era possível fazer da filosofia uma
comédia queer se efetivamente ocorresse a uma pessoa agir conforme seus ensinamentos. Como poderia haver essa distância
irônica e inevitável entre saber que uma coisa é verdade e agir
de acordo com esse conhecimento? E fiquei novamente escandalizada quando ouvi a história de Max Scheler que, pressio-
nado por seu público acerca de como ele poderia ter conduzido
uma vida tão antiética quando perseguia o estudo da ética, respondeu que o sinal que indica o caminho a Berlim não precisa
ir até lá para oferecer a direção certa. Que a filosofia pudesse se
divorciar da vida, que a vida talvez não fosse plenamente guiada
pela filosofia, me chocou como uma possibilidade perigosa.
Entendi, apenas muitos anos depois, que a conceitualização
filosófica não pode aliviar plenamente a vida de sua dificuldade,
e foi com alguma tristeza e perda que me reconciliei com esse
insight pós-idealista.

Estivesse minha crença a respeito da vida certa ou não, essa
era uma crença que referia a filosofia a dilemas existenciais

Desfazendo gênero

e políticos, e meu idealismo desiludido não era, finalmente, tão chocante quanto minha entrada nas definições disciplinares de filosofia. Isso aconteceu no ensino médio, quando frequentei uma aula de introdução à filosofia na Case Western Reserve University, em 1977. Minha professora era Ruth Macklin, uma conhecida pesquisadora de bioética da Albert Einstein College of Medicine. Ela nos ensinou Platão e Mill, além de um ensaio de juventude de John Rawls sobre justiça; sua abordagem era distintivamente analítica, algo que eu não entendia e nem mesmo sabia nomear naquela época. Tive dificuldades nesta primeira disciplina e então, determinada, frequentei mais um de seus cursos sobre filosofia moral, no qual li, principalmente, pensadores analíticos de Russell e Moore a Stevenson e Philipa Foot, que interrogavam os vários sentidos do emprego da palavra "bem" em argumentos e expressões éticas. Embora tenha, afinal, triunfado em concluir esse que era meu último ano, sabia que quando entrasse na universidade não encontraria minha versão da filosofia espelhada em qualquer forma institucional.

Depois de viajar à Alemanha pelo programa Fulbright para trabalhar com Hans Georg Gadamer e estudar o Idealismo alemão, voltei a Yale como estudante de graduação e comecei a me tornar politicamente ativa na universidade, a ler os livros de alguém chamado Foucault, a perguntar a respeito da relação entre filosofia e política, a questionar de forma pública se teria algo interessante e importante a fazer da filosofia feminista e, em particular, da abordagem filosófica da questão do gênero. Ao mesmo tempo, a questão da alteridade se tornou importante para mim no contexto da filosofia continental. Estava interessada no problema do desejo e do reconhecimento: sob que condições um desejo procura e encontra reconhecimento por si mesmo? Isso se tornou, para mim, uma questão permanente na medida em que entrei no campo dos estudos gays e lésbicos. Esta, e a questão do "Outro", pareciam ser para mim, como foi para Simone de Beauvoir, o ponto de partida para pensar politicamente acerca da subordinação e da exclusão: eu sentia ocupar o termo que interrogava – como faço hoje perguntando a respeito do Outro para a filosofia – e então me voltei à fonte moderna do entendimento da Alteridade: Hegel em si mesmo.

Minha tese sobre o desejo e o reconhecimento na *Fenomenologia do espírito* de Hegel[7] levava em conta algumas das mesmas questões que me ocupavam desde cedo. Na *Fenomenologia do espírito*, o desejo[8] é essencial à autorreflexão, e não há autorreflexão exceto pelo drama do reconhecimento recíproco. Assim, o desejo de reconhecimento é aquele em que o desejo procura sua reflexão no Outro. Este é, ao mesmo tempo, um desejo que procura negar a alteridade do Outro (que, no final das contas e em virtude de sua semelhança estrutural comigo, está em meu lugar, ameaçando minha existência unitária) e um desejo que encontra a si vinculado à exigência de que esse mesmo Outro a quem se teme exista e seja capturado; de fato, sem esse vínculo constitutivo e passional, não pode haver reconhecimento. A consciência descobre que está perdida, perdida no Outro, que deve vir para fora de si mesma, que encontra a si mesma como o outro ou, de fato, *no* Outro. Assim, o reconhecimento começa

---

7 Cf. Butler, *Subjects of desire: Hegelian Reflections in Twentieth-Century France*. Nova York: Columbia University Press, 1999. (N. T.)

8 Hegel, *The Phenomenology of Spirit*, p.108, §168 [ed. bras.: *Fenomenologia do espírito*, p.137].

Desfazendo gênero

na acepção de que se está perdido no outro, apropriado em e por uma alteridade que é e não é ele mesmo. O reconhecimento é motivado pelo desejo de encontrar a si mesmo refletido ali, onde a reflexão não é uma expropriação definitiva. Portanto, a consciência busca uma recuperação de si mesma, uma restauração a um tempo anterior, apenas para ver que não há retorno da alteridade a um si mesmo prévio, mas somente uma futura transfiguração baseada na impossibilidade de qualquer retorno enquanto tal.

Assim, em "Dominação e escravidão",[9] o reconhecimento é motivado pelo desejo de reconhecimento, e o reconhecimento é nele mesmo uma forma cultivada do desejo, não mais uma simples consumação ou negação da alteridade, mas a incômoda dinâmica na qual se procura encontrar a si mesmo no Outro apenas para descobrir que a reflexão é o sinal de sua expropriação e perda de si.

Pode ser que a filosofia institucionalizada encontre a si mesma, no momento atual, nesse estranho vínculo, embora eu saiba que não posso falar a partir de sua perspectiva. A filosofia tem diante de si algo a que se chama "filosofia", que é enfaticamente "não filosofia", que não segue os protocolos dessa disciplina, que não se mede por meio de padrões aparentemente transparentes de rigor lógico e clareza. Digo "aparentemente transparente" apenas porque participei de vários comitês que analisam pedidos de subsídios às humanidades, e a prática da clareza, com a qual muitos filósofos se comprometem e atuam, consiste em algo que frequentemente deixa outros acadêmicos

---

9 Ibid., p.111-9 [ed. bras.: ibid., p.142-51].

das humanidades bastante confusos. Na verdade, quando os padrões de clareza se tornam parte de uma disciplina hermética, não são mais comunicáveis, e o resultado disso é, paradoxalmente, uma clareza não comunicável.

Essa "filosofia" institucionalizada, que não é ela mesma, produz também outro paradoxo: faz proliferar uma segunda filosofia fora das fronteiras que a filosofia em si estabeleceu, e parece assim que a filosofia produziu involuntariamente esse duplo espectral de si mesma. Além disso, pode ser que aquilo que é praticado como filosofia nos departamentos de Linguagem e Literatura nesse país tenha constituído o significado de "filosofia", de modo que a disciplina da filosofia deve encontrar a si mesma estranhamente expropriada por um duplo. E quanto mais se busca dissociar dessa noção reduplicada de si mesma, mais eficazmente se assegura a predominância dessa outra filosofia fora do limite que deveria contê-la. A filosofia não pode mais retornar a si mesma, pois o limite que talvez marque esse retorno é, precisamente, a condição por meio da qual a filosofia foi gerada no exterior de seu lugar institucional.

Existem, evidentemente, mais do que duas versões da filosofia, e aqui sem dúvidas a linguagem hegeliana me força a restringir minhas caracterizações a um falso binarismo. A filosofia institucionalizada não esteve em unidade consigo mesma por algum tempo, se alguma vez esteve, e sua vida fora dos limites da filosofia toma várias formas. Ainda assim, de algum modo, cada uma dessas versões é assombrada, se não perseguida, pela outra.

No momento em que comecei a ministrar aulas de filosofia feminista no Departamento de Filosofia da Yale notei algumas figuras perturbadas no fundo da sala, adultos andando para

Desfazendo gênero

a frente e para trás, ouvindo o que eu tinha a dizer e saindo abruptamente, para então retornar depois de uma ou duas semanas, repetindo o mesmo ritual de perturbação. Essas pessoas agiam da mesma maneira que eu quando tentava frequentar as aulas de Paul de Man. Elas acabaram se tornando teóricas políticas, enfurecidas pelo fato de que aquilo que eu ensinava acontecesse sob a rubrica da filosofia. Elas não podiam exatamente vir e tomar seus lugares numa cadeira, mas também não podiam sair. Elas precisavam saber aquilo que eu estava dizendo, mas não podiam se permitir chegar perto o bastante para ouvir. A questão não era se eu estava ensinando filosofia mal, ou não ensinando filosofia bem, mas se minhas aulas eram, afinal, aulas de filosofia.

Hoje não me proponho a responder à pergunta acerca do que a filosofia deveria ser e creio que, para ser bem honesta, não tenho opiniões definitivas sobre isso. Esse não é o motivo pelo qual deixei essa disciplina, mas porque acredito que a filosofia tenha se tornado, de maneira muito significativa, apartada dela mesma, se tornou Outra para si mesma, e encontrou a si escandalizada pela errância de seu nome além de seus confins oficiais. Isso ficou evidente para mim quando comecei a praticar filosofia feminista. Fiquei estarrecida quando soube que, há alguns anos, estudantes de graduação da New School for Social Research [Nova Escola de Pesquisa Social] organizaram uma conferência intitulada: "A Filosofia Feminista é Filosofia?". Essa foi a pergunta formulada pelos céticos do pensamento feminista, e agora era citada a sério pelas jovens praticantes do feminismo. Pode ser que algumas pessoas queiram afirmar que, sim, a filosofia feminista é filosofia, prosseguindo pela demonstração de todas as formas com que a filosofia feminista

Judith Butler

postula os problemas mais tradicionais da filosofia. Mas minha concepção é de que tal pergunta deveria ser recusada, porque é uma pergunta equivocada. A pergunta correta, se houver, tem a ver com o modo como essa reduplicação do termo "filosofia" se tornou possível, de maneira que talvez nos encontremos nessa estranha tautologia em que nos perguntamos se filosofia é filosofia. Talvez devêssemos simplesmente dizer que a filosofia, à medida que compreendemos a trajetória institucional e discursiva do termo, não é mais autoidêntica, se foi alguma vez, e que essa reduplicação a atormenta agora como um problema insuperável.

Pensei, por um tempo, que não teria de lidar com essa questão, porque uma vez que publiquei sobre a teoria de gênero, recebi muitos convites de departamentos de literatura para falar, e falar sobre algo chamado "teoria". Afinal, tornei-me uma coisa chamada "teórica", e embora estivesse feliz em aceitar os convites gentis que me apareceram, fiquei de alguma forma intrigada e comecei a tentar entender que tipo de prática esse empreendimento chamado "teoria" deveria ser. Ah, sim, "o estado da teoria", diria numa mesa de jantar nessas ocasiões, bebericando meu Chardonnay, olhando ansiosa a minha volta, à procura de uma boa alma ali que talvez me dissesse precisamente o que deveria ser essa "teoria". Estudei Teoria Literária e encontrei meu próprio trabalho exposto nas prateleiras sob essa rubrica. Entendi desde cedo que existia tal prática (pensava em Wellek, Fletcher, Frye, Bloom, de Man, Iser, Felman), mas não estava claro para mim que aquilo que eu fazia era "teoria" e esse termo poderia e deveria tomar o lugar da filosofia. Nesse momento, não me incomodava o fato de que eu não fazia filosofia, porque o mundo da literatura me havia permitido ler por meio de uma estrutura retórica, elipse, condensação metafórica, e a especular a respeito das possíveis conjunções entre a interpretação literária e os impasses políticos. Continuei sofrendo picos de ansiedade toda vez que a palavra "teoria" era usada, e ainda sinto certo desconforto a esse respeito, ainda que saiba, agora, que sou parte disso, que talvez esteja indissociada deste termo.

Percebi, no entanto, que essa confusão não é somente minha. Agora, com alguma surpresa, tomo em mãos catálogos de várias editoras e vejo sob o nome de "filosofia" muitos/as escritores/as cujo trabalho não é ministrado nos departamentos de filosofia. Isso não inclui apenas uma série de filósofos/as continentais e ensaístas, mas teóricos/as literários/as e acadêmicos/as de estudos de arte e de mídia, acadêmicos/as de estudos étnicos e feministas. Notei com algum interesse o número de teses sobre Hegel e Kant que emergiram do centro de humanidades de Johns Hopkins ou o departamento de língua inglesa de Cornnel ou os estudos alemães na Northwestern; o número de acadêmicos/as jovens nos departamentos de humanidades que viajaram à França nos últimos anos para pesquisar Derrida, Lévinas, Agamben, Balibar, Kofman, Irigaray, Cixous, ou aqueles/as que continuam viajando à Alemanha para aprender a tradição do Idealismo alemão e a Escola de Frankfurt. As pesquisas mais interessantes sobre Schelling e Schlegel têm sido feitas nesse momento por teóricos/as da cultura e da literatura, e a pesquisa de um acadêmico extraordinário como Peter Fenves sobre Kant e Kierkegaard emerge da literatura comparada e dos estudos germânicos. E algumas das mais importantes pesquisas sobre Foucault são feitas por acadêmicos como Paul Rabinow, filósofo da antropologia.

Judith Butler

Considere a vida extraordinariamente interdisciplinar de uma figura como Walter Benjamin, que de muitas formas sintetiza as excessivas viagens da filosofia para fora dos portões de sua contenção. Talvez se esperasse encontrá-lo sendo estudado sob a rubrica da "Escola de Frankfurt" nos departamentos de filosofia que oferecem tais cursos (imagino que exista algo em torno de uma dúzia desses departamentos a essa altura), mas a dificuldade de sua linguagem e suas preocupações estéticas frequentemente levam à excisão de sua obra dos cursos de filosofia e sua reemergência em Língua Inglesa, Literatura Comparada, departamentos de Francês e Alemão. Notei há alguns anos com algum interesse que a *New Formations*, revista de esquerda britânica, publicou um volume sobre a obra de Benjamin ao mesmo tempo que a ostensivamente pós-ideológica *Diacritics*, quando a mais recente edição da *Critical Inquiry* se juntou à disputa. Sua escrita não é filosófica? O filósofo Jay Bernstein argumentou apaixonadamente o contrário. Ou a filosofia aparece aqui em uma forma contenciosa e dispersa, em meio à análise cultural, em meio a consideração da cultura material, ou à luz de estruturas teológicas falhas e invertidas, numa linguagem que se move do aforismo ao referencial denso, ou na esteira do marxismo, na forma das interpretações e da Teoria Literária. A trajetória multidisciplinar dessa obra faz uma suposição sobre onde se pode buscar descobrir a questão do sentido da história, a referencialidade da linguagem, as promessas quebradas da poesia e da teologia intrínsecas às formas estéticas e as condições de comunidade e de comunicação.

É evidente que todos esses são problemas filosóficos, mas problemas perseguidos por vários meios, várias formas de análise, leitura e escrita irredutíveis à forma argumentativa que, raramente, seguem um estilo linear de exposição. Há quem diga que Benjamin apenas pode tornar-se filosófico se aqueles que escrevem a seu respeito forem capazes de transmutar a escrita do autor a essa forma linear de exposição argumentativa. E há quem afirme que é o próprio desafio sobre a argumentação linear que carrega, em si, seu sentido intrinsecamente filosófico, um sentido que levanta a questão acerca do poder e da aparição da razão, o movimento posterior da temporalidade. Infelizmente, a maior parte das pessoas dispostas a perseguir o segundo tipo de argumentação pertencem a departamentos de humanidades fora do campo da filosofia.

Quando se leva em consideração, por exemplo, o trabalho de Luce Irigaray, vemos uma interrogação feminista do problema da alteridade que remonta a Hegel, Beauvoir e Freud, mas também a Merleau-Ponty e Lévinas. Essa interrogação se encontra implicada na história da filosofia, mesmo quando se contrapõe à exclusão do feminino que lhe é inerente e impõe uma rearticulação de seus termos mais fundamentais. Seu trabalho não pode dispensar a filosofia, pois é, precisamente, uma escrita filosófica, ainda que sua inclusão no cânone filosófico não seja permitida em muitos departamentos de filosofia.

O problema a respeito do que pertence ou não à filosofia, algumas vezes, se volta à questão da retórica do texto filosófico, se é que existe alguma, e se tais dimensões retóricas devem ou não ser lidas como essenciais ao caráter filosófico do texto. Podemos também ver o modo como certas formas de prolongamento da tradição filosófica, que tocam as questões de política cultural contemporânea e de justiça política, emergem nos movimentos sociais contemporâneos ou vernaculares, abrindo caminho para uma saída da filosofia institucional por meio de abordagem cultural mais ampla.

O que fazemos, por exemplo, da enorme influência da obra filosófica de Cornel West, cujo pragmatismo e comprometimento utópicos com a visão de Du Bois trouxeram as questões filosóficas para a vanguarda da política afro-americana deste país? Sua obra encontra-se situada no campo da Divinity School de Harvard e de estudos da religião. Isso teria algo a dizer a respeito das limitações da filosofia institucional, no interior da qual seu trabalho não encontra espaço? Em alguns aspectos, a obra de Cornel West demonstra a contínua relevância da tradição do pragmatismo estadunidense nas lutas contemporâneas por igualdade e dignidade racial. A transposição dessa tradição ao contexto das relações raciais torna a dimensão filosófica de sua obra impura? E se assim for, haverá alguma esperança para a filosofia, a menos que se engaje precisamente em tal impureza?

De forma semelhante, quase todas as filósofas feministas que conheço não trabalham mais em departamentos de filosofia. Quando olho para as listas das primeiras antologias de filosofia feminista em que publiquei (*Feminism as Critique, Feminism/Postmodernism*), os nomes de Drucilla Cornell, Seyla Benhabib, Nancy Fraser, Linda Nicholson, Iris Marion Young, eram todos de orientandas de acadêmicos como Alasdair MacIntyre, Peter Caws e Jürgen Habermas. Em um momento ou outro nos últimos dez anos, elas, assim como eu, passaram a não mais compor departamentos de filosofia. Encontramos, todas, nossos auspiciosos lugares em outras disciplinas: Direito, Ciência Política, Educação, Literatura Comparada, Inglês. E, agora, isso também ocorre com Elizabeth Grosz, que talvez seja a maior filósofa feminista australiana de nosso tempo e foi recentemente transferida para o Departamento de Literatura Comparada e Estudos de Mulheres. Isso também tem sido notoriamente verificado entre as filósofas feministas da ciência, que trabalham em departamentos de estudos das mulheres, da ciência e da educação sem qualquer afiliação com a filosofia. Algumas, senão muitas, das pessoas mais influentes nessas áreas não estão mais situadas na filosofia como sua principal ou exclusiva filiação institucional. O problema, aqui, não se deve ao simples fato de que a prática filosófica dessas pessoas permaneça em alguma medida externa à disciplina da filosofia, reafirmando o espectro da "filosofia fora da filosofia". Estranhamente, são essas as contribuições filosóficas que se encontram em constante contato com outras áreas e que estabelecem as rotas pelas quais se abre a possibilidade de uma viagem interdisciplinar da filosofia às outras humanidades. Essas/es são as/os filósofas/os que se situam nas conversas entre as disciplinas, que produzem campos de pesquisa nas investigações filosóficas nos departamentos da França e da Alemanha, em Inglês e em Literatura Comparada, em estudos da ciência e das mulheres.

A filosofia, sem dúvida, tem perseguido contatos interdisciplinares com a ciência cognitiva e computacional, assim como nas áreas de ética da medicina, do direito e de políticas públicas, essenciais para o campo da ética aplicada. Mas, com relação às humanidades, a filosofia tem sido majoritariamente solitária, territorial, protetiva e cada vez mais hermética. Com certeza, também existem exceções a essa regra, de forma que se observam, por exemplo, nos trabalhos de Rorty, Cavell, Nehamas, Nussbaum, Appiah e Braidotti, modos ativos de engajamento com a arte, com a literatura, com questões culturais que formam um conjunto de temas comuns entre as disciplinas. Além disso, sugeriria que nenhuma dessas pessoas cruzou a fronteira para uma conversa mais ampla sem que tivesse de pagar algum tipo de preço no interior de sua própria disciplina.

A presença da filosofia nas humanidades não é simplesmente o efeito de uma trenagem filosófica que foi, por assim dizer, descarrilhada.[10] Em certo sentido, as discussões culturais mais relevantes da filosofia têm sido conduzidas por acadêmicos/as que sempre trabalharam fora das fronteiras institucionais dessa disciplina. De fato, pode-se dizer que o que emergiu após os dias da alta Teoria Literária, aquilo que John Guillory entende por formalismo literário, não foi a dissolução da teoria, mas o movimento da teoria ao estudo concreto da cultura,

---

10 *"The presence of philosophy in the humanities disciplines is not simply the effect of trained philosophers having, as it were, been derailed"* – Butler faz, neste texto, um jogo de linguagem entre o "treinamento" (*"training"*), entendido como *formação* em filosofia, e a "trenagem" institucional filosófica como uma "viagem" (*"travel"*) no veículo dessa disciplina. Nossa opção pelos significantes "trenagem" e "descarrilhada" procura preservar, em parte, essa imagem evocada pela autora, que pode ser remetida às referências de Walter Benjamin ao "trem da história" ou à "locomotiva da história" – a esse respeito, ver o livro de Michael Löwy, em especial a leitura da nona das "Teses sobre o conceito de história" em *Walter Benjamin: aviso de incêndio* [Boitempo, 2005, p.87-95]. Além disso, a metáfora também aparece no prefácio de Butler a *Subjects of desire: Hegelian Reflections in Twentieth-Century France* (p. xxv), onde seu objeto de estudo é comparado à peça *Um bonde chamado desejo*, de Tennessee Williams. A comparação do desejo com o "bonde" ou o "trem" que inaugura essa jornada na modernidade é, assim, mote para condução das reflexões pós-hegelianas do século XX na França, e pode ser relacionada à crítica da autora à filosofia institucional no presente texto – a filosofia, agora "descarrilhada", "destrambelhada", "desgovernada", se depara com seus *outros*. (N. T.)

Desfazendo gênero

de modo que agora se enfrenta a emergência de textos teóricos no estudo de fenômenos culturais e sociais mais amplos. Não se trata do deslocamento historicista da teoria; pelo contrário, é a historicização da própria teoria que se tornou, poderíamos dizer, o lugar de sua vida renovada. Voltei novamente a fazer essa confluência entre teoria e filosofia, mas considero que os textos filosóficos têm lugar central em muitas das trincheiras de análises culturais. Com efeito, sugeriria que, na mesma medida que a filosofia perdeu sua pureza, também adquiriu sua vitalidade em meio às humanidades.

Levemos em consideração o trabalho de Paul Gilroy, sociólogo britânico e pesquisador de estudos culturais, cujo livro *O Atlântico negro*[11] causou profundo impacto nos estudos afro-americanos e diaspóricos nos últimos cinco anos. As primeiras noventa páginas do livro se voltam à noção hegeliana de modernidade. Ele argumenta que a exclusão dos descendentes africanos da modernidade europeia não é razão suficiente para esta ser rejeitada, pois seus termos foram e ainda podem ser apropriados de seu eurocentrismo excludente de modo a operar a serviço de uma democracia mais inclusiva. O que está em jogo em sua sutil historiografia é a questão de se as condições de reconhecimento recíproco, por meio das quais o "humano" vem à existência, podem ser estendidas para além da esfera geopolítica pressuposta pelo discurso de igualdade e reciprocidade. E, embora Hegel nos ofereça a estranha cena do senhor e do escravo, uma cena que vacila entre a servidão e a escravidão, é apenas com os trabalhos de W. E. B. Du Bois, Orlando

---

11 Gilroy, *The Black Atlantic: Modernity and Double-Consciousness* [ed. bras.: *O Atlântico negro: Modernidade e dupla consciência*].

Patterson e Paul Gilroy que começamos a entender como o projeto hegeliano do reconhecimento recíproco pode ser novamente narrado a partir da história da escravização e de seus efeitos diaspóricos.

Gilroy argumenta que as perspectivas das pessoas escravizadas

> [...] exigem uma visão clara não só da dinâmica do poder e dominação nas sociedades de *plantation* dedicadas à busca de lucro comercial mas das categorias centrais do projeto iluminista, como a ideia de universalidade, a fixação dos significados, a coerência do sujeito e, naturalmente, o etnocentrismo basilar no qual todas as categorias tendem a se embasar.[12]

De maneira menos previsível, Gilroy argumenta, em seguida, que seria um grande erro desconsiderar o projeto moderno. Citando Habermas, ele observa que até aqueles mais radicalmente excluídos do projeto da modernidade europeia foram capazes de apropriar-se de conceitos fundamentais do arsenal teórico moderno para lutar por sua legítima inclusão nesse processo. "Um conceito de modernidade que se preze", afirma,

> deve, por exemplo, ter algo a contribuir para uma análise de como as variantes particulares de radicalismo articuladas pelas revoltas de povos escravizados fez uso seletivo das ideologias da Era da Revolução ocidental e depois desaguou em movimentos sociais de um tipo anticolonial e decididamente anticapitalista.[13]

---

12 Ibid., p.55 [ed. bras.: ibid., p.126].
13 Ibid., p.44 [ed. bras.: ibid., p.106].

Desfazendo gênero

Gilroy questiona aquilo a que chama de formas pós-modernas de ceticismo que levaram a uma rejeição em larga escala dos termos chave da modernidade e, em sua perspectiva, a uma paralisação da ação política. Ele, então, toma certa distância de Habermas, observando seu fracasso em levar em conta a relação entre escravidão e modernidade. A falha de Habermas, argumenta, pode ser atribuída à sua preferência de Kant sobre Hegel. Gilroy escreve,

> Habermas não segue Hegel ao afirmar que a escravidão é em si mesma uma força modernizadora porque leva tanto o senhor quanto o escravo, primeiro, à autoconsciência e, em seguida, à desilusão, forçando ambos a enfrentar a percepção infeliz de que a verdade, o bom e o belo não têm uma origem única.[14]

Gilroy prossegue, por exemplo, por meio da interpretação de Frederick Douglass, como "senhor e escravo em um idioma negro" e, em seguida, pela leitura da teórica feminista contemporânea negra Patricia Hill Collins, procurando estender o projeto hegeliano a perspectiva de uma epistemologia racializada. Nesses e em outros exemplos, ele insiste que o discurso eurocêntrico foi retomado de forma útil por aqueles tradicionalmente excluídos dos seus termos, e que a revisão subsequente traz consequências radicais para repensar a modernidade em termos não etnocêntricos. A forte oposição de Gilroy às formas de essencialismo negro e, em especial, ao afrocentrismo, apresenta esse argumento a partir de outro ângulo.

---

14 Ibid., p.50 [ed. bras.: ibid., p.116].

Judith Butler

Uma das consequências filosóficas mais interessantes do trabalho de Gilroy é que ele fornece uma perspectiva cultural e histórica dos debates atuais da filosofia ameaçando deslocar seus termos. Quando rejeita o hiperrealismo do projeto habermasiano, mesmo que preserve algumas características principais do projeto iluminista, ele também recusa modelos de ceticismo que reduzem todo posicionamento político a gestos retóricos. A forma da interpretação cultural que fornece responde às dimensões retóricas de todos os tipos de textos culturais, e trabalha sob a égide de uma modernidade mais radicalmente democrática. Portanto, eu sugeriria que sua posição vale ser considerada como um ensaio do debate levantado entre os defensores e os detratores do projeto iluminista.

Mas com que frequência vemos, nos anúncios de emprego que emergem em departamentos de filosofia e de sociologia, uma procura por pessoas versadas sobre o problema filosófico e cultural da modernidade no contexto da escravidão e de suas consequências? Meu exemplo, agora, não será interessante para muitos/as filósofos/as, pois não se ensina Hegel como parte de qualquer programa de muitos departamentos desse país; ele é também, em alguns casos, explicitamente excluído da sequência da história da filosofia. As resistências a Hegel são, sem dúvida, notórias: sua linguagem é ostensivamente impenetrável, ele rejeita o princípio de não contradição, suas especulações são infundadas e, a princípio, inverificáveis. Assim, no interior das fronteiras da filosofia não damos ouvidos à questão: a escrita Hegel se tornou ilegível de acordo com quais protocolos que governam a legibilidade da filosofia? Como será possível que tantos, de fato, o tenham lido? E por que motivo ele continua a informar tantos

Desfazendo gênero

estudos contemporâneos? Qual é o argumento oferecido por Hegel contra o princípio da não contradição, e que forma retórica toma esse argumento? Como interpretar tal argumento uma vez que compreendemos a forma retórica em que se estrutura? E qual é a crítica à verificabilidade que surge no decorrer de sua obra? Porque as exigências que essas perguntas buscam formular são *tomadas como garantidas* por aqueles filósofos que evocam esses mesmos padrões desconsiderando Hegel, encontramos essas questões em outros lugares, nas humanidades, nos departamentos de filosofia e de história, nos departamentos de Inglês e Literatura Comparada, nos estudos a respeito dos Estados Unidos e nos estudos étnicos.

Do mesmo modo, qual foi a última vez que você ouviu falar a respeito de um departamento de Filosofia que se juntou a um departamento de Alemão na procura por alguém que trabalhe com o romantismo alemão, incluindo Kant, Hegel, Goethe, Hölderlin? E qual a última vez que você ouviu a respeito de um departamento de Filosofia que se uniu a um departamento de Francês para contratar alguém especializado no pensamento filosófico francês do século XX? Talvez tenhamos visto alguns exemplos de departamentos de filosofia que se associaram a estudos afro-americanos ou étnicos, mas não com tanta frequência, e certamente não o suficiente.

Esta é apenas uma das formas da filosofia entrar nas humanidades, reduplicando aí a si mesma, fazendo da própria noção de filosofia algo estranho a ela mesma. Deveríamos, suponho, estar muito gratos por viver nessa rica região produzida pelas foraclusões da filosofia: em tão boa companhia e com vinhos melhores, com conversas muito mais inesperadas entre disciplinas, com movimentos de pensamento tão extraordinários

Judith Butler

que ultrapassam as barreiras da departamentalização, apresentando um problema vital para aqueles que ficaram para trás. O escravo escandaliza o senhor, vocês se lembram, olhando de volta para ele, apresentando uma consciência que ele ou ela não deveria ter tido, e mostrando, assim, ao senhor, que ele se tornou Outro para si mesmo. O senhor, talvez, tenha perdido o próprio controle, mas, para Hegel, essa perda de si representa o início da comunidade. Pode ser que a nossa situação atual ameace não fazer nada mais do que trazer a filosofia de volta ao lugar que lhe é próprio, como uma vertente entre muitas no tecido da cultura.

Referências bibliográficas

ABELOVE, H.; BARALE, M. A.; HALPERIN, D. (Orgs.). *The Lesbian and Gay Studies Reader*. Nova York: Routledge, 1993.

AGACINSKI, S. Contre l'effacement des sexes. *Le Monde*, França, 6 fev. 1999.

_____. Questions autour de la filiation. Entrevista com Eric Lamien e Michel Feher, *Ex æquo*, jul. 1998, p.22-24.

AGAMBEN, G. *Homo Sacer*: Sovereign Power and Bare Life. Trad. Daniel Heller-Roazen. Stanford: Stanford University Press, 1998. [Ed. bras.: *Homo sacer*: o poder soberano e a vida nua I. Trad. Henrique Burigo. Belo Horizonte: Ed. UFMG, 2010.]

ALARCON, N. Anzaldua's Frontera: Inscribing Gynetics. In: ARREDONDA, G.; HURTADA, A.; KAHN, N.; NAJERA-RAMIREZ; O.; ZAVELLA, P. (Orgs.). *Chicana Feminisms*: A Critical Reader. Durham, N.C.: Duke University Press, 2003.

ALEXANDER, J. Redrafting Morality: The Postcolonial State and the Sexual Offences Bill of Trinidad and Tobago. In: MOHANTY, T. C.; LOURDES, R. M.; RUSSO, A. (Orgs.). *Third World Women and the Politics of Feminism*. Bloomington: Indiana University Press, 1991.

AMERICAN PSYCHIATRIC ASSOCIATION. *Diagnostic and Statistical Manual of Mental Disorders DSM-IV*. Ed. rev. Washington, D.C.: American Psychiatric Association, 2000.

Judith Butler

ANGIER, N. Sexual Identity Not Pliable After All, Report Says. *The New York Times*. 3 maio 2000, seção C.

ANZALDÚA, G. *Borderlands/La Frontera*: The New Mestiza. São Francisco: Spinsters/Aunt Lute, 1967.

BARNES, W. *The Medicalization of Transgenderism*. Dividido em cinco partes, começando em 1, v.1, verão 2001. Disponível em: <http://trans--health.com>

BELL, V. *Interrogating Incest*: Feminism, Foucault, and the Law. Londres: Routledge, 1993.

BENHABIB, S.; CORNELL, D. (Eds.). *Feminism as Critique*: Essays on the Politics of Gender in Late-Capitalist Societies. Minneapolis: Minnesota University Press, 1987.

BENHABIB, S.; BUTLER, J.; CORNELL, D.; FRASER, N. *Feminist Contentions*: A Philosophical Exchange. Nova York: Routledge, 1997. [Ed. bras.: *Debates feministas*: Um intercâmbio filosófico. Trad. Fernanda Veríssimo. São Paulo: Editora Unesp, 2018.]

BENJAMIN, J. *The Shadow of the Other*: Intersubjectivity and Gender in Psychoanalysis. Nova York: Routledge, 1998.

_____. "How Was It For You?" How Intersubjective is Sex? Divisão 39, Discurso, *American Psychological Association*. Boston, April 1998. [em posse da autora]

_____. *Like Subjects, Love Objects*: Essays on Recognition and Sexual Difference. New Haven: Yale University Press, 1995.

_____. Afterword to "Recognition and Destruction: An Outline of Intersubjectivity". In: MITCHELL, S.; ARON, L. (Eds.). *Relational Psychoanalysis*: The Emergence of a Tradition. Hillsdale, N.J.: Analytic Press, 1999.

_____. *The Bonds of Love*. Nova York: Random House, 1988.

BERLANT, L. *The Queen of America Goes to Washington City*: Essays on Sex and Citizenship. Durham, N.C.: Duke University Press, 1997.

BERSANI, L. *Homos*. Cambridge: Harvard University Press, 1995.

BOCKTING, W. O.; CESARETTI, C. From Construction to Context: Gender through the Eyes of the Transgendered. *Siecus Report*, out./nov. 1999.

_____. The Assessment and Treatment of Gender Dysphoria. *Direction in Clinical and Counseling Psychology*, 7, lesson 11 (1997), p.11.3-11.22.

BOCKTING, W. O.; CHARLES, C. Spirituality, Transgender Identity, and Coming Out. *Journal of Sex Education and Therapy*. 26, n.4 (2001), p.291-300.

BORNEMAN, J. Until Death Do Us Part: Marriage/Death in Anthropological Discourse. *American Ethnologist* 23, n.2, maio 1996, p.215-235.

BORNSTEIN, K. *Gender Outlaw*. Nova York: Routledge, 1994.

BORSCH-JACOBSEN, M. *The Freudian Subject*. Stanford: Stanford University Press, 1988.

BOWIE, M. *Lacan*. Cambridge, MA: Harvard University Press, 1991.

BRAIDOTTI, R. Feminism By Any Other Name. Entrevista com Judith Butler. *Differences: a Journal of Feminist Cultural Studies*. Edição especial "More Gender Trouble: Feminism Meets Queer Theory", inverno 1995.

_____. *Metamorphoses*: Towards a Materialist Theory of Becoming. Cambridge, England: Polity Press, 2002.

_____. *Nomadic Subjects*. Nova York: Columbia University Press, 1994.

_____. *Patterns of Dissonance*. Cambridge, Inglaterra: Polity Press, 1991.

BROOKS, P. *Troubling Confessions*: Speaking Guilt in Law and Literature. Chicago: The University of Chicago Press, 2000.

BUTLER, J. *Bodies That Matter*: On the Discursive Limits of "Sex". Nova York: Routledge, 1998. [Ed. bras.: *Corpos que importam* – os limites discursivos do "sexo". Trad. Veronica Daminelli e Daniel Yago Françoli. São Paulo: N-1 edições, 2020.]

_____. *Excitable Speech*: A Politics of the Performative. Nova York: Routledge, 1997. [Ed. bras.: *Discurso de ódio*: uma política do performativo. Trad. Roberta Fabbri Viscardi. São Paulo: Editora Unesp, 2021.]

_____. *Gender Trouble*: Feminism and the Subversion of Identity. Nova York: Routledge, 1990. [Ed. bras.: *Problemas de gênero*: Feminismo e a subversão da identidade. Trad. Renato Aguiar. Rio de Janeiro: Civilização Brasileira, 2003.]

_____. Antigone's Claim: Kinship between Life and Death. The Wellek Library Lectures. Nova York: Columbia University Press, 2000. [Ed. bras.: *O clamor de Antígona*: Parentesco entre a vida e a morte. Trad. André Cechinel. Florianópolis: Editora da UFSC, 2014.]

_____. Virtue as Critique. In: INGRAM, D. (Ed.). *The Political*. Oxford: Basil Blackwell, 2022.

_____. *Precarious Life*: Powers of Violence, and Mourning. Nova York: Verso, 2004. [Ed. bras.: *Vida precária*: os poderes do luto e da violência. Trad. Andreas Lieber. Revisão técnica Carla Rodrigues. Belo Horizonte: Editora Autêntica, 2019.]

BUTLER, J.; LACLAU, E.; ŽIŽEK, S. (Eds.). *Contingency, Hegemony, and Universality*: Contemporary Dialogues on the Left. London: Verso, 2000.

CANGUILHEM, G. *The Normal and the Pathological*. Trad. Carolyn Fawcett and Robert S. Cohen. Nova York: Zone Books, 1989. [Ed. bras.: *O normal e o patológico*. Trad. Maria Thereza Redig de Carvalho Barrocas. São Paulo: Forense Universitária, 2011.]

CARUTH, C. (Ed.). *Trauma*: Explorations in Memory. Baltimore: Johns Hopkins University Press, 1995.

_____. *Unclaimed Experience*: Trauma, Narrative, and History. Baltimore: Johns Hopkins University Press, 1996.

CARSTEN, J.; HUGH-JONES, S. (Eds.). *About the House*: Lévi-Strauss and Beyond. Cambridge: Cambridge University Press, 1995.

CAVARERO, A. *Relating Narratives*: Storytelling and Selfhood. Trad. Paul A. Kottman. London: Routledge, 2000.

CHASE, C. Hermaphrodites with Attitude: Mapping the Emergence of Intersex Political Activism. *GLQ: A Journal of Gay and Lesbian Studies* 4, n.2, Primavera, 1998, p.189-211.

CLASTRES, P. *Archeology of Violence*. Trad. Jeanine Herman. Nova York: Semiotext(e), 1994. [Ed. bras.: *Arqueologia da violência*: Pesquisas de antropologia política. Trad. Paulo Neves. Cosac Naify, 1.ed., 2004.]

_____. *Society against the State*: Essays in Political Anthropology. Trad. Robert Hurley. Nova York: Zone Books, 1987. [Ed. bras.: *A sociedade contra o Estado.* Trad. Theo Santiago. São Paulo: Ubu, 2017.]

COHEN-KETTENIS, P. T.; GOOREN, L. J. G. Transsexualism: A Review of Etiology, Diagnosis, and Treatment. *Journal of Psychosomatic Research* 46, n.4, abr. 1999, p.315-33.

COLAPINTO, J. The True Story of John/Joan. *Rolling Stone.* 11, dez. 1999, p.55ss.

_____. *As Nature Made Him*: The Boy Who Was Raised as a Girl. Nova York: Harper-Collins, 2000.

CORBETT, Ken. Nontraditional Family Romance: Normative Logic, Family Reverie, and the Primal Scene. *Psychoanalytic Quarterly* 70, n.3, 2001, p.599-624.

CORNELL, D. *The Philosophy of the Limit.* Nova York: Routledge, 1992.

DEVI, M. *Imaginary Maps*: Three Stories by Mahasweta Devi. Trad. Gayatri Chakravorty Spivak. Nova York: Routledge, 1995.

DIAMOND, M.; SIGMUNDSEN, K. Sex Reassignment at Birth: A Long-Term Review and Clinical Implications. *Archives of Pediatrics and Adolescent Medicine* 151, mar. 1997, p.298-304.

DUDEN, B. *The Woman Beneath the Skin*: A Doctor's Patients in Eighteenth-Century Germany. Trad. Thomas Dunlap. Cambridge, MA: Harvard University Press, 1991.

EVANS, D. *An Introductory Dictionary of Lacanian Psychoanalysis.* Londres: Routledge, 1996.

EWALD, F. A Concept of Social Law. In: TEUBNER, G. (Org.). *Dilemmas of Law in the Welfare State.* Berlim: Walter de Gruyter, 1986.

_____. A Power Without an Exterior. In: ARMSTRONG, T. (Org.). *Michel Foucault, Philosopher.* Nova York: Routledge, 1992.

_____. Norms, Discipline, and the Law. In: POST, R. (Org.). *Law and the Order of Culture.* Berkeley: University of California Press, 1991.

FANON, Frantz. *Black Skin, White Masks.* Nova York: Grove, 1967. [Ed. bras.: *Pele negra, máscaras brancas.* Trad. Sebastião Nascimento. São Paulo: Ubu, 2020.]

FASSIN, E. "Good Cop, Bad Cop": The American Model and Countermodel in French Liberal Rhetoric since the 1980s. *Raisons politiques*, vol.1, n.1, 2001.

_____. "Good to Think": The American Reference in French Discourses of Immigration and Ethnicity. In: JOPPKE, C.; LUKES, J. (Org.). *Multicultural Questions*. Londres: Oxford University Press, 1999.

_____. Le savant, l'expert et le politique: la famille des sociologues. *Genses* 32, out. 1998, p.156-169.

_____. Same Sex, Different Politics: Comparing and Contrasting "Gay Marriage" Debates in France and the United States. *Public Culture* 13.2, 2001, p.215-232.

_____. The Purloined Gender: American Feminism in a French Mirror. *French Historical Studies* 22, n.1, inverno 1999, p.113-139.

FAUSTO-STERLING, A. The Five Sexes: Why Male and Female Are Not Enough. *The Sciences* 33, n.2, jul. 2000, p.20-25.

_____. *Sexing the Body*: Gender Politics and the Construction of Sexuality. Nova York: Basic, 2000.

FEHER, M. Quelques Réflexions sur 'Politiques des Sexes'. *Ex æquo*, jul. 1998, p.24-25.

FELMAN, S. *The Scandal of the Speaking Body*. Stanford: Stanford University Press, 2002.

FELMAN, S.; LAUB, D. *Testimony*: Crisis of Witnessing in Literature, Psychoanalysis and History. Nova York: Routledge, 1992.

FOUCAULT, M. What is Critique? In: LOTRINGER, S.; HOCHROTH, L. (Org.). *The Politics of Truth*. Nova York: Semiotext(e), 1997. Originalmente, uma leitura feita na French Society of Philosophy em 27 de maio de 1978 e posteriormente publicado no Boletim da Société française de la philosophie 84, n.2 (1990).

_____. *The History of Sexuality*, v.1. Trad. Robert Hurley. Nova York: Pantheon, 1978. [Ed. bras.: *História da sexualidade* — a vontade de saber. v.I. 10.ed. Trad. J. A. Guilhon Albuquerque e Maria Thereza da Costa Albuquerque. Rio de Janeiro: Paz e Terra, 2020.]

_____. *Religion and Culture*. Jeremy Carrette (Org.). Nova York: Routledge, 1999.

_____. The Subject and Power. In: DREYFUS, H.; RABINOW, H. (Org.). *Beyond Structuralism and Hermeneutics*. Chicago: University of Chicago Press, 1982. [O sujeito e o poder. In: DREYFUS, H. L.; RABINOW, P. *Michel Foucault*: uma trajetória filosófica. Para além do estruturalismo e da hermenêutica. 2. ed. Rio de Janeiro: Forense Universitária, 2009.]

FRANKE, K. What's Wrong with Sexual Harassment? *Stanford Law Review* 49, 1997, p.691-772.

FRANKLIN, S.; MCKINNON, S. (Eds.). *Relative Values*: Reconfiguring Kinship Studies. Durham, N.C.: Duke University Press, 2002.

FRANKLIN, S.; MCKINNON, S. New Directions in Kinship Study: A Core Concept Revisited. *Current Anthropology* 41, n.2, abr. 2000, p.275-279.

FREUD, S. Certain Neurotic Mechanisms in Jealousy, Paranoia, and Homosexuality. In: STRACHEY, J. et al. (Org.). *The Standard Edition of the Complete Works of Sigmund Freud – Vol. 18. (1920-1923)*. Londres: The Hogarth Press e The Institute of Psychoanalysis, 1953-1974. [Ed. bras.: Sobre alguns mecanismos neuróticos no ciúme, na paranoia e na homossexualidade. In: *Psicologia das Massas e Análise do Eu e outros textos (1920-1923)*. Obras Completas, v.15. Trad. Paulo César de Souza. São Paulo: Companhia das Letras, 2011.]

_____. Criminals from a Sense of Guilt. In: STRACHEY, J. et al. (Org.). *The Standard Edition of the Complete Works of Sigmund Freud – Vol. 14 (1914-1916)*. [Ed. bras.: Os criminosos por sentimento de culpa. In. *Introdução ao narcisismo: ensaios de metapsicologia e outros textos (1914-1916)*. Obras Completas, v.12. Trad. Paulo César de Souza. São Paulo: Companhia das Letras, 2010.]

_____. The Ego and the Id. Standard Edition. In: STRACHEY, J. et al. (Org.). *The Standard Edition of the Complete Works of Sigmund Freud – Vol. 19. (1923-1925)*. [Ed. bras.: O Eu e o Id, "Autobiografia" e outros textos (1923-25). Obras Completas, v.16. Trad. Paulo César de Souza. São Paulo: Companhia das Letras, 2011.]

_____. Instincts and their Vicissitudes. In: _____. *On the History of the Psycho-Analytic Movement, Papers on Metapsychology and other works.* Trad. James Strachey. Londres: Hogarth Press, 1957. [Ed. bras.: Os instintos e seus destinos. In: *Introdução ao narcisismo*: ensaios de metapsicologia e outros textos (1914-1916). Obras Completas, v.12. Trad. Paulo César de Souza. São Paulo: Companhia das Letras, 2010.]

_____. The Three Essays on the Theory of Sexuality. In. STRACHEY, J. et al. (Org.). *The Standard Edition of The Complete Works of Sigmund Freud. Vol. 7, 1901-1905.* Londres: The Hogarth Press and the Institute of Psychoanalysis, 1998. [Ed. bras.: *Três ensaios sobre a teoria da sexualidade, Análise fragmentária de uma histeria (o "caso Dora") e outros textos.* Obras completas, v.6. Trad. Paulo César Sousa. São Paulo: Companhia das Letras, 2016.]

FRIEDMAN, R. Gender Identity. *Psychiatric News*, 1 jan. 1998.

GEERTZ, C. *The Interpretation of Cultures.* Nova York: Basic Books, 1973. [Ed. bras.: *A interpretação das culturas.* 1.ed. Rio de Janeiro: LTC, 2008.]

GILROY, P. *The Black Atlantic*: Modernity and Double-Consciousness, Cambridge, MA: Harvard University Press, 1993. [Ed. bras.: *O Atlântico negro*: Modernidade e dupla consciência. Trad. Cid Knipel Moreira. São Paulo: Editora 34, 2001.]

GREEN, R. *Transsexualism and Sex Reassignment, 1966-1999.* Presidential Address to the Harry Benjamin International Gender Dysphoria Association. Disponível em: <http://www.symposion.com/ijt/greenpresidential/green00.htm/>.

HABERMAS, J. *Between Facts and Norms*: Contributions to a Discourse Theory of Law and Democracy. Trad. William Rehg. Cambridge, MA: MIT Press, 1996. [Ed. bras.: *Facticidade e validade*: Contribuições para uma teoria discursiva do direito e da democracia. São Paulo: Editora Unesp, 2020.]

_____. *The Theory of Communicative Action.* 2v. Trad. Thomas McCarthy. Boston: Beacon Press, 1982. [Ed. bras.: *Teoria do agir comunicativo.* Trad. Flavio Beno Siebeneichler e Paulo Astor Soethe. São Paulo: Martins Fontes WMF, 2012.]

HALBERSTAM, J. *Female Masculinity*. Durham, NC: Duke University Press, 1998.

HALE, J. Medical Ethics and Transsexuality. In: Harry Benjamin International Symposium on Gender Dysphoria. *The Standards of Care for Gender Identity Disorders*, 6th ed. Düsseldorf: Symposion Publishing, 2001.

HEGEL, G. W. F. *The Phenomenology of Spirit*. Trad. A. V. Miller. Oxford: Oxford University Press, 1977. [Ed. bras.: *Fenomenologia do espírito*. Trad. Paulo Meneses. Petrópolis: Vozes: Bragança Paulista: Editora Universitária de São Francisco, 2005.]

HÉRITIER, F. Entretien. *La Croix*, nov. 1998.

_____. *L'Exercice de la parenté*. Paris: Gallimard, 1981.

_____. *Masculin/Féminin*: La pensée de la différence. Paris: Odile Jacob, 1996.

HONNETH, A. *The Struggle for Recognition*: The Moral Grammar of Social Conflicts. Trad. Joel Anderson. Cambridge, MA: Polity Press, 1995. [Ed. bras.: *Luta por reconhecimento*: a gramática moral dos conflitos sociais. Trad. Luiz Repa. São Paulo: Editora 34, 2003.]

HUA, Cai. *A Society without Fathers or Husbands*: The Na of China. Trad. Asti Hustvedt. Nova York: Zone Books, 2001.

HYPPOLITE, J. *Genesis and Structure of Hegel's "Phenomenology of Spirit"*. Trad. Samuel Cherniaak e John Heckman. Evanston, IL: Northwestern University Press, 1974. [Ed. Bras.: *Gênese e estrutura da Fenomenologia do espírito de Hegel*. Trad. Andrei José Vaczi, Denílson Soares Cordeiro, Gilberto Tedéia, Luis Sérgio Repa, Rodnei Antônio do Nascimento. Coordenação de tradução de Sílvio Rosa Filho. São Paulo: Discurso Editorial, 1999.]

IRIGARAY, L. *An Ethics of Sexual Difference*. Trad. Carolyn Burke e Gillian C. Gill. Ithaca, N.Y.: Cornell University Press, 1993.

_____. *This Sex Which is Not One*. Trad. Catherine Porter com Carolyn Burke. Ithaca, N.Y.: Cornell University Press, 1985. [Ed. bras.: *Este sexo que não é só um sexo*: sexualidade e status social da mulher. Trad. Cecília Prada. São Paulo: Ed. Senac, 2017.]

ISAY, R. Remove Gender Identity Disorder from DSM. *Psychiatric News*. 21, nov. 1997.

KESSLER, S. *Lessons from the Intersexed*. New Brunswick, N.J.: Rutgers University Press, 2000.

KIERKEGAARD, S. *Either/Or*. Trad. Walter Lowrie. Princeton, N.J.: Princeton University Press, 1971. [Ed. port.: *Ou-ou*: um fragmento de vida. Lisboa: Relógio d'Água: 2013.]

LACAN, J. *Écrits*: A Selection. Trad. Alan Sheridan. Nova York: Norton, 1977. [Ed. bras.: *Escritos*. Trad. Ines Oseki-Depre. São Paulo: Perspectiva, 2011.]

LAPLANCHE, J. *Essays on Otherness*. Trad. John Fletcher. Londres: Routledge, 1999.

_____.; PONTALIS, J.-B. *The Vocabulary of Psycho-analysis*. Trad. Donald Nicholson-Smith. Nova York: Norton, 1973. [Ed. bras.: *Vocabulário de psicanálise*. Trad. Pedro Tamem. São Paulo: Martins Fontes, 1991.]

LEVI, P. *Moments of Reprieve*. Nova York: Penguin, 1995. [Ed. bras.: *71 contos de Primo Levi*. Trad. Maurício Santana Dias. São Paulo: Companhia das Letras, 2005.]

LÉVINAS, E. *Otherwise Than Being*. Trad. Alphonso Lingis. Boston: M. Nijhoff, 1981. [Ed. port.: *De outro modo que ser ou para lá da essência*. Trad. José Luis Perez e Lavínia Leal Pereira. Lisboa: Centro de filosofia da Universidade de Lisboa, 2011.]

LÉVI-STRAUSS, C. *The Elementary Structures of Kinship*. Org. Rodney Needham. Trad. James Harle Bell, John Richard von Sturmer e Rodney Needham. Boston: Beacon, 1969. [Ed. bras.: *As estruturas elementares do parentesco*. Trad. Mariano Ferreira. São Paulo: Editora Vozes, 2012.]

_____. Ethnocentrism. In: _____. *Race et histoire*. Paris: Deno l, 1987.

_____. Postface. In: *L'Homme* 154-55. Número especial sobre "Question de Parenté.", abr.-set. 2000, p.713-20.

_____. *Race et histoire*. Paris: Deno l, 1987.

MACHEREY, P. Towards a Natural History of Norms. In: ARMS-TRONG, T. (Org.). *Michel Foucault, Philosopher*. Nova York: Routledge, 1992.

MACKINNON, C. *Feminism Unmodified*: Discourses on Life and Law. Nova York: Routledge, 1987.

MARTIN, B. Extraordinary Homosexuals and the Fear of Being Ordinary. *differences* 6, n.2-3, 1994, p.100-125.

MERLEAU-PONTY, M. *The Phenomenology of Perception*. Trad. Colin Smith. Nova York: Routledge, 1967. [Ed. bras.: *Fenomenologia da percepção*. Trad. Carlos Alberto Ribeiro de Moura. 5.ed. São Paulo: Editora WMF Martins Fontes, 2018.]

MITCHELL, J. *Psychoanalysis and Feminism*: A Radical Reassessment of Freudian Psychoanalysis. Nova York: Vintage, 1975. [Ed. bras.: *Psicanálise e feminismo*. Trad. Ricardo Britto Rocha. Belo Horizonte: Interlivros, 1979.]

MITSCHERLICH, A.; MITSCHERLICH, M. *The Inability to Mourn*. Trad. Beverley Placzek. Nova York: Grove, 1975.

MONEY, J.; GREEN, R. *Transsexualism and Sex Reassignment*. Baltimore: Johns Hopkins University Press, 1969.

MORAGA, H. What We're Rolling Around in Bed With. In: VANCE, C. (Org.). *Pleasure and Danger*: Exploring Female Sexuality. Boston: Routledge & Kegan Paul, 1984.

NICHOLSON, L. (Ed.). *Feminism/Postmodernism*. Nova York: Routledge, 1990.

PELA, R. Boys in the Dollhouse, Girls with Toy Trucks. *The Advocate*. 11, nov. 1997.

POOVEY, M. *Making a Social Body*: British Cultural Formation, 1830-1964. Chicago: University of Chicago Press, 1995.

RACHLIN, K. Transgender Individuals' Experience of Psychotherapy. In: American Psychological Association, Ago. 2001. Disponível em: <http://www.symposion.com/ijt/ijtvo06no01_03.htm/>.

RAISSIGUIER, C. Bodily Metaphors, Material Exclusions: The Sexual and Racial Politics of Domestic Partnerships in France. In:

Judith Butler

ALDAMA, A. (Org.). *Violence and the Body*. Nova York: New York University Press, 2002.

REKERS, G. A. Gender Identity Disorder. *The Journal of Family and Culture* 2, n.3, 1986. Revisado no *Journal of Human Sexuality* 1, n.1, 1996, p.11-20.

_____. *Handbook of Child and Adolescent Sexual Problems*. Lexington: Simon e Schuster, 1995.

RILEY, D. *"Am I That Name?" Feminism and the Category of "Women" in History*. Minneapolis: University of Minnesota Press, 1998.

ROSE, J. *States of Fantasy*. Oxford: Clarendon Press, 1996.

RUBIN, G. Thinking Sex: Notes for a Radical Theory of the Politics of Sexuality. In: VANCE, C. (Ed.). *Pleasure and Danger*. Nova York: Routledge, 1984. [Ed. bras.: Pensando o sexo. In: *Políticas do sexo*. Trad. Jamille Pinheiro Dias, São Paulo: Ubu, 2017.]

SCHNEIDER, D. *A Critique of the Study of Kinship*. Ann Arbor: University of Michigan Press, 1984.

_____. *American Kinship*: A Cultural Account. 2.ed. Chicago: University of Chicago Press, 1980.

SCHOPENHAUER, A. *The World as Will and Representation*. Trad. E. F. J. Payne. 2v. Nova York: Dover, 1969. [Ed. bras.: *O mundo como vontade e como representação*. Trad. Jair Barbosa. São Paulo: Unesp, 2005.]

SEDGWICK, E. K. *Between Men*: English Literature and Male Homosocial Desire. Nova York: Columbia University Press, 1985.

_____. *Epistemology of the Closet*. Berkeley: University of California Press, 1991. [Ed. Bras.: A epistemologia do armário. *Cadernos Pagu*, 28, p.19-54, 2016. Trad. Plínio Dentzien; Rev. Richard Miskolci e Júlio Assis Simões.]

SEGAL, H. Hanna Segal interviewed by Jacqueline Rose. *Women: A Cultural Review* 1, n.2, nov. 1990, p.198-214.

SMART, C. (Ed.), *Regulating Womanhood*: Historical Essays on Marriage, Motherhood and Sexuality. Londres: Routledge, 1992.

SOPHOCLES. *Antigone*. Loeb Library Series. Cambridge, MA: Harvard University Press, 1994. [Ed. bras.: *Antígone de Sófocles*. Trad. Trajano Vieira. São Paulo: Perspectiva, 2009.]

SPINOZA, B. *On the Improvement of Understanding, The Ethics, Correspondence*. Trad. R. H. M. Elwes. Nova York: Dover, 1955. [Ed. bras.: *Ética*. Tradução de Tomaz Tadeu. 3.ed. Belo Horizonte: Autêntica, 2013.]

STACEY, J. *In the Name of the Family*: Rethinking Family Values in the Postmodern Age. Boston: Beacon Press, 1996.

_____. *Brave New Families*: Stories of Domestic Upheaval in Late 20th Century America. Berkeley: University of California Press, 1998.

STACK, C. *All Our Kin*: Strategies for Survival in a Black Community. Nova York: Harper & Row, 1974.

STRATHERN, M. *The Gender of the Gift*: Problems with Women and Problems with Society in Melanesia. Berkeley: University of California Press, 1988. [Ed. bras.: *O gênero da dádiva*: problemas com mulheres e problemas com a sociedade na Melanésia. 1.ed. Campinas: Editora da Unicamp, 2007.]

_____. *Reproducing the Future*: Anthropology, Kinship, and the New Reproductive Technologies. Nova York: Routledge, 1992.

TAYLOR, C. To Follow a Rule. In: CALHOUN, C. et al. (Org.). *Bourdieu*: Critical Perspectives. Chicago: University of Chicago Press, 1993.

TORT, M. Artifices du père. *Dialogue – recherches cliniques et sociologiques sur le couple et la famille*, n.104, 1989, p.46-59.

_____. *Le nom du père incertain: la question de la transmission du nom et la psychanalyse*. Paris, 1983.

VITALE, A. The Therapist Versus the Client: How the Conflict Started and Some Thoughts on How to Resolve It. In: ISRAEL, G.; TARVER, E. (Orgs.). *Transgender Care*. Philadelphia: Temple University Press, 1997.

WARNER, M. *The Trouble with Normal*: Sex, Politics, and the Ethics of Queer Life. Nova York: Free Press, 1999.

_____. Beyond Gay Marriage. In: BROWN, W.; HALLEY, J. (Org.). *Left Legalism/Left Critique*. Durham, N.C.: Duke University Press, 2002.

WESTON, K. *Families We Choose*: Lesbians, Gays, Kinship. Nova York: Columbia University Press, 1991.

WRIGHT, E. (Ed.). *Feminism and Psychoanalysis*: A Critical Dictionary. Oxford: Blackwell, 1992.

WYNTER, S. Disenchanting Discourse: "Minority" Literary Criticism and Beyond. In: MOHAMMED, J. A.; LLOYD, D. (Org.). *The Nature and Context of Minority Discourse*. Oxford: Oxford University Press, 1997.

YANAGISAKO, S. *Gender and Kinship*: Essays toward a United Analysis. Stanford: Stanford University Press, 1987.

Índice remissivo

A

Abelove, Henry, 308n11

aborto, 29, 316, 377

ação comunicativa, 369-70

adoção, 189, 192-3, 199, 206, 216, 221

Agacinski, Sylviane, 188n10, 193-5, 202-4, 205-7, 214, 219-21

Agamben, Giorgio, 71n9, 379n21, 407

agressão, 227-8, 247-8

AIDS, 38, 49, 63, 196-7

Alarcón, Norma, 381n23

Alcoff, Linda, 265

Alexander, Jacqui, 98n29

American Philosophical Association [Associação Americana de Filosofia], 391

American Political Science Association [Associação Americana de Ciência Política], 89

American Psychiatric Association [Associação Americana de Psiquiatria], 133-4n3, 136, 159

Angier, Natalie, 110, 112

Antígona (Sófocles), 279-87

Anzaldúa, Gloria, 380-3

apartheid, 375-6, 377

Appiah, Kwame Anthony, 411

Araujo, Gwen, 20, 20n4, 170

Archives of Pediatric Adolescent Medicine, 119

assédio sexual, 97-9, 294

autonomia, 42-4, 49, 131-3, 146-53, 158-9, 172-3

autonomia trans, 131-2

B

Babbit, Jamie, 106n4

Baker, Russell, 306

Balibar, Etienne, 407

Barale, Michèle Aina, 308n11

Barnes, Whitney, 135n4

Beauvoir, Simone de, 114, 402, 409

Bell, Vikki, 80n7

Benhabib, Seyla, 250n19, 410

Benjamin, Harry, 141n7

Benjamin, Jessica, 223-33, 237-8, 243-55

Benjamin, Walter, 339, 371-2n20, 408-9, 412n10

Bernstein, Jay, 408

Bersani, Leo, 300

Bhabha, Homi, 302n4, 310-1n12

Bockting, Walter O., 160, 160n18 e 19

Borneman, John, 176n1

Bornstein, Kate, 23, 114, 140

Borsch-Jacobsen, Mikkel, 234n13

Bourdieu, Pierre, 391

Bowie, Malcolm, 85-6n10

Braidotti, Rosi, 310, 311, 323-33, 336-40, 353, 411

C

câncer de mama, 148-51

Canguilhem, Georges, 88-9n14

Carsten, Janet, 211n29

Caruth, Cathy, 259

casamento, 17-8, 49-50, 175-202, 210, 221-2

Cassiano, João, 274-5, 290-1

Cavarero, Adriana, 65

Cavell, Stanley, 411

Caws, Peter, 410

Cesaretti, Charles, 160n18

Chase, Cheryl, 9, 101n1, 110-1, 112, 113-4

Chow, Rey, 310-1n12

Cícero, 88-9n14

ciúme, 236-40

Cixous, Hélène, 349, 407

Clastres, Pierre, 210-1

Cohen-Kettenis, P. T., 146n11

Colapinto, John, 104, 109-10, 117

Collins, Patricia Hill, 415

Complexo de Édipo, 78-9, 205-8, 218, 229-34, 257-8, 283-5

comunicação, 224-6

conatus, 59, 333, 394

construção social de gênero, teoria da, 108-17

confissão, 271-81, 285-91

conhecimento, 52, 360-2

Copjec, Joan, 353

Corbett, Ken, 217

corpo, o, 42-4, 49-50, 271, 277-8, 288-91, 325-6, 334-5, 364-5

Cornell, Drucilla, 229, 251, 298, 410

Crenshaw, Kimberle, 310-1n12

culpa, 283-9

cultura, 79-82, 212-8, 354-5

D

de Man, Paul, 399-400, 405, 406

Deleuze, Gilles, 323-4, 325, 332-4

Desfazendo gênero

democracia, 379-80

Derrida, Jacques, 339, 407

desejo, 12, 228-43, 247, 254-5, 273-8, 285-6, 395, 401-3

desejo *butch*, 331-2

Devi, Mahasweta, 384-5

Diagnostic and Statistical Manual of Mental Disorders [*Manual Diagnóstico e Estatístico de Transtorno Mentais*] (DSM-IV), 17, 129, 135, 147, 159-60, 167

Diamond, Milton, 103-4, 106-7, 109, 110-2, 113-4, 115, 117-8

diferença sexual, 25-7, 296-300, 304, 310-2, 323-6, 330-1, 340-1, 348-58

direitos humanos, 56-7, 59-63, 67-70, 319-20, 373

discriminação, 18-9, 24, 41-2

disforia de gênero, 17, 135-6, 140-2, 358-9

Douglass, Frederick, 415

drag, 358-60, 362-6

DSM-IV. Ver *Diagnostic and Statistical Manual of Mental Disorders*

Du Bois, W. E. B., 410, 413

Duden, Barbara, 354

E

emigração, 329

Escola de Frankfurt, 223, 407-8

escravidão, 413-4, 416-7

Espinosa, 59, 92, 325, 394-6, 397

estruturalismo, 80-3

estudos de lésbicas e gays, 304, 306-12

estudos raciais, 310

Ewald, François, 75*n*2, 87-91, 370

êxtase, 41, 62, 233, 233*n*10, 245, 249-53

F

falo, 230-4, 235-6, 237-8

Fanon, Frantz, 31-2, 310-1*n*12

fantasia, 34, 54-5, 260-3, 362-4

Fassin, Eric, 179-80*n*8, 193, 214

Fausto-Sterling, Anne, 77*n*3, 104, 111, 307

Feher, Michel, 188*n*10

Felman, Shoshana, 259, 271n2, 334-5, 406

feminismo, 24-30, 293-9, 303-10, 338-41, 343-5, 347, 348-56, 377-8

Fenves, Peter, 407

fetichismo, 240-1, 257-8, 267

filosofia, 389-418

filosofia feminista, 404-5, 410-1

Foucault, Michel, 52-3, 66, 74-5, 87-92, 98, 102, 127, 157, 271-7, 286, 290, 332-3n23, 360, 362, 370, 372, 401, 407

Franke, Katherine, 97-8

Franklin, Sarah, 207, 213, 214, 215, 216

Fraser, Nancy, 410

Freud, Sigmund, 205-7, 226, 236n14, 258, 283-4, 336, 409

Friedman, Richard, 132n2

G

Gadamer, Hans Georg, 401

Geertz, Clifford, 207

gênero, 57-8, 73-8, 84-5, 93-8, 102-3, 296, 304-19

Gender Identity Institute [Instituto de Identidade de Gênero John Money], 104-6, 132n2

Gilroy, Paul, 301, 413-6

Gooren, L. J. G., 146n11

Green, Richard, 145n10, 153-4, 160n19, 172n20

Grosz, Elizabeth, 310, 410-1

Guillory, John, 412

H

Habermas, Jürgen, 224, 339, 368-71, 410, 414-6

Halberstam, J., 331n22

Hale, Jacob, 144-7

Halperin, David M., 308n11

Harry Benjamin International Gender Dysphoria Association [Associação Internacional de Disforia de Gênero Harry Benjamin], 140n6, 141, 153

Hartman, Saidiya, 177

Hegel, G. W. F., 12, 59, 189n11, 223-6, 228, 233, 245, 249-50, 252, 254, 324, 327, 332-3n23, 358, 391, 394-6, 402, 404, 407, 409, 412n10, 413-4, 415-8

Heidegger, Martin, 233n10

Héritier, Françoise, 202n21

hipótese repressiva, 273-4

homossexualidade, 56-7, 135-40, 154-6, 214-5, 220-1, 235-43, 304-8

Honneth, Axel, 224

Hua, Cai, 178

Hugh-Jones, Stephen, 211n29

humano, categoria do, 30-2, 37-8, 47-8, 65-72, 101-2, 126-8, 319-21, 365-6, 372-3, 377-8

Human Rights Campaign [Campanha de Direitos Humanos], 16n2, 50, 179

Husserl, Edmund, 392

Hyppolite, Jean, 233, 332-3n23

I

identidade nacional, 208-9, 213-4

identidades *butch* e *femme*, 351

identificação, 224-5, 231-2, 236-7, 237-8, 240-1

igualdade, 293-4

incesto, 257-69, 284-5

tabu do, 51, 80-1, 207-9, 257-69

International Gay and Lesbian Human Rights Commission [Comissão Internacional de Direitos Humanos de Gays e Lésbicas], 63, 69, 318

intersexo, 15-21, 94-5, 98, 104-15, 135*n*4

Intersexed Society of North America [Sociedade Intersexo da América do Norte], 16*n*2, 104*n*3, 110-1

Irigaray, Luce, 78, 297-300, 323, 327*n*20, 334*n*24, 337-8, 349, 407, 409

Isay, Richard, 143-7

Islã, 386

K

Kant, I., 407, 415, 417

Keates, Debra, 10, 311*n*13

Kessler, Suzanne, 104, 108

Kierkegaard, Søren, 396-400, 407

Klein, Melanie, 226

Knight, iniciativa, 181*n*9

Kofman, Sarah, 407

Kristeva, Julia, 349

L

Lacan, Jacques, 78-85, 85-6*n*10, 205, 228, 233-5, 324, 332-3*n*23, 334-5, 349, 356*n*10

Lamien, Eric, 188*n*10

linguagem, 271-82, 287-91, 334-5, 369

Laplanche, Jean, 85-6*n*10, 251-2

Laub, Dori, 259

lei, 82-9, 282

legitimidade, 181-6, 197

legitimação estatal, 197-201

"lésbica" como categoria nas deliberações da ONU, 314-22

Levi, Primo, 328*n*21

Lévinas, Emmanuel, 251, 407, 409

Lévi-Strauss, Claude, 78, 80-6, 178*n*5, 203-4, 208-10, 211*n*29, 216, 235, 268, 349

Livingston, Jennie, 363*n*16

luto 38-9

M

Macherey, Pierre, 92-3

MacIntyre, Alasdair, 410

Mackey, Nathaniel, 177

MacKinnon, Catharine, 95-8, 313-5*n*14, 383

Macklin, Ruth, 401

Martin, Biddy, 97*n*27, 308

Marx, Karl, 235

Matsuda, Mari, 310-1*n*12

McKinnon, Susan, 207*n*26, 213, 214-6

melancolia, 268-9, 335-6

memória, 258-9, 262-3

Meninos não choram, 241-3

Merleau-Ponty, Maurice, 35*n*10, 62, 334*n*24, 409

Mill, John Stuart, 153-4, 401

Miller, Jacques-Alain, 195n16
Millett, Kate, 108
mímesis, 337-8
Minter, Shannon, 10, 133-4n3
Mitchell, Juliet, 80-1, 355
Mitscherlich, Alexander e Margarete, 223
modernidade, 298-302, 385-7, 413-5
Money, John, 104-12, 115-7, 124, 138
Moraga, Cherríe, 351
Moten, Fred, 177
movimentos de pessoas com deficiência, 29-30

N

National Association of Research and Therapy of Homosexuality [Associação Nacional de Pesquisa e Terapia da Homossexualidade], 136-8
Nacional Socialismo, 374-7
negação, 225-6, 237, 245-8
Nehamas, Alexander, 411
Nicholson, Linda, 410
Nietzsche, Friedrich, 284, 325, 399
nomadologia, 324
normas, 11-8, 24, 34-5, 58, 66-7, 74-99, 119-21, 123-6, 164, 345-7, 364-73, 377-80, 387
"Nova Política de Gênero", 15-30, 53-4
Nunca fui santa, 106

O

ontologia, 359-60

P

parceria doméstica, 186-92
Paris is Burning, 363
Pacte Civil de Solidarité [Pacto Civil de Solidariedade] – (PACS), 189, 192-3, 201-2, 214
parentesco, 17-8, 49-51, 78-83, 175-81, 186-90, 192-4, 198-200, 210-22, 257-8, 264-9
Patterson, Orlando, 413-4
Peirce, Kimberley, 241n15
Pela, Robert, 133-4n3
perda, 25-6, 45-6
performatividade, 334-5, 351-2, 366
pessoalidade, 11-2, 61, 99, 102-3, 123-8
poder pastoral, 272-6
Pontalis, J.-B., 85-6n10
Poovey, Mary, 90
projeto do genoma humano, 214-5
psicanálise, 33-4, 276-8, 287-91

R

Rabinow, Paul, 407
raça, 12-3, 31-2, 69, 208-9, 213-4, 294, 299, 310-1n12, 313-5n14, 415

Rachlin, Katherine, 133-4n3

racismo, 208-9, 338-9, 362-3, 375-7

Raissiguier, Catherine, 202n20

realidade, 52-3, 359-61, 364-8

reconhecimento, 12-5, 59-60, 188-90, 193-4, 223-33, 237, 243-55, 401-3

Reimer, David, 103-10, 114-28

Rekers, George, 154-6

redesignação sexual, 15-9, 95, 98, 103-16, 121-3, 129-31, 137-40, 143-61, 167-9, 171-3

regulação, gênero, 34-6, 73-6, 78-9, 85-7, 93-9

ressignificação, 374-7

Riley, Denise, 9, 351

Rodriguez, Oscar, 314-5

Rorty, Richard, 411

Rosario, Vernon, 9, 101n1

Rose, Jacqueline, 200-1, 220

Rubin, Gayle, 80, 96n26

S

Saussure, Ferdinand de, 85-6n10, 327, 349

Scheler, Max, 400

Schneider, David, 176, 207, 211

Scholem, G., 339

Schopenhauer, Arthur, 397

Schor, Naomi, 310

Scott, Joan W., 10, 97n27

Sedgwick, Eve Kosofsky, 96n26, 235, 336

Segal, Hanna, 220

Sêneca, 273

sexualidade, 34-6, 95-6, 296

Shephard, Mathew, 20

Shepherdson, Charles, 353

Sigmundsen, Keith, 104n3, 115, 117

simbólico, o 78-85, 202, 205-7, 216-20, 235-6, 354-5

Smart, Carol, 74n1

soberania, 280-2

Sófocles, 279-87

Spivak, Gayatri Chakravorty, 382-6

Stacey, Judith, 208

Stack, Carol, 177, 208

Strathern, Marilyn, 207

sujeito, categoria do, 380-6

T

Taylor, Charles, 75n2

tecnologia, 27-8, 30-1, 324-5

Teena, Brandon, 20, 240-3

tradução 70, 382-4

transferência, 287-91

transgeneridade, 15-6, 18-9, 25-6, 53-6, 77-8, 97n27, 137-42, 144-9, 160-73, 228, 240-3, 366

transexualidade, 15-26, 53-6, 112-6, 122-3, 131-73, 240-1

transformação social, 343-4, 355-7, 372-3, 380-2

Judith Butler

Transtorno de Identidade de Gênero (TIG), 17, 29-30, 129-73
trauma, 258-63, 267-8
troca de mulheres, 207-11, 235-6, 237-8, 348-9
Trumbach, Randolph, 77*n*3
Tyler, Carol Anne, 353

V

Vaticano, o, 304-16, 318-20
violência, 20, 24-6, 38, 46-8, 53-72, 87-8, 94-5, 98, 170-1, 203, 345-7, 358-71, 376-9, 384-7
Vitale, A., 133-4*n*3
vivibilidade (vida vivível), 22-3, 30-1, 37-8, 56-7, 70-2, 377-80
Vitrúvio, 88-9*n*14
vulnerabilidade, 43-4, 46-7, 387

W

Warner, Michael, 179*n*7, 197
West, Cornel, 410
Weston, Kath, 177, 208
Wilchins, Riki, 114
Wittig, Monique, 348-9
Wynter, Sylvia, 31

Y

Yanagisako, Sylvia, 207
Young, Iris Marion, 410

Z

Žižek, Slavoj, 353

IV Conferência Mundial da Mulher da ONU em Pequim, 304-7, 314-9
11 de setembro de 2001, 45

Pequeno glossário de termos

Judith Butler faz uso de termos relativos a gênero e sexualidades que carregam uma história de luta no cenário estadunidense e que serviram, e ainda servem, a variados fins: a luta contra a discriminação, a ressignificação das injúrias sofridas, a afirmação de identidades e formas de vida, a designação de práticas próprias à comunidade LGBTQIA+ etc. Este pequeno glossário pretende contribuir com a leitura desta obra e seus termos específicos. Também gostaríamos de observar que, publicado em 2004, este livro contém expressões de época que, aos poucos, foram e vêm sendo substituídas. A decisão da tradução de manter o texto dentro do seu contexto histórico, não atualizando determinadas palavras, torna possível rastrear as transformações dessas expressões ao longo do tempo.

Assigned sex – Sexo designado

O sexo designado ou atribuído a uma criança que, por meio de uma regulação normativa e social, costuma se enquadrar como feminino ou masculino de acordo com uma concepção binária. O gênero que cada pessoa irá performar, ou com o qual irá se identificar ao longo da vida, não necessariamente corresponde ao sexo designado ao nascer. No caso das pessoas intersexo, considera-se a intersexualidade como termo guarda-chuva para designar variações que podem ser de ordem anatômica, cromossomial e/ou hormonal.

Butch/femme

Enquanto *butch* é uma identidade ou expressão de gênero associada à sapatão que performa masculinidade, traduzido frequentemente como "caminhoneira" a fim de indicar o tom pejorativo do termo, *femme* seria sua complementar: a lésbica que performa feminilidade. O termo *butch* é bastante utilizado na comunidade lésbica, ainda que, nos últimos tempos, esteja também associado a identidades de gênero não-binárias e/ou transmasculinas, independentemente de orientação sexual. Optamos por mantê-lo na forma original, considerando o seu uso em inglês em contextos multilinguísticos.

Os papéis sociais *butch* e *femme* remontam a lésbicas pertencentes à classe trabalhadora nos Estados Unidos e na Inglaterra durante os anos 1920, e os termos se consolidam entre as décadas de 1940 e 1950. Tanto a *butch* quanto a *femme* evocam culturas de resistência frente à opressão voltada às práticas e identidades lésbicas e, ainda que operem numa lógica normativa binária, não correspondem precisamente ao paralelo heterossexual – e nem devem ser lidas como tal.

Cross-gendered, cross-gender [identification]

Optamos por traduzir o termo *cross-gender* como "gênero cruzado", seguindo uma tradução literal do termo e consultando as traduções de língua espanhola. Com frequência, a ideia de gênero cruzado se refere a uma identificação com o gênero "oposto", em uma lógica binária, mas seus usos nas comunidades anglófonas vão além, considerando gênero como um espectro amplo. Se aproxima de práticas transvestigêneres, e pode equivaler à transgeneridade ou à transexualidade.

Cross-dressing, cross-dresser

Ato de utilizar roupas não comumente associadas ao sexo designado no nascimento. A prática é verificada, ao longo da história, em localidades e culturas tão distantes quanto a hindu, a grega ou a nórdica, passando por práticas teatrais japonesas e europeias, xamanismos coreanos etc. Não é sinônimo de transgeneridade e tampouco de travesti.

FTM (*female-to-male*) — FpM (feminino para masculino)

Pessoa designada mulher ao nascer, que transiciona do feminino para o masculino. Homem trans; transmasculino. Também pode se aplicar a identidades de gênero não-binárias. Pronomes tendem a ser masculinos — ele/dele.

MTF (*male-to-female*) – MpF (masculino para feminino)

Pessoa designada homem ao nascer, que transiciona do masculino para o feminino. Mulher trans; travesti; transfeminina. Também pode se aplicar a identidades de gênero não-binárias. Pronomes tendem a ser femininos – ela/dela.

É importante observar que a identidade travesti tem sua própria história de luta e resistência, e é um termo de uso corrente principalmente no Brasil. Pessoas transfemininas e transvestigêneres podem ou não se identificar como travestis. Os pronomes utilizados são sempre no feminino – ela/dela; a travesti.

Dyke dad

Optamos por não traduzir esta expressão por não haver correspondente direto no português brasileiro. Contudo, *dyke dad* diz algo como "papai sapatão" ou "paizão sapa". No contexto, "pai" é usado com conotação sexual, referente a um papel masculino dominador.

A palavra *dyke*, no inglês, é usada inicialmente como xingamento direcionado a lésbicas, com um enfoque no que seria uma performance masculina. O termo foi ressignificado pela comunidade e, assim como "sapatão" (seu equivalente no português), transforma-se em identidade possível e motivo de orgulho, recurso de autodescrição e pertencimento quando utilizado entre pares. No caso de "*bar dyke*", traduzimos como "sapatão de bar".

Drag

O termo *drag* se refere a uma performatividade teatral de uma expressão de gênero, não raro fazendo uso da sátira e do exagero. É um termo associado à comunidade LGBTQIA+, sobretudo à comunidade gay. A origem do termo remonta a fins do século XVIII e tem a ver com teatro e práticas de *cross-dressing*.

Uma *drag queen* costuma performar feminilidade (com frequência, mas não exclusivamente, desempenhada por uma pessoa designada homem ao nascer) e um *drag king* costuma performar masculinidade (com frequência, mas não exclusivamente, desempenhada por uma pessoa designada mulher ao nascer). *Drag* é uma prática artística que pode ser bastante complexa e elaborada. Não define orientação sexual e, tampouco, identidade de gênero.

Performances de palco, shows, "montação" e cultura *ballroom* podem estar associados à cultura *drag*. O termo pode ser substantivo, adjetivo ou utilizado na expressão "em *drag*" [*in drag*].

Gender assignment – designação de gênero

Considerando uma sobreposição das concepções de sexo e gênero, uma criança, ao nascer, ao ter seu sexo designado, com frequência tem também, por extensão, seu gênero designado de acordo com uma lógica binária. Contudo, devemos observar que tanto as expressões de gênero como as identidades sexuais podem ser múltiplas e diversas. Pessoas dissidentes de gênero, não-binárias, de gênero fluido e outras identidades trans podem não se identificar com o sexo ou gênero designado, transitar entre identidades e performatividades de ambos.

Gender blend – Mistura de gêneros

A expressão não tem correspondente direto no português brasileiro e a tradução optou por uma solução literal.

Otherwise gendered – Dissidentes de gênero

A tradução direta, neste caso, seria algo como "generificados de outra maneira", o que entendemos como referente ao que se denomina "dissidente de gênero".

Top – ativa/o
Bottom – passivo/a

Em um contexto LGBTQIA+, entende-se que uma pessoa ativa na relação sexual é aquela que dá prazer, enquanto a pessoa passiva é receptora desse prazer. Uma pessoa pode ser versátil, alternando seu papel entre uma e outra posição. Não se deve confundir com os papéis de dominação e submissão relativos ao BDSM (popularmente conhecido como sadomasoquismo), que possui outras especificidades e variações – que também envolvem alternância entre papéis, caso em que a pessoa é nomeada *switcher*.

A tradução aqui é direta e, embora os termos possam ser frequentemente associados a práticas sexuais verificadas nas comunidades LGBTQIA+, não se restringem a elas (como se pode ver no exemplo mencionado por Butler no livro, que fala de uma mulher bissexual se relacionando sexualmente com homens).

Observamos que abordar os papéis sexuais ativa/o e passiva/o em qualquer situação, envolvendo quaisquer pessoas, pode fugir aos papéis tradicionais da normatividade heterocentrada, mas as práticas em si não implicam nem determinam *a priori* orientação sexual ou identidade de gênero específica.

Queer

Em sua origem, a palavra "queer", presente na língua inglesa a partir do século XVI, significa "esquisito" ou "estranho" e se refere, desde o século XIX, a uma existência ou um comportamento social que não se encaixa nos padrões de normalidade. No início, foi usada de forma pejorativa para descrever homens gays. Atualmente, já assimilada também nos dicionários do português brasileiro, configura um termo guarda-chuva utilizado para descrever pessoas que não se enquadram em categorias sexuais normativas e dominantes (como pessoas que não são heterossexuais). Pode tanto equivaler a existências LGBT quanto ir além delas, pois queer também se configura como movimento ou entendimento distinto das lutas identitárias consolidadas sob a sigla LGBT – essa que está em constante atualização, de GLB, GLS a LGBT, LGBTQIA+ etc. A identidade queer configura uma não identidade; um questionamento das identidades enquanto algo fixo, determinado, limitado ou segmentado.

Desde o início dos anos 1990, com a emergente teoria queer – da qual Judith Butler é apontada como uma das fundadoras –, o termo ganha os contornos que ativa hoje, incluindo em seu escopo, a partir um viés interseccional, as lutas de minorias sexuais e de gênero como um todo, principalmente as racializadas, imigrantes e demais comunidades que sofrem exclusão e escapam às pautas identitárias correntes.

Sobre a equipe de tradução

Aléxia Bretas é professora adjunta nos cursos de bacharelado, licenciatura e pós-graduação em Filosofia da Universidade Federal do ABC. Tem mestrado e doutorado em Filosofia pela USP e pós-doutorado em Teoria Literária pela Unicamp. É membro do GT Filosofia e Gênero da ANPOF, da Rede de Mulheres Filósofas e da Rede Nexos: Teoria Crítica e Pesquisa Interdisciplinar.

Ana Luiza Gussen é mestranda em Filosofia pelo PPGF da UFRJ. Pesquisa, dentro da filosofia política de Judith Butler, sua crítica ao individualismo, sua proposição de responsabilidade, ética e não violência. Integrante do Laboratório Filosofias do Tempo do Agora (Lafita/CNPq/UFRJ).

Beatriz Zampieri é graduada, mestre e doutoranda em Filosofia pela UFRJ. Pesquisadora da linha de História da Filosofia, investiga as relações entre Teoria Crítica, Filosofia Contemporânea e Gênero. Integra o Lafita (UFRJ/CNPq) e o Laboratório X de Encruzilhadas Filosóficas (UFRJ).

Carla Rodrigues é doutora em Filosofia (PUC-Rio), professora no Departamento de Filosofia e no Programa de Pós-Graduação da UFRJ, bolsista de produtividade do CNPq e da Faperj. É coordenadora do Lafita (UFRJ/CNPq).

Gabriel Lisboa Ponciano é bacharel, licenciado, mestre e doutor em Filosofia pela UFRJ. É pesquisador no Lafita (UFRJ/CNPq).

Inês Nin cursa o mestrado em Bioética, Ética Aplicada e Saúde Coletiva pelo PPGBIOS/UFRJ, bacharel em Filosofia pela UFRJ e em Estudos de Mídia pela UFF. Pesquisa gênero, sexualidades e desconstrução a partir da filosofia de Judith Butler, Paul B. Preciado e Jacques Derrida. Integra o Laboratório X de Encruzilhadas Filosóficas (UFRJ).

Luís Felipe Teixeira é mestrando em Filosofia pela UFRJ, graduado também em Filosofia pela UFMG. Pesquisa as implicações entre escrita e retórica na obra de Judith Butler, defendendo aí um modelo próprio de filosofia crítica da autora. É pesquisador no Lafita (UFRJ/CNPq).

Nathan Teixeira é graduado e mestre em Filosofia pela UFF, doutor em Filosofia pela UFRJ e desenvolve pesquisa de pós-doutorado em Filosofia na UERJ com bolsa FAPERJ Nota 10. Integrante do Lafita (UFRJ/CNPq).

Petra Bastone é formada em Filosofia pela UFLA, mestre em Psicologia pela UFSJ e doutoranda em Filosofia pela UFRJ. É pesquisadora no Lafita (CNPq/UFRJ).

Desfazendo gênero

Victor Galdino é professor e pesquisador independente, tem formação em Filosofia (graduação, mestrado e doutorado) pela UFRJ e em Psicanálise no Corpo Freudiano. Integrante do Lafita (UFRJ/CNPq).

Taís Bravo é escritora, pesquisadora e profissional do texto. É cofundadora e coordenadora da iniciativa Mulheres que Escrevem. Graduada em Filosofia pela UFF, atualmente pesquisa a relação entre crítica feminista e poesia contemporânea no Programa de Pós-Graduação em Ciência da Literatura da UFRJ.

SOBRE O LIVRO

Formato: 13,7 x 21 cm
Mancha: 23,4 x 38,6 paicas
Tipologia: Venetian 301 12,5/16
Papel: Off-white 80 g/m² (miolo)
Cartão Supremo 250 g/m² (capa)

1ª edição Editora Unesp: 2022

EQUIPE DE REALIZAÇÃO

Edição de texto
Taís Bravo (Copidesque)
Beatriz Zampieri, Inês Nin e Eduardo Leonel (Revisão)

Capa
Marcelo Girard

Imagem de capa
Notahelix, CC BY-SA 3.0, via Wikimedia Commons

Editoração eletrônica
Sergio Gzeschnik (Diagramação)

Assitência editorial
Alberto Bononi
Gabriel Joppert